133개 실습으로 배우는 친절한 입문서!

된다!

AI로 손쓸 수 없는 디테일,
포토샵으로 '한 끗'을 완성하자!

포토샵 디자인

친절한 포토샵 선생님 **강아윤** 지음

동영상 강의와 함께 **실무 디자인** 완성!

**카드 뉴스, 유튜브 섬네일, 광고 포스터,
팝업 공지, 아트워크** 디자인도 가능!

이지스 퍼블리싱

능력과 가치를 높이고 싶다면
된다! 시리즈를 만나 보세요.
당신이 성장하도록 돕겠습니다.

된다! 포토샵 디자인

Gotcha! Photoshop Design

개정 2판 발행 • 2026년 4월 15일

지은이 • 강아윤
펴낸이 • 이지연
펴낸곳 • 이지스퍼블리싱(주)
출판사 등록번호 • 제313-2010-123호
주소 • 서울특별시 마포구 잔다리로 109 이지스빌딩 3층(우편번호 04003)
대표전화 • 02-325-1722 | **팩스** • 02-326-1723
홈페이지 • www.easyspub.co.kr | **Do it! 스터디룸 카페** • cafe.naver.com/doitstudyroom
인스타그램 • instagram.com/easyspub_it | **엑스(구 트위터)** • x.com/easys_IT
페이스북 • www.facebook.com/easyspub

총괄 • 최윤미 | **기획 및 책임편집** • 이수경 | **기획편집 1팀** • 임승빈, 이수경, 지수민 | **교정교열** • 박희정
표지 디자인 • 김근혜 | **본문 디자인** • 김근혜, 트인글터 | **인쇄** • 미래피앤피 | **마케팅** • 권정하
독자지원 • 박애림, 이세진, 김수경 | **영업 및 교재 문의** • 이주동, 김요한(support@easyspub.co.kr)

- 잘못된 책은 구입한 서점에서 바꿔 드립니다.
- 이 책에 실린 모든 내용, 디자인, 이미지, 편집 구성의 저작권은 이지스퍼블리싱(주)와 지은이에게 있습니다.
  단, AI 도구를 활용하여 제작한 이미지(또는 콘텐츠)도 포함되어 있습니다.

ISBN 979-11-6303-842-9 13000
가격 28,000원

AI 시대에도 **포토샵**을 배워야 하는
3가지 이유

누구나 쉽게 이미지를 만드는 AI 시대에도 디자이너의 진정한 가치는 생성된 결과물을 완벽하게 다듬고 정밀하게 제어하는 힘에서 나옵니다. 단순히 이미지를 자동으로 그려 내는 AI와 달리, 작가의 의도를 단 1%의 오차 없이 구현하는 고도의 정교함은 오직 포토샵에서만 해낼 수 있는 특별함입니다.

☑ AI 원석을 보석으로 만드는 압도적인 포토샵 기술

AI가 생성한 초안이 아무리 훌륭해도 궁극적으로 목표로 하는 정답에 100% 도달하려면 계속해서 새로운 프롬프트를 입력해야 합니다. 그리고 이 작업에는 의외로 많은 시간과 운이 따릅니다. AI가 수십 번에 걸쳐 이미지를 생성하는 작업을 기다리는 대신에 **포토샵으로 수정하고 싶은 부분만 즉시 정확하게 작업**하는 것이 사실은 훨씬 빠르고 효율적입니다. AI가 만든 결과물에 디자이너의 세밀한 감각과 포토샵의 기술력을 더할 때 비로소 상업적 가치를 지닌 고품질 디자인으로 완성됩니다.

AI가 만들어 준 초안 이미지

포토샵으로 완성한 이미지

✅ 포토샵에서만 원본을 보존하며 디자인을 완성한다!

많은 사람이 AI가 모든 것을 대신해 줄 것이라 기대하지만, 상업 디자인에서는 1픽셀의 오차나 미세한 비율의 변화도 치명적인 결함이 됩니다. 공들여 촬영한 제품 사진의 비율이 무너지거나 형태가 왜곡된다면 그것은 더 이상 신뢰할 수 있는 디자인이 아닙니다.

다음 예시에서 여타 AI 서비스를 사용해 배경 이미지와 음료 이미지를 합성한 왼쪽 이미지는 음료의 형태가 어색하게 눌린 모양새로 생성되었습니다. 반면 포토샵에서 직접 개체를 가져와 합성한 뒤 하모나이즈 기능을 적용한 오른쪽 이미지는 음료 본연의 비율을 완벽히 유지하는 것을 확인할 수 있습니다.

원본 이미지

AI를 사용해 합성한 경우

포토샵의 기능을 사용한 경우

포토샵은 원본의 형태와 디테일을 100% 유지한 채 주변 환경과 어우러지게 만듭니다. '새롭게 그려서' 상황을 개선하는 것이 아니라, **'원본을 지키며'** 조명과 색감만을 **세밀하게 동화하는 기술.** 이 정밀함이야말로 프로 디자이너가 결국 포토샵을 선택하는 본질적인 이유입니다.

☑ AI 모델과 획기적으로 협업할 수 있다!

포토샵 사용자는 더 이상 혼자가 아닙니다. 나노 바나나와 같은 최신 AI 모델이 포토샵으로 들어와 디자이너의 손과 발이 되어 주기 때문입니다. 과거에는 며칠이나 걸렸던 복잡한 리터칭과 배경 합성 작업을 이제는 단 몇 분 만에 끝낼 수 있습니다. 여러분은 이제 **기술적인 단순 반복 작업에서는 해방되고 오직 기획과 감각적인 표현에만 집중**할 수 있습니다. 지금부터 이 책과 함께 AI라는 강력한 조수와 함께 포토샵이라는 최고의 무기를 자유자재로 다루는 진정한 전문가로 거듭나 보겠습니다.

🔵 나노 바나나를 활용한 이미지 합성 방법은 10-3절과 <프로젝트 03>에서 자세히 다룹니다.

막막한 포토샵, 쉽고 재밌게 배워 해결하자!
AI로는 대체할 수 없는 한 끗 차이를 표현해 보세요!

아윤 쌤의 첫 번째 교육 철학
장난감을 가지고 노는 것처럼 즐겁고 재미있게!

"포토샵, 너무 어렵지 않을까?", "AI가 다 해주고 간편한 디자인 프로그램도 많은데 굳이 포토샵을 배워야 할까?" 글쎄요, 오히려 누구나 쉽게 이미지를 만들 수 있는 지금이야말로 **나만의 정교한 디테일을 한 끗 더할 수 있는 포토샵**의 가치가 가장 빛나는 시기입니다. 포토샵을 처음 만났을 때 재미있는 장난감을 발견한 것처럼 설렜던 경험을 떠올리며, 여러분도 저처럼 포토샵을 활용해 상상을 현실로 만드는 기쁨을 느끼길 바라는 마음에서 이 책을 집필했습니다.

첫인상, 첫 단추가 중요하다는 말이 있죠? 이 책은 여러분의 포토샵 첫걸음이 즐거운 기억으로 남을 수 있도록 구성했습니다. 단순히 템플릿의 빈칸을 채우는 것을 넘어 **AI가 그려 준 초안을 전문가 수준으로 바꿀 수 있는 비법**을 모두 담았습니다. 이제 디자인은 딱딱한 공부가 아니라 나를 표현하는 즐거운 놀이가 될 것입니다.

5가지 실전 디자인 프로젝트, 빈 바탕에서 시작
따라 하기만 해도 디자이너 1년치 경험이 저절로 흡수됩니다!

이 책의 모든 예제는 제가 직접 만든 실무 자료를 토대로 구성했습니다. 작업 효율이 높은 캔바나 미리캔버스를 활용해도 좋지만, 포토샵은 여러분의 디자인에 누구도 흉내 낼 수 없는 독보적인 생명력을 불어넣어 줄 것입니다. SNS를 켜면 바로 보이는 트렌디한 콘텐츠부터 "이거 어떻게 만들었지?" 싶은 감각적인 아트워크까지 모두 만들어 볼 거예요. **요즘 실무에 자주 등장하는 트렌디한 디자인 프로젝트 5가지**를 처음부터 끝까지 완성해 보면서 실전 감각을 최대로 끌어올려 보세요.

이 책을 덮고 나면 포토샵이라는 강력한 무기를 자유자재로 다루며, AI 시대에 나만의 정답을 그려 내는 멋진 자신을 만날 수 있을 거예요!

강아윤 드림

첫째마당

포토샵 기본기
빠르게 다지기

맛도 영양도 딱!
다이어트
레시피 추천
#고단백저탄수화물 #골고루먹자 #건강한다이어트

비틀을 시원하고 달콤하게 보내세요!
SWEET
BERRY
Berry Beverage
블루베리 스무디

UNIFOOD
MENU
CARBONARA
PIZZA
SALMON STEAK
WAFFLE

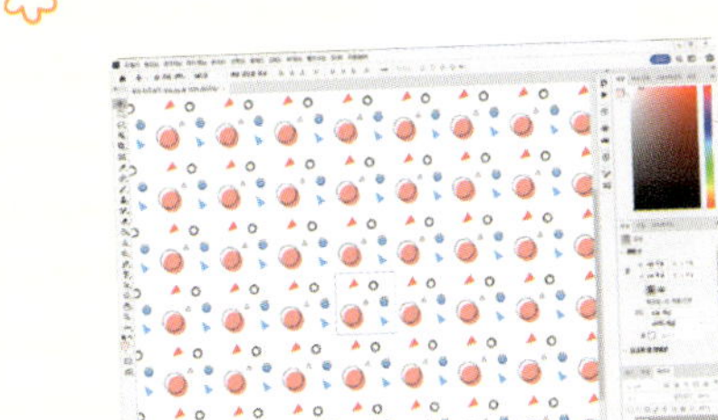

MYSTIC
GLOW
Grace
THE SCENT OF FANTASY

당장 짐 싸서 떠나고 싶을 걸?
탁~트인 미친 뷰
전망대 드라이브 코스

책 속의 책

찾기 쉬운 포토샵 기능 사전

"포기 금물! 하루 1시간, 16회 만에 포토샵 정복!"

다음 학습 계획표를 활용하면 단 16회 차로 포토샵 필수 기능을 모두 익힐 수 있습니다. [회사 실무 문제]와 [프로젝트01~05]는 실무 상황에 필요한 문제 해결 능력을 높여 줄 거예요!

구분	주제	학습 범위	학습일
1회 차	· 포토샵 설치하고 화면 살펴보기 · 파일 관리하기	01~03장	___월 ___일
2회 차	· 레이어 이해하기 · 그래픽 기초 상식 이해하고 글꼴 설치하기	04~06장	___월 ___일
3회 차	· 개체 선택하고 이동하기 · 이미지 변형하기 실무 레스토랑 메뉴판 완성하기	07~08장	___월 ___일
4회 차	· 드로잉/채색 도구 사용해 보기	09장	___월 ___일
5회 차	· 생성형 채우기 기능으로 이미지 만들기 실무 AI를 활용해서 제품 광고 디자인하기	10장	___월 ___일
6회 차	· 이미지 보정/리터칭 도구 다뤄 보기	11장	___월 ___일
7회 차	· 조정 기능에 익숙해지기 실무 음료를 맛있어 보이게 색상 보정하기	12장	___월 ___일
8회 차	· 문자 도구로 텍스트 입력하기 · 벡터 도형 그리기	13~14장	___월 ___일
9회 차	· 다양한 필터 기능 사용해 보기 실무 인물 사진을 웹툰 속 그림으로 만들기	15장	___월 ___일
10회 차	· 레이어 합성 방식 익히기 · 채널 기능 사용하기 실무 현실감이 느껴지는 제품 홍보 포스터 만들기	16~17장	___월 ___일
11회 차	· 여러 가지 인물 보정 기술 배우기 · 누끼 따는 요령 익히기	18~19장	___월 ___일
12회 차	· SNS 피드용 카드뉴스 만들기	프로젝트 01	___월 ___일
13회 차	· 여행지 추천 유튜브 섬네일 제작하기	프로젝트 02	___월 ___일
14회 차	· AI 활용해서 영화 같은 제품 포스터 만들기	프로젝트 03	___월 ___일
15회 차	· 카페 신메뉴 홍보 포스터 만들기	프로젝트 04	___월 ___일
16회 차	· 디지털 아트워크 만들기	프로젝트 05	___월 ___일

이 책을 보는 방법

아윤 쌤의 특별 동영상 강의 무료 제공!

아윤 쌤의 필살기인 친절하고 자세한 강의를 유튜브에서 만나 보세요. 책 속 QR코드를 스캔하면 이 책의 저자 아윤 쌤이 '회사 실무 문제'와 '실전 디자인 프로젝트'의 전 과정을 꼼꼼히 설명해 드립니다.

유튜브 채널 '아윤디자인': youtube.com/@아윤디자인

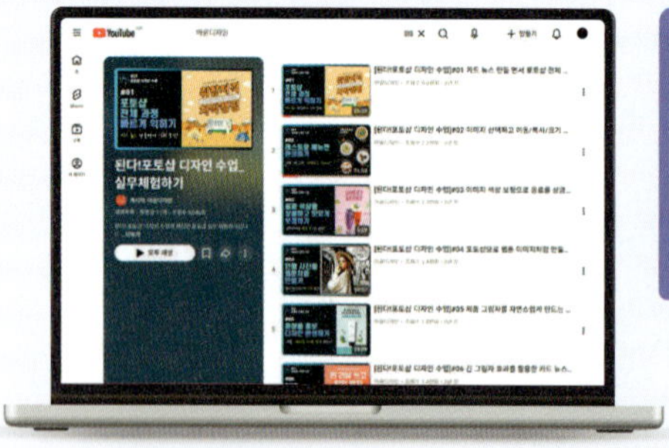

재생목록 바로가기

실습에서 사용하는 예제 파일 제공!

이 책은 직접 따라 하며 포토샵 기능을 익힐 수 있도록 구성했습니다. 이지스퍼블리싱 홈페이지에서 예제 파일을 내려받아 실습해 보세요.

이지스퍼블리싱 홈페이지(www.easyspub.co.kr) 접속 → [자료실] → '포토샵' 검색

포토샵, 처음이라면?
기본기 빠르게 다지기

포토샵으로 제작된 광고 이미지나 SNS 홍보물, 상세 이미지는 우리 일상에서 쉽게 찾아볼 수 있습니다. 스튜디오의 전문 사진 보정과 디자인 작업은 물론, 광고 제작이나 쇼핑몰 운영 등 다양한 분야에서도 널리 활용되고 있죠. 시중에 다양한 편집 프로그램이 출시되고 있지만 완성도를 압도적으로 높일 수 있는 건 포토샵뿐이에요.

그럼 첫째마당을 차근차근 넘겨 보며 포토샵 기초부터 이해해 보겠습니다.

포토샵, 처음이에요

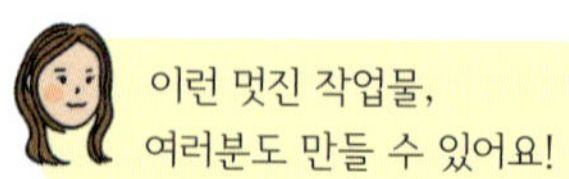

"포토샵, 완성도를 높이려면 단연코 필수로 알아야 해요!"

포토샵이 처음인 여러분! AI가 이미지를 만들어 주는 시대에도 완성도를 높이려면 포토샵은 필수입니다. 기능이 너무 많다고 포토샵을 어렵게 느낄 수 있지만 실제로는 몇 가지 기능만 알아도 거의 모든 작업을 해낼 수 있습니다. 우선 포토샵은 어떤 프로그램인지, 어떤 분야에 활용되는지를 알아보겠습니다. 또한 포토샵 프로그램은 어떻게 설치하는지도 알아보겠습니다.

✓ 체크 포인트

☐ 포토샵 활용 분야 이해하기 ☐ 포토샵 AI 기능 살펴보기
☐ 내 PC에 포토샵 설치하기

01-1

포토샵은 어디에 사용하나요?

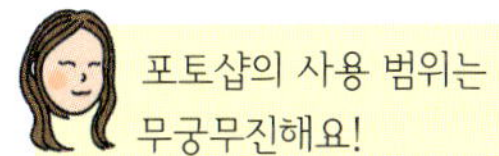

인터넷, SNS 등으로 정보 공유와 소통이 활발해진 최근에는 카드 뉴스, 이벤트 페이지, 유튜브 섬네일 이미지, 포스터, 상세 페이지와 같은 디자인 콘텐츠 제작에도 포토샵을 활용합니다. 주로 어떤 작업을 할 때 포토샵이 필요한지 알아보겠습니다.

사진 보정과 합성

디지털카메라 또는 스마트폰으로 촬영한 사진을 보정하거나 수정할 수 있습니다. 기본적으로는 SNS에 올릴 일상 사진이나 상세 페이지에 들어갈 제품 사진을 밝게 조정할 때, 촬영한 사진이 실제 색상과 달라 보정해야 할 때 사용합니다. 좀 더 전문적으로는 여러 장의 사진을 합성해 재미있게 표현하고자 할 때 사용합니다.

그래픽 디자인

그래픽 디자인(graphic design)은 '시각 디자인' 또는 '커뮤니케이션 디자인'이라고도 합니다. 그래픽 디자인의 영역은 아이덴티티 디자인(로고 디자인, 브랜드 디자인 등), 웹 디자인, 인쇄 출력과 관련된 편집 디자인(잡지, 신문, 포스터, 책 표지), 광고·포장 디자인 등을 포함할 정도로 매우 광범위합니다.

타이포그래피

타이포그래피(typography)는 글자를 이용해 메시지를 전달하고 싶을 때 사용하는 디자인 유형입니다. 주로 포스터, 광고, 표지 디자인 등에서 글꼴, 글자의 크기, 두께, 색상 등을 조화롭게 활용해 표현합니다.

매트 페인팅

배경이 무척 화려한 영화나 게임을 본 적이 있나요? 이러한 배경은 바로 컴퓨터 그래픽으로 만들어집니다. 매트(matte)는 영화 촬영 시 배경으로 쓰는 판에서 유래한 말인데요. 이렇게 컴퓨터 그래픽 작업에도 포토샵이 활용됩니다.

웹·앱 디자인

인터넷의 등장으로 웹 사이트, 모바일 앱이 우리 삶에 필수로 자리 잡았습니다. 이러한 웹·앱 디자인을 할 때는 'UX·UI 디자인'을 꼭 염두에 둬야 하는데요. UX·UI 디자인은 제작자 중심이 아닌 사용자 중심의 인터페이스 디자인을 말합니다. 또, 인터페이스 디자인은 사용자가 컴퓨터 또는 모바일 서비스를 쉽고 편리하게 이용할 수 있도록 하는 디자인을 말합니다.

💧 UX(user experience)는 사용자 경험을, UI(user interface)는 사용자 환경을 의미합니다.

온라인 콘텐츠 디자인

포토샵이 필수 프로그램이 된 이유 중 하나는
바로 '온라인 콘텐츠 디자인'에 사용되기 때문
입니다. 인스타그램, 유튜브 등이 급부상하면서
자신이 올리는 콘텐츠가 눈에 잘 띄도록 하기
위해 포토샵을 활용하는 사람들이 늘어나고 있
습니다.

광고 디자인

광고 디자인은 상업 활동에 없어서는 안 되는
분야입니다. 광고 디자인의 목적은 '홍보'이기
때문에 사람들의 시선을 사로잡고 메시지를
잘 전달해야 합니다. 포토샵은 제품 또는 서비
스 홍보 메시지를 멋지고 아름답게 표현하는
데 활용됩니다.

이렇게 다양한 분야에 사용되는 포토샵, 설치
부터 시작해 기본 기능을 하나하나 배워 보겠
습니다.

> **❓ 아윤 쌤! 질문 있어요!** 포토샵과 일러스트레이터는 무엇이 다른가요?
>
> 
>
> 포토샵
>
> 
>
> 일러스트
> 레이터
>
> **포토샵**은 이미지 보정, 합성 등 이미지를 편집하는 데 특화된 프로그램으로, 수많은
> 점으로 구성된 픽셀을 기본 단위로 사용하는 '비트맵 방식'을 지원합니다.
> 반면 **일러스트레이터**는 로고, 캐릭터, 출력, 인쇄에 특화된 프로그램으로, 도형을 수
> 학적 수치로 만들어 내는 '벡터 방식'을 지원합니다.
> 두 프로그램의 차이점은 이미지를 확대해 보면 쉽게 알 수 있습니다. 비트맵 방식은
> 점들이 픽셀로 이뤄져 있기 때문에 이미지를 확대했을 때 깨져 보이지만, 벡터 방식은
> 수학적 수치로 나타내기 때문에 확대하거나 줄여도 깨져 보이지 않습니다. 포토샵은
> 웹이나 영상 매체, 일러스트레이터는 출력이나 인쇄물에 주로 사용합니다.
>
> 🔵 비트맵과 벡터의 차이는 06-1절을 참고하세요.

01-2

포토샵 구독하고 설치하기

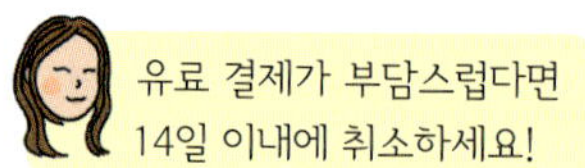

포토샵은 어도비 홈페이지에서 내려받아 설치할 수 있습니다. 무료 체험판을 제공하지 않지만, 첫 결제 후 14일 이내에는 언제든지 무료로 취소할 수 있습니다. 만약 포토샵을 지속해서 사용하지 않을 거라면 14일 이내에 취소해야 합니다.

지금 하면 된다! ▶ 포토샵 구독하고 설치하기

포토샵을 구독할 때 결제 플랜에는 3가지가 있습니다. 앞으로 계속 사용해야 한다면 비교적으로 저렴한 연간 결제 방식을 권장합니다. 단, 예정된 결제일마다 자동으로 비용이 지불되므로 추가 결제를 원하지 않는다면 미리 구독을 해지해야 합니다.

01 어도비 홈페이지(www.adobe.com/kr/creativecloud/plans.html)에 접속한 후 Photoshop 플랜에서 [구매하기]를 클릭합니다.

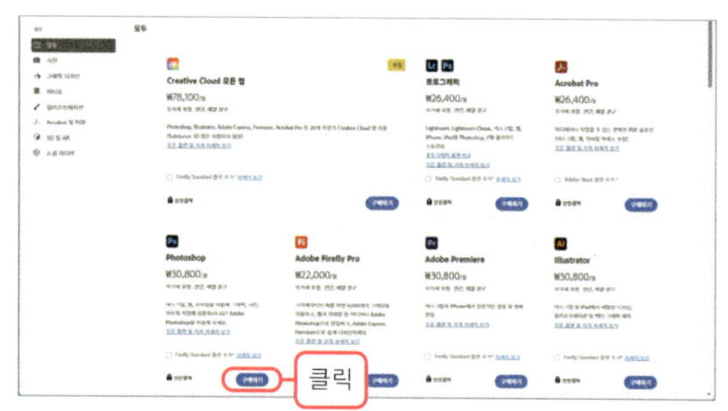

02 ❶ 결제 플랜을 선택한 후 ❷ [구매하기]를 클릭합니다.

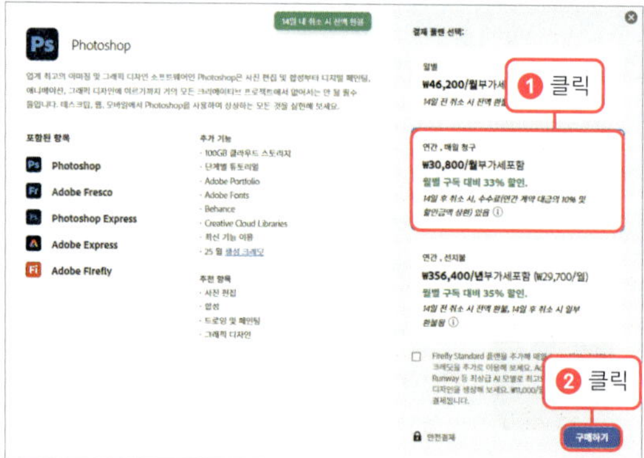

03

① 계정으로 사용할 이메일 주소를 입력하고 ② 필수 항목에 체크 표시합니다. ③ [Adobe Firefly Standard]를 삭제하고 ④ [계속]을 클릭합니다.

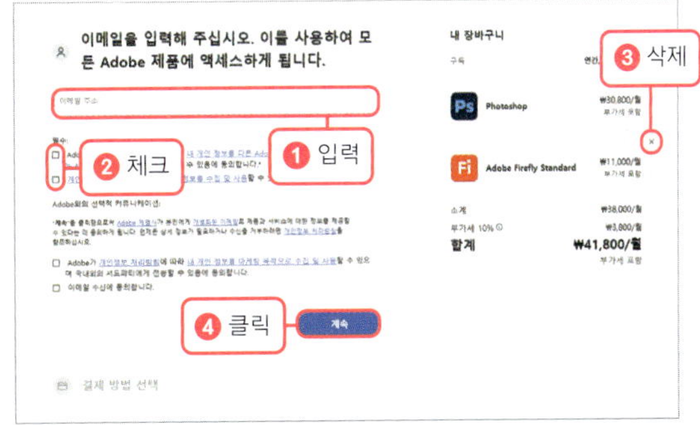

04

① 결제할 카드 정보를 입력하고 ② [동의 및 구독]을 클릭합니다.

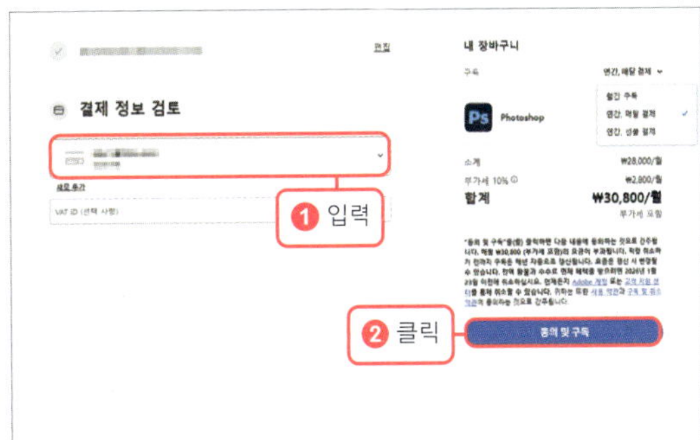

05

결제가 완료되면 어도비 메인 화면이 나타납니다. ① 화면 왼쪽 메뉴에서 [앱]을 클릭한 후 ② Photoshop의 [설치]를 클릭합니다.

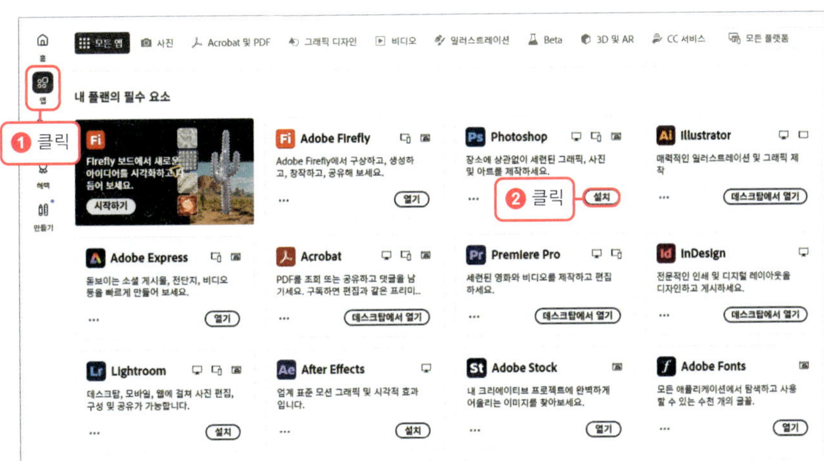

01
어도비 홈페이지에 접속해 로그인하세요. ❶ 화면 오른쪽 상단에 있는 계정 아이콘 🔵을 클릭한 후 ❷ [계정 관리]를 클릭하세요.

02
❶ [플랜 관리]를 클릭한 후 ❷ 플랜 관리 팝업이 나타나면 [플랜 취소]를 클릭합니다.

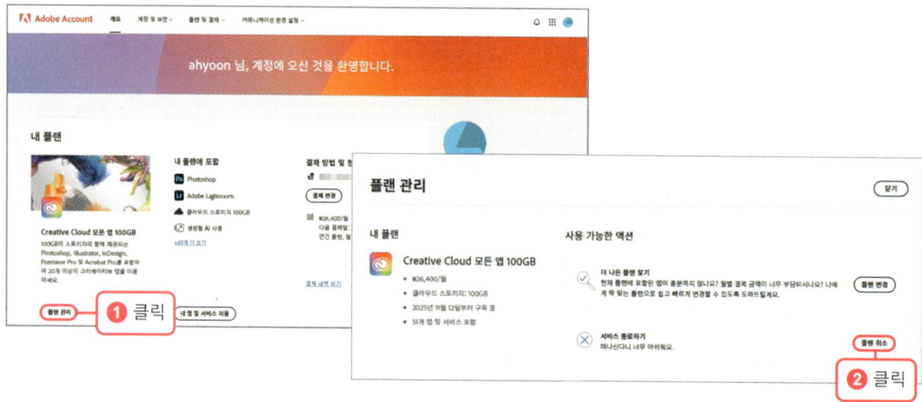

03
❶ 플랜 취소 여부 관련 문항이 나오면 [계속]을 클릭한 후 ❷ 피드백 문항에서 아무거나 선택하고 ❸ [계속]을 클릭합니다.

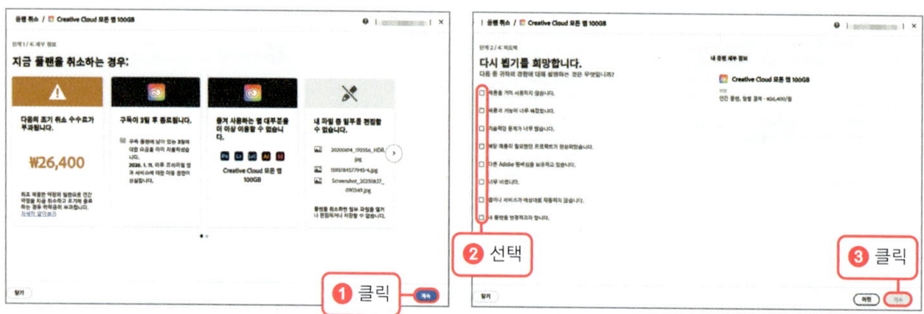

04 ❶ 다른 혜택을 고려해 보라는 문항에서는 [아니요]를 클릭하고 ❷ 마지막으로 [취소 확인]을 클릭하면 결제 취소가 완료됩니다.

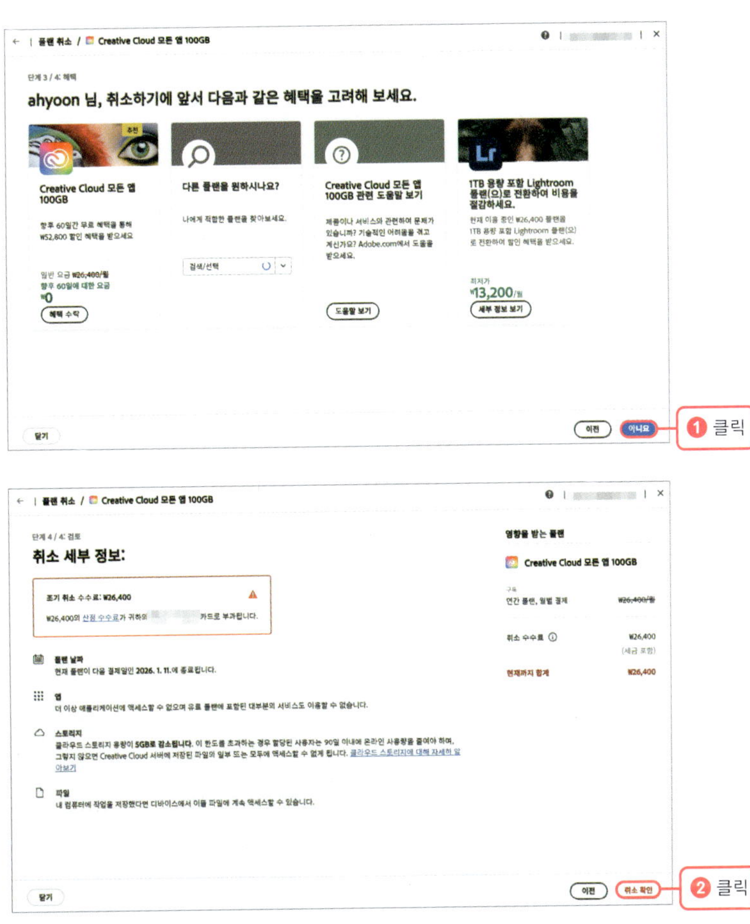

AI와 함께 더 강력해진 포토샵!

인공지능(AI)이 인간 생활에 성큼 다가온 지금, 포토샵 역시 이미지 편집과 관련된 다양한 AI 기능을 도입했습니다. 어도비에서 만든 이미지 생성 도구인 파이어플라이는 물론 구글의 이미지 생성 모델인 나노 바나나까지 탑재하여 압도적인 성능을 자랑합니다. AI 기능이 강화되면서 더욱더 강력해진 포토샵을 자세히 살펴보겠습니다.

포토샵에서 AI를 활용하면 아주 쉽게 수정할 수 있어요!

이제는 포토샵에서 클릭 한 번으로 배경을 지우고, 이미지를 자동으로 합성하고, 불필요한 이미지를 자동으로 인식해 지우는 등 실무에 매우 유용한 AI 기술을 사용할 수 있습니다. 디자인 시간을 확실히 절감해 주는 효과가 있죠.

포토샵 AI 기능으로 만든 다양한 작업물을 몇 가지 소개합니다. 이 책의 실습을 따라 하고 나면 여러분도 이런 작품을 충분히 만들 수 있답니다!

포토샵에서 제공하는 AI 기능인 [생성형 채우기]는 이미지의 특정 부분을 선택하여 원하는 이미지 프롬프트를 입력하면 입력한 명령에 알맞은 이미지를 만들어 줍니다. 프롬프트는 한글로 입력할 수 있으며, 3개의 이미지를 제안해 줍니다. 만약 생성된 이미지가 마음에 들지 않으면 다시 [생성]을 눌러서 다른 이미지를 새로 생성할 수 있습니다. 그중에서 원하는 이미지를 선택하기만 하면 자연스럽게 합성해 주면서 해당 영역을 채워 줍니다.

다음은 [생성형 채우기]를 활용한 예시 이미지입니다. 산에 둘러싸인 들판의 일부분을 선택 영역으로 지정하고 [생성형 채우기] 기능을 적용한 결과 해당 부분이 호수로 변했습니다. 호수에 산이 비치는 모습까지 구현되어 매우 자연스럽습니다.

이미지에 호수를 넣을 영역을 선택한 모습

[생성형 채우기]로 호수를 합성한 결과물

여기서 ‘프롬프트’라는 단어가 꽤나 생소할 텐데요. 프롬프트(prompt)는 생성형 AI 에게 특정 행동을 지시할 때 사용하는 텍스트 명령어입니다. 원하는 이미지를 만들려면 원하는 주제, 스타일, 색상, 구성, 분위기 등 세부 사항 프롬프트를 정확하게 입력해야 합니다. 프롬프트는 실습을 따라 하며 자연스럽게 친해질 수 있습니다. 자세한 내용은 10장에서 살펴보겠습니다.

생성형 채우기 모델을 선택할 수 있어요!

포토샵에서 영역을 선택한 뒤 [생성형 채우기]를 실행하면 AI 모델을 선택하여 이미지를 생성할 수 있습니다. 기존 어도비 모델인 파이어플라이(Firefly)는 물론 플럭스(FLUX)와 나노 바나나(Nano Banana)까지 모두 제공합니다.

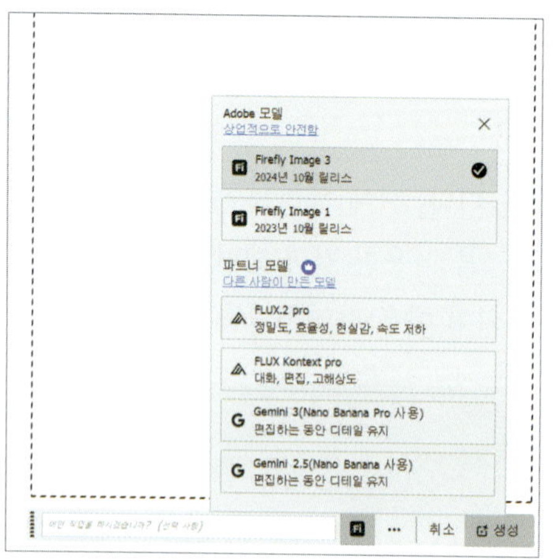

파이어플라이는 웹 사이트(firefly.adobe.com)에서 직접 이미지를 생성할 수도 있습니다.

다음은 3가지 AI 모델의 특장점을 비교한 표입니다.

구분	파이어플라이	플럭스	나노 바나나
특징	어도비가 개발한 모델로, 포토샵의 도구와 연동성이 좋아 결과물이 매우 안정적이며, 상업용으로도 사용할 수 있습니다.	빛, 그림자, 반사 등 조명 환경이 까다로운 경우 결과물의 맥락을 읽어 조화롭게 맞춰 줍니다.	사실성에 특화된 모델로, 사람이나 사물을 현실감 있게 생성하고 자연스럽게 수정할 수 있습니다.
사용 예시	이미지 내 물체 제거 및 추가, 배경 확장, 스타일 변환 등 보편적인 편집 작업을 할 때 사용합니다.	안경 속의 반사, 강한 눈부심, 복잡한 그림자 또는 조명 문제를 해결할 때 사용합니다.	인물의 옷을 바꾸거나 원하는 제품을 착용할 때, 모델의 포즈를 자연스럽게 변경할 때 사용합니다.
비용	어도비 구독 플랜에 포함된 기본 생성형 크레딧 소모	프리미엄 기능으로 크레딧 소모	프리미엄 기능으로 크레딧 소모

포토샵에서 AI 기능을 이용하면 인물의 옷을 바꾸거나 옷에 있는 로고를 지우거나 재질감을 살짝만 바꿔도 AI를 사용한 티가 전혀 나지 않습니다.

원본 이미지

포즈를 변경한 이미지

원본 이미지

의상과 포즈를 변경한 이미지

이미지 해상도와 선명도를 보존하는 건 필수!

이미지의 해상도를 높이거나 크기를 키우면 이미지의 선명도가 흐려지기 마련입니다. 하지만 포토샵에서는 [생성형 업스케일] 기능을 이용해서 디테일을 보존하고 선명도를 높일 수 있습니다.

메뉴 바에서 [이미지 → 생성형 업스케일]을 클릭하면 업스케일(upscale)에 사용할 AI 모델을 선택할 수 있습니다.

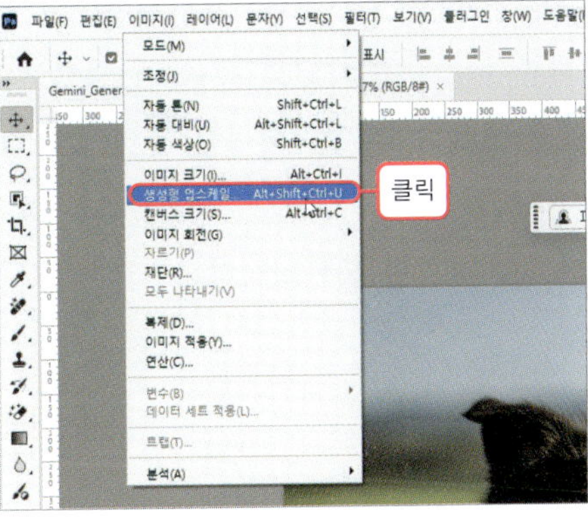

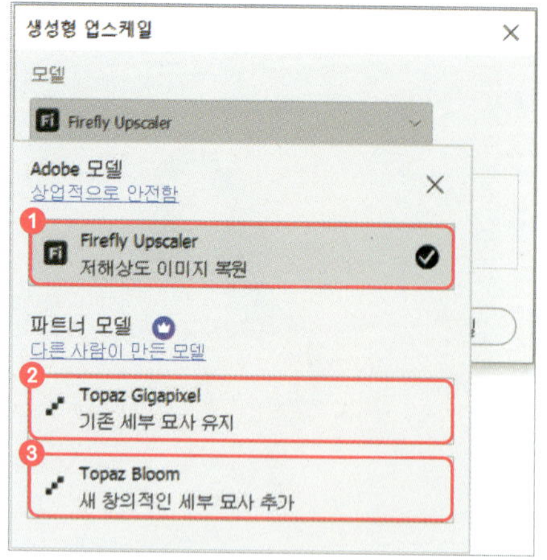

❶ **[Firefly Upscaler]**: 저해상도 이미지를 복원할 때 사용합니다. 파이어플라이 모델은 저작권 문제가 없는 라이선스가 부여된 데이터를 학습했기 때문에 상업용으로 사용해도 안전합니다.

❷ **[Topaz Gigapixel]**: 강력한 AI 업스케일 기술로, 이미지를 최대 56MP 크기로 확대하면서도 디테일을 보존할 수 있습니다.

❸ **[Topaz Bloom]**: 업스케일할 때 원본을 보존하기보다는 디테일을 더하여 이미지를 더 풍부하게 만듭니다.

[파이어플라이 업스케일러]를 사용한 경우

[토파즈 블룸]을 사용해서 디테일을 추가한 경우

보다 자연스럽게 합성할 수 있어요! – 하모나이즈

합성한 작업물이 어색해 보이는 이유는 추가된 개체가 배경의 조명 조건(빛의 방향, 강도 등)이나 색상 환경(따뜻한 톤, 차가운 톤 등)과 다르기 때문입니다. [하모나이즈(Harmonize)] 기능을 사용하면 AI가 주변 환경의 속성을 인지해서 이미지 속의 새로운 개체나 수정된 영역을 주변 환경과 자연스럽게 융화해 줍니다. 상황별 작업 표시줄에서 [하모나이즈]를 누르면 다음과 같이 조명 설정이 바뀌며 원래 하나의 사진이었던 것처럼 표현됩니다.

길거리 배경에 모델을 합성한 모습

[하모나이즈]를 적용한 모습

피사체를 인식하는 수준이 더 좋아졌어요!

우선 [피사체 선택]과 [배경 제거]의 성능이 크게 향상되었습니다. 개체를 한 번 클릭하는 것만으로 깔끔하게 누끼를 딸 수 있어 작업 시간을 크게 절약할 수 있습니다. 심지어 머리카락이나 복잡한 모양 등 미세한 가장자리를 처리하는 능력도 탁월해졌고, 배경에 있는 인물 등 원치 않는 요소를 더욱 쉽고 자연스럽게 제거할 수 있습니다. 이미지를 불러오면 다음과 같은 상황별 작업 표시줄이 나타나며 [피사체 선택]과 [배경 제거] 등을 실행할 수 있습니다.

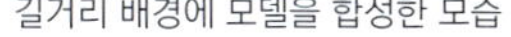

[피사체 선택]을 선택해 단번에 누끼를 딴 모습

[배경 제거]를 선택해 피사체를 제외한 배경을 삭제한 모습

그리고 도구 바에서 [제거 도구]를 선택하면 이미지에서 제거하고 싶은 영역을
지정하는 것만으로 해당 내용을 제거하고 빈자리를 자연스럽게 합성할 수 있습니다.

원본 이미지　　　　　　　　　　　　　　　　　　　　　배경에 있는 전선을 클릭 한 번으로 지운 이미지

이제 포토샵에서 AI 기능을 이용하면 손재주가 뛰어나지 않아도 쉽게 수정하고 편집
할 수 있습니다. 동시에 나만의 개성을 더해 남다른 한 곳을 표현할 수 있는 포토샵
의 세계로 들어가 보겠습니다.

02

포토샵 화면 구경하기

포토샵 화면을
하나하나 뜯어 볼게요!

아윤 쌤의

**강의
노트** "포토샵 화면을 차분히 살펴볼게요!"

포토샵을 시작할 준비를 마쳤으니 이제 본격적으로 출발해 볼까요? 포토샵 프로그램
을 처음 실행하면 도무지 뭐가 뭔지 알 수 없을 거예요. 포토샵의 화면 구성을 차근차
근 살펴보면서 포토샵 수업을 시작해 볼게요!

✔ 체크 포인트

☐ 포토샵 화면 구성 이해하기   ☐ 포토샵 패널 살펴보기

☐ 포토샵 도구 바 살펴보기

02-1

포토샵 시작 화면 만나기

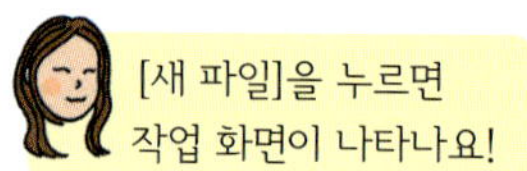

포토샵을 실행하면 다음과 같은 화면이 나타납니다.
보통 [새 파일] 또는 [열기]를 눌러 작업을 시작합니다.

❶ 홈

포토샵의 처음 화면으로 이동합니다.

❷ 학습

포토샵의 기능을 숙지하는 데 도움이 되는
영상 콘텐츠와 튜토리얼을 제공합니다.

❸ 내 파일

포토샵에서 작업한 파일을 어도비 클라
우드 문서에 저장하면 자동으로 동기화
됩니다. 클라우드 문서와 동기화된 모든
파일은 데스크톱, 노트북, 스마트폰, 태
블릿 PC와 연동해 사용할 수 있습니다.

❹ 나와 공유됨

어도비 계정을 소유한 사용자와 공동 작
업을 할 수 있습니다.

❺ 프로젝트

작업 중인 문서나 클라우드에 저장된 파
일을 모아 볼 수 있습니다. 내가 만든 디
자인뿐만 아니라 공유된 작업물까지 한
눈에 확인하고 관리할 수 있어서 여러 프
로젝트를 동시에 진행할 때 편리합니다.

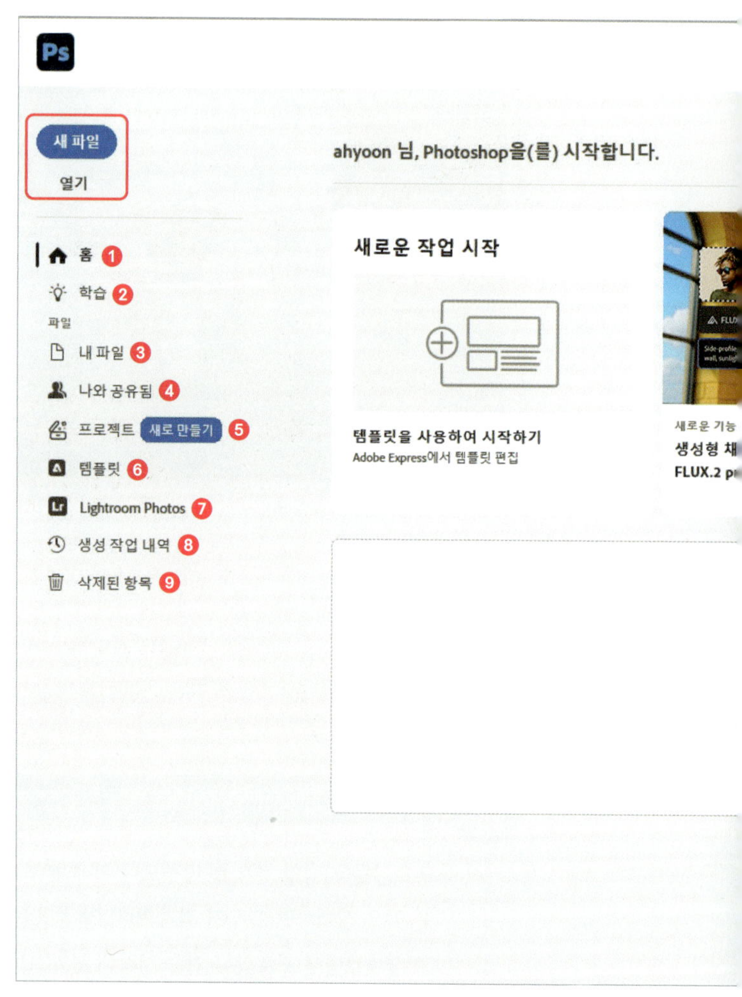

❻ 템플릿

어도비에서 제공하는 템플릿을 활용할 수 있습니다. 디자인 초보자도 템플릿 기능을 사용하면 이미 완성된 레이아웃을 바탕으로 쉽고 빠르게 작업을 할 수 있습니다.

❼ Lightroom Photos

모바일에 라이트룸 앱을 설치한 후 포토샵과 연동하면 라이트룸에서 사용한 이미지를 포토샵으로 가져와 편집할 수 있습니다.

❽ 생성 작업 내역

포토샵에서 생성한 AI 이미지를 보관하는 곳입니다.

❾ 삭제된 항목

어도비 클라우드 문서에서 삭제된 파일을 보관하는 곳으로, 복원하거나 영구 삭제할 수 있습니다.

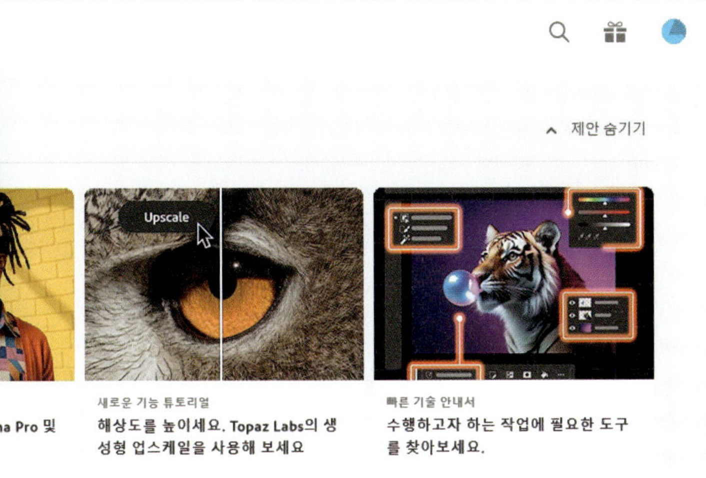

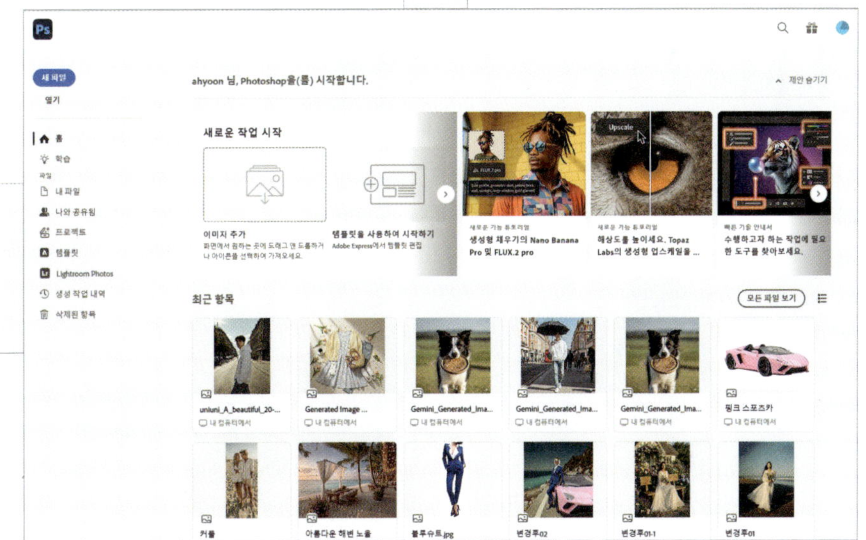

작업 화면 구성 미리 보기

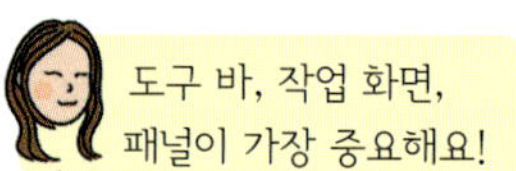

포토샵의 작업 화면은 크게 메뉴 바, 옵션 바, 도구 바, 작업 화면, 패널로 구성됩니다.
이 책을 실습하며 각 명칭이 자주 언급되므로 위치를 확인하고 넘어가세요.

❶ 메뉴 바

포토샵의 모든 기능을 기능별로 분류해 모아 놓은 곳입니다.

❷ 옵션 바

도구 바에서 선택하는 도구의 옵션을 조절합니다. 선택한 도구마다 옵션이 다르게 구성됩니다.

❸ 도구 바

포토샵에서 가장 많이 사용하는 도구의 집합입니다. 포토샵에서 도구 바만 이해하면 포토샵의 70%는 사용할 수 있으므로 반드시 숙지해야 해요.

❹ 작업 화면

여러분이 작업할 화면입니다. 모든 작업은 이곳에서 이뤄집니다.

❺ 상황별 작업 표시줄

도구나 메뉴를 선택했을 때 또는 새 파일을 열었을 때 나타납니다. 기능을 바로 실행할 수 있어 매우 편리합니다.

- **[장치에서 추가]:** 내 컴퓨터나 외장 하드 등 로컬 저장 장치에 보관된 이미지 파일을 캔버스로 가져올 수 있습니다.

- **[무료 스톡 이미지 추가]:** 저작권 걱정 없이 어도비에서 제공하는 무료 스톡 이미지를 바로 불러와 사용할 수 있습니다.

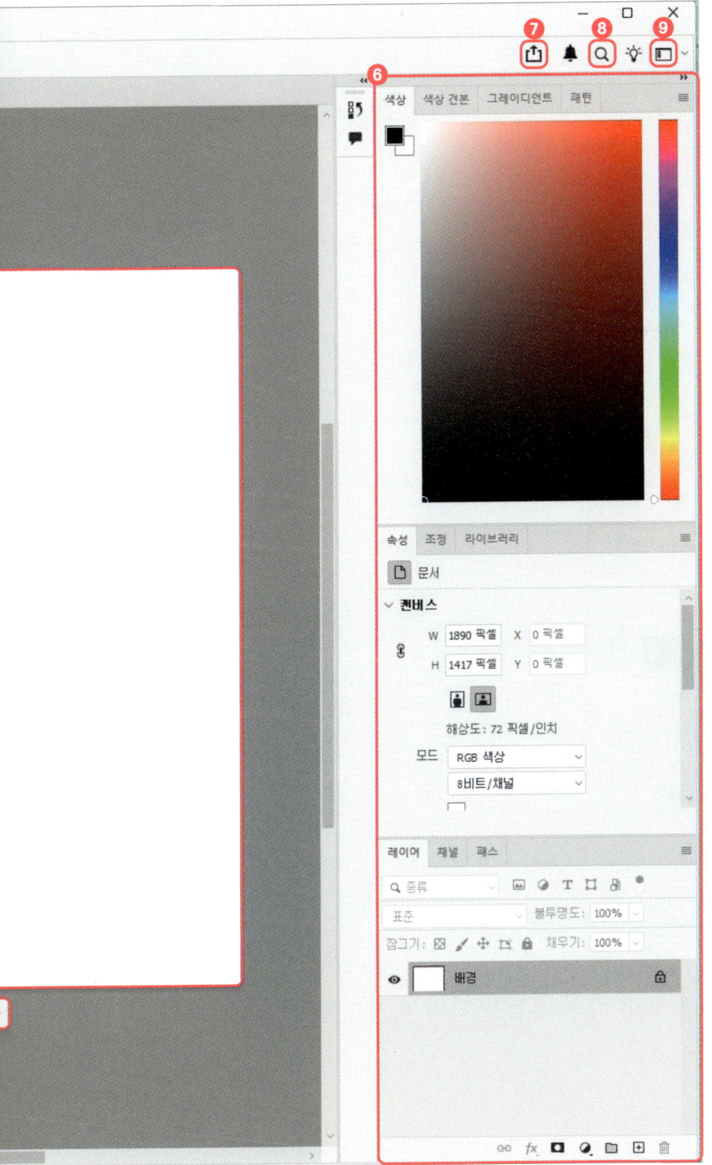

- **[이미지 생성]**: 어도비 파이어플라이로 AI 이미지를 생성할 수 있습니다.

❻ 패널

포토샵의 특정 기능, 예를 들어 그림을 그리기 위해 필요한 붓, 물감 등을 모아 놓은 곳입니다. 패널은 작업자의 작업 스타일에 따라 다르게 구성할 수 있습니다. 메뉴 바에 있는 [창]을 눌러 자주 사용하는 패널을 꺼내 놓고 사용할 수도 있습니다.

❼ 파일 내보내기 또는 공유

파일을 다른 사용자와 공유하거나 연동된 앱으로 내보낼 수 있습니다. PNG로 바로 저장하거나 파이어플라이로 보내 비디오를 생성할 수도 있습니다.

❽ 탐색

포토샵 기능, 도구, 학습, 튜토리얼 등을 검색하면 관련된 정보가 나타납니다.

❾ 작업 영역 선택

포토샵으로 어떤 유형의 작업을 할 것인지 선택하면 그에 맞는 화면 구성으로 변경됩니다.

도구 바 살펴보며 초보 탈출하기

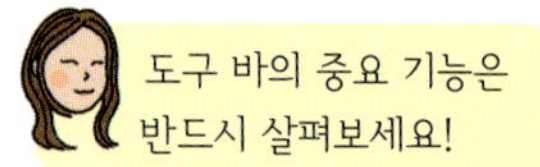

평소 그림을 그리거나 뭔가를 만들 때 도구를 사용하죠? 도구 바는 포토샵 작업을 하는 데 필요한 도구를 모아 놓은 박스입니다. 포토샵 작업 화면의 왼쪽에 있으며, 아이콘 모양으로 각 도구의 기능을 어느 정도 짐작할 수 있어요.

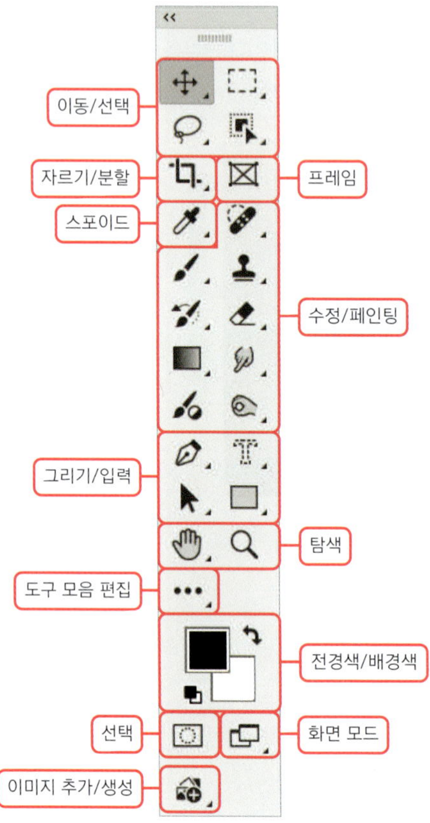

포토샵의 주요 기능이 도구 바에 모여 있기 때문에 포토샵을 처음 배울 때는 도구 바의 기능을 가장 먼저 이해하는 것이 좋습니다. 도구 바를 다룰 줄 알면 포토샵의 70%는 배웠다고 할 수 있어요! 지금부터 도구 바의 기능을 하나씩 살펴보겠습니다.

도구 바 파헤치기

도구 바를 좀 더 자세히 살펴보겠습니다. 도구 바의 도구를 하나씩 길게 클릭해 보세요. 숨어 있던 도구들이 나타납니다. 포토샵의 모든 기능과 도구를 알면 좋겠지만 너무 많아서 한번에 모두 외우기는 어려울 거예요. 여기서 소개하는 27가지 도구 중 **★중요** 기능을 우선으로 숙지하면 포토샵을 훨씬 더 빠르게 익힐 수 있습니다.

❶ [이동 도구 ⊕] ★중요

이미지나 선택한 영역을 드래그해 원하는 위치로 이동합니다.

- [대지 도구 ⬜]: 하나의 작업 화면에서 여러 캔버스 화면을 만들어 사용할 수 있습니다.

❷ [사각형 선택 윤곽 도구 ⬚] ★중요

특정 영역을 사각형 모양으로 선택합니다.

- [원형 선택 윤곽 도구 ◯]: 영역을 원형 모양으로 선택합니다.
- [단일 행 선택 윤곽 도구 ▭]: 영역을 가로 방향으로 선택합니다.
- [단일 열 선택 윤곽 도구 ▯]: 영역을 세로 방향으로 선택합니다.

❸ [올가미 도구 ◯] ★중요

원하는 영역을 둘러싸듯 드래그해 자유로운 모양으로 선택합니다.

- [선택 영역 브러시 도구 🖌]: 원하는 영역을 붓으로 칠하듯이 채워 빠르고 정확하게 선택합니다.
- [다각형 올가미 도구 ⬩]: 영역을 마우스로 클릭해 직선으로 점을 찍듯이 이어나가면서 선택합니다.
- [자석 올가미 도구 ⬩]: 이미지의 경계를 자동으로 인식해 영역을 자동으로 선택합니다.

④ [개체 선택 도구 ▣] ⭐중요

인물, 사물 등 단일 개체의 전부 또는 일부가 포함되도록 클릭한 채로 드래그하면 톤 색상을 기준으로 영역을 자동으로 인식해서 빠르게 선택합니다. 개체의 윤곽이 뚜렷하면 영역을 좀 더 정확하게 선택할 수 있습니다.

- [빠른 선택 도구 ▣]: 클릭, 드래그 한 번으로 영역을 자동으로 선택합니다. [개체 선택 도구 ▣]와 달리 브러시 모양의 도구로 사용합니다.
- [자동 선택 도구 ▣]: 개체를 클릭하면 같은 색상을 자동으로 인식합니다. '마술봉 도구'라고도 부릅니다.

⑤ [자르기 도구 ▣]

원하는 영역을 제외한 나머지 영역을 드래그로 잘라 냅니다.

- [원근 자르기 도구 ▣]: 원근감을 적용해 이미지를 잘라 냅니다.
- [분할 영역 도구 ▣]: 이미지를 여러 개의 영역으로 분할해 잘라 냅니다. 보통 웹 디자인에서 많이 사용합니다.
- [분할 영역 선택 도구 ▣]: 분할된 여러 영역을 선택해 이동, 편집 등을 할 수 있습니다.

⑥ [프레임 도구 ▣]

이미지 영역을 만든 후 해당 영역에만 이미지를 넣어 사용합니다. [레이어 마스크] 기능을 빠르게 사용할 수 있는 도구이기도 합니다.

⑦ [스포이드 도구 ▣] ⭐중요

원하는 색상을 추출합니다. 개체를 클릭하면 클릭한 색상이 전경색으로 설정되는 매우 유용한 도구입니다.

- [색상 샘플러 도구 ▣]: 이미지의 색상 정보를 알려 줍니다. 색상 정보를 최대 10개까지 확인할 수 있습니다.
- [눈금자 도구 ▣]: 마우스로 드래그한 부분의 X, Y축의 값, 너비, 높이, 각도 등을 파악합니다.
- [메모 도구 ▣]: 필기를 합니다.
- [카운트 도구 ▣]: 마우스로 클릭해 특정 이미지의 개수를 세거나 번호를 입력해 순서대로 표시할 때 사용합니다.

⑧ [스팟 복구 브러시 도구]

이미지의 작은 점, 잡티, 결점 등을 보정하는 도구로, 사진을 보정할 때 많이 사용합니다. 특히 인물 사진을 잡티 없는 무결점의 예쁜 피부로 보정할 때 유용합니다.

- **[제거 도구]**: 이미지에서 불필요한 요소를 지워 줍니다. 이때 주변 배경을 분석해 요소가 사라진 부분을 자동으로 채워 줍니다.
- **[복구 브러시 도구]**: [스팟 복구 브러시 도구]와 비슷하지만, 자동으로 결점을 없애는 것이 아니라 비슷한 이미지 영역 부분을 직접 클릭한 후 복사해 사용합니다. 복사한 이미지를 사용해 결점 부분을 조화롭게 만들어 준다는 차이점이 있습니다.
- **[패치 도구]**: 이미지의 특정 영역을 드래그해 영역을 지정한 후 다른 위치로 이동해 이미지를 교체해 줍니다. 지정한 위치에 이동한 위치의 영역 이미지가 대체되어 조화롭게 합성됩니다.
- **[내용 인식 이동 도구]**: 특정 이미지 영역을 지정해 이동할 때 이동한 빈자리의 배경을 자동으로 주변 배경과 어울리게 채워 줍니다.
- **[적목 현상 도구]**: 카메라의 적목 현상으로 망막이 붉게 찍혔을 때 눈동자를 검은색으로 변경해 줍니다.

⑨ [브러시 도구] ⭐중요

드로잉과 같은 선을 그리거나 색칠할 때 자주 사용합니다. 다른 도구를 이용할 때도 브러시 모양의 도구로 드래그하는 작업이 많으므로 반드시 익혀 두는 것이 좋습니다.

- **[연필 도구]**: [브러시 도구]가 부드럽게 표현된다면, [연필 도구]는 조금 거칠게 표현됩니다.
- **[색상 대체 도구]**: 이미지의 특정 부분을 클릭하면 클릭한 부분만 전경색으로 변경됩니다.
- **[혼합 브러시 도구]**: 색상을 섞어 유화, 아크릴, 수채화 효과 등을 표현할 수 있습니다.

⑩ [복제 도장 도구]

도장을 찍듯이 똑같은 모양을 만들어 냅니다. 예를 들어 이미지의 특정 부분을 클릭한 후 다른 부분을 클릭하면 처음에 클릭한 부분이 복제됩니다. 복사 및 붙여넣기와 비슷한 기능으로, 이미지를 합성하거나 보정할 때 많이 사용합니다.

- **[패턴 도장 도구]**: 등록된 패턴을 넣어 사용합니다.

⑪ [작업 내역 브러시 도구]

이미지를 포토샵 작업 전의 원본 상태로 되돌려 줍니다.

- [미술 작업 내역 브러시 도구]: 아트적인 느낌의 다양한 브러시를 이용해 원본 형태로 되돌려 줍니다.

⑫ [지우개 도구]

브러시 모양의 도구로, 배경색에 지정된 색상으로 이미지를 지웁니다.

- [배경 지우개 도구]: 배경을 자동 인식해 이미지를 지웁니다.
- [자동 지우개 도구]: 클릭한 색상을 자동으로 인식해 이미지를 지웁니다.

⑬ [그레이디언트 도구] 🌟중요

여러 가지의 색을 조화롭게 사용하거나 특정 영역에 색을 넣는 등 다양한 색상의 그러데이션을 적용합니다.

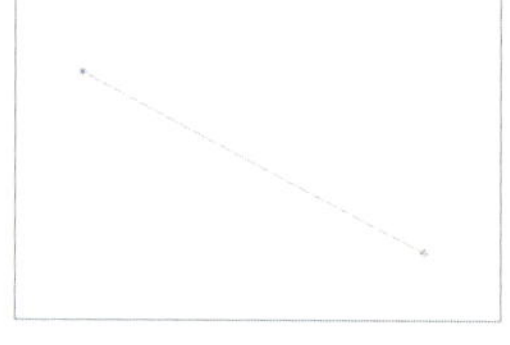

- [페인트 통 도구]: 전경색을 기준으로 색상을 넣습니다.

⑭ [손가락 도구]

이미지를 손으로 문지르듯이 변형, 왜곡합니다.

- [흐림 효과 도구]: 이미지를 흐리게 만듭니다.
- [선명 효과 도구]: 이미지를 선명하게 만듭니다.

⑮ [조정 브러시 도구]

브러시를 사용해서 특정 영역을 선택하고 밝기, 색상, 대비 등을 그리듯이 조정합니다.

⑯ [번 도구 🖐]

이미지를 어둡게 만듭니다. 옵션 바의 [모드]에서 어두운 영역, 중간 영역, 밝은 영역을 선택해서 보정할 수 있습니다.

- **[닷지 도구 🔍]**: 이미지를 밝게 하며 브러시 형태로 사용합니다. [번 도구 🖐]와 마찬가지로 [모드]를 선택할 수 있습니다.
- **[스폰지 도구 🧽]**: 이미지의 채도를 낮춥니다. 채도를 낮출수록 흑백에 가까운 이미지가 됩니다.

⑰ [펜 도구 ✒] ⭐중요

점과 점을 연결하면 생성되는 패스(path)를 이용해 직선 또는 곡선을 정교하게 만듭니다. 처음에는 이해하기 어렵고 사용하기도 힘들지만, 익숙해지면 수준 높은 작업을 할 수 있습니다.

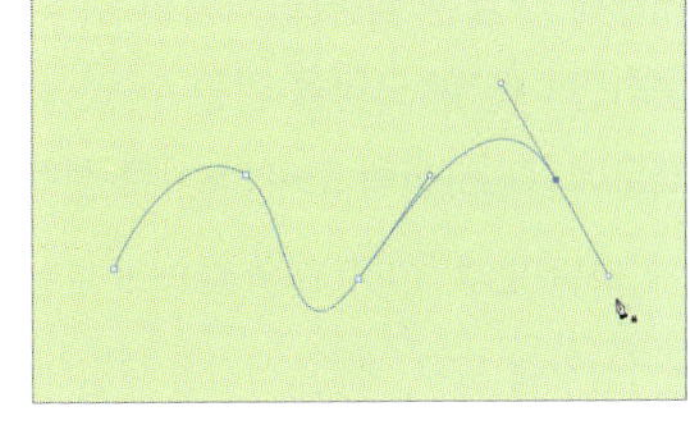

- **[자유 형태 펜 도구 ✒]**: [펜 도구 ✒]와 달리 점과 점을 연결해 패스를 생성하는 것이 아니라 [올가미 도구 🔗]와 비슷하게 클릭한 채로 드래그해 생성합니다.
- **[내용 인식 추적 도구 ✒]**: 이미지의 가장자리를 따라 경로 또는 모양을 만듭니다. 선택한 객체를 자동으로 추적하고, 배경과 어울리도록 자연스럽게 제거하거나 이동할 수 있게 해줍니다.
- **[곡률 펜 도구 ✒]**: 곡선 패스를 생성합니다.
- **[기준점 추가 도구 ✒]**: 기존에 생성된 패스 위에 점을 추가합니다.
- **[기준점 삭제 도구 ✒]**: 기존 패스 위의 점을 삭제합니다.
- **[기준점 변환 도구 ⌐]**: 패스를 직선 또는 곡선으로 만듭니다.

⑱ [가로쓰기 문자 도구 T] ⭐중요

글자를 가로 방향으로 입력합니다.

- **[세로쓰기 문자 도구 IT]**: 글자를 세로 방향으로 입력합니다.
- **[세로쓰기 마스크 도구 ⫶T]**: 글자를 세로 방향으로 입력합니다. 글자의 모양이 테두리처럼 선택 영역으로 설정됩니다.

- **[가로쓰기 마스크 도구 T]**: 글자를 가로 방향으로 입력합니다. 글자의 모양이 테두리처럼 선택 영역으로 설정됩니다.

⑲ [패스 선택 도구]

패스로 된 개체를 선택합니다. 예를 들어 [펜 도구]로 만든 패스를 선택할 수 있습니다. 간혹 [이동 도구]와 헷갈릴 수 있는데, 이미지는 [패스 선택 도구]로 선택할 수 없습니다.

- **[직접 선택 도구]:** 패스의 점을 개별적으로 선택합니다. [패스 선택 도구]라는 이름으로 나타나기도 하는데, 보통 [직접 선택 도구]라고 부릅니다.

⑳ [사각형 도구] 중요

사각형 모양의 도형 도구로, 주로 패스로 구성된 개체를 만듭니다. 개체에 다양한 색상을 적용할 수 있고, 옵션 바에 있는 설정을 이용하면 다양한 모양을 만들 수 있습니다. 패스 형태로 구성돼 있기 때문에 [패스 선택 도구]로 선택할 수 있습니다.

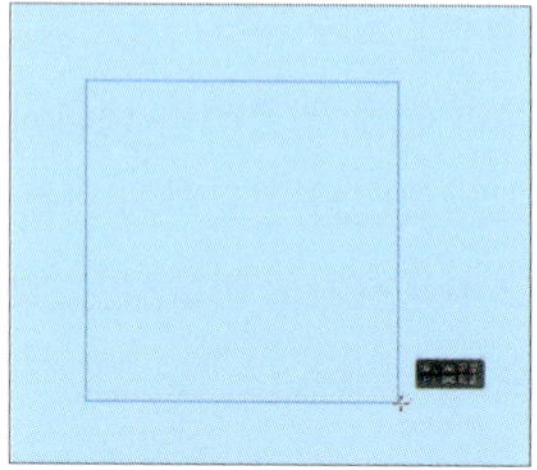

- **[타원 도구]:** 타원 모양의 도형 도구입니다.
- **[삼각형 도구]:** 삼각형 모양의 도형 도구입니다.
- **[다각형 도구]:** 여러 가지 다각형 모양의 도형 도구입니다. 옵션에서 꼭짓점의 개수를 설정하면 오각형, 육각형, 별 등 다양한 종류의 다각형을 만들 수 있습니다.

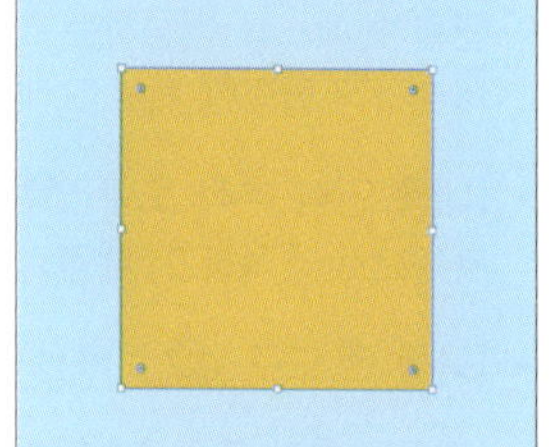

- **[별모양 도구]:** 별 모양의 도형 도구입니다. 옵션에서 꼭짓점의 개수를 설정하면 다양한 종류의 별 모양 도형을 만들 수 있습니다.
- **[선 도구]:** 선을 그립니다.
- **[사용자 정의 모양 도구]:** 포토샵에 등록된 다양한 모양의 맞춤 셰이프 도구로, 옵션 바에 있는 [모양]을 클릭해 다양한 모양을 선택할 수 있습니다. 모양을 직접 만들어 등록할 수도 있습니다.

㉑ [손 도구]

포토샵 작업에서는 화면을 확대해 작업하는 경우가 많습니다. 이때 상하좌우로 이동해야 하는데, [손 도구]를 사용하면 마치 손바닥으로 밀듯이 원하는 위치의 화면을 볼 수 있습니다.

- **[회전 보기 도구]:** [손 도구]에 회전 기능을 더한 도구입니다. 자주 사용하지는 않습니다.

㉒ [돋보기 도구]

이미지를 확대/축소합니다.

㉓ [도구 모음 편집]

도구 바의 도구를 내가 원하는 순서대로 배치하거나 추가할 수 있습니다.

㉔ [전경색 / 배경색]

전경색과 배경색을 설정할 수 있고, 설정한 색을 뒤바꿀 수도 있습니다.

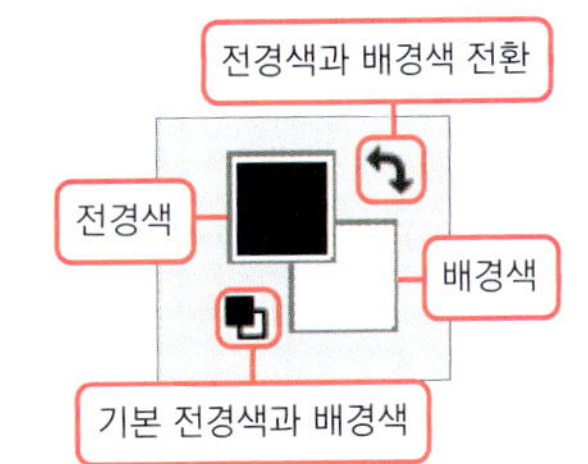

- **전경색 설정**: 채색의 기본이 되는 색상을 설정합니다.

- **배경색 설정**: [지우개 도구 🧽]로 지울 때 나타나는 배경색을 설정합니다.

❓ 아윤 쌤! 질문 있어요!   전경색과 배경색은 무엇을 의미하나요?

펜으로 종이에 글씨를 쓸 때 나오는 색상이 **전경색**, 글씨를 쓴 종이가 **배경색**에 해당합니다. 이 개념을 포토샵에 대입하면 전경색은 도구의 색상, 배경색은 레이어의 바탕색을 의미합니다. 따라서 [브러시 도구 🖌]나 [연필 도구 ✏]를 사용하면 전경색이 나오고, [지우개 도구 🧽]로 지우면 배경색이 나오는 거죠. 배경색이 빨간색으로 돼 있을 때 지우면 빨간색이 나옵니다. 포토샵의 전경색과 배경색의 개념을 꼭 이해하세요.

빨간색 전경색으로 [브러시 도구 🖌]를 사용한 모습

흰색 배경색으로 [지우개 도구 🧽]를 사용한 모습

파란색 배경색으로 [지우개 도구 🧽]를 사용한 모습

전경색과 배경색에 관한 내용은 09-1절에서 자세히 다룹니다.

㉕ [퀵 마스크 모드로 편집 ▣]

[올가미 도구 ▣]로 영역을 선택하듯이 영역을 빠르게 선택한 다음 [퀵 마스크 모드로 편집 ▣]을 켠 후 [브러시 도구 ✎]로 원하는 영역을 드래그하면 빨간색으로 칠해집니다. 다시 [퀵 마스크 모드로 편집 ▣]을 눌러 해제하면 브러시로 드래그한 영역만 선택 영역으로 설정되는데, 실제로 빨간색으로 칠해지는 것이 아니라 선택된 영역을 보여 주는 것입니다. 누끼 작업을 할 때 특히 유용합니다.

㉖ [화면 모드 변경]

포토샵의 화면 모드를 변경합니다.

- **[표준 화면 모드 ▣]**: 가장 기본적인 화면 모드입니다.
- **[메뉴 막대가 있는 전체 화면 모드 ▢]**: 메뉴 바, 옵션 바, 패널, 작업 화면만 보이는 전체 화면 모드입니다. 이 모드에서는 문서 창의 제목이 보이지 않습니다.
- **[전체 화면 모드 ▣]**: 작업 캔버스 화면만 보여 줍니다.

㉗ [장치에서 추가 ▣]

내 컴퓨터와 기존에 작업한 파일을 불러올 수 있습니다.

- **[무료 Adobe Stock 이미지 추가 ▣]**: 어도비 스톡에서 이미지를 가져올 수 있습니다.
- **[이미지 생성 ▣]**: 프롬프트를 입력하여 이미지를 생성할 수 있습니다. 파이어플라이를 포토샵에서 바로 사용하는 것과 같습니다.

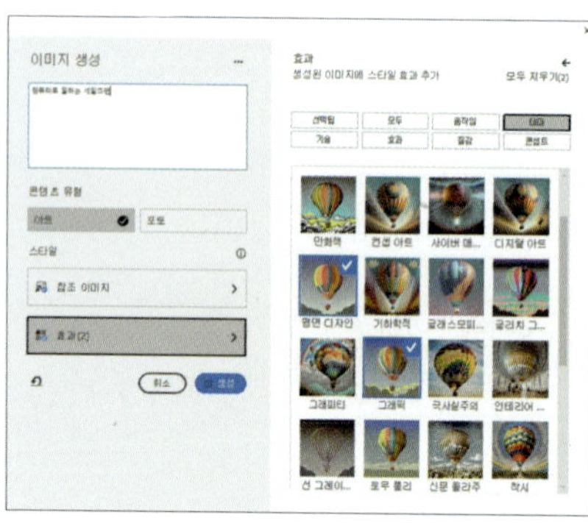

02-4

작업 효율을 높이는 패널 활용법

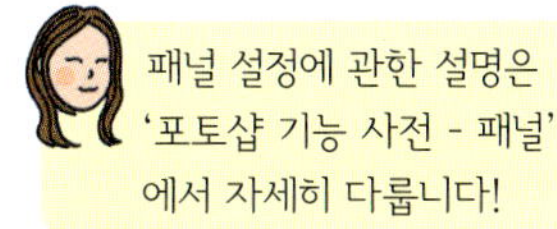

패널의 주요 기능 파헤치기

포토샵에서 패널은 작업을 체계적으로 관리하고 제어할 수 있게 도와주는 보조 작업 창의 역할을 합니다. 포토샵을 처음 실행하면 화면 오른쪽에 일반적으로 사용 빈도가 높은 패널만 배치돼 있습니다. 메뉴 바에서 [창]을 선택하면 다른 패널도 열 수 있습니다. 어떤 패널을 열어 두고 작업할 것인지는 작업자의 마음입니다. 자주 사용하는 패널을 꺼내 놓으면 작업의 효율이 높아지겠지요? 실무에서 자주 사용하는 패널을 중심으로 살펴보겠습니다.

❶ [레이어(Layers)] 패널

포토샵은 이미지를 층 개념으로 겹겹이 쌓아 하나의 이미지를 만듭니다. 겹겹이 쌓여 있는 이미지를 확인할 수 있는 곳이 바로 [레이어] 패널입니다. [레이어] 패널은 이미지를 하나하나 레이어로 표현해 겹쳐진 순서대로 보여 줍니다.

💧 레이어 개념은 04장에서 실습으로 자세히 배웁니다.

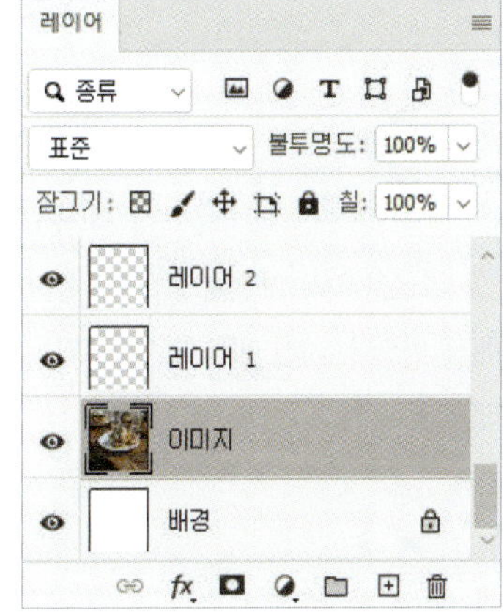

❷ [채널(Channels)] 패널

색상 모드에 따라 채널로 나눠 나타내는 패널입니다. 예를 들어 색상 모드가 RGB라면 [채널] 패널에서는 '빨강', '녹색', '파랑' 채널과 이 3개 채널이 모두 섞인 'RGB' 패널이 각각 나뉘어 나타납니다.

💧 색상 모드에 관한 설명은 06-2절을 참고하세요.

3 [패스(Paths)] 패널

패스로 이뤄진 모양을 보여 주는 패널입니다.

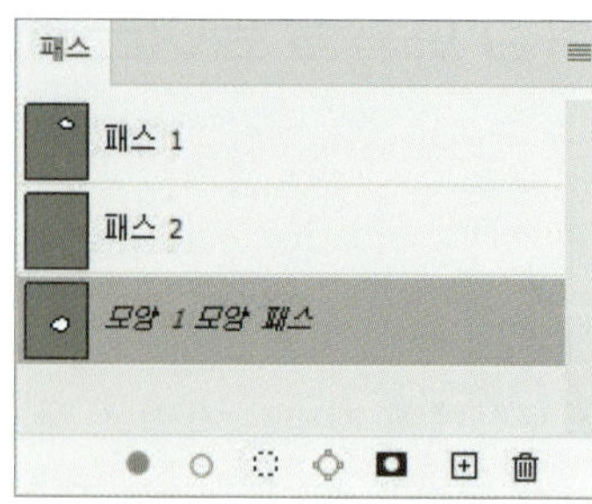

4 [문자(Character)] 패널

[문자 도구 T.]를 사용할 때 글꼴, 글자 크기 등을 편집하는 패널입니다.

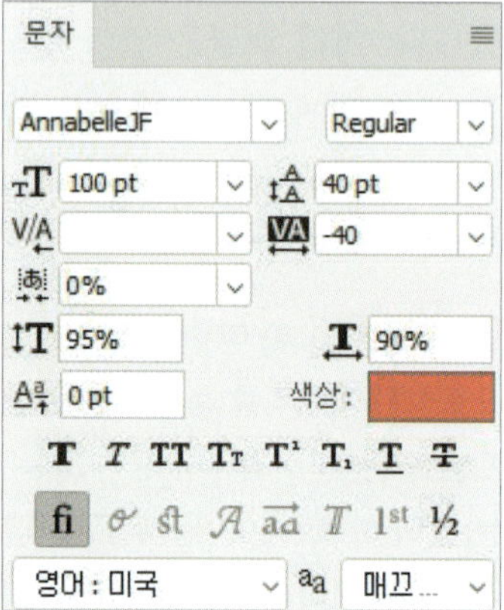

5 [조정(Adjustments)] 패널

메뉴 바의 [조정] 메뉴에 있는 기능을 나타냅니다. [조정] 패널의 기능들은 [레이어] 패널에 추가해 사용할 수 있습니다.

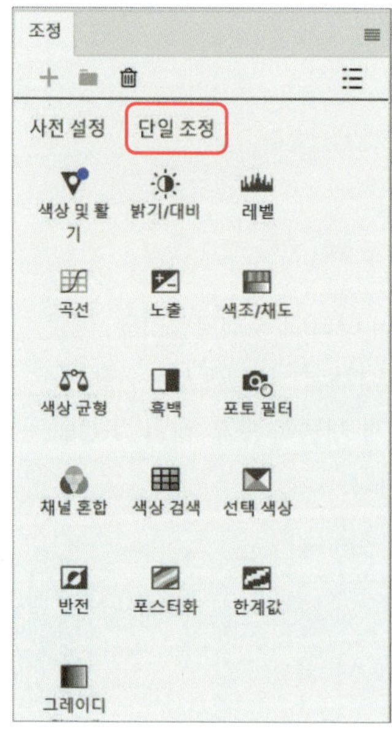

❻ [브러시 설정(Brush Settings)] 패널

[브러시 도구 ✎]를 사용할 때 다양한 옵션을 설정하는
패널입니다.

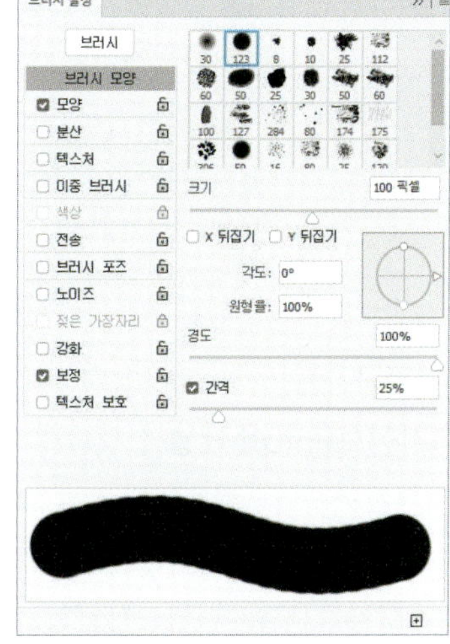

❼ [작업 내역(History)] 패널

포토샵으로 작업한 과정을 고스란히 확인할 수 있는 패널
입니다. [작업 내역] 패널에서는 작업 도중에 이전 작업 상
태로 되돌릴 수 있고, 이전 작업 상태로 되돌렸다가 다시
최근 작업 상태로 되돌릴 수도 있습니다.

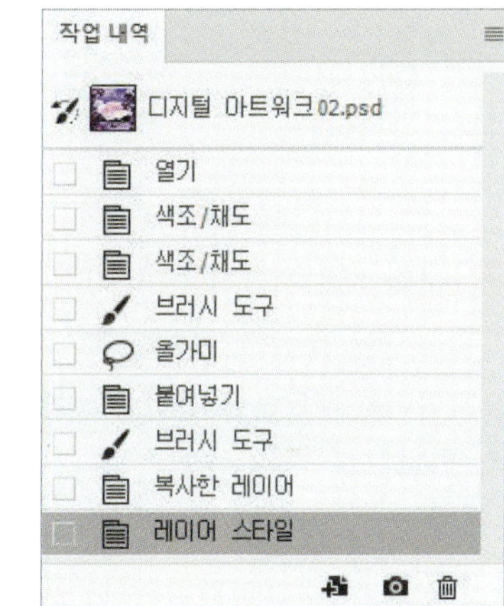

❽ [속성(Properties)] 패널

[레이어] 패널에 있는 다양한 레이어의 속성을 나타내며,
옵션을 설정할 수도 있습니다.

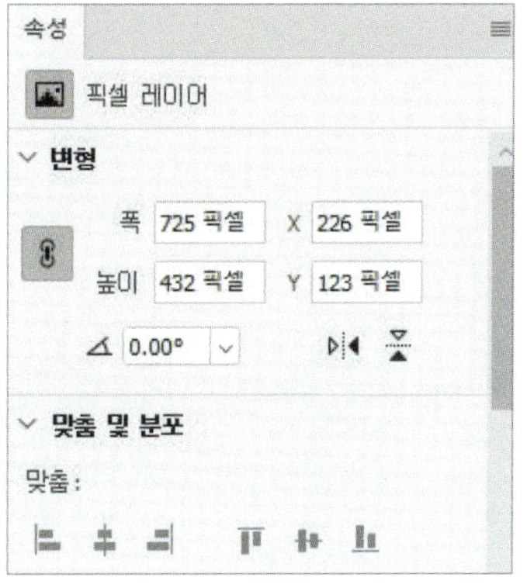

❾ [색상(Color)] 패널

전경색과 배경색을 설정할 수 있습니다.

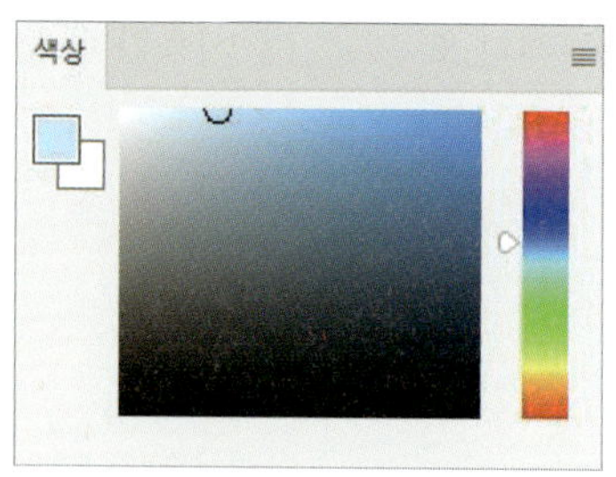

❿ [정보(Info)] 패널

마우스 커서의 위치에 따라 좌표, 색상 코드를 나타냅니다. 선택한 영역의 크기와 선택한 도구에 관한 설명도 나타납니다.

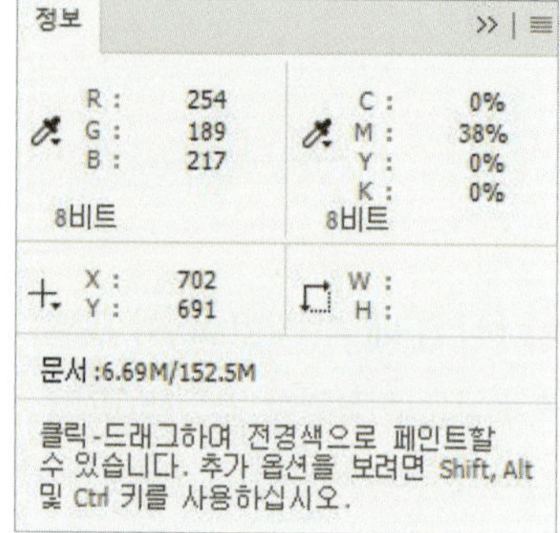

⓫ [내비게이터(Navigator)] 패널

작업 화면을 축소해 보여 줍니다. 아래에 있는 확대/축소 슬라이더를 사용하면 작업 캔버스를 확대하거나 축소할 수 있습니다.

패널 배치하기

원하는 패널을 가져와 작업 환경에 맞게 배치하는 방법을 알아보겠습니다.

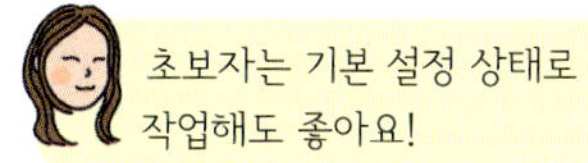

패널 가져오기

메뉴 바의 [창]에서 원하는 패널의 이름을 클릭하면 패널이 나타납니다.　●영문판 [Window]

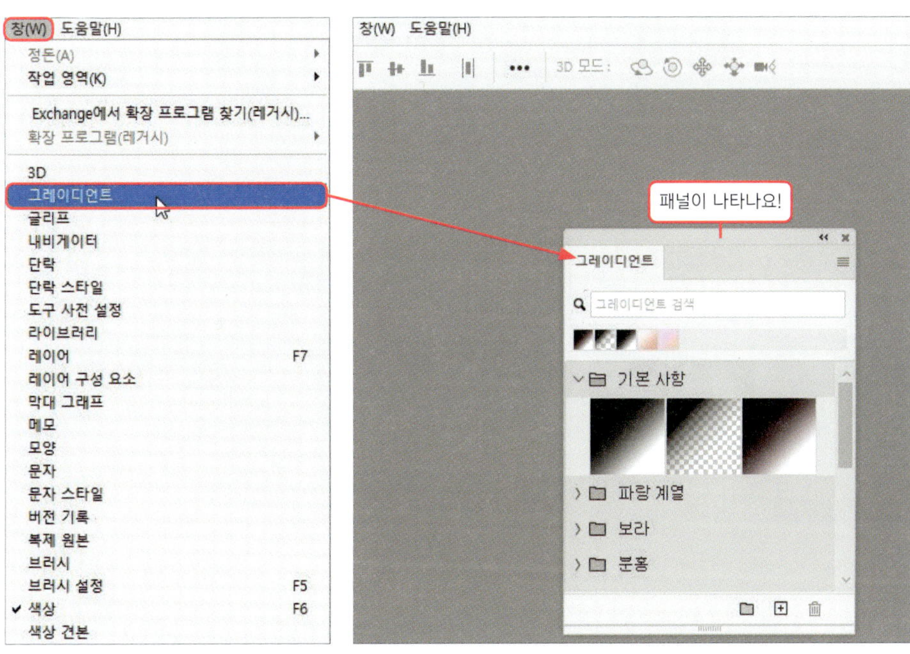

패널 닫기, 접기, 펼치기

패널의 이름 부분을 마우스 오른쪽 버튼으로 클릭하면 패널을 닫거나 접거나 펼칠 수 있습니다.

❶ 닫기(Close): 클릭하면 패널이 닫히면서 사라집니다.

❷ 탭 그룹 닫기(Close Tab Group): 같은 그룹의 탭 패널이 모두 사라집니다.

❸ 최소화(Minimize): 클릭하면 패널이 접힙니다. 패널을 최소화했을 때 다시 마우스 오른쪽 버튼을 누르면 패널을 [탭 그룹 확장] 또는 [패널 확장]으로 펼칠 수 있습니다.

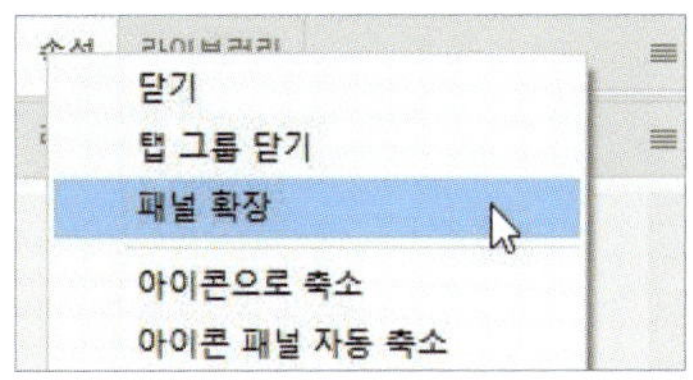

패널 합치기, 분리하기

패널을 클릭한 채 드래그하여 다른 패널 영역으로 겹치게 이동하면 패널이 그룹으로
합쳐집니다.

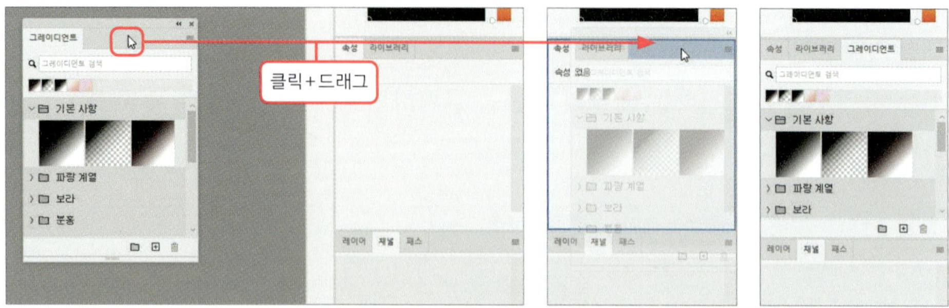

합쳐진 패널을 클릭한 채 작업 캔버스로 드래그하면 패널이 분리됩니다.

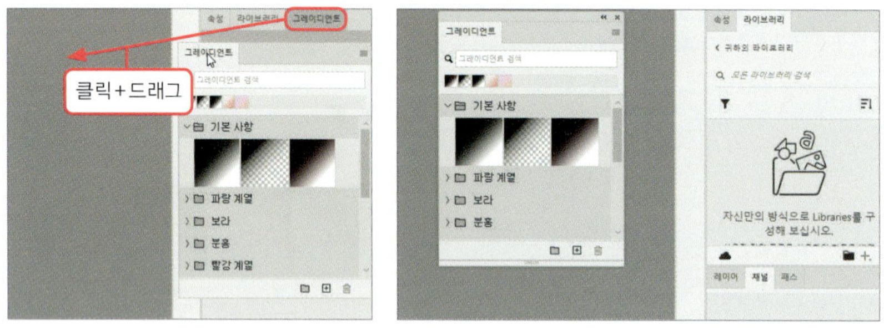

작업의 기본! 파일 관리하기

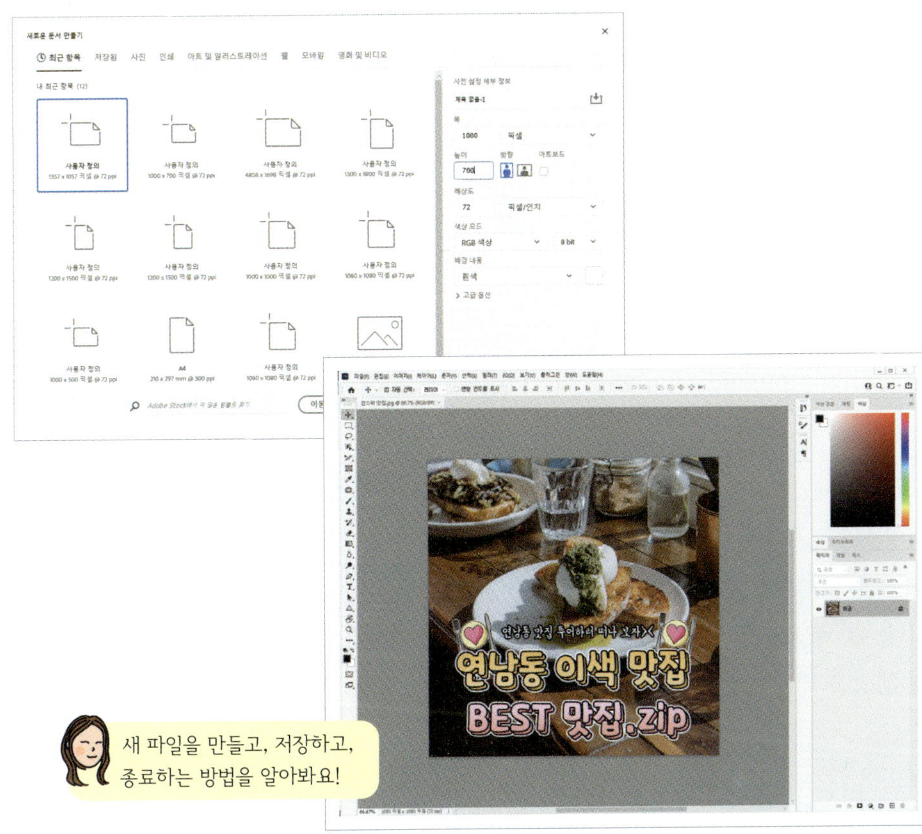

새 파일을 만들고, 저장하고,
종료하는 방법을 알아봐요!

"새 파일을 만들거나 이미지 파일을 불러와 시작해요." 

포토샵으로 작업할 때는 보통 새 파일을 만들거나 소스로 사용할 이미지를 포토샵에서 열면서 시작합니다. 새 파일을 만들고, 저장하고, 이미지를 가져오는 등 파일을 관리하는 여러 방법을 알아보겠습니다.

✓ **체크 포인트**

☐ 새 파일 만들기　　　　　　　　☐ 이미지 파일 불러오고 크기 조절하기
☐ 파일 저장하고 프로그램 종료하기

새 파일 만들기

준비 파일 새 파일에서 실습

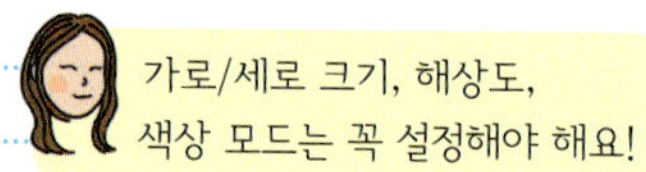

✧✧ 지금 하면 된다! ✈ 새 파일 만들기

01 포토샵 시작 화면에서 [새 파일]을 클릭하세요.

🔹 **메뉴 바** [파일 → 새 파일]

🔹 **영문판** [File → New]

🔹 **단축키** Ctrl + N

02 [새로운 문서 만들기] 대화상자에서는 작업할 캔버스의 크기, 단위, 해상도, 색상 모드 등을 설정할 수 있습니다.

❶ 폭은 1000픽셀, 높이는 700픽셀을 입력하고 ❷ 해상도에 72픽셀/인치를 입력합니다. ❸ 색상 모드는 [RGB 색상]을 선택합니다. ❹ 배경 내용은 새로 만들 문서의 배경 색상을 설정하는 항목으로, [흰색]을 선택합니다. ❺ [만들기]를 클릭합니다.

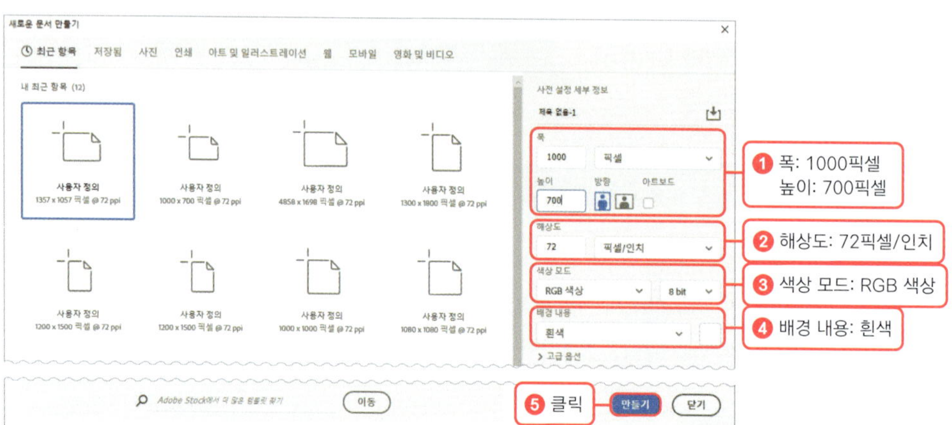

03 새 파일이 만들어집니다.

[새로운 문서 만들기] 대화상자 꼼꼼하게 살펴보기

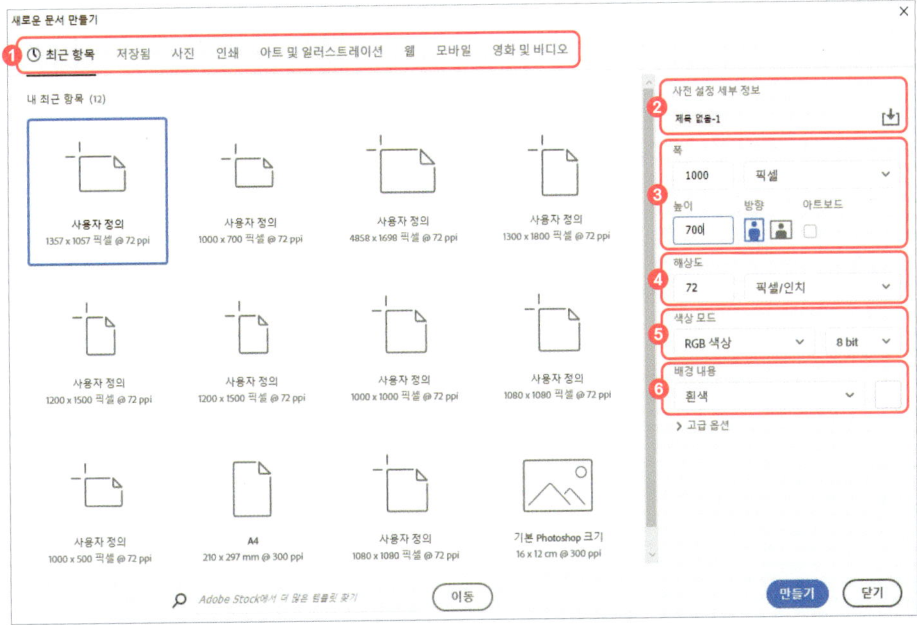

❶ 사전 설정 메뉴

인쇄, 웹, 모바일 등의 작업 형태에 따라 규격화된 캔버스 크기를 선택해 바로 사용할 수 있습니다.

❷ 사전 설정 세부 정보(Preset Details)

파일의 이름을 입력합니다.

❸ 크기

- **폭(Width):** 새 문서의 가로 길이를 입력합니다. 단위로는 픽셀, 인치, 센티미터, 밀리미터 등이 있습니다.
- **높이(Height):** 새 문서의 세로 길이를 입력합니다.
- **방향:** 문서의 가로/세로 방향을 설정합니다.
- **아트보드:** 작업 창에서 여러 개의 캔버스 화면을 만들어 사용합니다. 주로 앱을 제작할 때 사용합니다.

❹ 해상도(Resolution)

작업물에 알맞은 해상도를 지정합니다. 웹용은 72픽셀/인치, 인쇄용은 150~300픽셀/인치로 지정합니다.

❺ 색상 모드(Color Mode)

작업물에 알맞은 색상 모드를 지정합니다. 웹용은 RGB, 인쇄용은 CMYK로 지정합니다.

❻ 배경 내용(Background Contents)

작업할 문서의 배경색을 지정합니다. 보통 흰색으로 지정합니다. 투명한 배경이 필요할 때는 '투명(Transparent)'으로 지정합니다.

이미지 불러오기

준비 파일 03/인스타 맛집.jpg

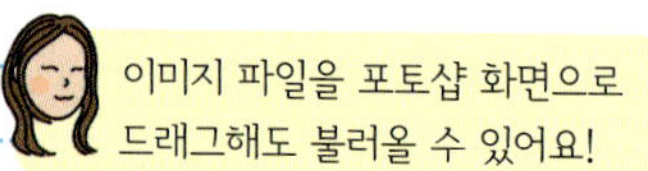

✧✦ 지금 하면 된다! ⟩ 이미지 불러오기

01 메뉴 바에서 [파일 → 열기]를 클릭하세요.

● 단축키 Ctrl + O

● 영문판 [File → Open]

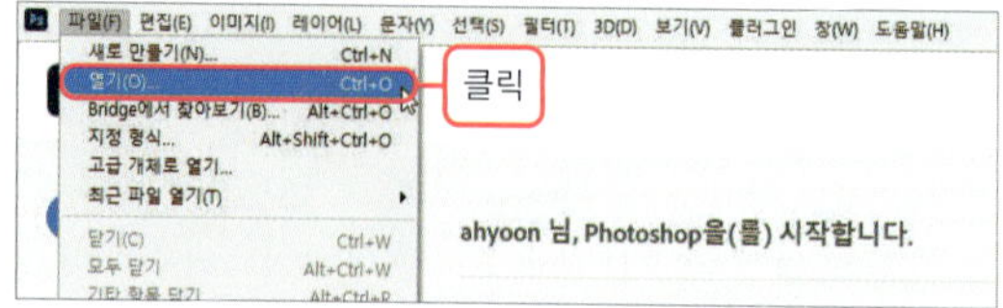

02 다음과 같이 대화상자가 나타나면 [내 컴퓨터에서]를 클릭합니다.

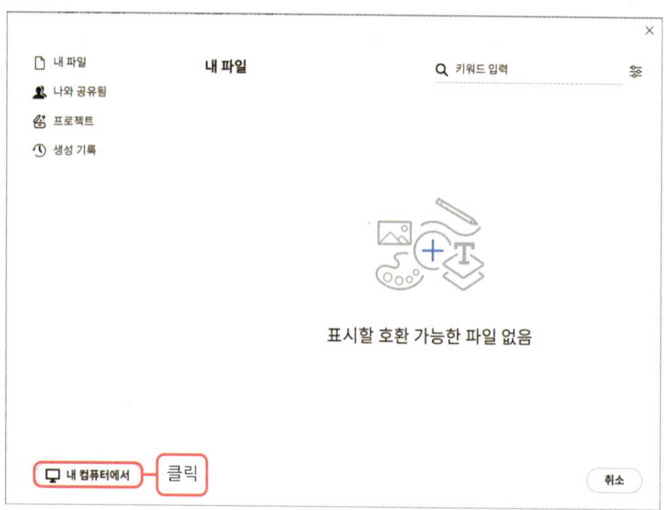

03

❶ 원하는 이미지를 선택한 후 ❷ [열기]를 클릭합니다. 여기서는 [03] 폴더에 있는 인스타 맛집.jpg를 선택하겠습니다.

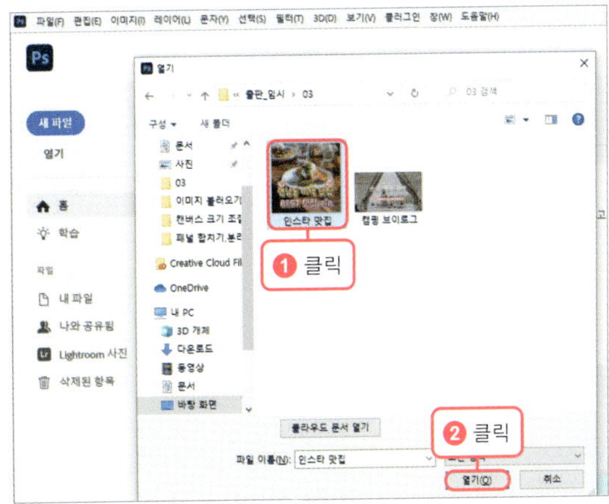

04

선택한 이미지가 작업 화면에 나타납니다.

이미지 크기와 작업 캔버스 조절하기

준비 파일 03/인스타 맛집.jpg, 캠핑 브이로그.jpg

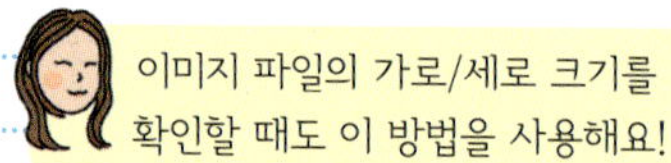

지금 하면 된다! > 이미지 크기 조절하기

포토샵으로 불러온 이미지가 너무 크거나 작으면 적절한 크기로 조절할 수 있습니다. 이미지 크기를 조절하는 방법과 주의할 점을 알아보겠습니다.

01 메뉴 바에서 [이미지 → 이미지 크기]를 클릭합니다.

● 단축키 [Alt] + [Ctrl] + [I]

● 영문판 [Image → Image Size]

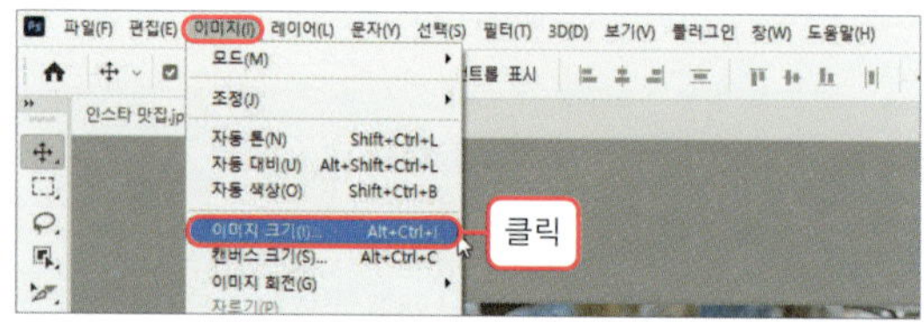

02 [이미지 크기] 대화상자에서 불러온 이미지의 크기를 확인할 수 있습니다. ❶ 이미지의 가로 폭을 700픽셀로 설정한 후 ❷ [확인]을 클릭합니다.

03 이미지의 크기가 줄어든 것을 확인할 수 있습니다. 포토샵에서는 이미지를 한 번 줄이면 다시 확대했을 때 해상도가 깨져 버리므로 가장 마지막 단계에 크기를 조정하는 걸 추천합니다.

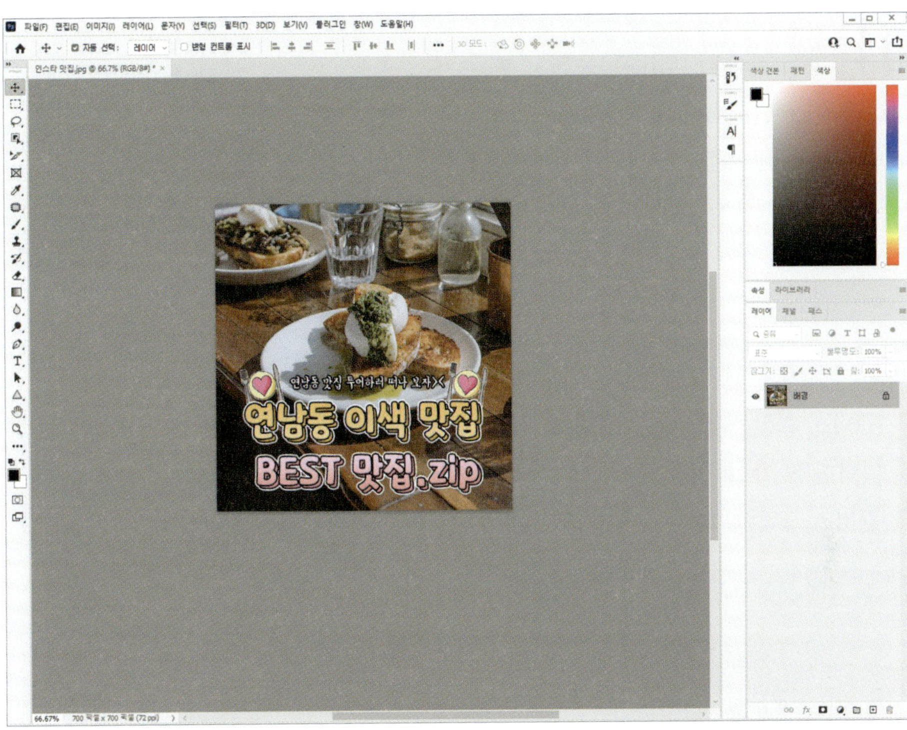

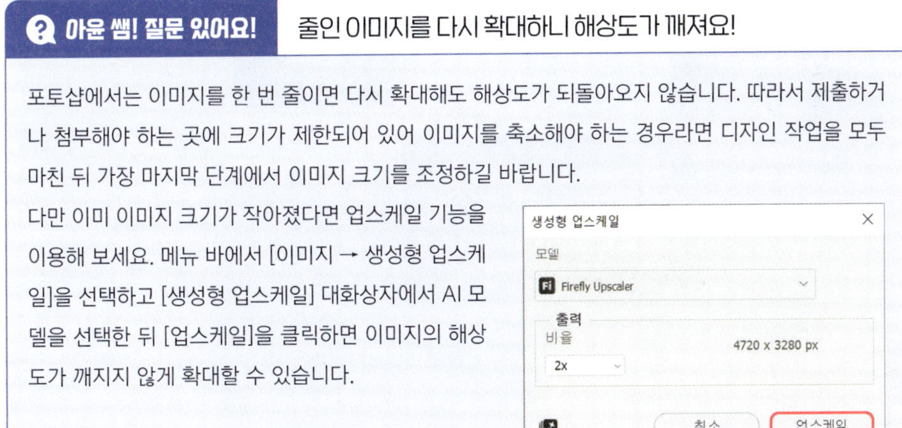

포토샵에서는 이미지를 한 번 줄이면 다시 확대해도 해상도가 되돌아오지 않습니다. 따라서 제출하거나 첨부해야 하는 곳에 크기가 제한되어 있어 이미지를 축소해야 하는 경우라면 디자인 작업을 모두 마친 뒤 가장 마지막 단계에서 이미지 크기를 조정하길 바랍니다.

다만 이미 이미지 크기가 작아졌다면 업스케일 기능을 이용해 보세요. 메뉴 바에서 [이미지 → 생성형 업스케일]을 선택하고 [생성형 업스케일] 대화상자에서 AI 모델을 선택한 뒤 [업스케일]을 클릭하면 이미지의 해상도가 깨지지 않게 확대할 수 있습니다.

작업하는 캔버스의 크기가 너무 작거나 클 때 캔버스 크기를 직접 조절할 수 있습니다.

01 메뉴 바에서 [이미지 → 캔버스 크기]를 클릭하세요.

● 단축키 [Alt] + [Ctrl] + [C]

● 영문판 [Image → Canvas Size]

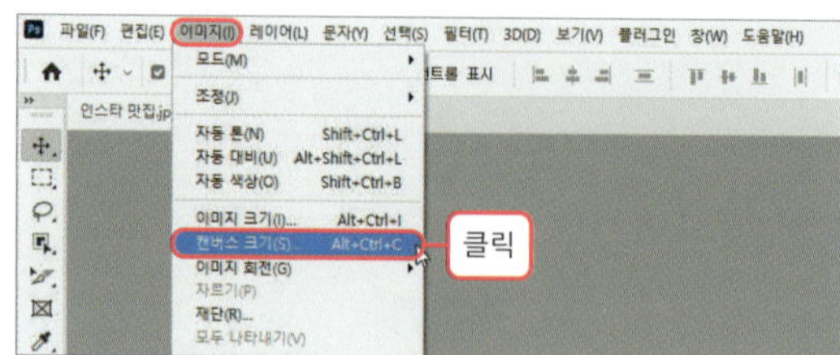

02 [캔버스 크기] 대화상자에서 ❶ 폭과 높이를 각각 1500픽셀로 설정합니다.
❷ [캔버스 확장 색상 ▣]을 클릭해 [색상 피커] 대화상자를 열고 ❸ 색상 코드 ffe2af
를 입력한 후 ❹ [확인]을 클릭합니다.
❺ [캔버스 크기] 대화상자에서 [확인]을 한 번 더 클릭합니다.

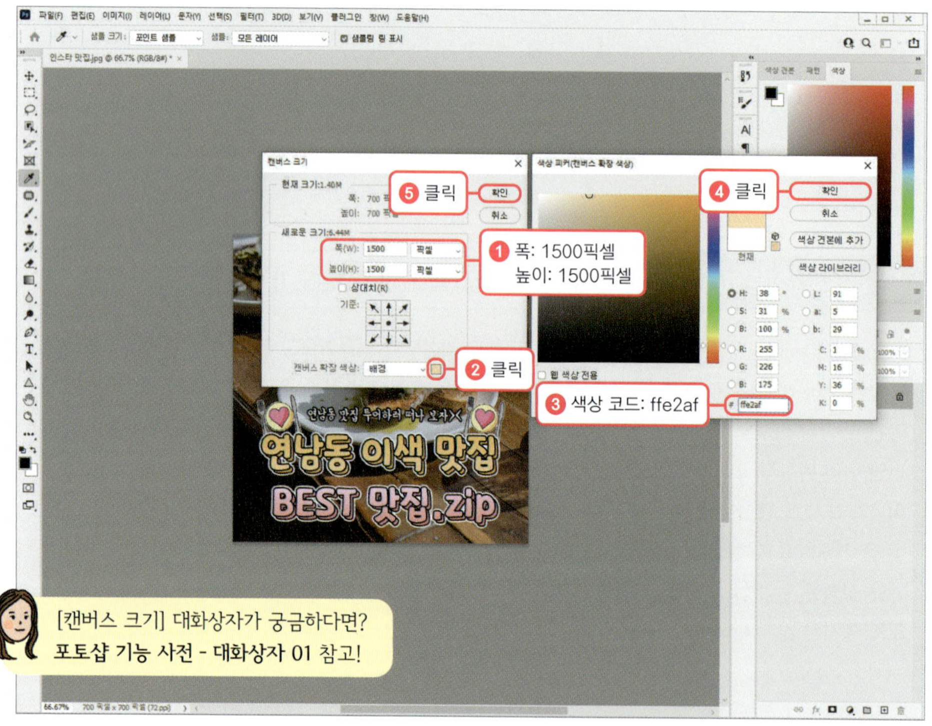

[캔버스 크기] 대화상자가 궁금하다면?
포토샵 기능 사전 - 대화상자 01 참고!

03 캔버스가 이미지 주변으로 확장되는 것을 확인할 수 있습니다.

❓ 아윤 쌤! 질문 있어요! 캔버스를 한쪽으로만 넓힐 수도 있나요?

물론입니다. [캔버스 크기] 대화상자에서 확장하고자 하는 방향의 반대쪽 화살표를 누르고 [확인]을 클릭하면 됩니다. 만약 이미지의 오른쪽으로 캔버스 영역을 확장하고 싶다면 왼쪽 화살표를 눌러 확장 기준을 왼쪽으로 설정하세요.

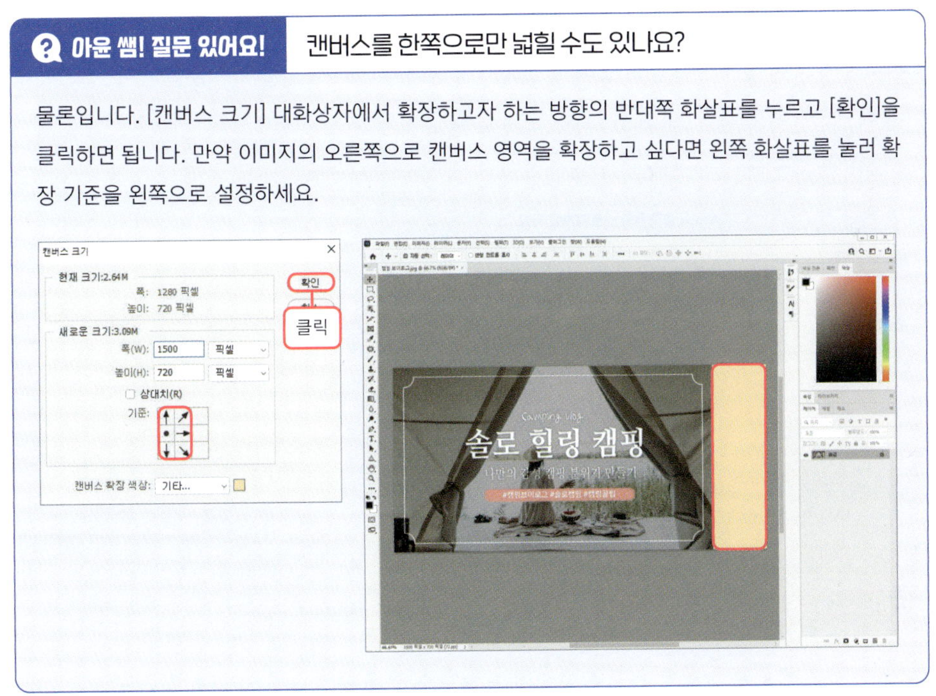

파일 저장하기

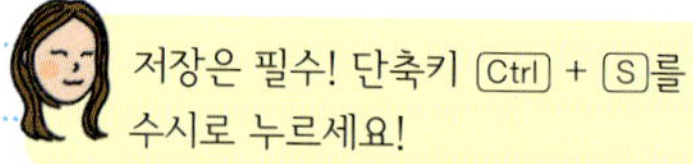

✨지금 하면 된다! 〉 파일 형식에 따라 저장하기

01 [파일 → 저장] 또는 [다른 이름으로 저장]을 클릭하세요.

🔵 단축키 Ctrl + S 또는 Ctrl + Shift + S

🔵 영문판 [File → Save] 또는 [File → Save As]

02 어도비 클라우드 스토리지 또는 내 컴퓨터에 저장할 수 있습니다. 보통 내 컴퓨터에 저장하므로 [내 컴퓨터에서]를 클릭합니다.

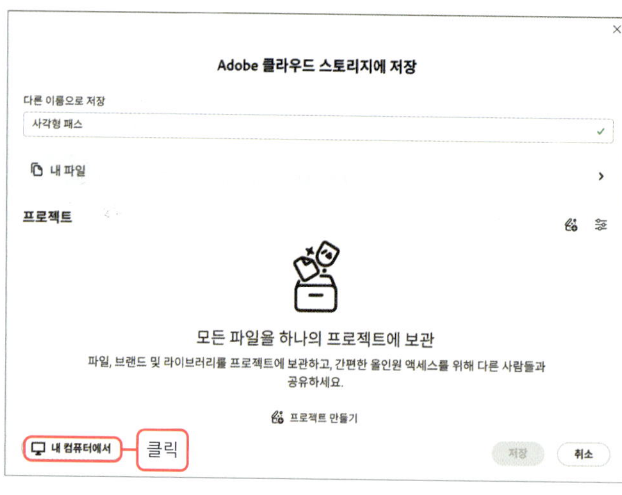

🔵 파일을 어도비 클라우드 스토리지에 저장하는 경우 어떤 컴퓨터에서든 같은 어도비 계정으로 로그인하기만 하면 해당 파일을 불러와 작업할 수 있어요!

03

[다른 이름으로 저장] 대화상자가 나타나면 ❶ 저장할 폴더의 위치를 선택한 후 ❷ 파일 이름과 파일 형식을 입력 및 선택하고 ❸ [저장]을 클릭합니다.

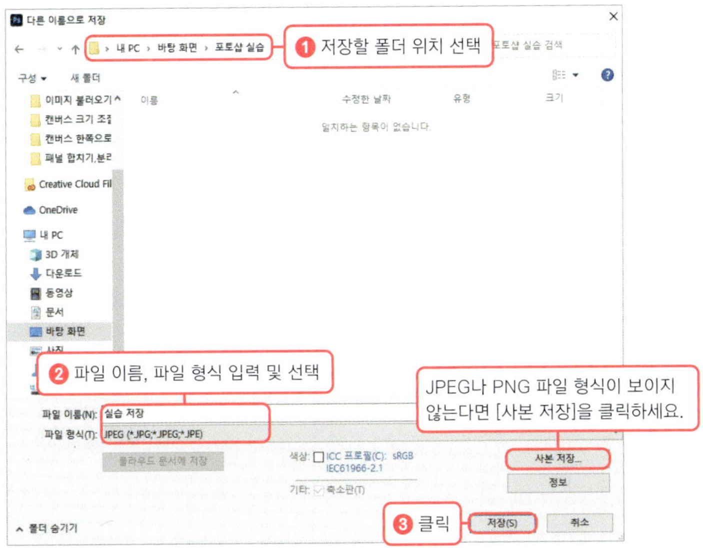

포토샵이 지원하는 파일 확장자

파일을 저장할 때는 파일 형식을 선택할 수 있는데, 이 형식을 '확장 파일' 또는 '포 맷'이라고 합니다. 포토샵에서 지원하는 파일 형식은 23개입니다. 파일의 확장자는 다양하지만 이 모든 파일 형식을 알 필요는 없어요. 여러분이 사용할 대표적인 파일 형식만 기억해 두면 됩니다.

❶ Photoshop(*.PSD, *.PDD, *.PSDT) ― 포토샵 원본 파일

포토샵에서 기본으로 저장되는 파일 형식입니다. PSD 파일로 저 장하면 포토샵에서 작업한 모든 내용이 저장됩니다. 따라서 작업 하는 도중에 중단했다가 이어서 작업할 수도 있습니다. 누군가 "포토샵 원본 파일을 주세요"라고 한다면 바로 이 PSD 형식으로  된 파일을 말하는 겁니다. 포토샵 사용자는 작업 후 원본 파일을 반드시 PSD 파일로 따로 저장해 둬야 합니다.

❷ JPEG(*.JPG, *.JPEG, *.JPE) — 가장 많이 사용하는 이미지 형식

사진과 같은 이미지를 저장할 때 일반적으로 사용하는 파일 형식
입니다. 디테일을 손상하는 압축 방식을 사용하기 때문에 압축률
을 높일수록 손상이 심해지지만, 그만큼 용량이 줄어듭니다. 편집
용으로는 적합하지 않지만, 용량과 트래픽이 중요한 '웹 서버 업
로드용'으로는 활용하기 좋습니다. 용량이 작은 것에 비해 이미지의 품질이 우수해
이미지 형식 중에서 가장 많이 사용합니다.

다만 JPEG로 저장하면 포토샵에서 작업한 레이어가 하나의 레이어로 합쳐지면서 작
업을 수정할 수 없기 때문에 최종 저장할 때 재편집할 수 있는 원본인 PSD 파일을 별
도로 저장해 두는 것이 좋습니다.

❸ GIF(*.GIF) — 움짤 이미지, 배너에 사용하기 좋은 형식

이미지 자체가 가진 색상을 단순화해 용량을 줄이는 압축 저장 형식입니다. 256색상
을 지원하며 이미지를 압축해 빠르게 전달하기에 적합합니다. 흔히 접하는 움짤 영
상이 바로 GIF 파일입니다. JPEG와 PNG 이미지 파일보다 화질이 좋지 않습니다.

❹ PNG(*.PNG) — 고화질＆투명한 배경 이미지에 좋은 형식

PNG는 GIF와 JPEG의 단점을 보완하기 위해 개발된 웹용 파일 형식입니다. 웹에서
GIF나 JPEG보다 화면 출력이 빠르고, 선명한 그래픽 표현이 가능하며, 투명한 배경
을 구현하는 채널인 알파 채널을 사용할 수 있습니다. 포토샵에서 투명한 배경이 있
는 작업을 한 후에는 PNG 파일로 저장해야 합니다.

PNG는 JPEG와 달리 무손실 압축을 지원하기 때문에 이미지가 더 선명하고 화질이
좋아서 용량이 크다는 특징이 있습니다. 그러나 웹용으로 개발됐기 때문에 CMYK
색을 지원하지 않아 인쇄용으로는 부적합합니다.

❺ Photoshop PDF(*.PDF, *.PDP) — 화면을 볼 때나 인쇄에 적합한 형식

문서 파일의 포맷 형태로, 화면을 보거나 다른 사람과 주고받기
적합하게 개발된 파일 형식입니다. 화면에 보이는 대로 인쇄할 수
있어 출판에도 적합하며, 인쇄 상태 그대로를 컴퓨터 화면에서 보
여 주기 때문에 전자책과 같은 디지털 출판에도 많이 사용됩니다.

03-5

포토샵 종료하기

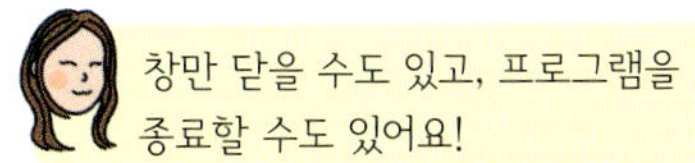

✦지금 하면 된다! ▸ 포토샵 작업 화면 종료하기

작업 화면 위쪽의 작업 바에 있는 [닫기 ⊠]를 클릭하면 대화상자가 나타납니다. 내용을 저장해야 한다면 [예]를 클릭하고, 저장하지 않아도 된다면 [아니오]를 클릭합니다. 종료를 원하지 않으면 [취소]를 클릭하면 됩니다.

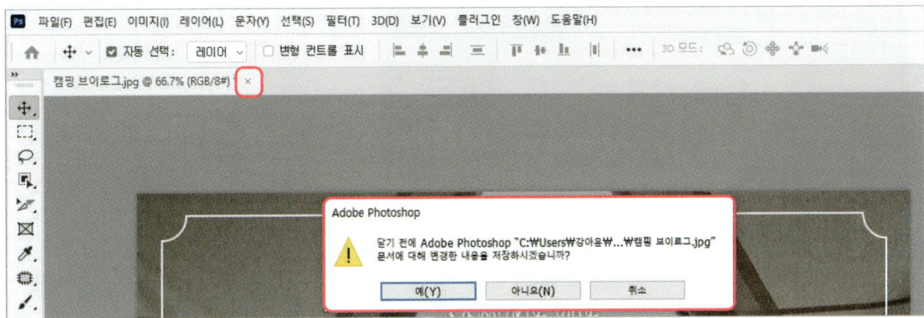

작업 중 저장했다면 해당 대화상자는 나타나지 않습니다. 즉, 대화상자가 나타나지 않는다면 이미 모든 작업이 저장돼 있다는 뜻입니다.

✦지금 하면 된다! ▸ 포토샵 프로그램 종료하기

포토샵 프로그램을 완전히 종료하고 싶다면 화면 오른쪽 위의 [닫기 ⊠]를 클릭합니다.

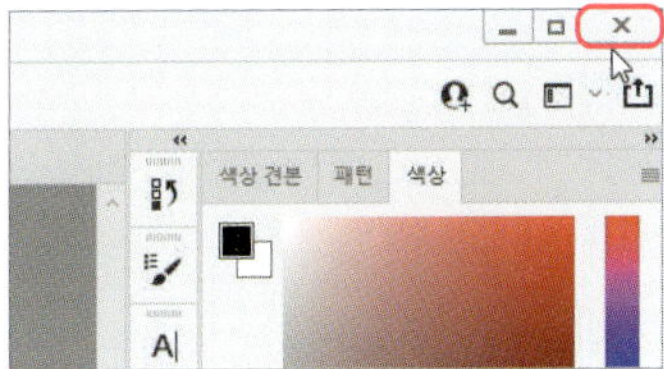

편집 필수 개념, 레이어

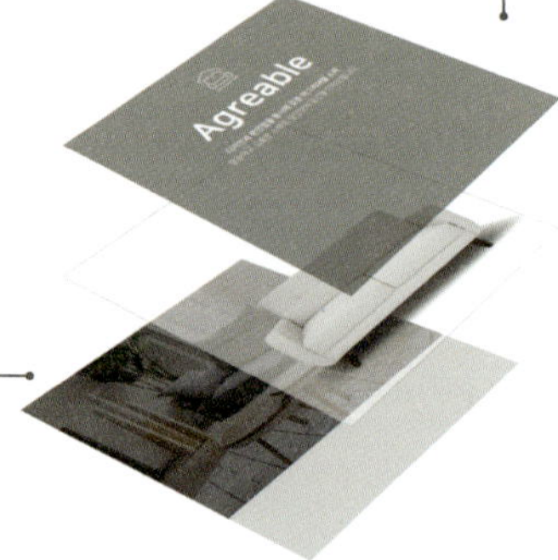

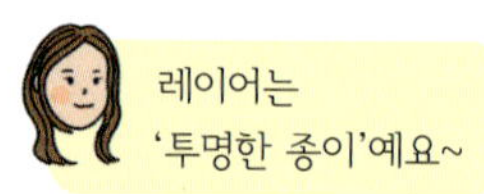

아윤쌤의
강의 노트

"포토샵 작업은 레이어 만들기부터!"

포토샵에서는 가장 먼저 '레이어'를 이해해야 합니다. 포토샵의 모든 작업은 레이어를 바탕으로 이뤄지기 때문입니다. 레이어를 이해한 후에 포토샵을 시작하면 포토샵이 한결 쉽게 느껴질 거예요.

✔ 체크 포인트

☐ 레이어 개념 이해하기
☐ 레이어 이름 수정하기

☐ 새 레이어 만들기, 순서 바꾸기, 복사하기
☐ 레이어 삭제하기, 숨기기

04-1

레이어 개념 이해하기

준비 파일 04/레이어 실습.psd

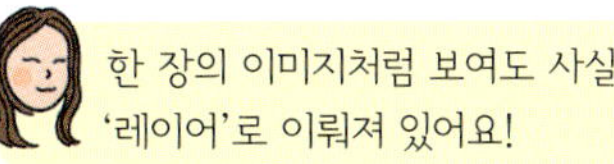

레이어(layer)의 사전적 의미는 '층', '단계', '층층이'입니다. 포토샵에서 레이어는 각각의 이미지가 쌓여 하나의 완성된 이미지가 되는 것을 말합니다. 다음 왼쪽 이미지는 한 장으로 보이지만, 실제로는 오른쪽에 보이는 것처럼 배경 이미지, 소파 이미지, 텍스트 이미지가 겹쳐져 만들어진 것이랍니다.

'이미지가 겹쳐 있다'라는 것은 [레이어] 패널을 보면 알 수 있습니다. [레이어] 패널에 여러 가지 레이어가 순서대로 쌓여 있죠? 이와 같이 각 레이어가 순서대로 쌓여 하나의 이미지가 완성됩니다.

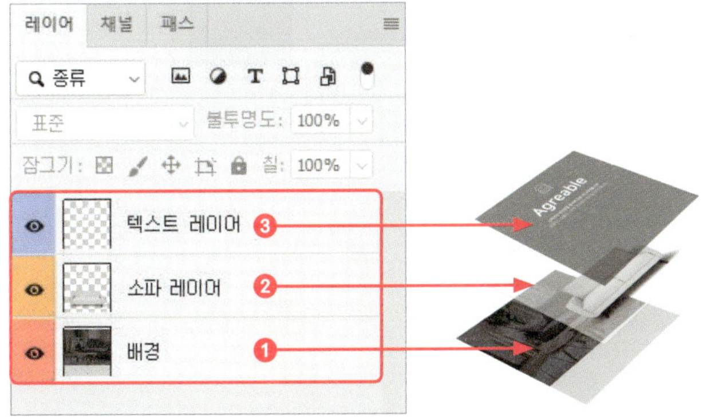

01
❶ Ctrl + O 를 눌러 레이어 실습.psd를 불러옵니다.

❷ [레이어] 패널에서 [소파 레이어]를 클릭한 후 ❸ [이동 도구 ✛]를 선택합니다.

❹ 작업 화면에 있는 소파 이미지를 클릭한 채 위로 드래그합니다.

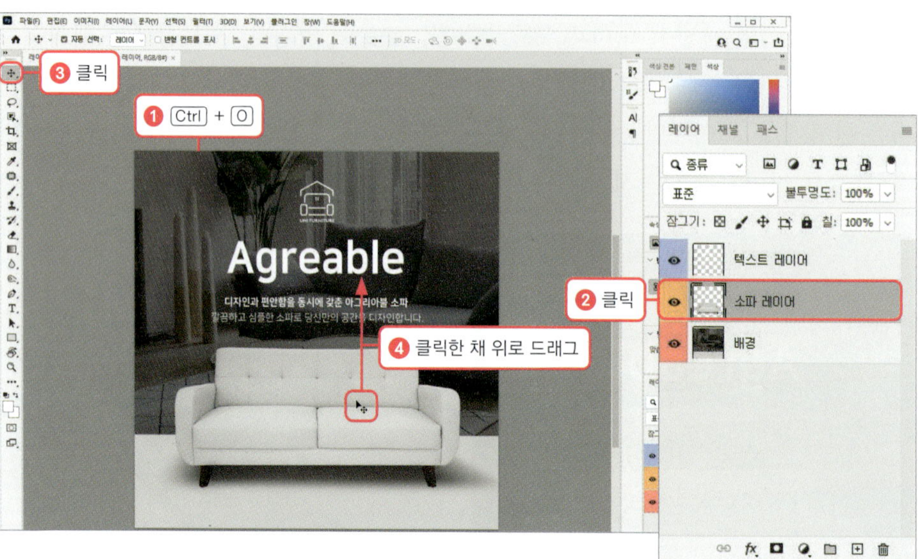

02
배경과 테스트는 그대로인데 소파 이미지만 이동합니다. 그런데 소파 이미지 위로 텍스트가 보이죠? 그 이유는 [레이어] 패널에서 [텍스트 레이어]가 [소파 레이어]보다 위에 있기 때문입니다.

 레이어 순서 바꾸기

이번에는 [소파 레이어]를 [텍스트 레이어]의 위로 배치해 보겠습니다. 레이어의 순서를 바꿨을 때 어떻게 간섭이 일어나는지 살펴보세요.

01

[레이어] 패널에서 [소파 레이어]를 클릭한 후 [텍스트 레이어]의 위로 드래그합니다. 위쪽에 파란색 선이 생기면서 레이어가 이동합니다.

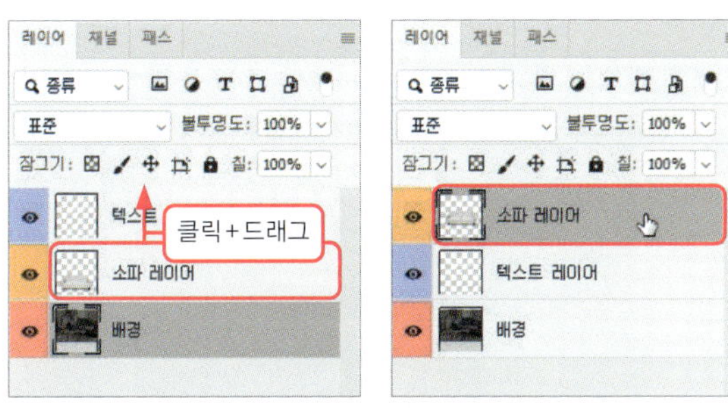

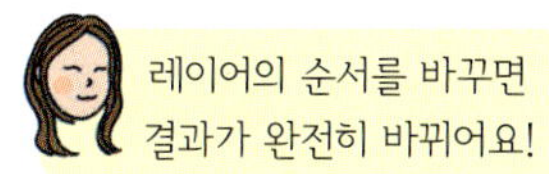

02

소파 이미지가 위로 올라오면서 텍스트가 가려졌습니다. 상위 레이어인 [소파 레이어]가 [텍스트 레이어]를 덮어 버린 것입니다.

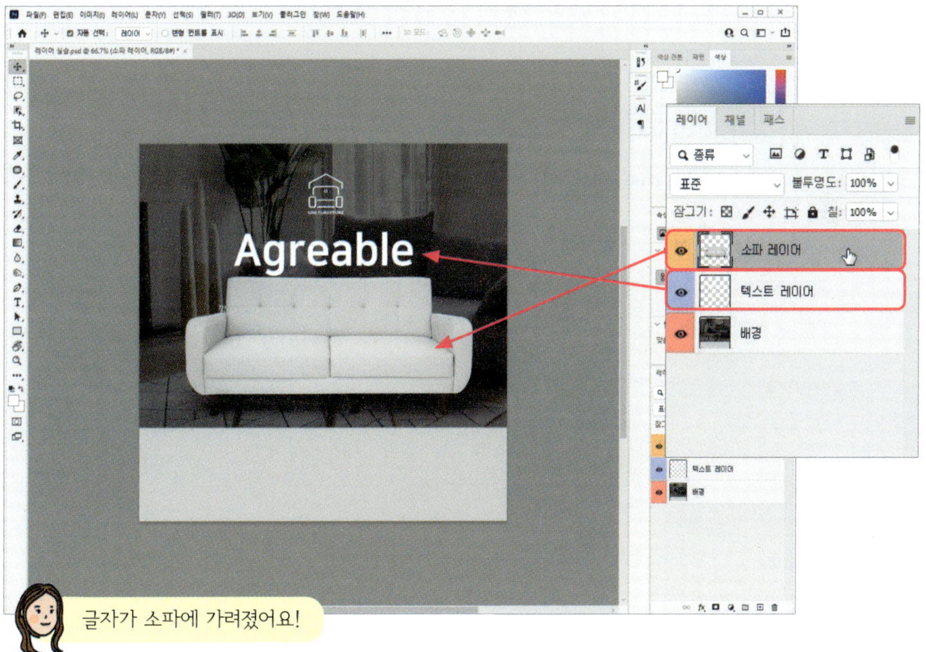

새 레이어 만들고 복사하기

준비 파일 이어서 실습

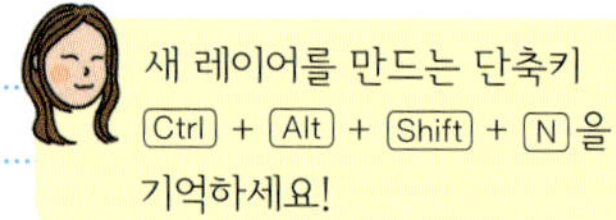

지금 하면 된다! ﹥ 새 레이어 만들기

01 앞에서 진행한 실습을 되돌리기 위해 Ctrl + Z 를 두 번 눌러 실행을 취소합니다.

02 ❶ [배경] 레이어를 클릭합니다. ❷ 아래쪽에 있는 [레이어 추가 ⊞]를 클릭하거나 단축키 Ctrl + Alt + Shift + N 을 누릅니다. [배경] 바로 위에 [레이어 1]이 추가됩니다. 새로 추가한 레이어에서 작업을 하지 않았기 때문에 화면에는 아무런 변화가 없습니다.

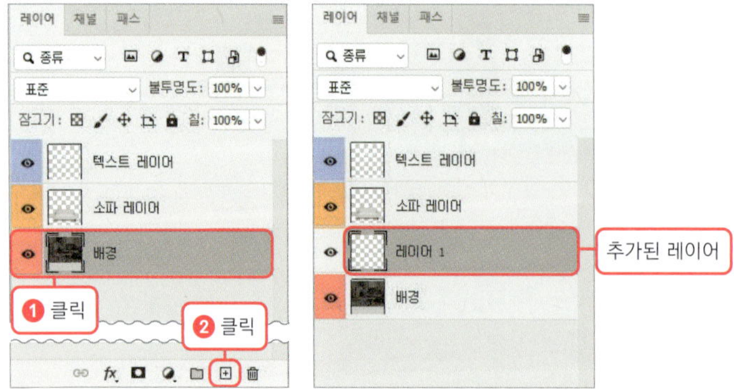

03 새 레이어에 색을 넣어 보겠습니다.

❶ [레이어 1]을 선택한 후 ❷ 도구 바의 아래쪽에 있는 [전경색]을 더블클릭합니다.

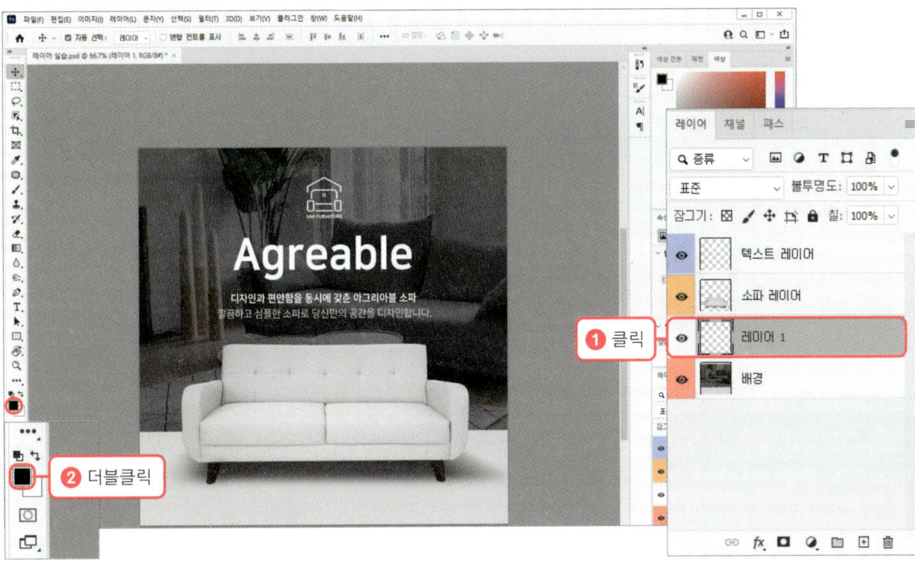

04 [색상 피커(전경색)] 대화상자에서 ❶ 색상 코드에 ff8a00을 입력한 후 ❷ [확인]을 클릭합니다.

 ❶ [페인트 통 도구 🪣]를 선택한 후 ❷ 작업 화면을 클릭합니다.

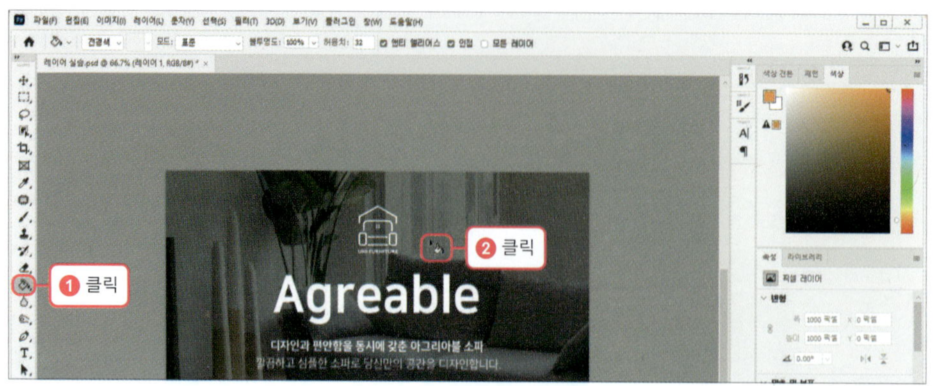

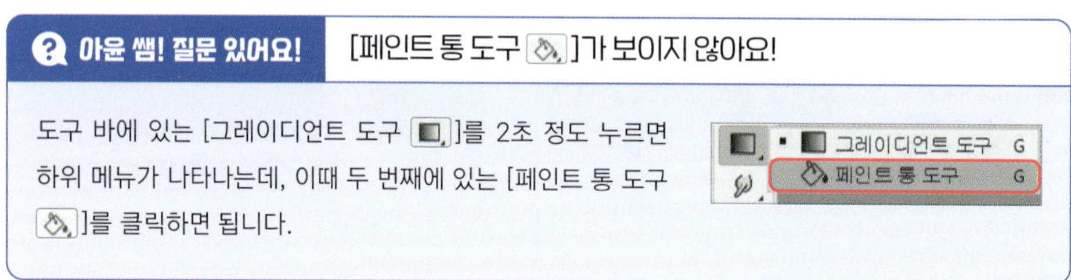

06 배경 전체가 변경되면서 기존에 있던 배경 이미지가 보이지 않죠? 그 이유는
[배경] 레이어가 [레이어 1] 레이어보다 아래에 있기 때문입니다.
이처럼 레이어를 새로 추가해 색을 넣거나 다른 레이어를 가릴 수 있습니다.

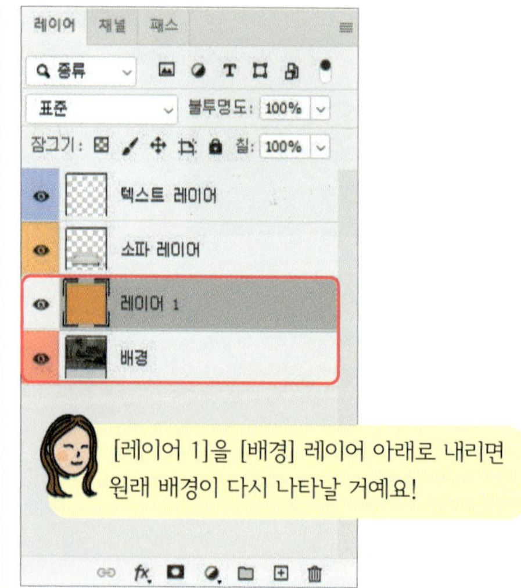

✨지금 하면 된다! ▸ 레이어 복사하기

01 [레이어 1]을 클릭한 후 [레이어 추가 ⊞] 위로 드래그하거나 단축키 Ctrl + J 를 누릅니다. [레이어 1]과 똑같은 내용을 담은 [레이어 1 복사]가 추가됩니다.

02 두 레이어의 배경 색상이 똑같아 레이어가 제대로 복제됐는지 확인하기 어렵네요. 배경 색상을 변경해 다시 확인해 보겠습니다.

❶ [레이어 1 복사]를 선택한 후 ❷ 도구 바의 아래쪽에 있는 [전경색]을 더블클릭합니다.

03 [색상 피커(전경색)] 대화상자에서 ❶ 색상 코드에 ff690f를 입력한 후 ❷ [확인]을 클릭합니다.

04 ❶ [페인트 통 도구 🪣]를 선택한 후 ❷ 작업 화면을 클릭합니다.

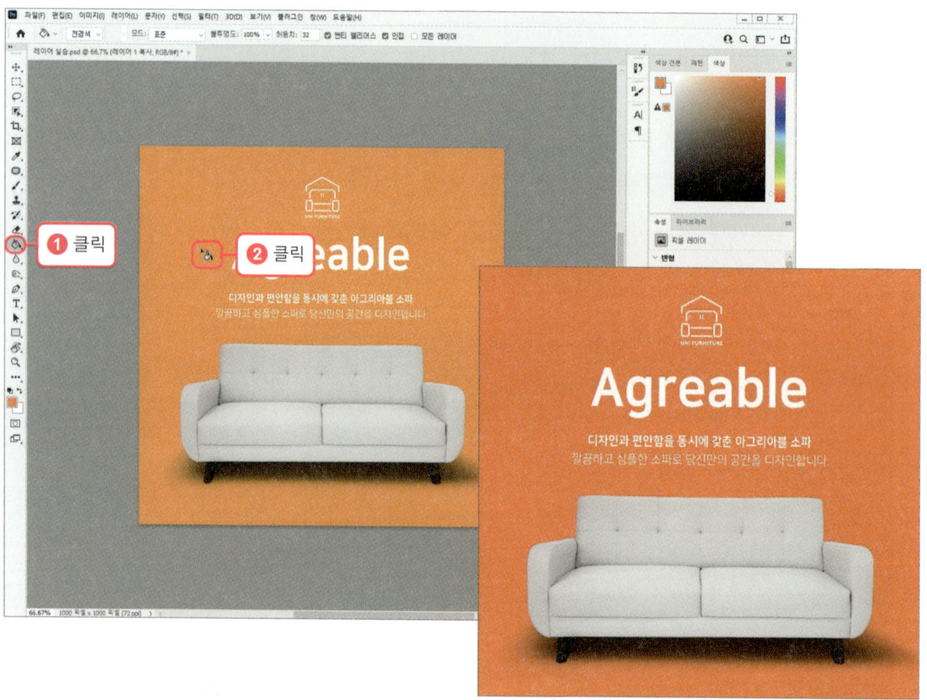

05

❶ [이동 도구 ✛]를 선택한 후 ❷ 작업 화면을 클릭한 상태에서 오른쪽으로 드래그합니다. 새로 추가한 레이어 색과 기존 색이 조화롭게 배치됐나요? 이와 같이 레이어는 추가하거나 이동하면서 배치할 수 있습니다.

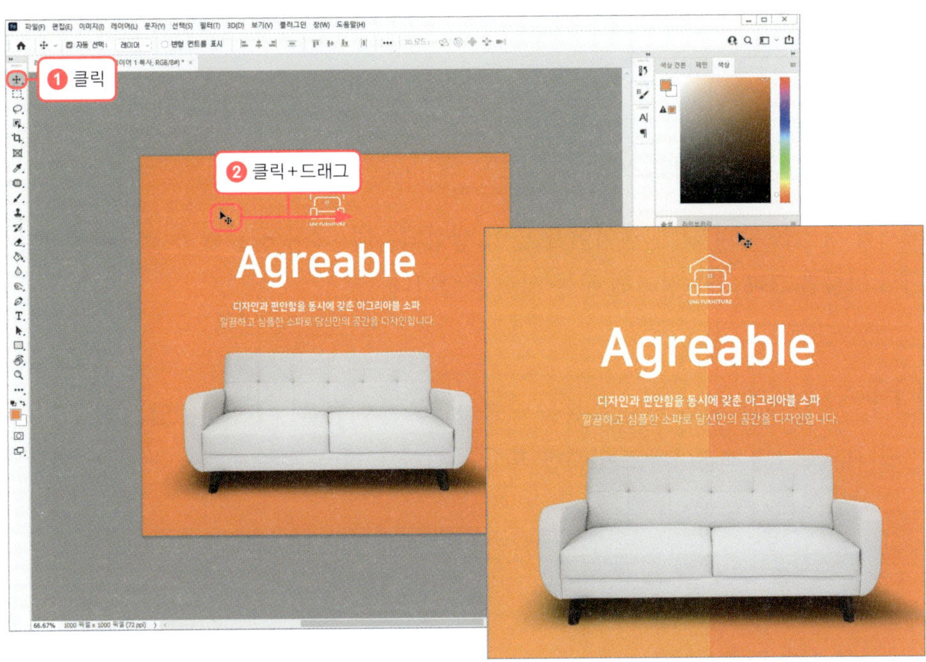

레이어 관리하기

준비 파일 이어서 실습

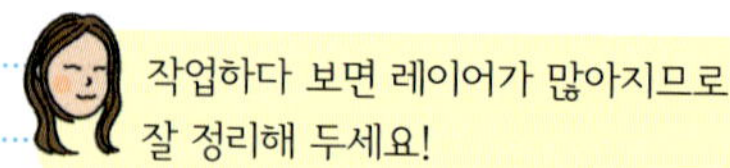

지금 하면 된다! ﹥ 레이어 이름 수정하기

포토샵 작업을 하다 보면 레이어가 많이 생성되는데, 레이어를 쉽게 찾으려면 레이어의 이름을 그때그때 정리해 두는 것이 좋습니다.

01 ❶ [레이어 1]의 글자 부분을 더블클릭하면 이름을 수정할 수 있는 상태로 변경됩니다. ❷ 1번 배경이라고 입력한 후 Enter 를 눌러 이름을 변경합니다.

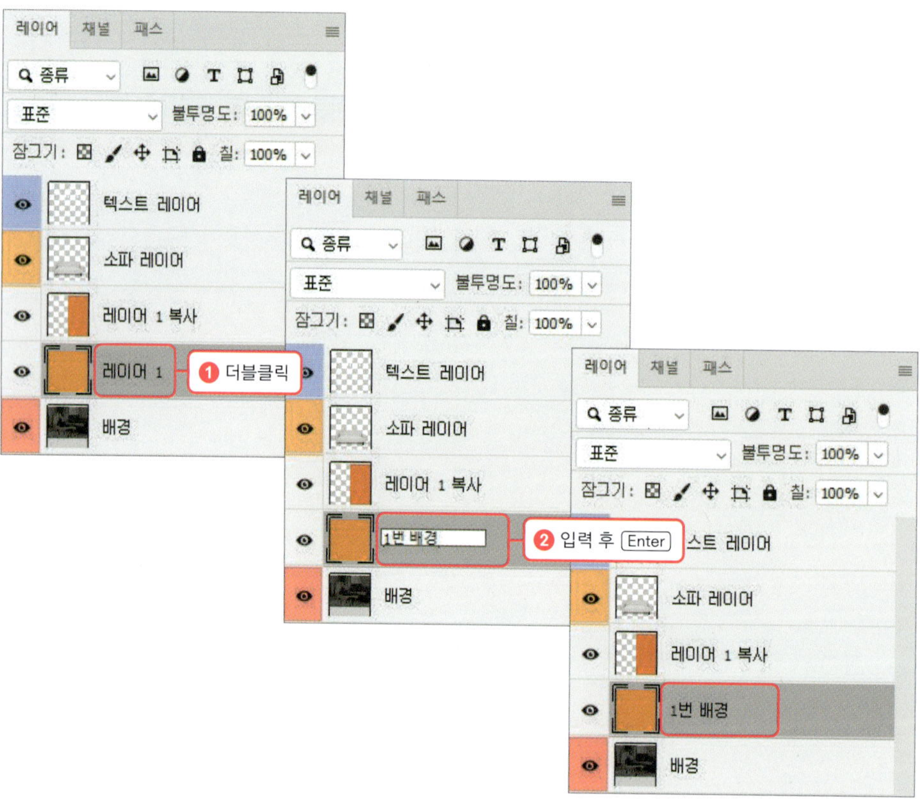

✦✦지금
하면 된다! ⟩ 레이어 삭제하고 숨기기

작업을 하다가 레이어를 잘못 추가하거나 해당 레이어가 필요 없어졌을 때 레이어를 삭제하거나 숨길 수 있습니다.

01 레이어 삭제하기

[레이어] 패널에서 [레이어 1 복사]를 클릭한 후 패널의 아래쪽에 있는 [삭제 🗑]로 드래그하거나 (Delete)를 누릅니다. [레이어 1 복사]가 삭제됩니다.

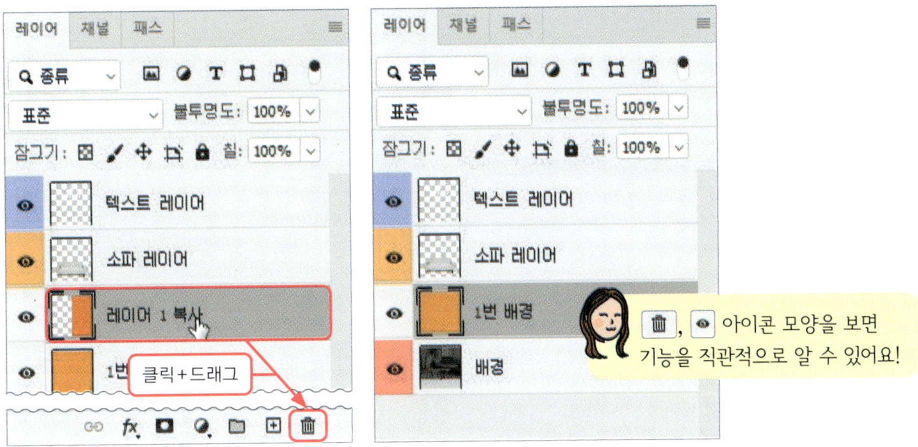

02 레이어 숨기기

[1번 배경]의 왼쪽에 있는 눈 모양 아이콘 👁을 클릭하면 레이어가 화면에서 없어지고, 한 번 더 클릭하면 다시 나타납니다.

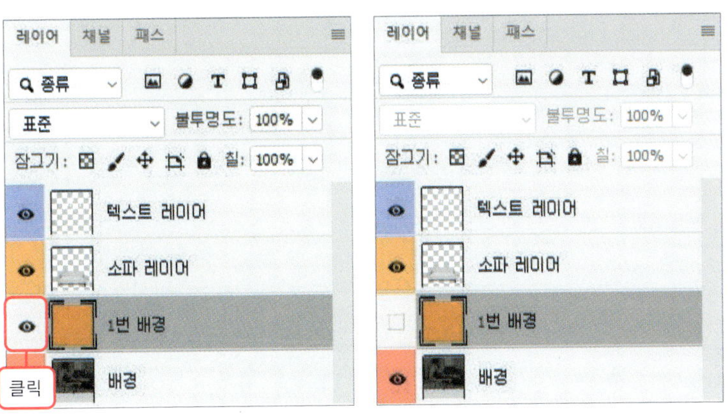

03 눈 모양 아이콘 ◉을 클릭해 [1번 배경]을 숨겼기 때문에 [1번 배경] 아래에
있던 [배경] 이미지가 나타납니다.

포토샵으로 작업할 때는 불필요한 레이어를 삭제하기도 하지만, 이와 같이 눈 모양
아이콘 ◉을 이용해 숨겨 두기도 합니다. 예를 들어 사진 이미지가 들어간 배경과
색을 넣은 배경 중 어떤 것이 더 잘 어울리는지 비교하고 싶을 때 이 방법을 사용합
니다.

레이어는 여기까지만 이해해도 포토샵 작업을 하는 데 문제가 없습니다. 하지만 레
이어를 활용하여 2가지 이상의 이미지를 자연스럽게 합성하는 등 고품질의 작업물
을 만들 때는 심화 학습이 필요합니다. 레이어 활용과 관련된 자세한 내용은 16-1절
에서 알아보겠습니다.

포토샵을 편리하게 사용하는 방법

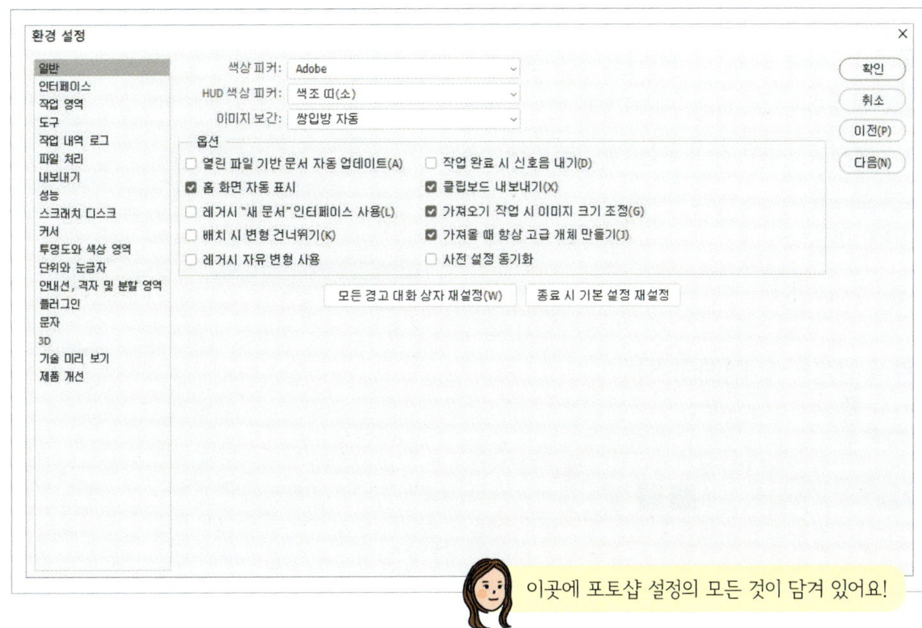

아윤쌤의
강의 노트

"작업 환경을 나의 취향에 맞게 바꿔 보세요!"

포토샵 프로그램으로 작업할 때 좀 더 편리하게 사용할 수 있는 기능이 있습니다. 작업을 한층 더 편리하게 만들어 주는 환경 설정 방법과 화면을 자유롭게 사용하는 방법을 알아보겠습니다.

✔ 체크 포인트

☐ 포토샵 환경 설정 바꾸기   ☐ 가이드라인 사용하기
☐ 작업 화면 확대/축소하기   ☐ 작업 환경 저장하기

05-1

포토샵 환경 설정하기

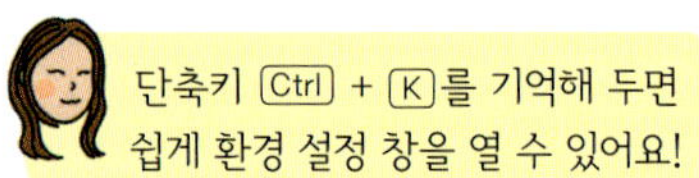

포토샵의 환경을 목적에 맞게 설정하면 더욱 편리하게 사용할 수 있습니다.

[편집 → 환경 설정 → 일반]을 클릭합니다. 환경 설정에는 총 18개 메뉴가 있습니다. 이 중 실무에서 자주 사용하는 몇 가지만 살펴보겠습니다.

🔵 단축키 Ctrl + K

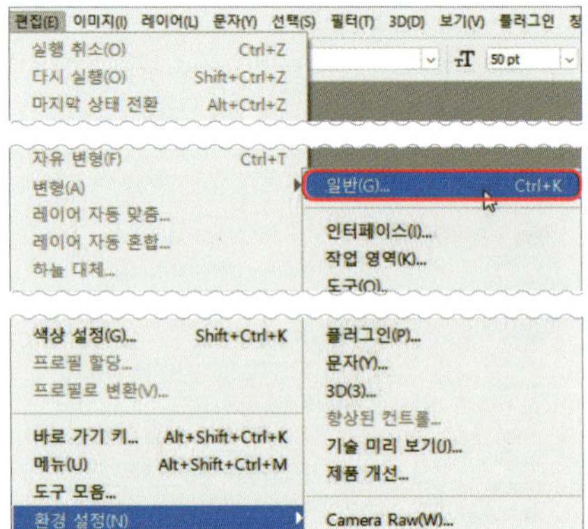

[환경 설정 → 인터페이스]

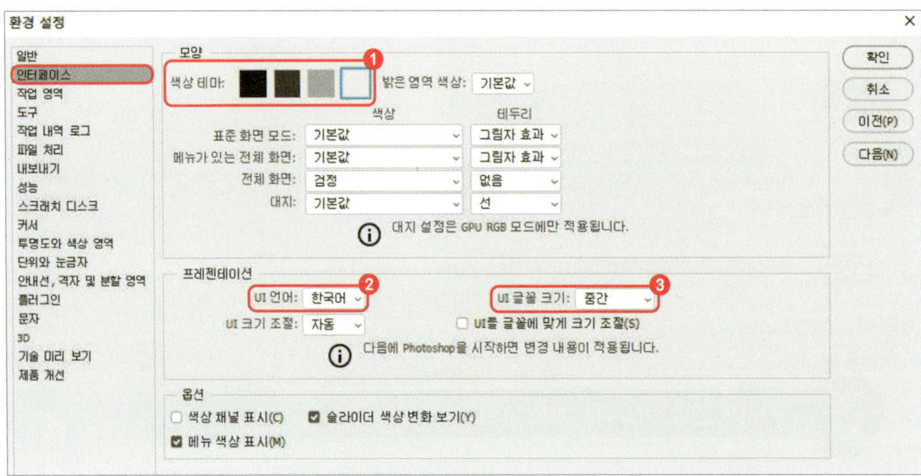

❶ **색상 테마:** 원하는 테마의 색상을 선택합니다.

❷ **UI 언어:** 언어를 설정합니다. Adobe Creative Cloud에서 언어를 설정한 후 이곳에서 변경할 수 있습니다.

❸ **UI 글꼴 크기:** 포토샵 프로그램의 인터페이스 글자 크기를 설정합니다. 글자가 너무 작아 사용하기 불편할 경우 이곳에서 글자의 크기를 조절합니다.

[환경 설정 → 파일 처리]

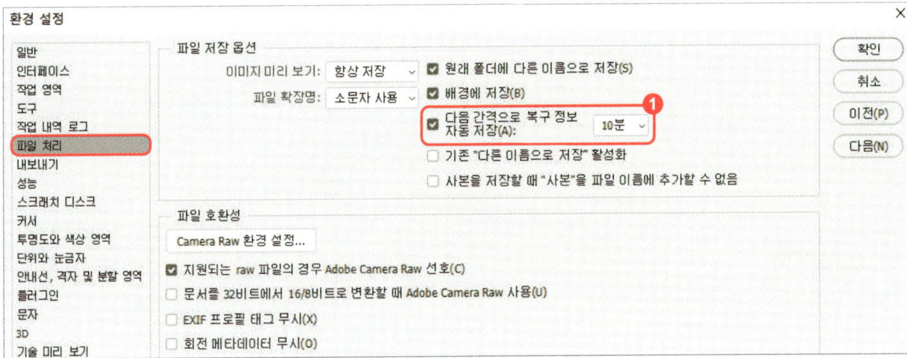

❶ **다음 간격으로 복구 정보 자동 저장:** 포토샵 작업을 할 때 지정한 시간 간격으로 자동으로 백업해 줍니다. 프로그램이 갑자기 종료돼도 파일을 복구해 사용할 수 있습니다.

[환경 설정 → 성능]

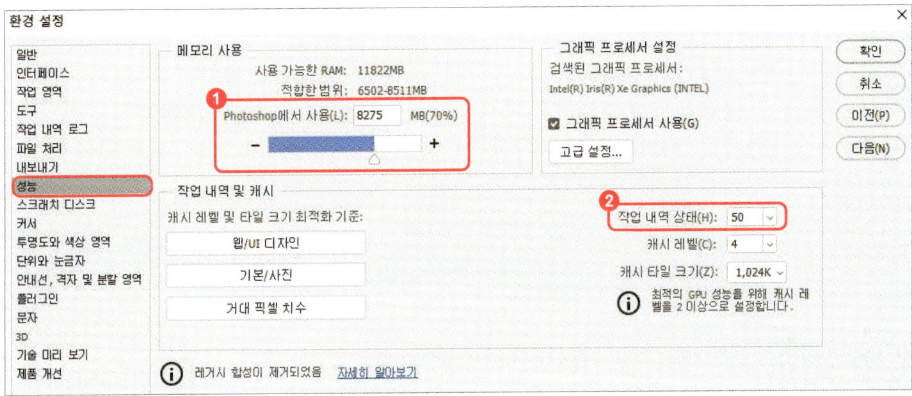

❶ **Photoshop에서 사용:** 포토샵은 메모리를 많이 차지하는 프로그램이기 때문에 컴퓨터의 성능에 따라 메모리를 설정해야 합니다. 컴퓨터 성능이 좋다면 그냥 사용해도 괜찮지만, 좋지 않다면 작업 처리 속도가 느려지므로 [메모리 사용] 항목에서 용량을 늘린 후에 작업해야 합니다. 이때 주의할 점은 메모리의 용량을 아무리 늘려도 전체 사용량의 85%를 넘지 않아야 한다는 것입니다.

❷ **작업 내역 상태:** 포토샵 작업을 하다가 이전 작업 상태로 되돌리고 싶을 때 몇 번까지 되돌릴지를 설정하는 기능입니다. 횟수를 크게 설정해 두면 좋을 것 같지만, 너무 크게 설정하면 포토샵의 실행 속도가 느려지거나 성능에 문제가 생길 수 있습니다. 50~70 정도가 적절합니다.

[환경 설정 → 단위와 눈금자]

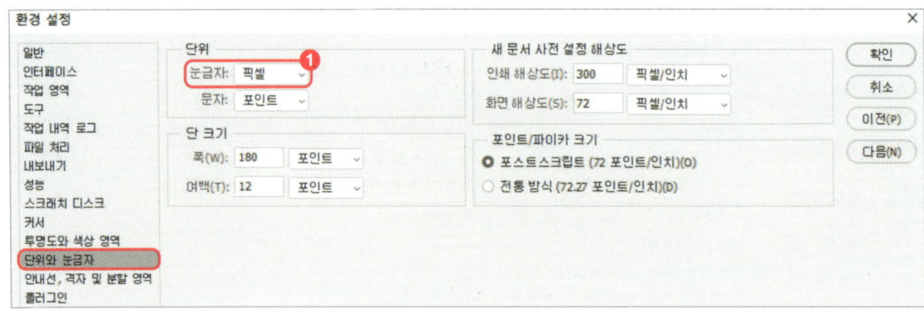

❶ **눈금자:** 포토샵에서 눈금자를 사용할 때 나타나는 단위입니다. 기본 단위는 '픽셀'이지만, 필요에 따라 단위를 변경해 사용하기도 합니다.

[환경 설정 → 문자]

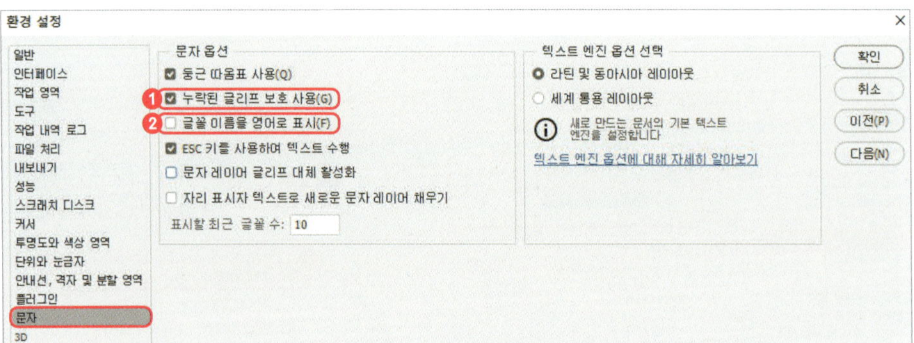

❶ **누락된 글리프 보호 사용:** 가끔 포토샵 문자에서 글자 영역을 선택했는데 글리프 확장 창이 나타난 경험이 있을 거예요. 이러한 현상이 발생하면 실무에서 매우 불편합니다. 사용하기를 원하지 않는다면 [누락된 글리프 보호 사용]의 체크 표시를 해제하면 됩니다.

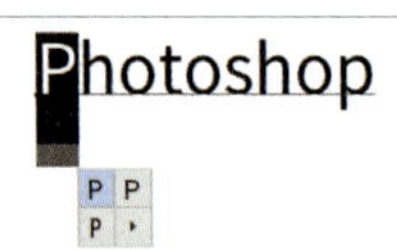

❷ **글꼴 이름을 영어로 표시:** [글꼴 이름을 영어로 표시]의 체크 표시를 해제하면 한글 글꼴의 이름이 영문이 아닌 한글로 표시됩니다.

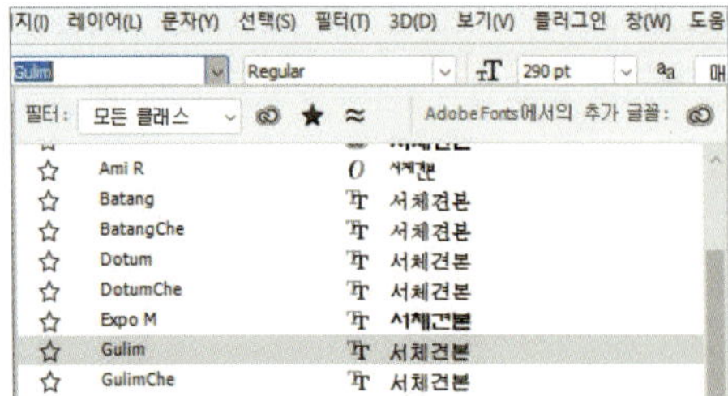

글꼴 이름이 영문으로 표시된 모습

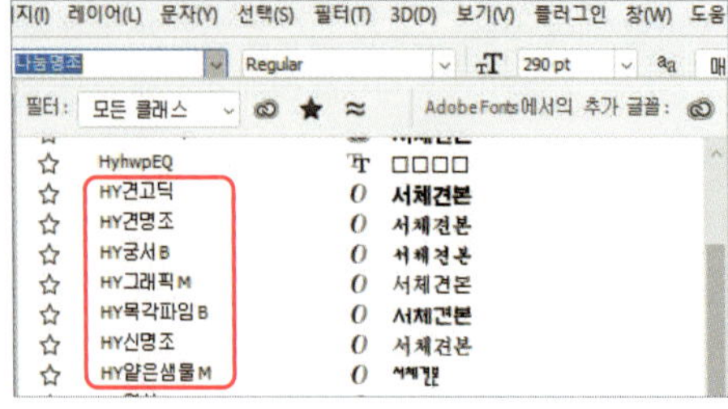

글꼴 이름이 한글로 표시된 모습

05-2

작업 화면 크기 조절하고 이동하기

준비 파일 05/확대 축소.jpg

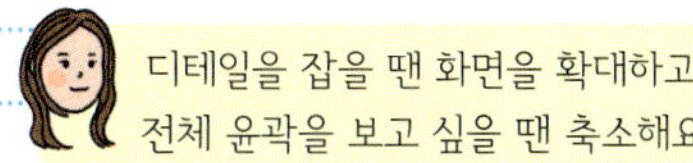

◇◇ 지금 하면 된다! ▸ 작업 화면 확대/축소하기

포토샵으로 작업할 때 화면을 확대/축소하려면 [돋보기 도구 🔍]를 사용합니다. 단축키로는 Ctrl + + 를 누르면 확대되고, Ctrl + − 를 누르면 축소됩니다. Alt 를 누른 채 마우스 휠을 위아래로 움직여도 확대/축소할 수 있습니다.

01
❶ Ctrl + O 를 눌러 준비 파일 확대 축소.jpg를 불러옵니다.
❷ [돋보기 도구 🔍]를 선택한 후 ❸ 화면을 클릭하면 화면이 확대됩니다.

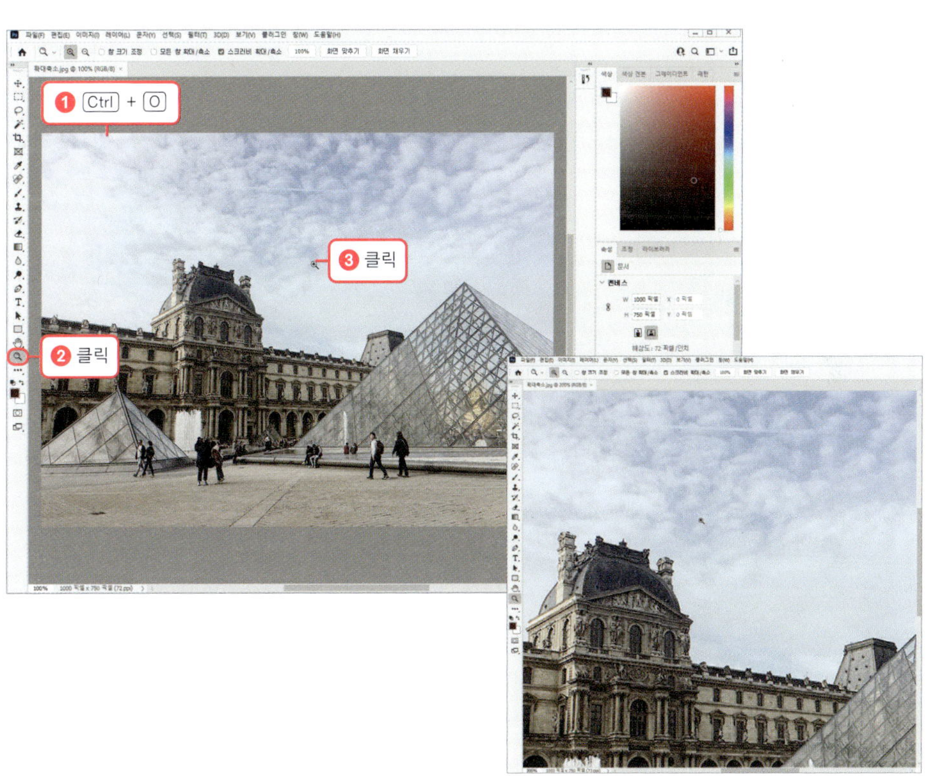

02 ❶ 옵션 바에서 [축소 🔍]를 선택한 후 ❷ 화면을 클릭하면 화면이 축소됩니다.

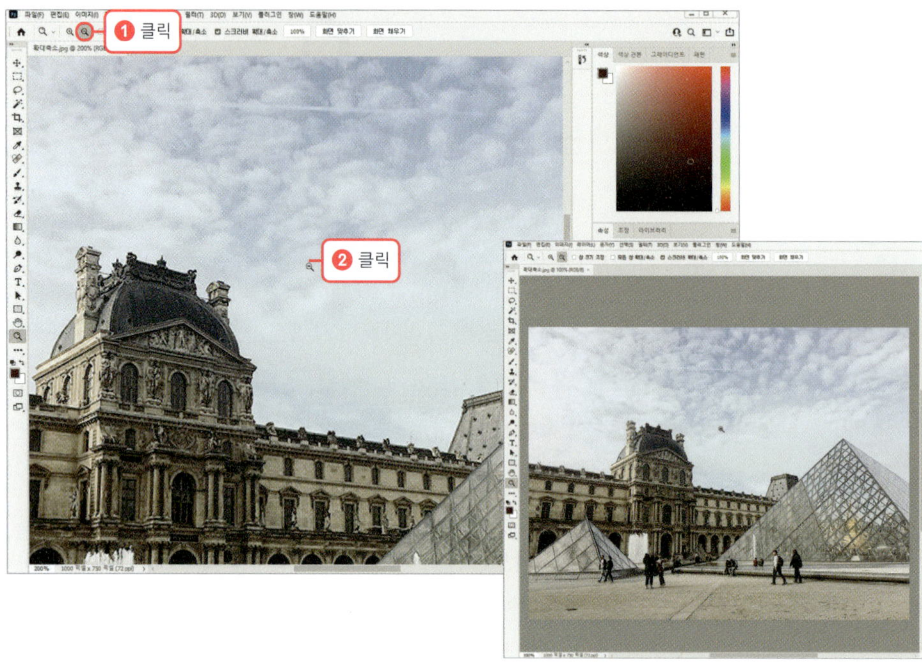

03 이번에는 [Alt]를 누른 채로 마우스 휠을 아래로 굴려 보세요. 작업 화면이 더 작게 축소됩니다.

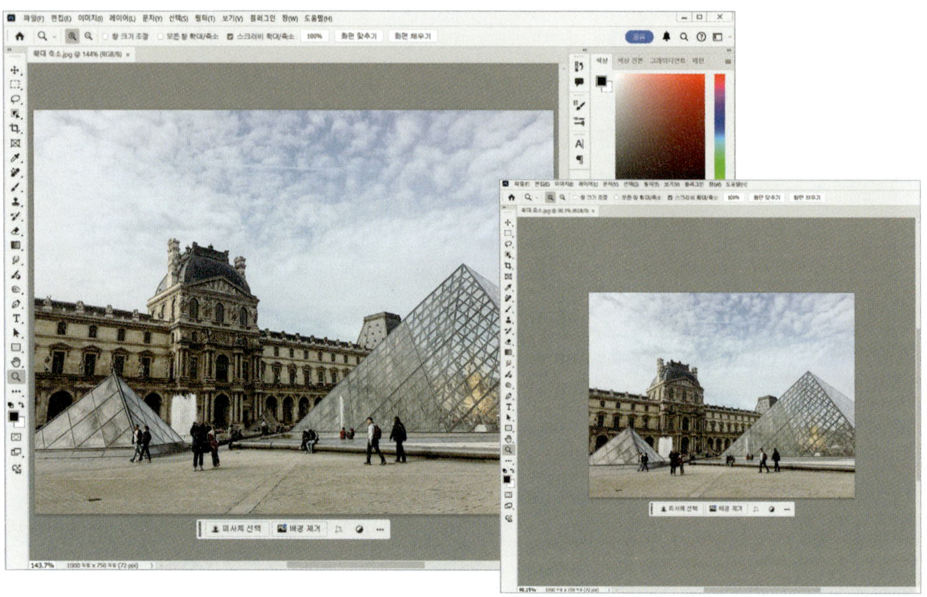

01

❶ Ctrl + + 를 눌러 다시 화면을 확대한 후 ❷ [손 도구 🖐]를 선택합니다.
❸ 작업 화면을 클릭한 채로 드래그하면 화면이 이동합니다.

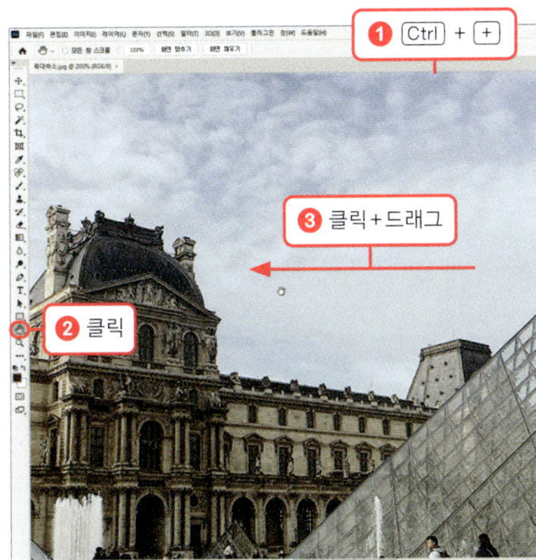

Spacebar 를 누른 채 화면을 드래그해도 원하는 영역으로 쉽게 이동할 수 있습니다.
확대한 상태에서 다른 구간을 돌아가며 확인하고 싶을 때 편리한 방법입니다.

깔끔한 배치를 위한 가이드라인 사용법

준비 파일 05/가이드라인.jpg

✧지금 하면 된다! ↯ 가이드라인 사용하기

가이드라인은 실무에서 여백이나 간격을 정확하게 맞춰 작업해야 할 때 유용합니다.
포토샵 화면에서 가이드라인을 불러와 사용해 보겠습니다.

01

❶ Ctrl + O 를 눌러 준비 파일 가이드라인.jpg를 불러옵니다.

❷ Ctrl + R 를 눌러 눈금자를 나타나게 합니다.

❸ 작업 화면의 위쪽에 있는 눈금자를 클릭한 상태에서 아래쪽으로 드래그하면 가로
방향의 가이드라인이 만들어집니다.

🔵 메뉴 바 [보기 → 눈금자]

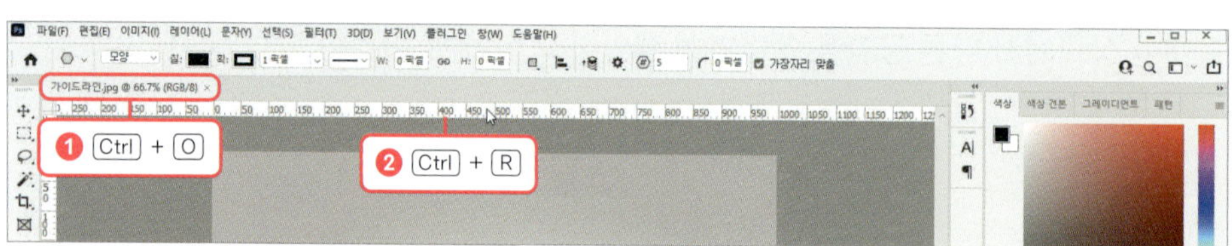

02 세로 가이드라인도 왼쪽 눈금자를 클릭한 채로 드래그해 만들 수 있습니다.

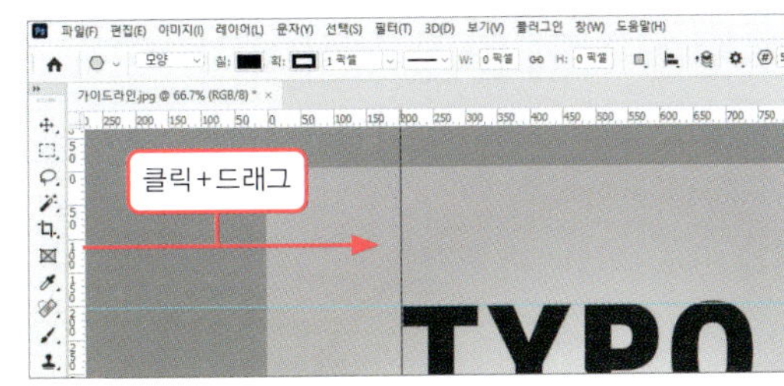

03 작업할 때 불필요한 가이드라인이 계속 보이면 매우 불편하겠죠?
❶ 이번에는 [이동 도구 ✛.]를 선택하고 ❷ 가이드라인의 마우스 커서 모양이 변경됐을 때 클릭한 상태에서 눈금자 밖으로 드래그합니다. 가이드라인이 사라집니다.

04 생성한 가이드라인을 한번에 삭제하는 방법도 있습니다. 메뉴 바에서 [보기 → 안내선 → 캔버스 안내선 지우기]를 선택하면 모든 가이드라인이 사라집니다.
단축키 Ctrl + ; 을 눌러도 가이드라인을 한 번에 나타나거나 사라지게 할 수 있습니다.

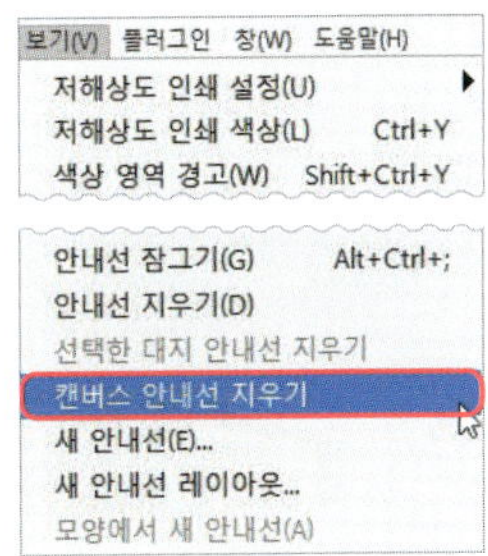

포토샵 작업 환경 저장하기

포토샵 작업을 하다 보면 자꾸 작업 환경이 변경되는데, 사용하기 편하게 정리된 작업 환경을 저장해 두면 언제든 손쉽게 다시 돌려놓을 수 있습니다.

지금 하면 된다! 〉 포토샵 작업 환경 저장하기

01 ❶ 메뉴 바에서 [창 → 작업 영역 → 새 작업 영역]을 선택합니다. ❷ [새 작업 영역] 대화상자에 원하는 이름을 입력하고 ❸ [저장]을 클릭하면 현재 상태의 포토샵 작업 환경이 저장됩니다.

💧 영문판 [Window → Workspace → New Workspace]

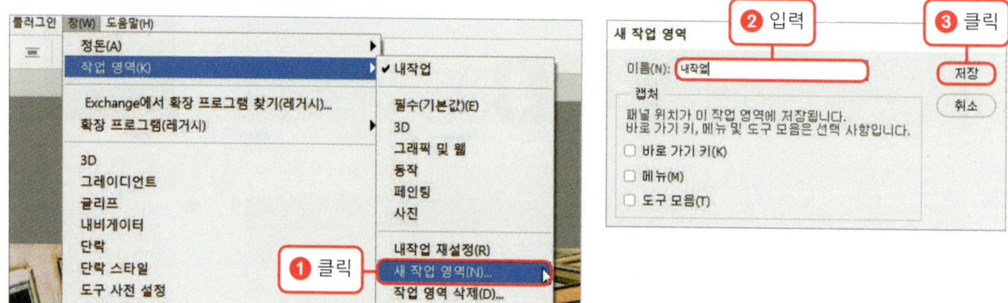

02 저장한 작업 환경을 불러와 볼까요? 먼저 작업 화면에 여러 패널을 꺼내 마구잡이로 배치해 주세요.

❶ 오른쪽 패널의 위쪽에 있는 [작업 영역 선택 ▣]을 클릭합니다.

❷ [내작업 재설정]을 선택하면 저장한 환경으로 다시 정리됩니다.

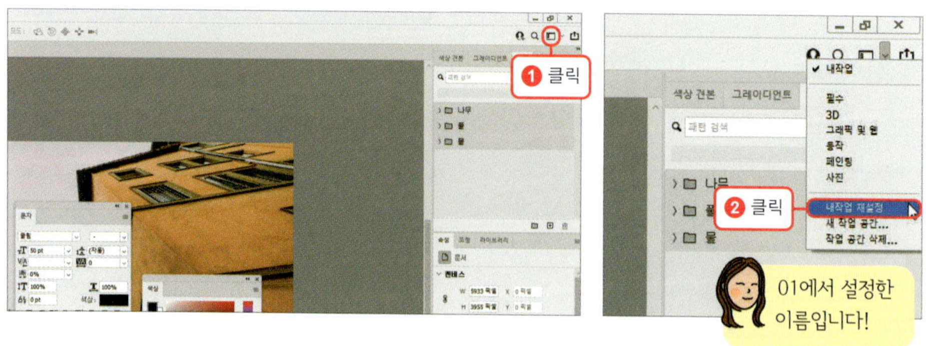

본격 작업 전 알아야 할 그래픽 기초 상식

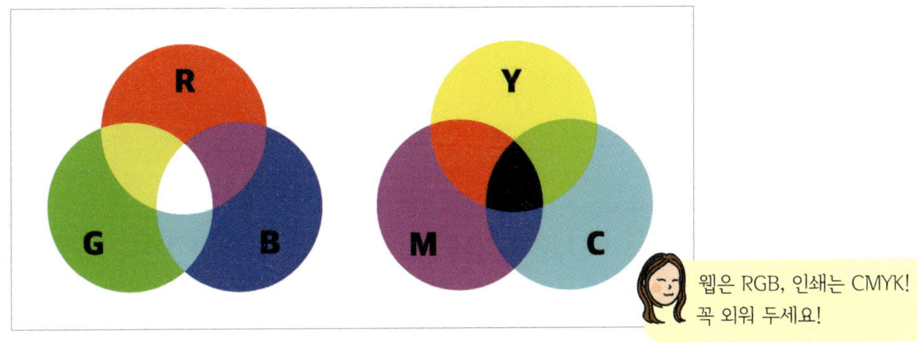

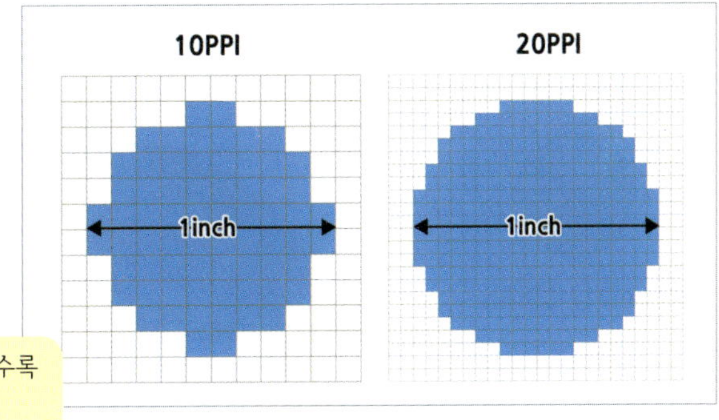

아윤 쌤의
강의 노트 "디자인을 한다면 꼭 알아야 할 그래픽 기초 상식!"

포토샵을 사용할 여러분이 반드시 알아야 할 그래픽 기초 상식이 있습니다. 바로 색상 모드와 해상도, 비트맵과 벡터 등의 그래픽 개념이에요. 디자인에 필요한 개념을 먼저 공부하고 포토샵을 다룬다면 포토샵 프로그램에 대한 이해도가 높아지고 더 많은 기능을 학습하는 데 도움이 될 거예요.

✔ 체크 포인트

- ☐ 그래픽 표현 방식과 색상 모드 이해하기
- ☐ 색의 3속성 알아보기
- ☐ 해상도 이해하기
- ☐ 무료 이미지·글꼴 사이트 접속해 보기

비트맵과 벡터

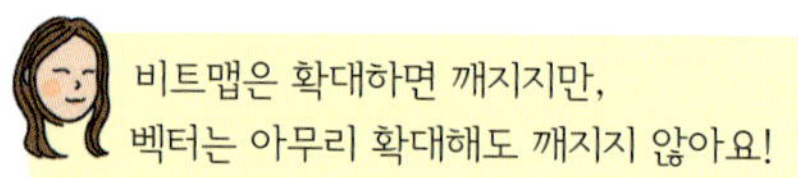

비트맵(bitmap)과 벡터(vector)는 그래픽 이미지를 표현하는 방식의 종류입니다. 포토샵은 비트맵 기반, 일러스트레이터는 벡터 기반이라는 점에 유의하며 비트맵과 벡터의 특징을 간단히 알아보겠습니다.

점과 점이 모여 만드는 비트맵

이미지 파일 형식인 JPEG, GIF, PNG는 모두 비트맵 형식입니다. 비트맵은 점(픽셀)을 모아 하나의 이미지를 만드는 방식으로, 복잡한 형태의 그림이나 사진도 문제 없이 표현할 수 있습니다. 단, 이미지를 구성하는 정보량이 많아 용량이 크고 이미지를 확대했을 때 깨지는 단점이 있습니다.

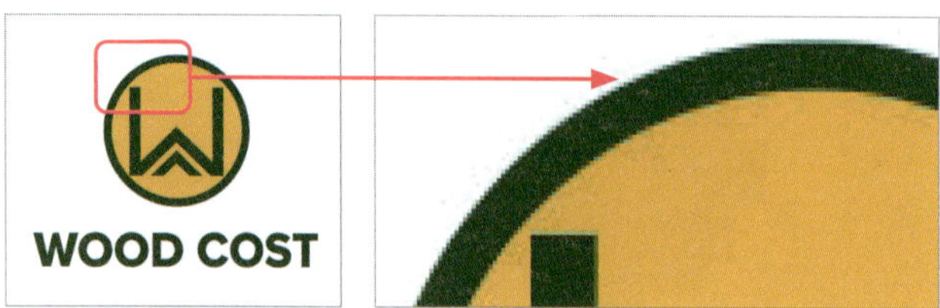

선과 선의 만남, 벡터

벡터는 수학적 함수를 기반으로 하는 이미지 표현 방식입니다. 점과 점을 선으로, 선과 선을 면으로 만들어 이미지를 표현합니다. 다음 이미지에서 점과 점 사이를 잇는 선들이 보이나요? 벡터 방식은 이렇게 수학적 수치를 계산해서 면으로 만들어 내기 때문에 비트맵과 달리 아무리 크게 확대해도 깨지지 않습니다. 대신 비트맵처럼 복잡한 이미지를 표현할 수 없는 것이 단점입니다.

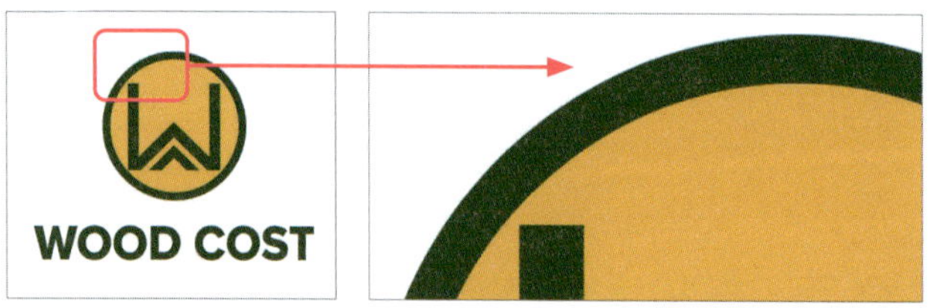

06-2

색상 모드 5가지

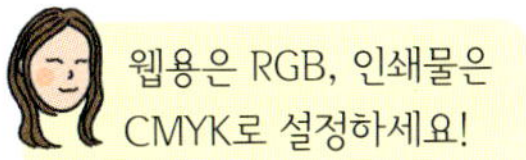

색상 모드는 작업의 유형에 따라 다르게 선택해야 합니다. 웹, 앱, 영상 등 디지털 작업에는 RGB 색상 모드를 사용하고, 명함, 전단, 포스터, 리플릿, 현수막 등 인쇄 출력물에는 CMYK 색상 모드를 사용합니다. 이 외에도 비트맵, 회색 음영, Lab이라는 색상 모드가 있습니다. 5가지 색상 모드는 무엇이 다르며 왜 구분해서 사용해야 하는지 알아보겠습니다.

모니터 화면은 RGB

RGB는 빨강(red), 초록(green), 파랑(blue) 3가지 빛을 이용해 색을 표현하는 색상 모드입니다. 겹치는 부분에 보이는 흰색은 3가지 색상이 섞이면서 표현된 것으로, 섞일수록 더 밝은색으로 나타납니다. RGB의 3가지 색상이 빛의 삼원색이기 때문이에요. 이처럼 섞일수록 흰색에 가까워지고 색이 전혀 들어가지 않으면 검은색(무색)이 되는 방식을 '가산 혼합'이라고 합니다.

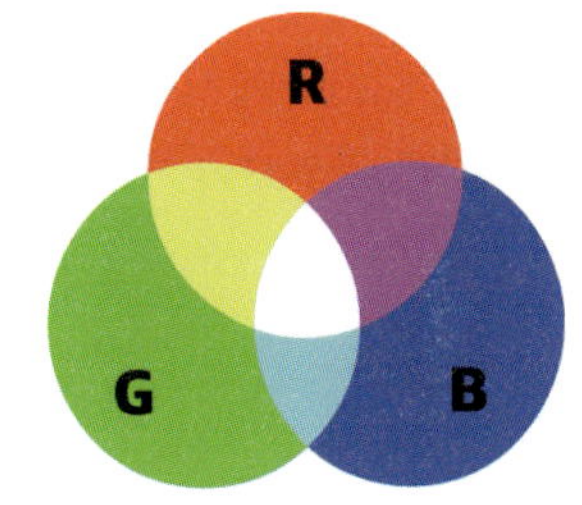

RGB 색상은 색상별로 256색의 범위를 갖고 있어 3가지 색상을 결합하면 약 1,700만 가지의 색을 재현할 수 있습니다. 따라서 빛을 통해 보이는 RGB 색상 모드는 스마트폰, 컴퓨터, TV 화면 등에 이미지를 나타내야 하는 웹, 앱, 영상 작업에 적합합니다.

인쇄 출력은 CMYK

CMYK는 청록(cyan), 자홍(magenta), 노랑(yellow), 검정(black) 4가지 색상 잉크를 이용해 색을 표현합니다. 여기에 포함되지 않은 흰색은 종이로 대체하거나 별도의 잉크를 사용합니다. 물감을 기반으로 하는 4원색이기 때문에 주로 인쇄 출력에서 사용합니다.

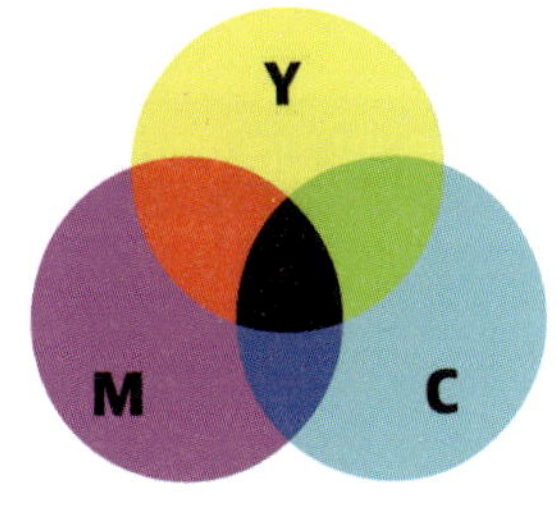

CMYK는 색상값이 올라갈수록 색이 어두워지는데, 물감을 씻은 물이 까매지듯 결국 모든 색을 섞으면 검은색이 됩니다. 이와 같이 색을 섞을수록 점점 어두워지는 방식을 '감산 혼합'이라고 합니다.

RGB는 빛을 이용해 색을 표현하기 때문에 구현할 수 있는 색상의 범위가 넓지만, CMYK는 잉크의 4가지 색상으로만 색을 표현하기 때문에 RGB에 비해 그 범위가 좁습니다. 만약 RGB 모드로 만든 작업물을 인쇄하면 제한된 범위 안에서 색상이 재현되어 의도와 다른 결과물이 나올 수 있습니다. 따라서 명함, 책, 광고 포스터 등 종이에 출력하는 실물 인쇄 작업에는 CMYK 색상 모드가 적합합니다.

지금 하면 된다! ▶ RGB와 CMYK 색상 모드 설정하기

01 메뉴 바에서 [파일 → 새 파일] 또는 단축키 [Ctrl] + [N]을 누르면 [새로운 문서 만들기] 대화상자가 나타납니다. 색상 모드를 클릭하면 [RGB 색상]과 [CMYK 색상] 중에서 선택할 수 있습니다.

💧 영문판 [File → New]

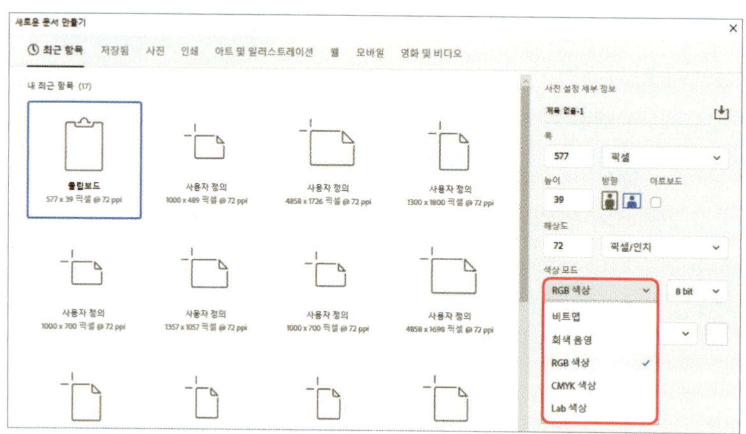

> **❓ 아윤 쌤! 질문 있어요!**   **RGB로 작업한 후 인쇄하면 어떻게 되나요?**
>
> RGB로 여러 가지 색을 섞어 밝은 이미지를 표현한 데이터를 잉크로 출력하면 화면과는 다른 탁해진 인쇄물을 볼 수 있습니다. 잉크는 색이 섞일수록 검정에 가까워지기 때문에 빛의 화려한 색을 잘 표현할 수 없는 것이죠. 따라서 출력물 작업을 할 때는 반드시 CMYK 색상 모드로 설정해야 합니다.

그 밖의 색상 모드 — 비트맵, 회색 음영, Lab

RGB와 CMYK를 주로 사용하므로 그 밖의 색상 모드는 잘 몰라도 괜찮습니다. 어떤 색상 모드가 있고 각각 어떤 특징이 있는지만 간단히 살펴보겠습니다.

비트맵은 픽셀을 사용하는 색상 모드입니다. 1개의 픽셀을 이용해 표현할 수 있는 단위를 '1비트'라고 하는데, 1비트는 0 또는 1의 정보만을 가질 수 있습니다. 이를 검은색 또는 흰색으로 대치해 이미지를 표현하는 방식이 비트맵입니다. 즉, 비트맵 색상 모드에서 픽셀은 검은색과 흰색의 정보를 갖고 이미지를 표현합니다. 따라서 다른 모드에 비해 거칠게 표현되고 픽셀 간의 거리를 조정해 명암 등을 표현합니다. 신문에 인쇄된 저품질의 흑백 사진과 비슷합니다.

회색 음영(grayscale)은 비트맵처럼 이미지를 흑백으로 표현하지만, 256단계의 음영으로 이미지를 구성하기 때문에 이미지를 좀 더 부드럽게 표현하는 특징이 있습니다. 그래서 이미지를 비트맵으로 사용해야 할 경우 먼저 회색 음영 모드로 변환해 사용하곤 합니다.

마지막으로 Lab 색상을 어디에 쓰는지 알아보겠습니다. RGB 모드로 작업한 파일을 CMYK로 변환하거나 그 반대의 경우 이미지의 색상이 변경돼 고유의 색이 손상됩니다. 이때 손상되는 색상을 줄이기 위해 사용하는 것이 Lab 색상 모드입니다. Lab 색상 모드에는 색상과 채도를 바꾸지 않고 밝기만 따로 조절할 수 있는 채널이 있어서 색상 모드를 변경할 때 색상의 변화를 최소화할 수 있습니다.

작업물에 따른 이미지 해상도

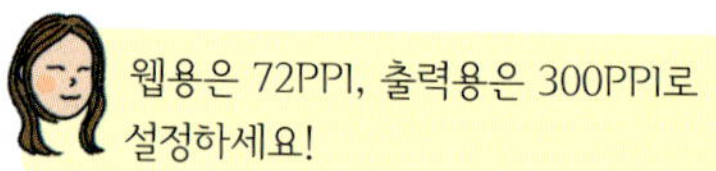

우리가 흔히 보는 이미지는 아주 작은 점들로 이뤄져 있는데, 이 점의 단위를 '픽셀(pixel)'이라고 부릅니다. 포토샵도 픽셀 단위 기반의 프로그램입니다. 이번에는 픽셀로 해상도를 이해하고 포토샵으로 작업할 때 적합한 해상도까지 알아보겠습니다.

해상도 관련 개념 이해하기

다음은 PPI 개념을 알기 쉽게 나타낸 그림입니다. PPI는 1인치 내에 구현되는 픽셀 수(각각 10픽셀, 20픽셀)를 나타내고, 이 숫자가 높을수록 이미지를 좀 더 부드럽게 표현합니다. 따라서 해상도가 높아야 인쇄된 이미지의 품질이 좋아집니다.

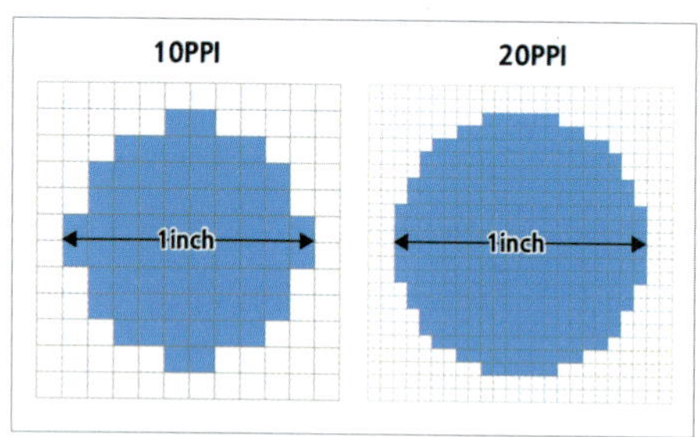

- 픽셀(pixel): 디지털 화면을 구성하는 최소 단위(하나의 점)
- 도트(dot): 출력물을 구성하는 최소 단위(하나의 점)
- PPI(pixel per inch): 1인치(2.54cm) 내에 구현되는 픽셀의 숫자. 화면 해상도의 기본 단위
- DPI(dot per inch): 1인치 내에 구현되는 점의 개수. 출력 해상도의 기본 단위

웹용 적정 해상도 — 72PPI

작업물을 웹 또는 모바일에 적용해야 한다면 웹용 해상도로 설정해야 합니다. 웹용 적정 해상도는 72PPI이며, 모니터 해상도의 수준에 따라 100PPI를 사용하기도 합니다. 72PPI와 100PPI는 실제로는 구별하기 어렵고, 보통 72PPI가 적당합니다.

출력용 적정 해상도 — 300PPI

인쇄 또는 출력용에는 300PPI를 주로 사용합니다. 이미지가 작다면 200PPI를 사용할 수 있지만, 출력하면 인쇄 품질이 좋지 않을 수도 있으므로 300PPI로 작업하는 것을 권장합니다.

06-4

색의 3속성 — 색상, 채도, 명도

색을 구별하는 데 필요한 색상(hue), 채도(chroma), 명도(value)를 색의 3속성이라고 합니다. 포토샵에서 색은 이 요소들의 차이로 구별하며, 3가지 속성 모두 수치로 표현합니다. 다만 명칭은 조금 다릅니다. 포토샵에서 채도는 saturation, 명도는 lightness라고 표기합니다.

색상

빨강, 노랑, 파랑 등과 같이 색을 구별하는 고유의 특성을 말합니다. 색상을 원처럼 배열한 것을 '색상환(hue circle)'이라고 하며, 주 색상은 빨강, 주황, 노랑, 연두, 초록, 청록, 파랑, 남색, 보라, 자주입니다.

채도

색의 맑고 탁함의 정도를 나타냅니다. 채도가 높을수록 선명하게 보입니다. 채도가 가장 높은 색은 섞임이 없는 색이라는 의미로 '순색'이라고 하며, 채도가 가장 낮은 색은 '무채색'이라고 합니다.

명도

색의 밝고 어두운 정도를 의미합니다. 명도가 높을수록 흰색, 명도가 낮을수록 검은색에 가깝습니다. 명도가 다른 색을 배색해 밝은색은 더욱 밝게, 어두운 색은 더 어둡게 표현하는 것을 '명도 대비'라고 합니다.

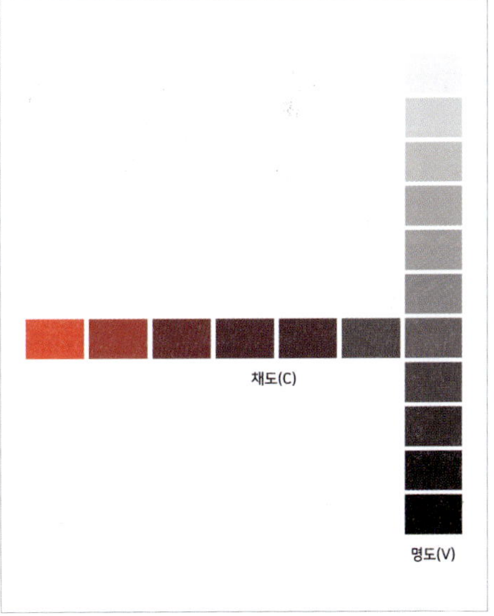

06-5

알아 두면 유용한 디자인 관련 웹 사이트

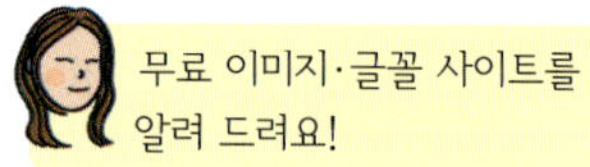

포토샵으로 디자인 콘텐츠를 제작할 때 교육용으로 사용한다면 상관없지만, 온라인에 업로드하거나 출력해 상업적 활동을 할 계획이라면 소스 이미지의 저작권에 주의해야 합니다. 그렇다고 상업적으로 사용할 이미지와 글꼴을 구매해 사용하면 비용이 만만치 않은데요.

유료 결제를 하지 않아도 이미지와 글꼴을 상업적으로 사용할 수 있는 웹 사이트를 소개합니다. 포토샵을 공부하는 데 유용하게 활용하기 바랍니다.

상업적 용도로 사용할 수 있는 무료 이미지 웹 사이트

1. 픽사베이(www.pixabay.com)

픽사베이(Pixabay)는 이미지를 상업적으로 사용할 수 있는 무료 웹 사이트입니다. 이미지를 한글, 영문 2가지 언어로 검색할 수 있습니다. 구글 또는 페이스북 계정으로 회원 가입한 후에 사용하면 편리합니다.

2. 언스플래시(www.unsplash.com)

언스플래시(Unsplash)는 픽사베이와 마찬가지로 이미지를 상업적 용도로 사용할 수 있는 무료 웹 사이트입니다. 검색한 언어가 영문인지 한글인지에 따라 검색 결과에 차이가 나기도 합니다. 별도의 회원 가입 없이 이미지를 내려받을 수 있습니다.

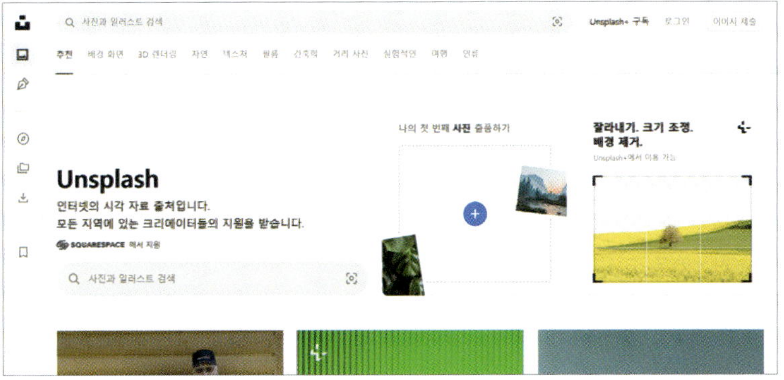

상업적 용도로 사용할 수 있는 무료 글꼴 웹 사이트

1. 눈누 폰트(noonnu.cc)

눈누 폰트는 상업적 용도로 사용할 수 있는 무료 한글 글꼴을 모아 놓은 웹 사이트입니다. 원하는 글꼴을 선택하면 사용할 수 있는 저작권의 범위가 나타나며, [다운로드 페이지로 이동]을 클릭하면 글꼴을 배포하는 웹 사이트 페이지로 바로 이동합니다.

2. 산돌구름(www.sandollcloud.com)

산돌구름은 무료 글꼴을 쉽게 사용하도록 도와주는 프로그램입니다. 눈누에서는 원하는 글꼴을 하나하나 설치해야 하는 반면, 산돌구름은 프로그램을 켜 두기만 하면 별도의 글꼴 설치 없이 포토샵에서 자동으로 무료 글꼴을 사용할 수 있어 매우 유용합니다. 여러분도 산돌구름 프로그램을 설치하고 포토샵 작업에 활용해 보세요!

지금 하면 된다! ⟩ 무료 글꼴을 쉽게 사용하는 산돌구름 설치하기

01 ❶ 산돌구름에 접속한 후 메뉴에서 [다운로드]를 클릭합니다. ❷ [산돌구름 설치하기]를 클릭하고 ❸ 자신이 사용하는 OS를 선택해서 프로그램 설치 파일을 내려받습니다.

02 ❶ 설치 파일을 클릭해 산돌구름을 설치하고 ❷ [한국어]로 설정한 뒤 ❸ [OK]를 클릭합니다.

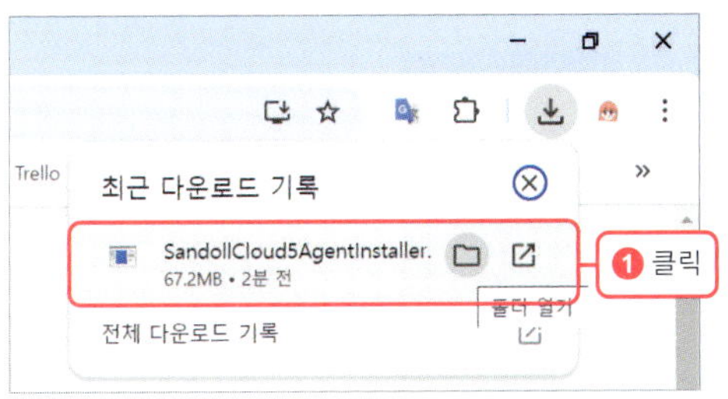

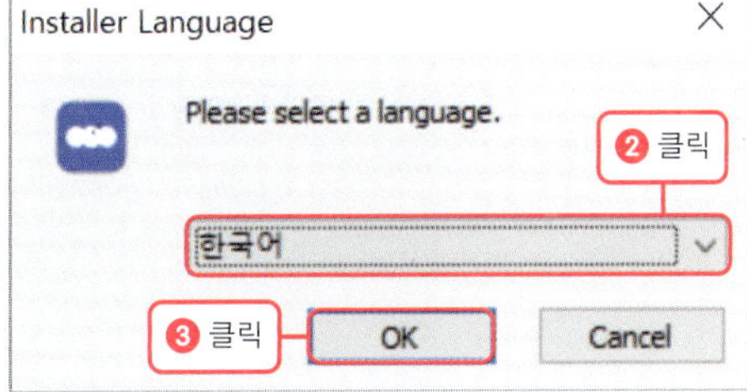

03 ❶ [산돌구름 설치] 대화상자에서 [다음]을 클릭합니다.

❷ 사용권 계약의 [동의함]을 클릭해 다음 단계로 넘어갑니다.

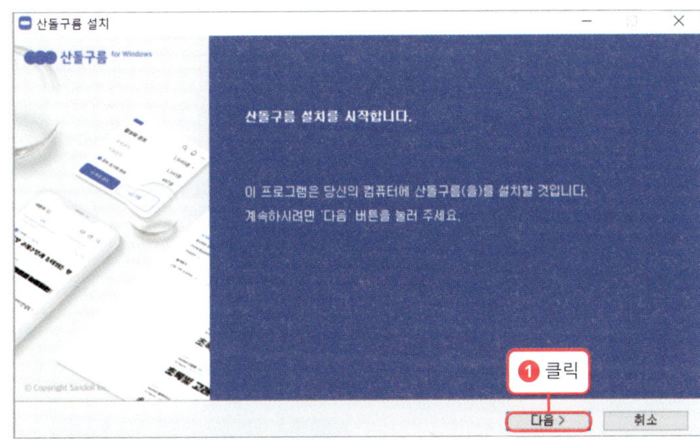

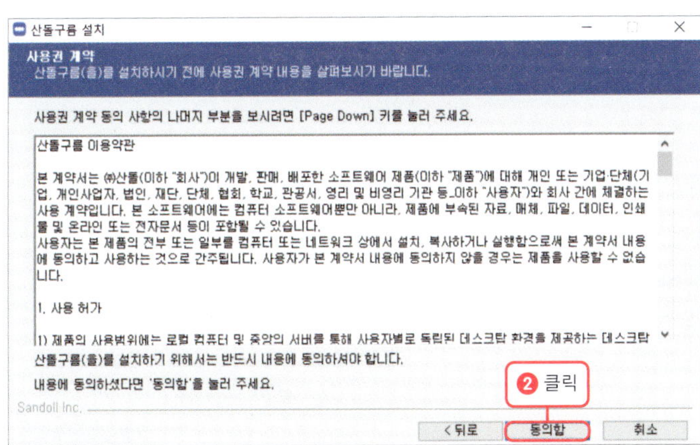

04 [산돌구름 실행하기]에 체크 표시가 된 상태에서 [마침]을 클릭하면 산돌구름이 실행됩니다.

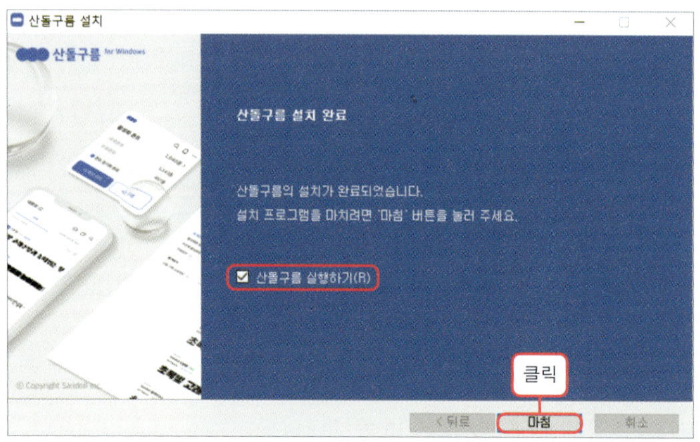

05 산돌구름을 사용하려면 먼저 회원 가입을 하고 로그인해야 합니다. 구글/애플 계정으로 가입하거나 새로운 계정으로 가입하세요.

06 산돌구름에 로그인하면 화면 오른쪽 아래에 산돌구름 프로그램이 나타납니다. [내 폰트 관리]를 클릭하면 산돌구름 홈페이지로 이동하며, 자유롭게 무료 폰트를 이용할 수 있습니다.

3. 다폰트(www.dafont.com)

다폰트(dafont)는 영문 글꼴을 무료로 내려받을 수 있는 사이트입니다. 다폰트에 있는 글꼴이라고 해서 모두 상업적인 용도로 사용할 수 있는 것은 아니므로 주의해야 합니다.

• 상업적인 용도 사용 가능 여부 확인하기

❶ 원하는 스타일의 카테고리를 선택합니다.

❷ 카테고리 아래에 있는 [More options]를 클릭합니다.

❸ [100% Free]에 체크 표시를 하면 연관된 다른 메뉴도 함께 체크됩니다.

❹ [Submit]을 클릭하면 상업적 용도로 사용할 수 있는 글꼴이 나열됩니다.

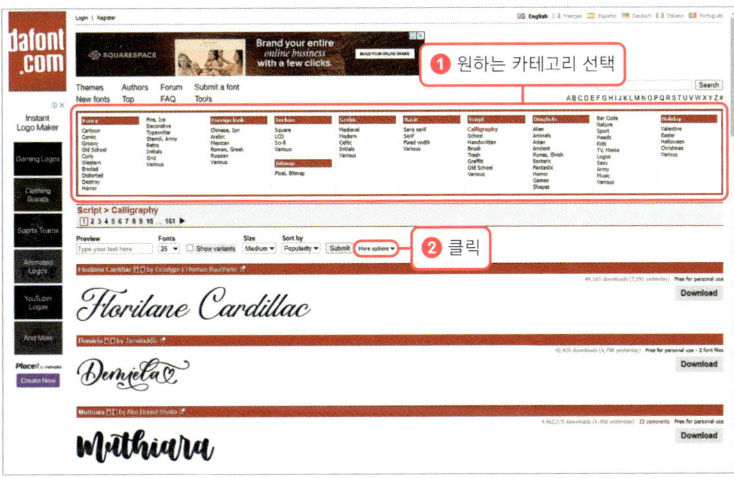

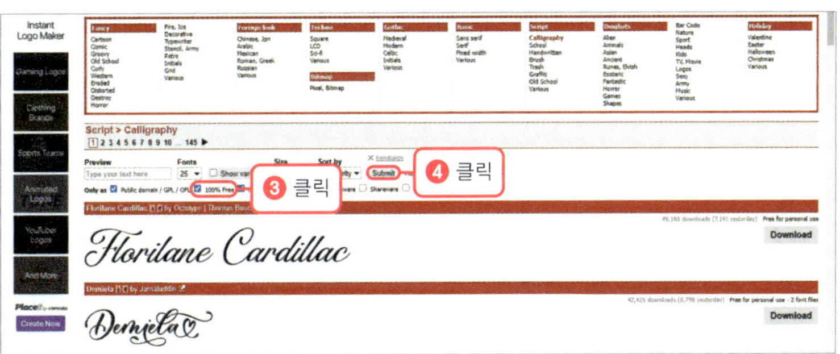

그럼 여기까지 살펴본 기초 내용을 바탕으로 07장부터 본격적으로 포토샵 디자인 수업을 진행해 보겠습니다.

디자이너가 매일 쓰는 포토샵 주요 기능

포토샵에는 보정, 합성 등 이미지 편집을 위한 수많은 기능이 있습니다. 하지만 처음부터 모든 기능을 익힐 필요는 없습니다. 포토샵에서 자주 쓰는 몇 가지 기능에 익숙해지면 그 외의 기능들도 더욱 빠르고 재미있게 배울 수 있어요.

둘째마당에서는 디자이너들이 매일 쓰는 포토샵의 주요 기능을 알아보겠습니다.

포토샵의 기본, 선택과 이동

야윤 쌤의

강의 노트 "영역을 선택해야 무엇이든 할 수 있어요!" 

어떤 프로그램이든 가장 먼저 작업할 대상을 선택해야 합니다. 포토샵도 역시 작업할 이미지를 먼저 선택한 후 그 이미지를 수정하거나 합성합니다. 이번에는 작업할 이미지를 선택하고 이동하는 방법을 알아보겠습니다.

✓ 체크 포인트

☐ 이미지를 자유롭게 선택하고 이동하기   ☐ 특정 영역을 선택하는 도구와 메뉴 익히기

[이동 도구 ✛]로 개체 자유롭게 이동하기

준비 파일 07/정형외과.psd, 배너 이미지.jpg

완성 파일 07/정형외과_완성.jpg

지금 하면 된다! ﹒ [이동 도구 ✛]로 개체 이동하기 ⭐중요

[이동 도구 ✛]를 사용하면 작업 화면에서 이미지나 문자 등 다양한 개체를 선택해서 이동할 수 있습니다.

🟢 [이동 도구] 단축키 Ｖ

01

❶ [파일 → 열기]를 클릭해 준비 파일 정형외과.psd를 불러옵니다.

❷ [이동 도구 ✛]를 선택하고 ❸ 작업 화면에 보이는 이미지를 클릭한 채 아래로 드래그하세요. 이미지가 아래로 이동하죠?

❹ 다시 위로 드래그해 원래 위치로 돌려 놓습니다.

🟢 영문판 [File → Open]

🟢 단축키 Ctrl + O

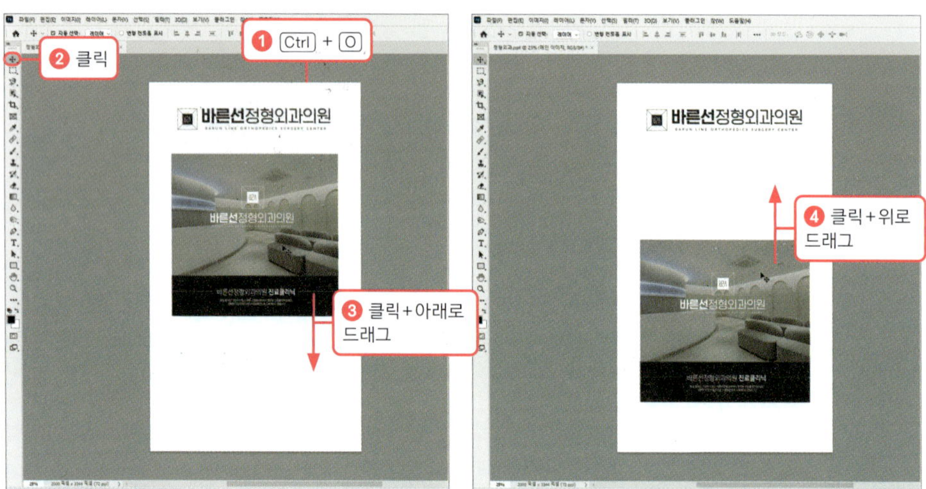

> **❓ 아윤 쌤! 질문 있어요!**   선택한 개체를 정확히 수직 / 수평으로 옮기고 싶어요!
>
> [Shift]를 누르지 않은 상태에서는 이미지를 방향에 제약 없이 자유롭게 이동할 수 있지만, [Shift]를 누른 상태에서는 방향이 수직 또는 수평으로만 움직입니다. 예를 들어 이미지의 위치를 정중앙에 맞춘 상태에서 가운데는 유지하면서 좌우 또는 상하로만 이동할 수 있습니다.

✧ 지금 하면 된다! ᐳ 이미지를 다른 작업 화면으로 이동하기

이번에는 이미지를 다른 작업 화면으로 이동해 보겠습니다. 이미지를 복사해서 실습 작업 화면으로 이동해 볼게요.

01

① [Ctrl] + [O]를 눌러 준비 파일 배너 이미지.jpg를 불러옵니다.

② 화면의 위쪽에 또 다른 작업 창 바가 생겼습니다. 이 이미지를 앞서 작업하던 화면으로 이동하겠습니다.

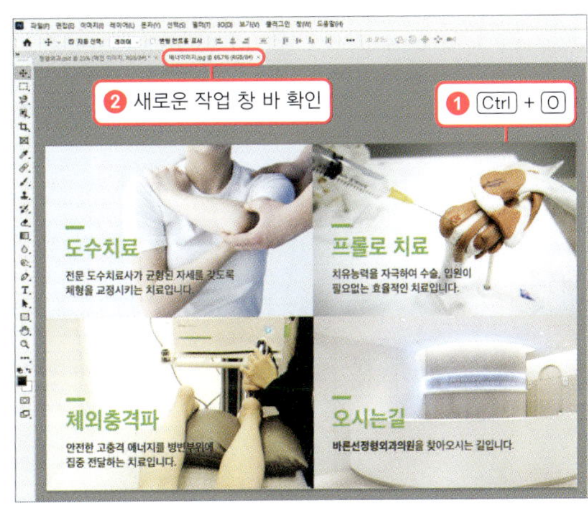

02

이미지 전체를 선택하기 위해 [선택 → 모두]를 클릭합니다. 이미지 외곽에 점선으로 테두리 영역이 생깁니다.

🟢 **영문판** [Select → All]

🟢 **단축키** [Ctrl] + [A]

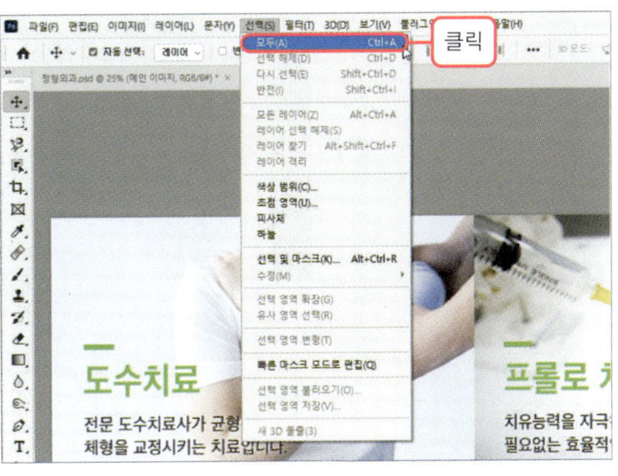

03 ① [편집 → 복사]를 클릭해서 이미지를 복사합니다.

● 영문판 [Edit → Copy]
● 단축키 Ctrl + C

② 작업 창 위쪽에 있는 [정형외과.psd]를 클릭하세요.

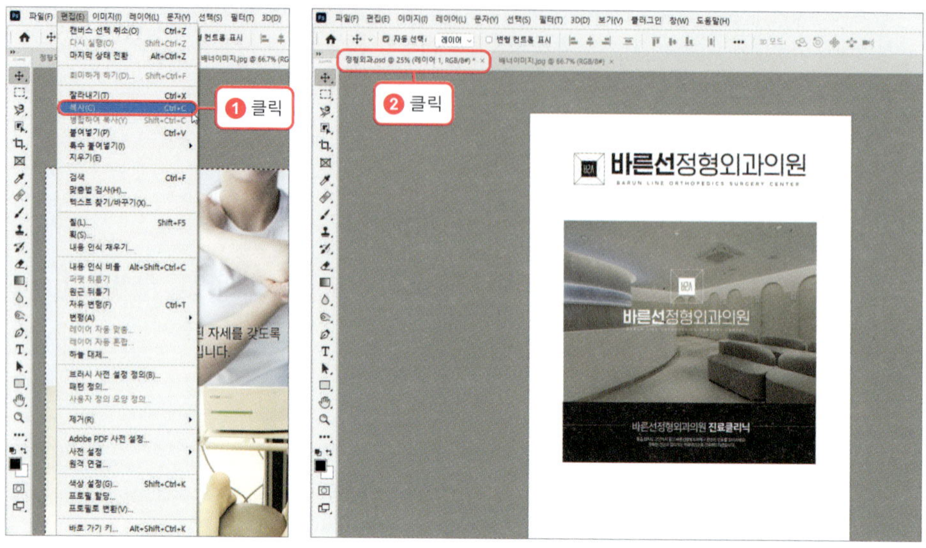

04 ① [편집 → 붙여넣기]를 클릭하면 ② 복사한 이미지가 이동합니다.

● 영문판 [Edit → Paste]
● 단축키 Ctrl + V

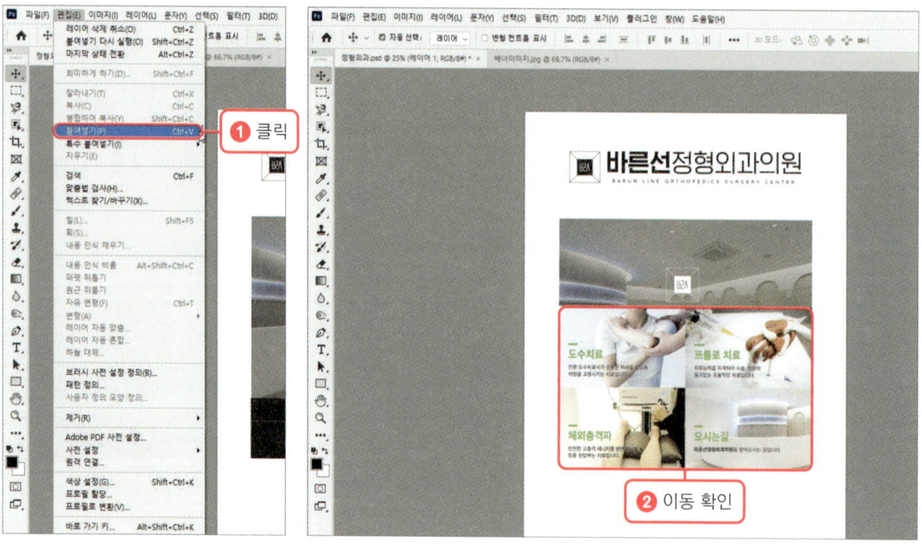

05 그런데 가져온 이미지가 메인 이미지를 가리고 있네요.

❶ [이동 도구 ⊹]를 선택한 후 ❷ 복사한 이미지를 클릭하고 ❸ Shift 를 누른 채 아래로 드래그해 수직으로 이동합니다.

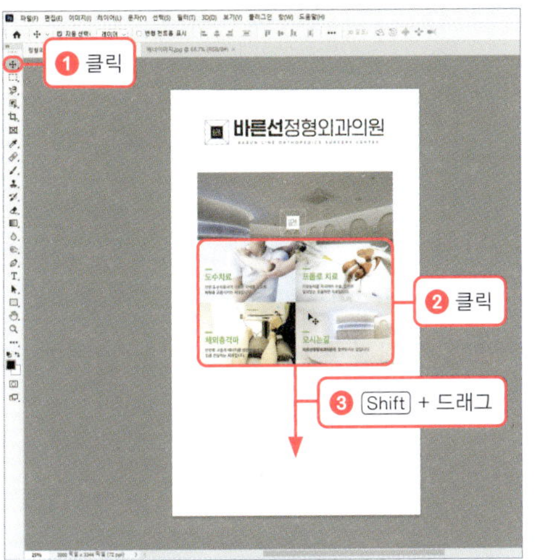

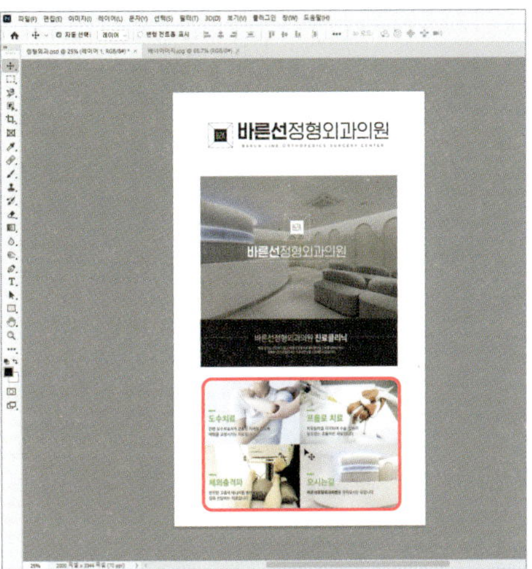

다른 작업 창에서 열린 이미지를 복사한 후 이동해 보았습니다. 이처럼 실무에서는 필요한 이미지를 다른 작업 창으로 옮기거나 재배치하는 일이 많으니 꼭 기억해 두세요!

07-2

[선택 윤곽 도구 ▣]로 영역 선택하기

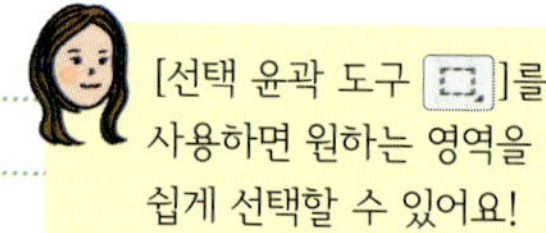

특정 형태로 영역을 지정하는 선택 윤곽 도구 4가지 ⭐중요

[사각형 선택 윤곽 도구 ▣]

개체를 사각형으로 선택할 수 있습니다.

❶ 처음 시작할 부분을 클릭한 상태에서

❷ 마우스에서 손을 떼지 않은 채 드래그 하면 영역이 사각형으로 선택됩니다.

[원형 선택 윤곽 도구 ◯]

개체를 원형으로 선택할 수 있습니다.

❶ 처음 시작할 부분을 클릭한 상태에서

❷ 마우스에서 손을 떼지 않은 채 드래 그하면 영역이 원형으로 선택됩니다.

[단일 행 선택 윤곽 도구 ▭]

선택 선을 가로 방향으로 생성할 수 있 습니다. 위 두 도구와 달리 드래그하지 않고 한 번의 클릭으로 가로 선을 생성 합니다.

[단일 열 선택 윤곽 도구 ▯]

선택 선을 세로 방향으로 생성할 수 있 습니다. [단일 행 선택 윤곽 도구 ▭]와 마찬가지로 한 번의 클릭으로 세로 선 을 생성합니다.

선택 영역 해제하기

[선택 → 선택 해제]를 클릭하면 선택된 영역이 보이지 않게
되면서 선택이 해제됩니다.

● 영문판 [Select → Deselect]
● 단축키 Ctrl + D

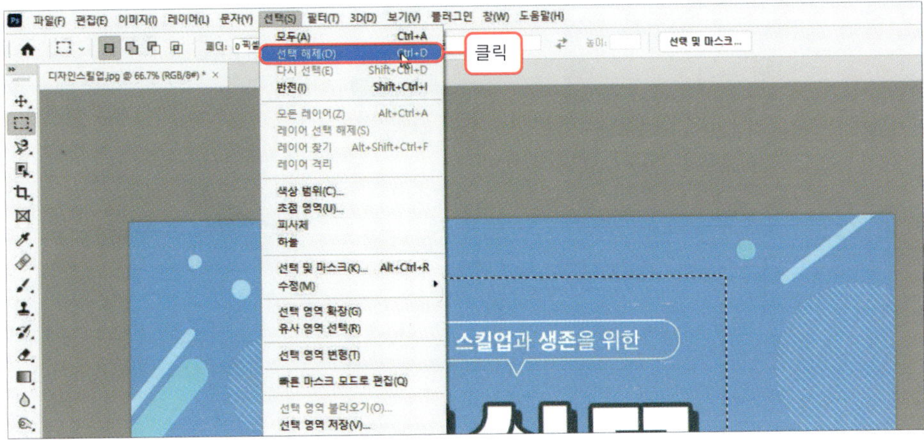

💠지금 하면 된다! ⟩ [사각형 선택 윤곽 도구 ▢]로 영역 선택하기

영역 선택에는 단순히 영역을 선택하는 기능뿐 아니라 선택한 영역을 넓히거나 선택
한 영역에서 특정 부분만 빼는 기능도 있습니다. 준비 파
일 선글라스 웹사이트.jpg를 불러와 실습해 보세요.

아이콘 모양만 봐도
이해가 될 거예요~

01 새 선택 영역 ▢

가장 기본적인 선택 기능으로, 원
하는 영역을 새롭게 지정합니다.
❶ [사각형 선택 윤곽 도구 ▢]를
선택한 후 ❷ [새 선택 영역 ▢]을
클릭합니다. ❸ 첫 번째 선글라스를
클릭한 채로 드래그해 선택하세요.

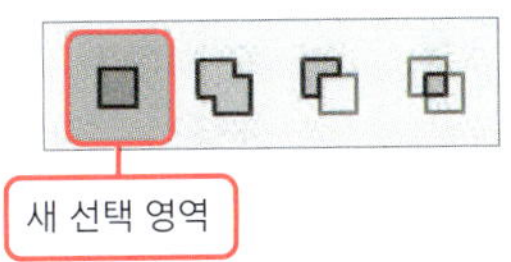

02 선택 영역에 추가 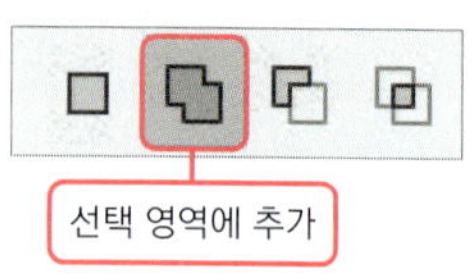

기존에 선택한 영역에 추가로 영역을 지정할 수 있습니다.

❶ [선택 영역에 추가]를 클릭한 후 ❷ 두 번째 선글라스도 클릭한 채로 드래그해 선택하세요.

선택 영역에 추가

03 선택 영역에서 빼기

기존 영역에서 특정 부분만 제외할 때 사용합니다.

❶ [선택 영역에서 빼기]를 클릭합니다.

❷ 시작 부분을 클릭한 상태에서 사선 방향으로 드래그해 영역을 선택합니다. 해당 부분이 선택 영역에서 제외됩니다.

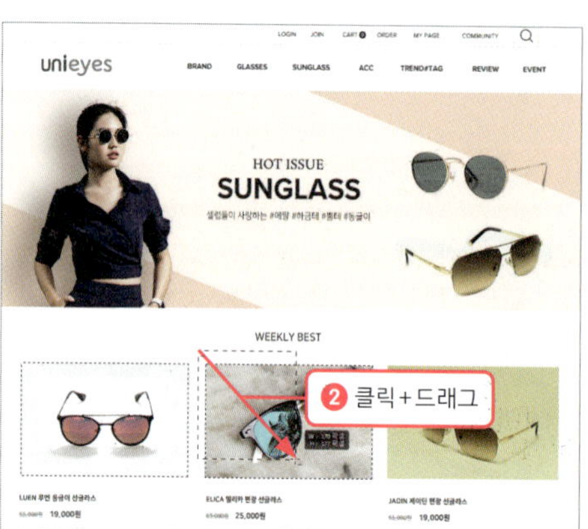

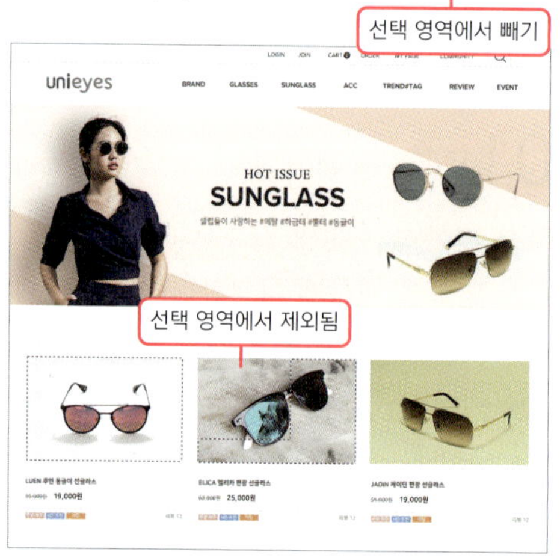

04 선택 영역과 교차 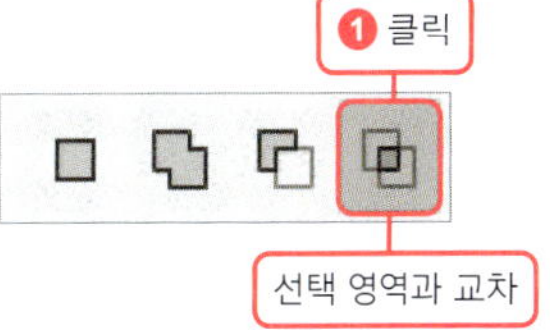

기존에 선택한 영역을 교차하면서 영역을 선택하면 겹친 부분만 선택됩니다.

❶ [선택 영역과 교차]를 클릭합니다.

❷ 시작 부분을 클릭한 상태에서 사선 방향으로 드래그해 영역을 선택합니다. 교차한 영역만 선택됩니다.

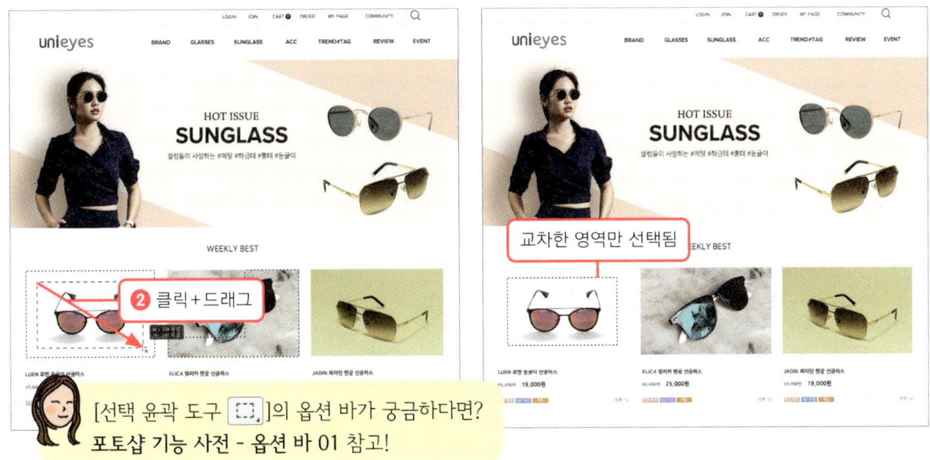

[선택 윤곽 도구 []의 옵션 바가 궁금하다면?
포토샵 기능 사전 – 옵션 바 01 참고!

지금 하면 된다! 〉 선택 영역의 범위와 형태 수정하기

영역을 선택한 상태에서 영역의 테두리 모양을 변형하거나 기존에 선택한 영역을 확대 / 축소할 수 있습니다. 메뉴 바에서 [선택 → 수정]을 클릭합니다.

🔹 영문판 [Select → Modify]

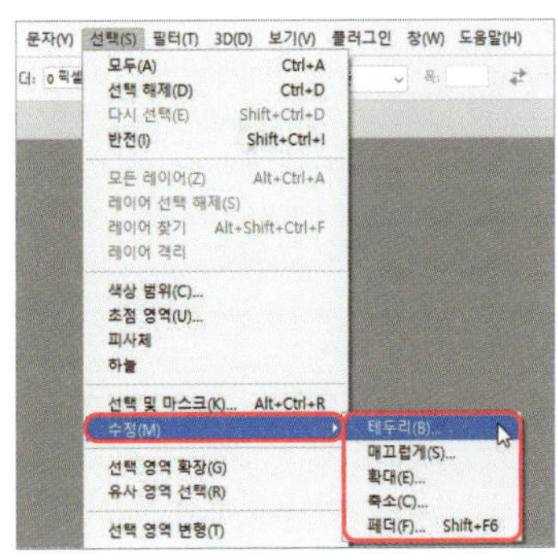

01

❶ `Ctrl` + `O`를 눌러 준비 파일 세일이벤트.jpg를 불러옵니다. ❷ [사각형 선택 윤곽 도구 □]를 클릭해 ❸ 사각형으로 영역을 선택하세요.

02 테두리(Border)

[테두리]는 선택한 영역에서 테두리를 하나 더 만드는 기능입니다.

❶ [선택 → 수정 → 테두리]를 클릭한 후 ❷ [선택 영역 테두리 만들기] 대화상자에서 폭에 10을 입력하고 ❸ [확인]을 클릭합니다.

폭값만큼 간격이 벌어진 테두리가 생성됩니다.

03 매끄럽게(Smooth)

[매끄럽게]는 선택한 영역 모서리를 둥글게 만듭니다.

❶ [선택 → 수정 → 매끄럽게]를 클릭한 후 ❷ [선택 영역 매끄럽게 만들기] 대화상자에서 샘플 반경에 40을 입력하고 ❸ [확인]을 클릭합니다.

04 확대(Expand)

[확대]는 기존에 선택한 영역의 범위를 확대합니다.

❶ [선택 → 수정 → 확대]를 클릭한 후 ❷ [선택 영역 확대] 대화상자에서 확대량에 30을 입력하고 ❸ [확인]을 클릭합니다.

05 축소(Contract)

[축소]는 기존에 선택한 영역의 범위를 축소합니다.

❶ [선택 → 수정 → 축소]를 클릭한 후 ❷ [선택 영역 축소] 대화상자에서 축소량에 70을 입력하고 ❸ [확인]을 클릭합니다.

06 페더(Feather)

[페더]는 선택한 영역의 가장자리를 부드럽게 만듭니다.

❶ [선택 → 수정 → 페더]를 클릭한 후 ❷ [선택 영역 페더] 대화상자에서 페더 반경에 50을 입력하고 ❸ [확인]을 클릭합니다.

07

[매끄럽게] 기능과 차이가 없어 보이나요?
선택 영역을 반전해서 [페더]의 진짜 효과를 알아보
겠습니다. 메뉴에서 [선택 → 반전]을 클릭하세요.

🔹 영문판 [Select → Inverse]
🔹 단축키 Ctrl + Shift + I

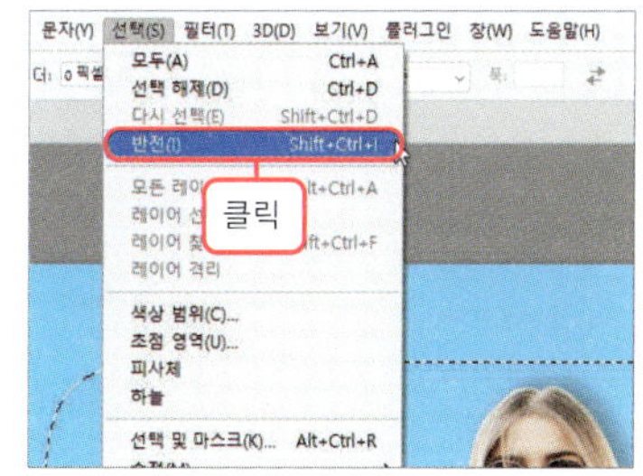

08

기존에 선택한 영역을 제외한 다른 영역이 선택됐죠?
선택 영역이 반전된 채로 Ctrl + Delete 를 누르세요. 단순히 모서리를 둥글게 만들
었던 [매끄럽게] 기능과 달리 색을 적용한 부분의 가장자리가 부드럽게 표현됩니다.

• [매끄럽게]: 모서리를 둥글게 표현
• [페더]: 가장자리 전체를 부드럽게 표현

❓ 아윤 쌤! 질문 있어요! 좀 더 간편하게 선택 영역을 수정하는 방법이 있나요?

영역을 선택하면 나타나는 상황별 작업 표시줄에서 [선택 영역 수정 ✏️]을 클릭해 보세요. 아래 목
록에서 원하는 수정 방식을 선택하면 선택 영역을 변형할 수 있습니다.

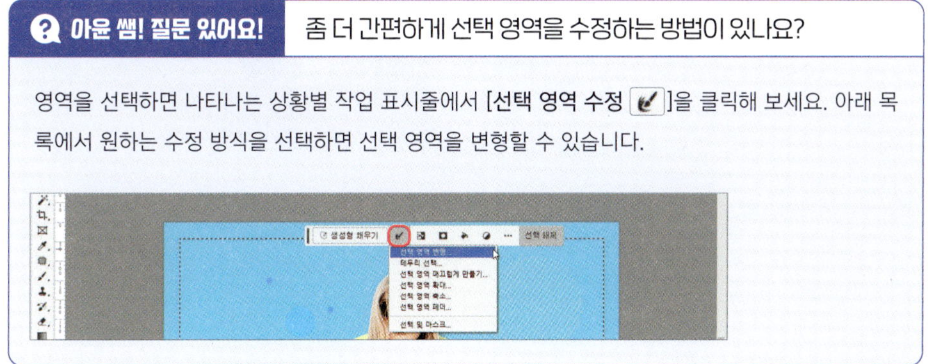

[올가미 도구 ]로 영역을 자유롭게 선택하기

준비 파일 07/베리 음료 포스터.jpg

> **기억하세요!**
> 도형 형태로 선택할 때는 [선택 윤곽 도구 □],
> 자유자재로 선택할 때는 [올가미 도구 ○]!

영역을 자유롭게 선택하는 올가미 도구 3가지 ⭐중요

[선택 윤곽 도구 □]가 도형의 형태로 특정 영역을 선택할 수 있는 도구라면, [올가미 도구 ○]는 내가 원하는 특정 영역의 형태를 자유롭게 선택할 수 있는 도구입니다. [올가미 도구 ○]의 종류는 총 3가지입니다.

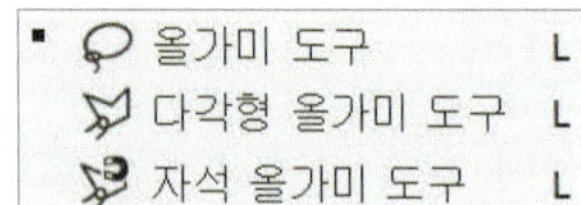

[올가미 도구 ○]

마우스로 그림을 그리듯이 원하는 모양으로 영역을 선택할 수 있습니다. 형태를 정확하게 선택하는 것이 아니라 대략적으로 선택할 때 사용합니다.

❶ 시작점을 클릭한 후 ❷ 마우스에서 손을 떼지 않은 채 그림을 그리듯이 이미지의 모양을 따라 드래그합니다.

[다각형 올가미 도구]

[올가미 도구]와 달리 영역의 형태를 직선으로 지정합니다. 원하는 곳을 클릭한 후 직선으로 움직여 꼭짓점을 이어 나가듯이 선택하는 것이 특징입니다.

❶ 시작점을 클릭한 후 ❷ 이미지의 모양을 따라 직선으로 클릭합니다.

[자석 올가미 도구]

색상이나 경계선이 분명할 때 마치 자석처럼 경계선을 따라 영역을 선택합니다.

❶ 시작점을 클릭한 후 ❷ 이미지 경계선을 따라 드래그하면 영역이 자동으로 선택됩니다.

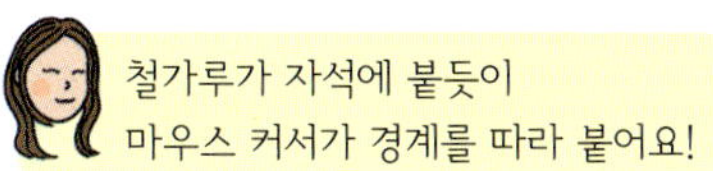

07-4

개체를 자동으로 인식하는 [개체 선택 도구]

준비 파일 07/베리 음료 포스터.jpg

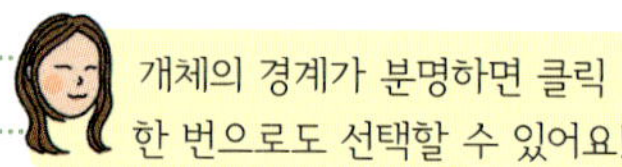

영역을 자동으로 인식하는 선택 도구 3가지 ⭐중요

[개체 선택 도구]를 비롯한 3가지 선택 도구는 색을
자동으로 인식해 영역을 빠르게 선택합니다. 색과 모양
이 분명할수록 영역을 더욱 빠르고 정교하게 선택할 수
있습니다.

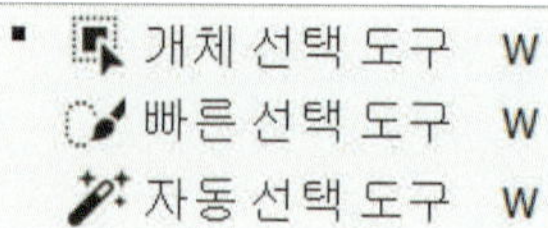

지금 하면 된다! ▶ [개체 선택 도구]로 영역 빠르게 인식하기

[개체 선택 도구]는 이미지에서 개체를 하나의 덩어리로 빠르게 인식합니다. [사각
형 선택 윤곽 도구]를 사용할 때처럼 클릭한 채로 드래그하면 해당 개체의 경계를
따라 자동으로 영역을 지정합니다.

01

❶ [개체 선택 도구]를 클릭합니다. ❷ 시작점을 클릭한 후 마우스에서 손
을 떼지 않은 채 드래그합니다. 영역 안에 있는 개체가 선택됩니다.

02 개체 선택 영역을 미리 보기 위해 옵션 바에서 [개체 찾기 도구]에 체크 표시 합니다.

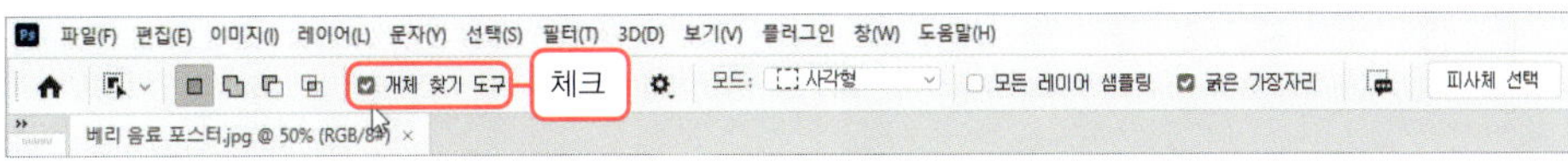

03 ❶ [개체 선택 도구 █]를 클릭한 후 ❷ 마우스 커서를 개체 위에 올려놓으면 개체 영역 부분이 파란색으로 표시되는데, 이때 클릭합니다. 영역 선택이 완료되었 습니다.

✨지금 하면 된다! ⟩ [피사체 선택]으로 개체 자동으로 선택하기

[피사체 선택] 기능을 사용하면 이미지에서 피사체를 자동으로 인식해 선택할 수 있습니다. 만약 작업할 이미지의 피사체가 분명하게 보인다면 [피사체 선택] 기능을 사용해 영역을 빠르게 선택할 수 있습니다. 영역이 선택돼 있지 않은 실습 이미지로 실습하세요.

🍃 영문판 [Select Subject]

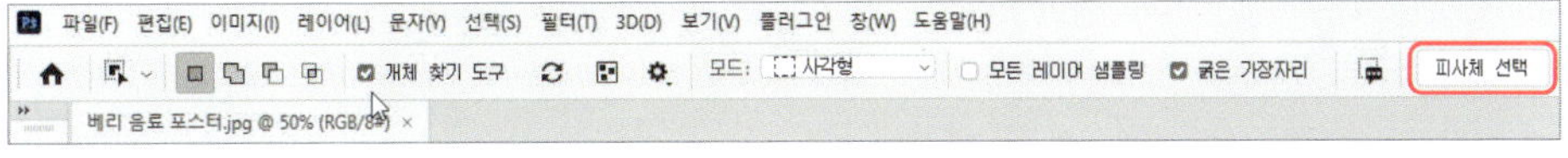

01

❶ [개체 선택 도구 ![icon]]를 선택한 후 ❷ 옵션 바에서 [피사체 선택]을 클릭합니다. 음료수 잔이 자동으로 선택됩니다.

02

상황별 작업 표시줄에서 [피사체 선택]을 클릭해도 같은 기능을 사용할 수 있습니다.

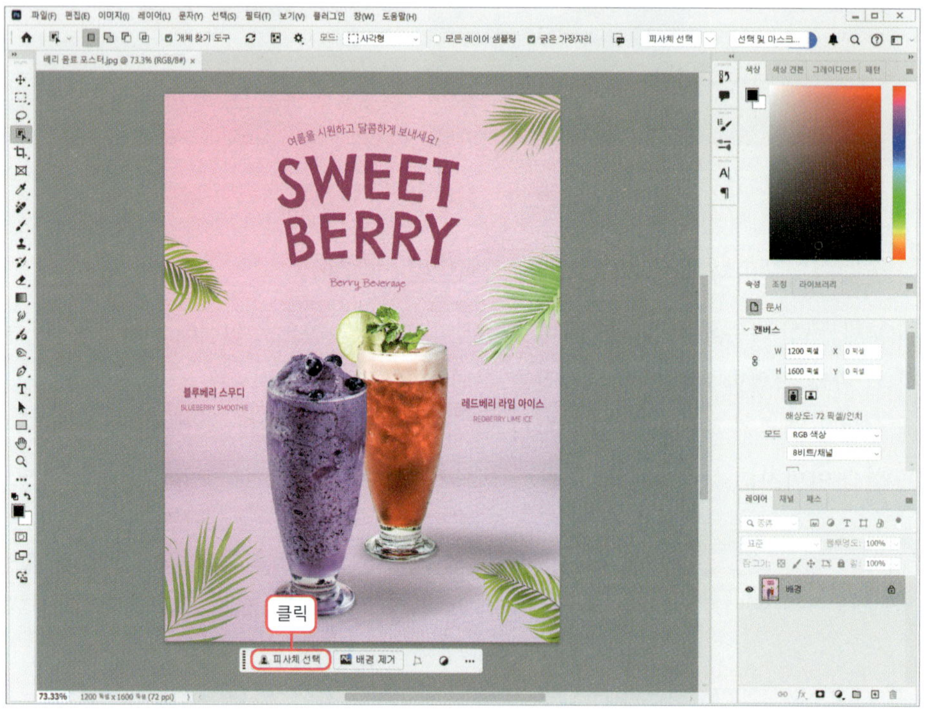

✧ 지금 하면 된다! ▶ [빠른 선택 도구]로 영역 빠르게 선택하기

[빠른 선택 도구]는 이미지의 가장자리 영역을 구분합니다. [개체 선택 도구]
와의 차이점은 브러시 모양의 도구를 사용하고 영역을 클릭한 채로 드래그해 선택한
다는 것입니다.

01
❶ [빠른 선택 도구]를 선택하고 ❷ 브러시로 음료 부분을 클릭한 채 드래
그합니다. 음료 부분의 가장자리를 기준으로 영역이 선택됩니다.

[개체 선택 도구]는 사각형 형태로 드래그,
[빠른 선택 도구]는 붓질을 하듯이 드래그!

✧ 지금 하면 된다! ▶ [자동 선택 도구]로 색상이 비슷한 영역 선택하기

[자동 선택 도구]를 클릭하면 색상의 이미지를 인식해 색상이 비슷한 영역을 선
택할 수 있습니다.

01

① [자동 선택 도구]를 선택한 후 **②** 빨간색 음료 부분을 클릭합니다. 색상을 기준으로 비슷한 색상 영역이 선택됩니다.

[자동 선택 도구]는 '마술봉 도구'라고도 불리며, 색상 대조가 명확할 때 사용해요!

02

여기서 허용치를 늘리면 같은 색상으로 인식하는 영역을 넓힐 수 있습니다.
① 옵션 바에서 허용치에 60을 입력하고 [Enter]를 누른 후 **②** 마찬가지로 빨간색 음료 부분을 클릭합니다. 보다 넓은 영역이 색상을 기준으로 선택됩니다.

07-5

영역을 꼼꼼하게 선택하려면 [퀵 마스크 모드로 편집 ]

준비 파일 07/다이어트 레시피.jpg

색상, 경계가 불분명하거나 좀 더 꼼꼼하게
선택하고 싶을 때 사용해요!

[퀵 마스크 모드로 편집]을 사용하면 브러시를 사용해 원하는 영역 범위를 지정할
수 있습니다. 이미지에서 영역을 지정할 부분을 브러시로 드로잉하듯이 색칠하면 해
당 영역이 선택되므로 영역을 훨씬 꼼꼼하게 선택할 수 있어요!

지금 하면 된다! › [퀵 마스크 모드로 편집]으로 색칠하듯 영역 선택하기

포토샵의 기본 화면은 표준 모드 상태이고, [퀵 마스크 모드로 편집]을 클릭하면
아이콘 모양이 으로 변경됩니다. 퀵 마스크 모드를 활용해 원하는 영역을 색칠해
보겠습니다.

01

❶ [퀵 마스크 모드로 편집]을 더블클릭하면 [빠른 마스크 옵션] 대화상자
가 나타납니다. ❷ [선택 영역]을 클릭한 후 ❸ [확인]을 클릭하세요.

02

① [브러시 도구 ✏️]를 선택하고 ② 전경색을 [검은색]으로 설정합니다.
③ [퀵 마스크 모드로 편집 ▣]을 클릭해서 활성화하고 ④ 위쪽 옵션 바를 클릭해 ⑤
크기를 30px로 설정한 후 ⑥ [선명한 원]을 선택합니다.

03

이미지에서 선택할 영역을 클릭한 채로 드래그하면 빨간색으로 칠해집니다.
선택하고 싶은 부분을 꼼꼼하게 색칠하세요.

04

① [퀵 마스크 모드로 편집 ▣]을 다시 클릭해 표준 모드로 돌아옵니다.
② 브러시로 색칠한 부분이 선택돼 있는지 확인합니다.

05

만약 불필요한 부분까지 선택됐다면 직접 선택 영역에서 지워 줘야 합니다.
① 다시 [퀵 마스크 모드로 편집 ▣]을 클릭해 실행하고 ② 전경색을 [흰색]으로 변경
합니다. ③ 지워야 할 부분을 드로잉하면 빨간색 칠이 지워집니다.

06

다시 전경색을 [검은색]으로 변경해 나머지 영역을 꼼꼼하게 칠합니다. 이런
방식으로 수정, 보완 작업을 반복하면 원하는 개체를 세밀하게 선택할 수 있습니다.

[펜 도구 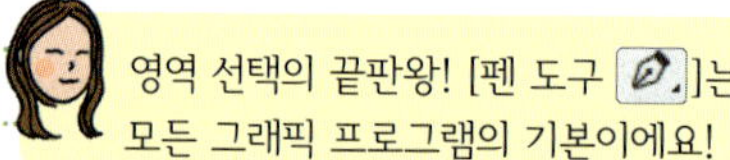]로 디테일하게 영역 선택하기

준비 파일 새 파일에서 실습

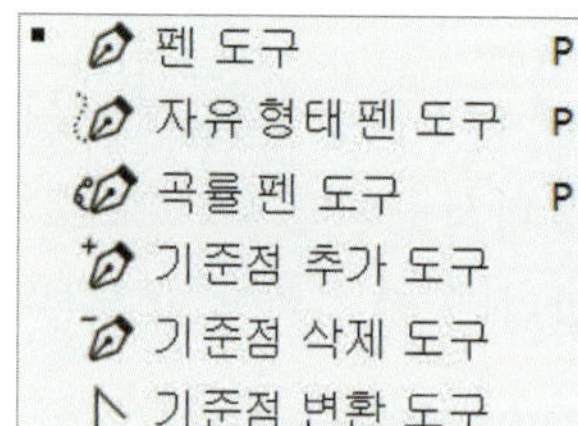

[펜 도구]를 사용하면 아무리 복잡한 모양의 영역이라도 정교하게 선택할 수 있습니다. [펜 도구]는 [올가미 도구]나 [선택 윤곽 도구]와 달리 한 번 선택한 선을 언제든지 수정할 수 있기 때문에 익숙해지면 매우 유용해요.

또한 [펜 도구]는 일러스트레이터 프로그램에도 많이 사용하므로 포토샵에서 사용법을 익혀 놓으면 일러스트레이터에서도 쉽게 사용할 수 있습니다.

▪	펜 도구	P
	자유 형태 펜 도구	P
	곡률 펜 도구	P
	기준점 추가 도구	
	기준점 삭제 도구	
	기준점 변환 도구	

● 14-3절에서 [펜 도구]를 사용해서 도형을 그리는 방법을 배웁니다.

[펜 도구] 이해하기

[펜 도구]는 클릭과 드래그를 이용해 직선과 곡선을 그립니다. [펜 도구]로 생성한 선을 '패스 선'이라고 하는데, 이 패스 선은 '패스'와 '기준점'으로 구성됩니다.

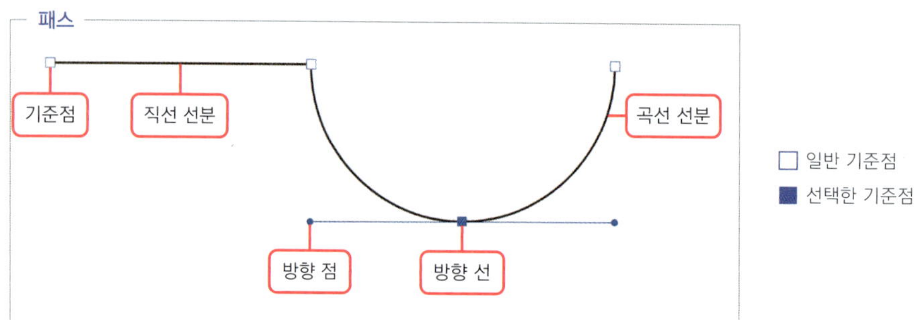

- **패스**: 기준점과 패스 선으로 생성된 형태 전체를 말합니다.
- **기준점**: 선을 만들기 위해 양끝을 표시하는 점입니다. 기준점을 선택하면 점 안쪽이 색상으로 채워지면서 선택됩니다.
- **선분**: 2개 이상의 기준점으로 만들어진 선을 말하며, '직선 선분'과 '곡선 선분'이 있습니다.

- **방향 선**: 길이와 각도에 따라 곡선의 굴곡 형태와 기울기를 수정할 수 있습니다. 방향 선의 양끝에 생긴 방향 점으로 조절합니다.
- **방향 점**: 곡선 선분에서 생성되는 점을 말하며, 방향 선의 양끝에 표시됩니다.

◇◇ 지금 하면 된다! › [펜 도구 ✐]로 직선 패스 그리기

01 Ctrl + N 을 눌러 [새로운 문서 만들기] 대화상자를 불러옵니다.

❶ 폭과 높이는 1000픽셀, ❷ 해상도는 72픽셀/인치, ❸ 색상 모드는 [RGB 색상], ❹ 배경 내용은 [흰색]으로 설정하고 ❺ [만들기]를 클릭하세요.

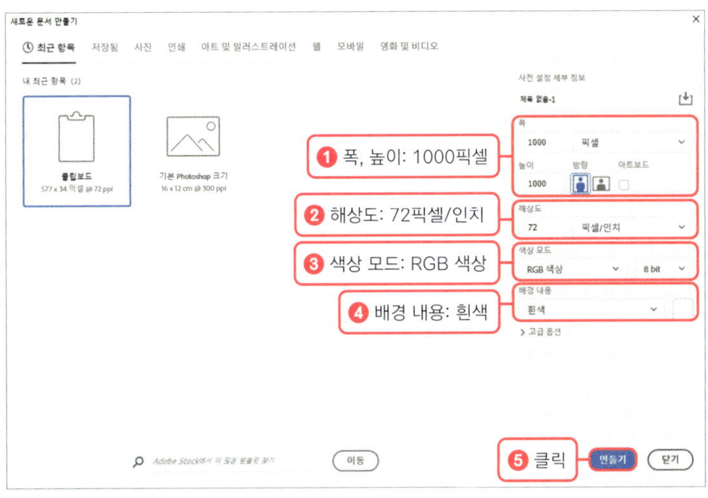

02 ❶ [펜 도구 ✐]를 선택한 후 ❷ 위쪽에 있는 옵션 바에서 [패스]를 클릭합니다.

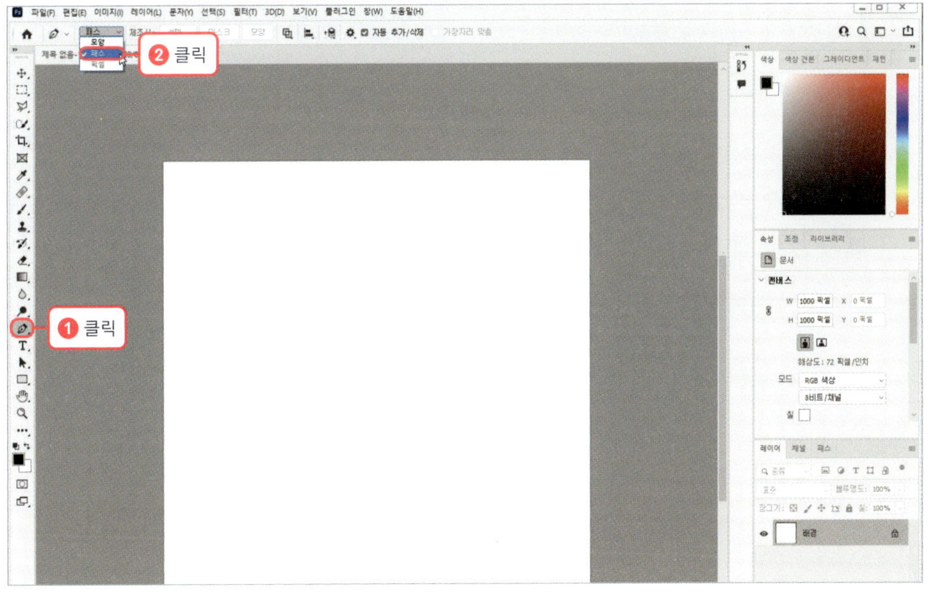

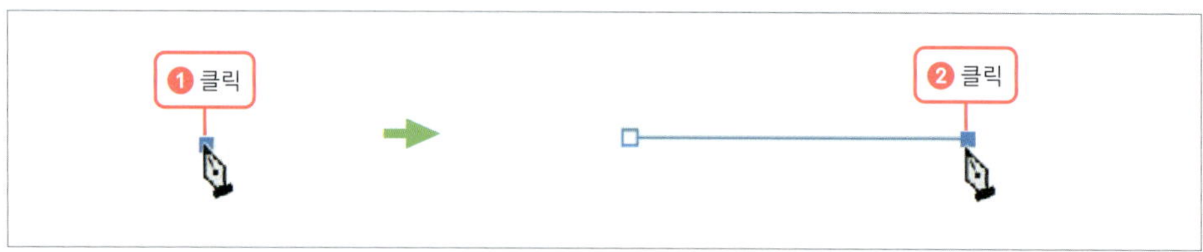

03 ❶ 시작점을 클릭한 후 ❷ 원하는 방향으로 가서 끝점을 클릭하면 직선 패스 선이 생성됩니다.

[펜 도구 ✐]로 곡선 패스 그리기 ⭐중요

01 ❶ 시작점을 클릭한 후 ❷ 원하는 방향으로 가서 끝점을 클릭하고 마우스에서 손을 떼지 않은 채 화살표 방향으로 드래그합니다.

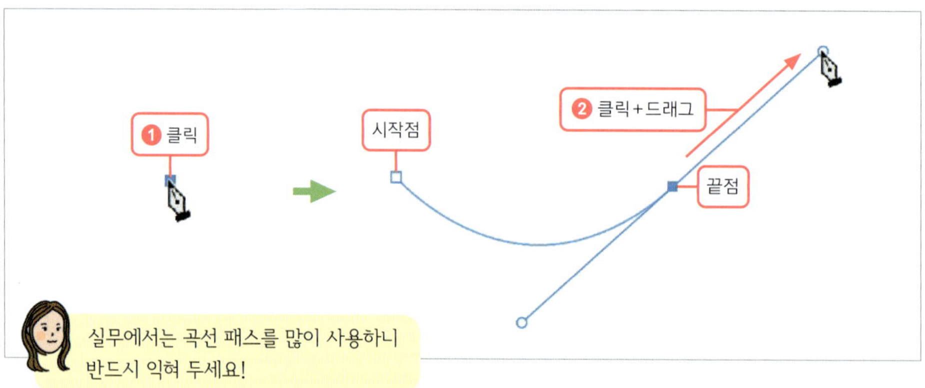

02 패스가 곡선으로 부드럽게 만들어지죠? 다시 끝점을 클릭하고 마우스에서 손을 떼지 않은 채 화살표 방향으로 드래그하면 곡선이 연결됩니다.

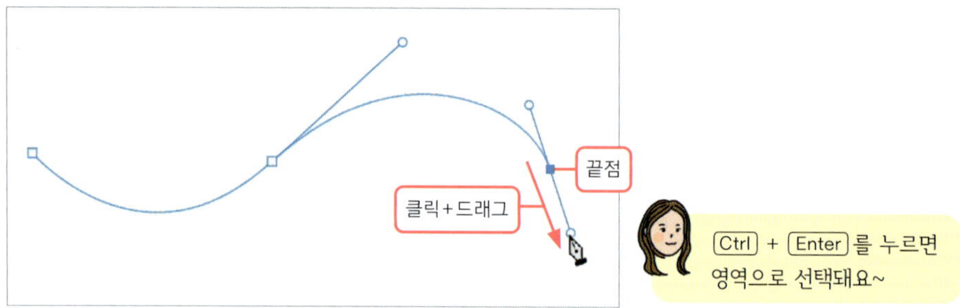

열린 패스와 닫힌 패스

패스가 시작점과 끝점이 이어졌는지 아닌지에 따라 '열린 패스'와 '닫힌 패스'로 구분됩니다.

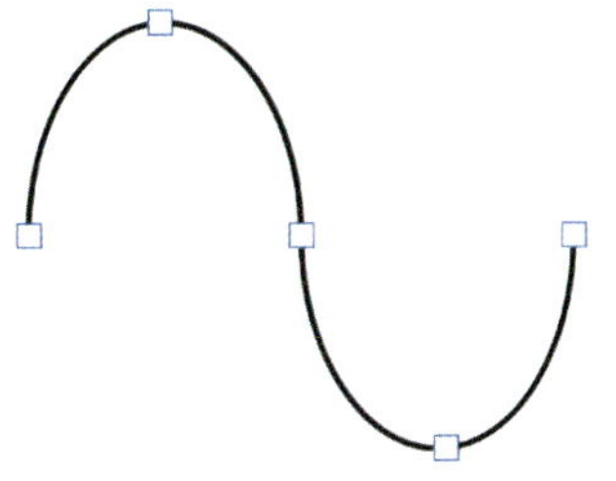

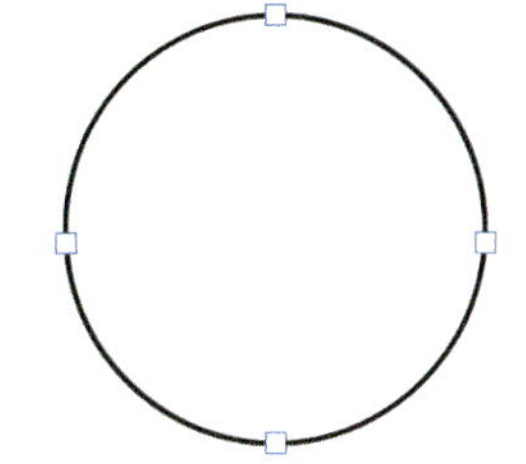

- **열린 패스**: 시작점과 끝점이 이어지지 않고 끊어져 있습니다.

- **닫힌 패스**: 시작점과 끝점이 이어져 있습니다.

◇◆ 지금 하면 된다! ▶ [자유 형태 펜 도구]로 자유롭게 패스 그리기

[자유 형태 펜 도구]를 사용하면 클릭과 드래그를 끊어서 사용하지 않고 드로잉하듯이 패스를 그릴 수 있습니다.

01 [펜 도구]를 꾹 눌러 [자유 형태 펜 도구]를 선택합니다.

🟢 **영문판** [Freeform Pen Tool]

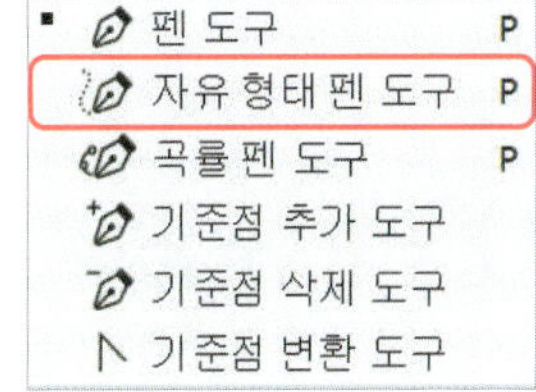

02 [올가미 도구]처럼 ❶ 시작점을 클릭한 후 ❷ 마우스에서 손을 떼지 않은 채 드로잉하듯이 그립니다. [자유 형태 펜 도구]는 원하는 이미지 영역을 정교하게 선택할 수는 없지만 간단하고 빠르게 패스 선을 만들어야 할 때 유용합니다.

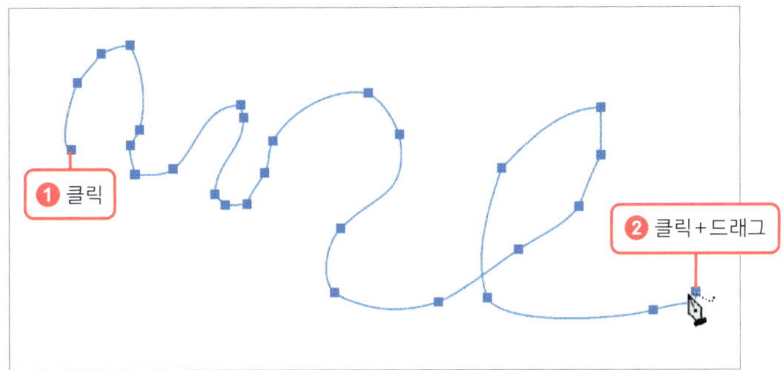

01 [펜 도구]를 꾹 눌러 [곡률 펜 도구]를 클릭합니다.

🔵 영문판 [Curvature Pen Tool]

02 ❶ 시작점을 클릭한 후 ❷ 다음 점을 클릭합니다. ❸ 이어서 아래쪽을 클릭하면 곡선이 만들어집니다.

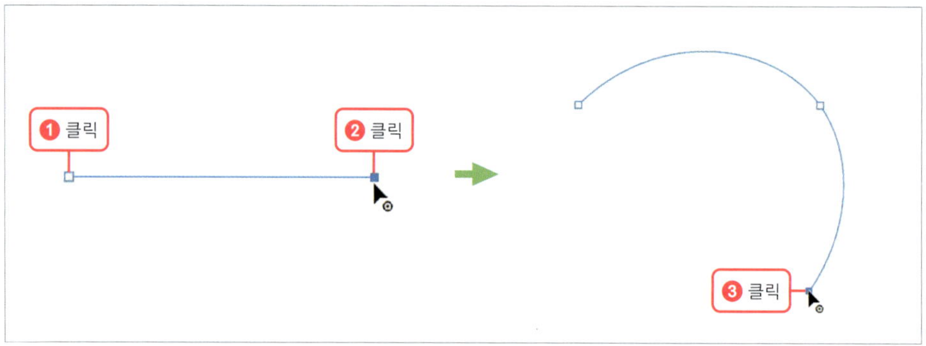

03 ❶ 다시 왼쪽에 점을 클릭한 후 ❷ 시작점을 클릭해 닫힌 패스를 만듭니다.

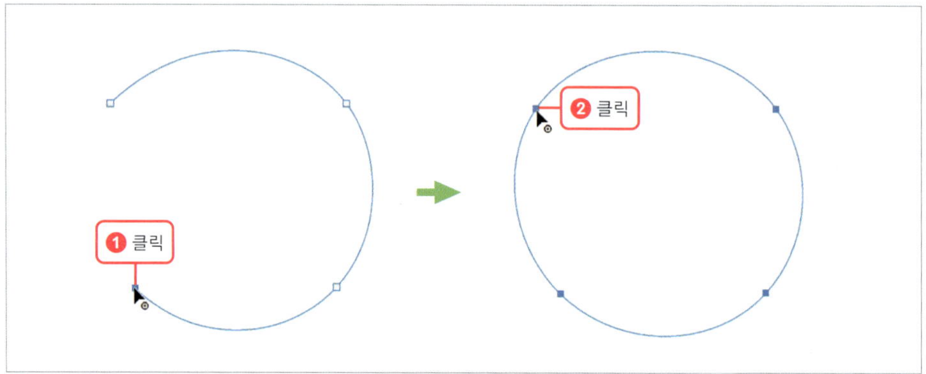

[펜 도구]를 사용하면 패스 선이 직선으로 생성돼 사각형이 만들어지지만, [곡률 펜 도구]를 사용하면 직선 방향으로 기준점을 클릭해도 곡선이 만들어집니다.

패스 전용 선택 도구 2가지

[펜 도구 ✐]로 패스를 그리면 그린 이후에도 모양을
정교하게 수정할 수 있습니다. 수정할 패스를 선택할
때는 다음 2가지 도구를 사용합니다.

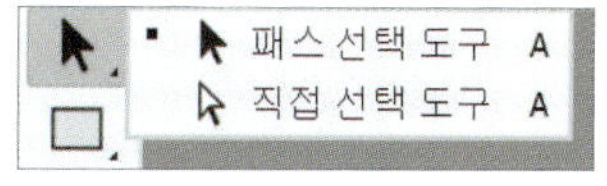

🟢 [직접 선택 도구]가 [패스 선택 도구]
라는 이름으로 나오기도 합니다.

- [패스 선택 도구 ▶]: 패스 전체를 선택합니다. 패스 전체를 선택한 후 원하는 곳으로 이동할 때 사용
  합니다. [이동 도구 ✥]와 비슷한 기능이라고 보면 되지만, 한 가지 차이점은 패스만 선택할 수 있다
  는 것이에요.
- [직접 선택 도구 ▷]: 패스 구성에서 기준점, 방향 점, 방향 선을 수정할 때 사
  용합니다. [직접 선택 도구 ▷]를 선택한 후 패스에서 기준점을 클릭해 사용합
  니다. 선택한 기준점은 일반 기준점과 다르게 표시되는데, 일반 기준점은 색상이
  채워지지 않은 반면, 선택된 기준점은 색상이 채워져 나타납니다.

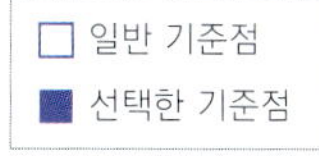

✦지금 하면 된다! ⟩ [직접 선택 도구 ▷]로 곡선 패스 수정하기

01 기준점 이동하기

❶ [직접 선택 도구 ▷]를 선택한 후 ❷ 기준점을 클릭
한 채 드래그하면 기준점이 이동합니다.

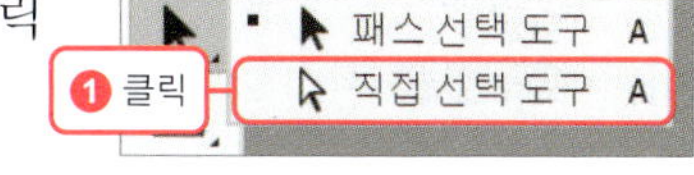

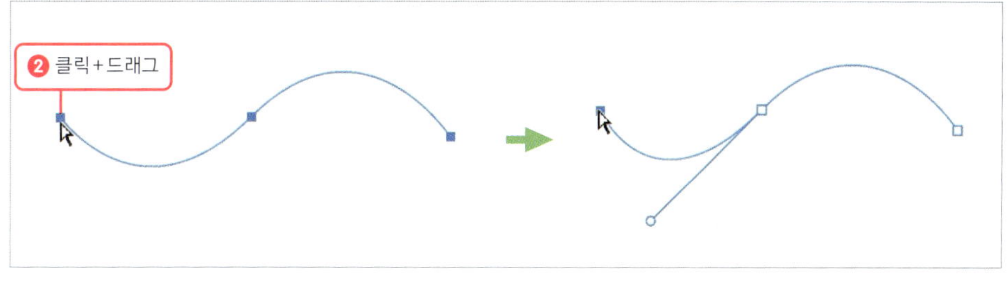

02 기준점 추가 / 삭제하기

[펜 도구 ✐]가 익숙해지면 어떤 경우에 기준점을 추
가하거나 삭제할 것인지를 판단할 수 있습니다.
[펜 도구 ✐]을 꾹 눌러 [기준점 추가 도구 ✐]를 선택
합니다. 패스에서 기준점이 필요한 부분을 클릭하면
기준점이 추가됩니다.

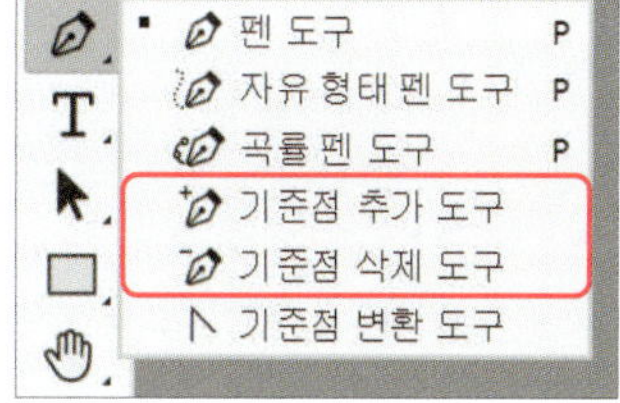

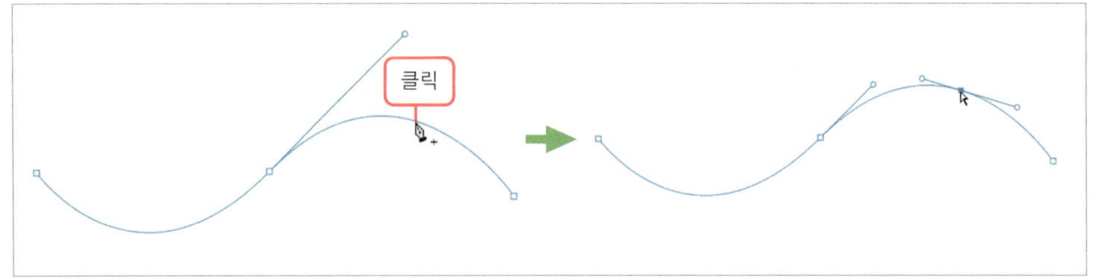

기준점을 잘못 추가했거나 필요 없을 때는 [펜 도구 ✐.]를 다시 꾹 눌러 [기준점 삭제
도구 ✐]를 선택한 후 삭제할 기준점을 클릭합니다.

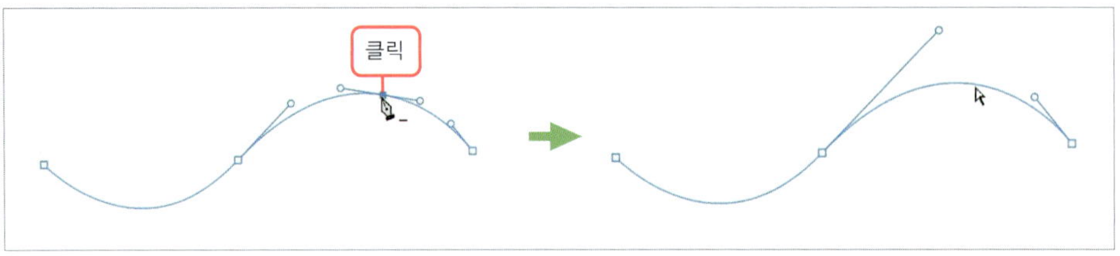

03 방향 선 조절하고 삭제하기

이번에는 방향 선을 조절해 곡선의 기울기를 수정해 보겠습니다.

❶ [직접 선택 도구 ▸.]를 선택합니다.

❷ 기준점을 클릭한 상태에서 마우스에서 손을 떼지
않은 채 위아래로 드래그합니다.

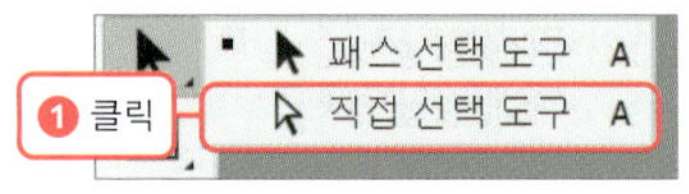

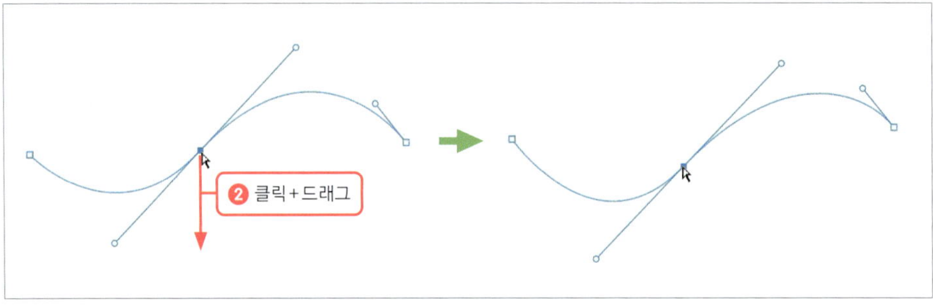

04 이번에는 방향 점을 클릭한 후 사방으로 드래그합니다. 패스는 이와 같이 기준점과 방향 점, 방향 선을 조절해 수정합니다.

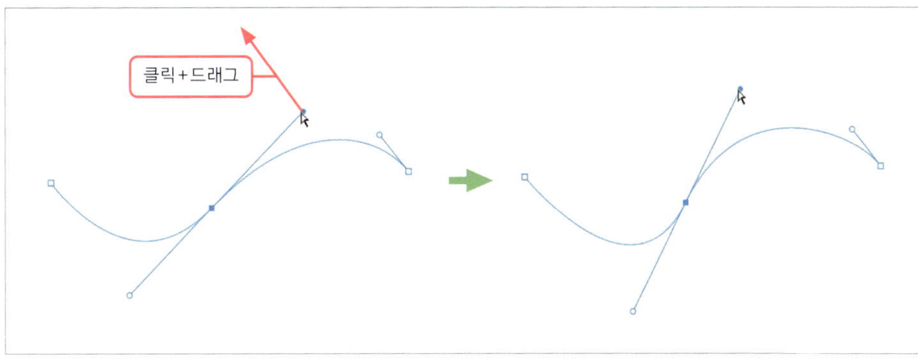

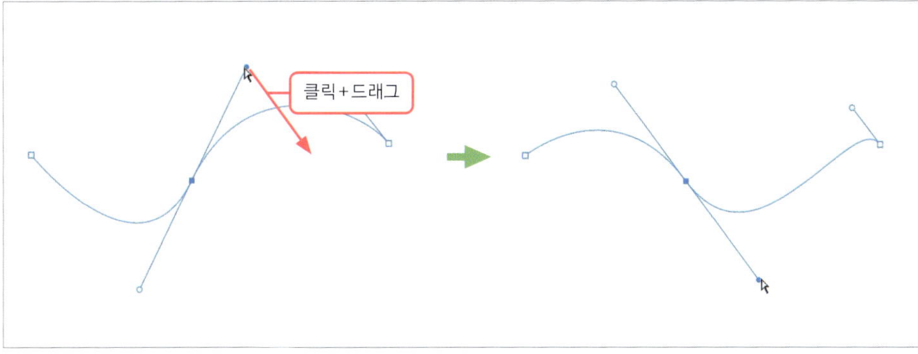

05 패스 삭제하기

만든 패스를 삭제하려면 ❶ [패스 선택 도구]를 선택한 후 ❷ 삭제할 패스를 클릭하고 Delete 를 누릅니다.

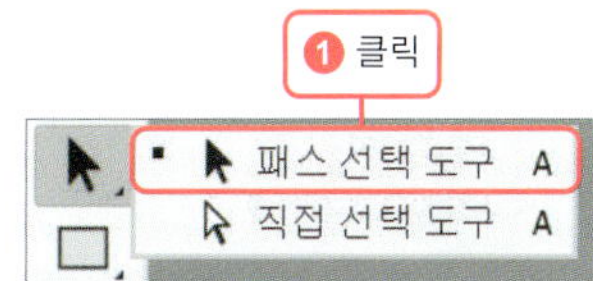

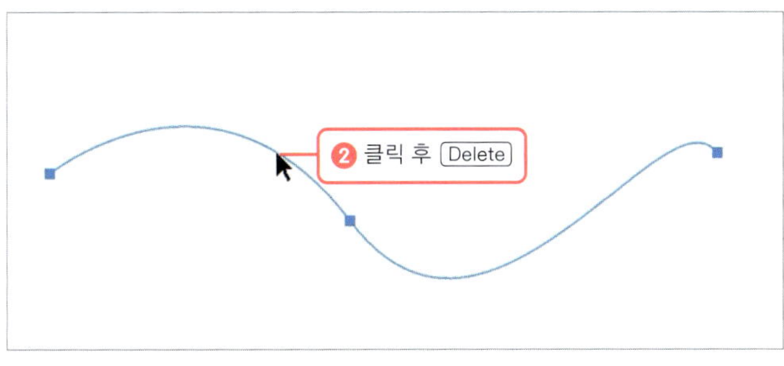

이미지 자유롭게 변형하기

강의 노트 "이미지를 변형할 때는 Ctrl + T 를 기억하세요." 

포토샵 작업에서 이미지의 크기를 확대/축소하거나 각도를 조절하려면 우선 '자유 변형 모드'를 실행해야 합니다. 자유 변형 모드는 실무에서 정말 자주 사용하니 단축키 Ctrl + T 를 반드시 기억해 두세요!

✔ **체크 포인트**

☐ 이미지 크기 확대/축소하기　　　　☐ 이미지 회전하기
☐ 이미지 다양하게 왜곡하기　　　　☐ 이미지 자르기

08-1

이미지 크기 조절하기 — 자유 변형 모드

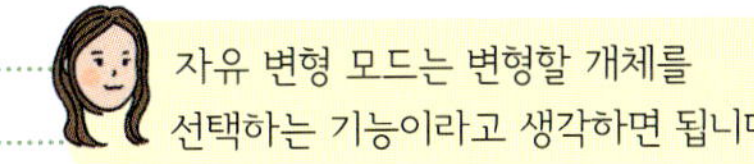

이미지를 변형하려면 '자유 변형 모드'부터!

자유 변형 모드는 이미지를 자유롭게 변형하거나 회전할 수 있는 기능입니다. 이미지, 셰이프, 패스로 된 개체의 레이어를 선택한 후 메뉴 바에서 [편집 → 자유 변형]을 선택하거나 단축키 Ctrl + T 를 누르면 자유 변형 모드로 변경됩니다.

이후 내용을 실습할 때는 무조건 Ctrl + T 를 눌러 자유 변형 모드 상태에서 진행하세요!

🔹 영문판 [Edit → Free Transform]
🔹 단축키 Ctrl + T

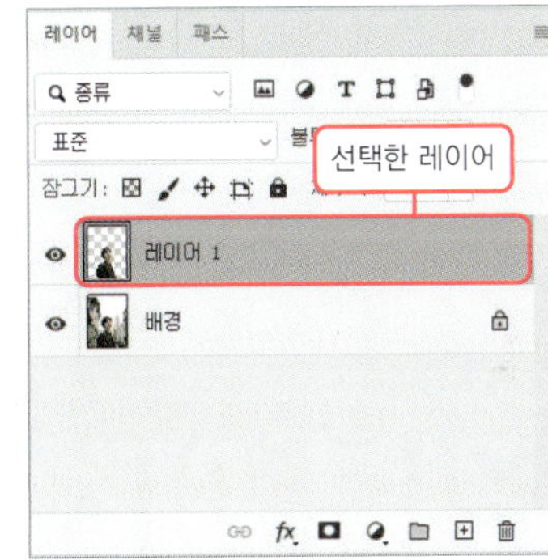

지금 하면 된다! ▶ 이미지 크기 조절하기

01

❶ Ctrl + O 를 눌러 준비 파일 이미지 크기 조절 실습.psd를 불러옵니다.

❷ [이동 도구 ⊕]를 선택한 후 ❸ 스마트폰 이미지를 클릭합니다.

❹ [레이어] 패널에 해당 이미지 레이어가 선택돼 있는지 확인합니다.

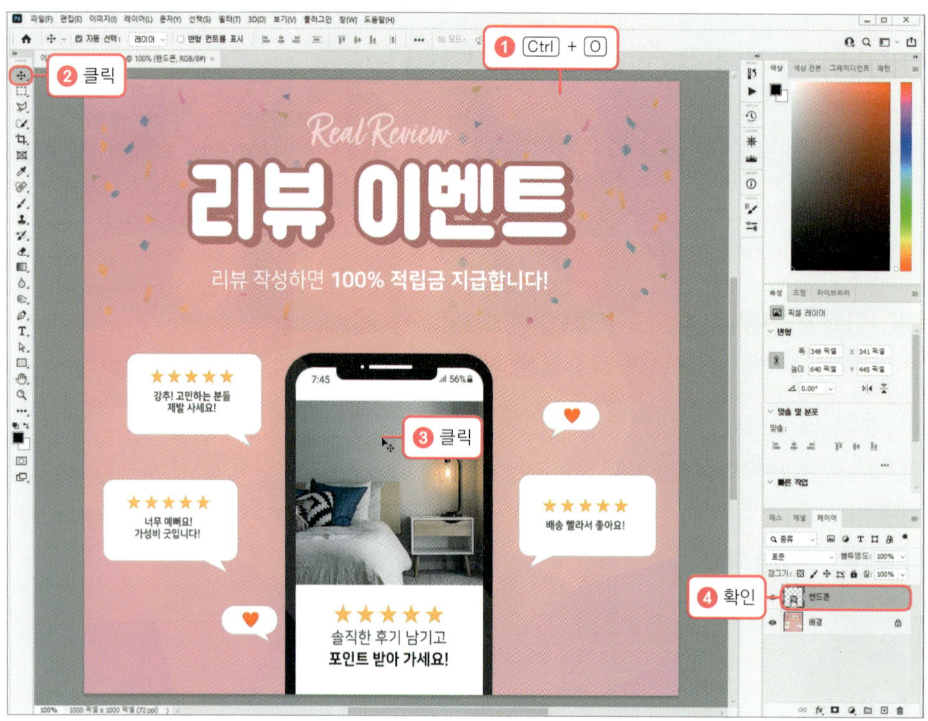

02

Ctrl + T를 눌러 자유 변형 모드를 실행합니다. 스마트폰 이미지 주변에 박스가 생긴 게 보이나요?

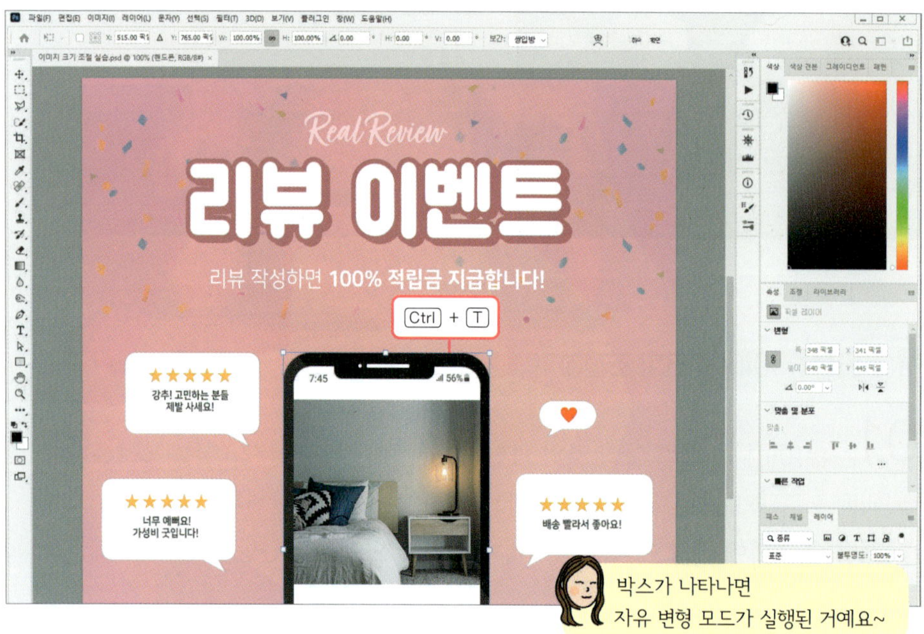

03 위쪽 가운데에 있는 조절점을 클릭한 채 위로 드래그하면 스마트폰 이미지가 정비례로 확대됩니다.

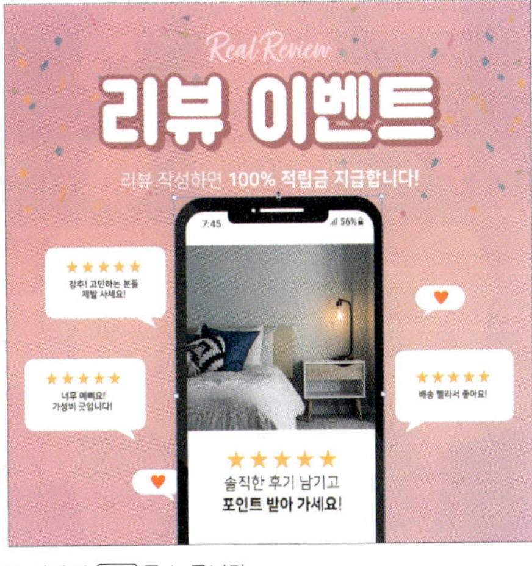

🟢 작업을 한 단계 취소하고 싶다면 Ctrl + Z , 처음부터 다시 하고 싶다면 Esc 를 누릅니다.

04 다시 위쪽 가운데 조절점을 클릭한 채 아래로 드래그하면 스마트폰 이미지가 정비례로 축소됩니다.

05 지금까지 가로세로 비율을 유지한 채로 크기를 조절했는데, 비율을 무시하고 변형할 수도 있습니다.

❶ Shift 를 누른 채 위쪽 가운데에 있는 조절점을 클릭하고 위로 드래그합니다. 선택한 개체의 세로 길이가 변경됩니다. ❷ 마찬가지로 Shift 를 누른 채 오른쪽 가운데에 있는 조절점을 클릭하고 오른쪽 방향으로 드래그하면 개체의 가로 길이가 변경됩니다.

06 크기 조절이 끝나면 Enter 를 누릅니다.

08-2

이미지 회전하고 반전하기

준비 파일 08/이미지 크기 조절 실습.psd

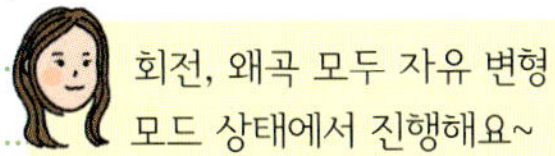

지금 하면 된다! ▸ 이미지 회전하기

01 이미지를 회전해 보겠습니다. 준비 파일을 불러온 후 Ctrl + T 를 눌러 자유 변형 모드를 실행합니다.

02 조절점의 모서리 부분에 마우스 커서를 올려놓으면 회전하는 모양으로 변경됩니다.

03 ❶ 조절점을 클릭한 채로 드래그하면 이미지가 회전합니다.
❷ Shift 를 누른 채 드래그하면 15° 단위로 회전됩니다.

01

자유 변형 모드를 실행한 뒤 ❶ 이미지 위에서 마우스 오른쪽 버튼을 누르고 ❷ [180도 회전]을 선택하면 180°로 회전합니다.

🟢 **영문판** [Rotate 180°], [Rotate 90° Clockwise], [Rotate 90° Counter Clockwise]

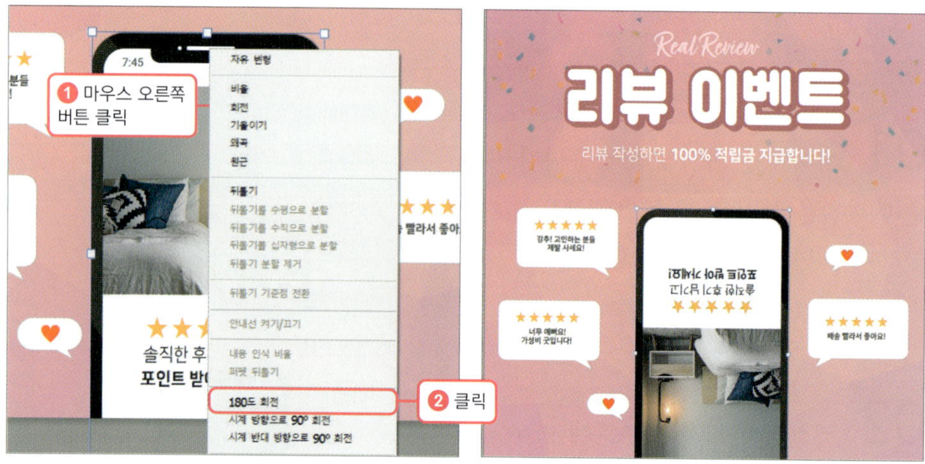

180° 회전

02

[시계 방향으로 90° 회전], [시계 반대 방향으로 90° 회전]을 선택하면 해당 각도로 각각 회전합니다.

시계 방향으로 90° 회전

시계 반대 방향으로 90° 회전

✦지금 하면 된다! ▶ 이미지 좌우/상하 반전하기

01
❶ 반전할 이미지 위에서 마우스 오른쪽 버튼을 누르고 ❷ [가로로 뒤집기]를 선택하면 이미지가 수평으로 반전됩니다.

🟢 영문판 [Flip Horizontal], [Flip Vertical]

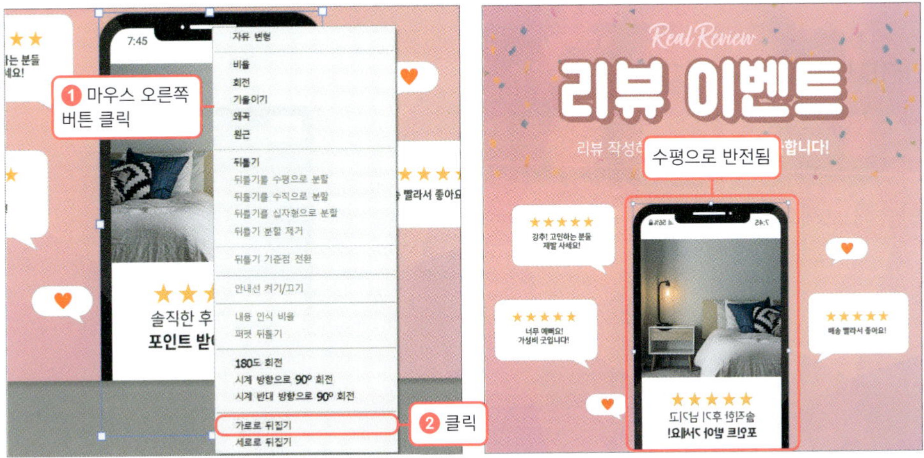

가로로 뒤집기

02
같은 방법으로 [세로로 뒤집기]를 선택하면 수직으로 반전됩니다.

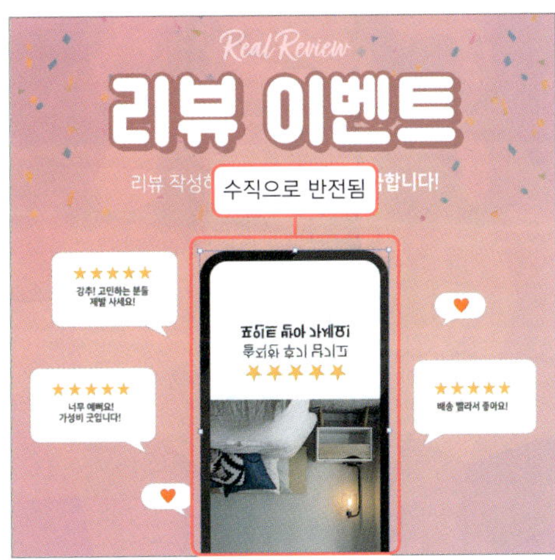

세로로 뒤집기

이미지를 손에 쥔 듯 왜곡하기

준비 파일 08/이미지 크기 조절 실습.psd

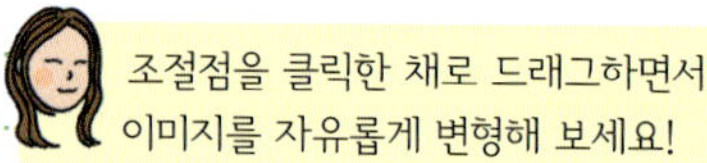

이미지 왜곡 기능 4가지

자유 변형 모드 상태에서 마우스 오른쪽
버튼을 눌러 이미지 왜곡 기능 4가지를
연습해 보세요.

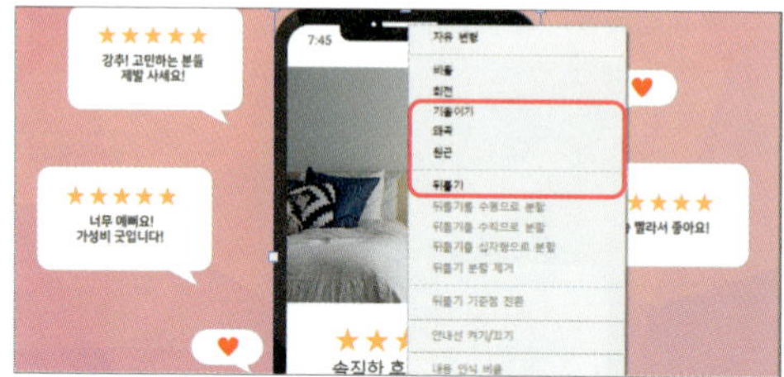

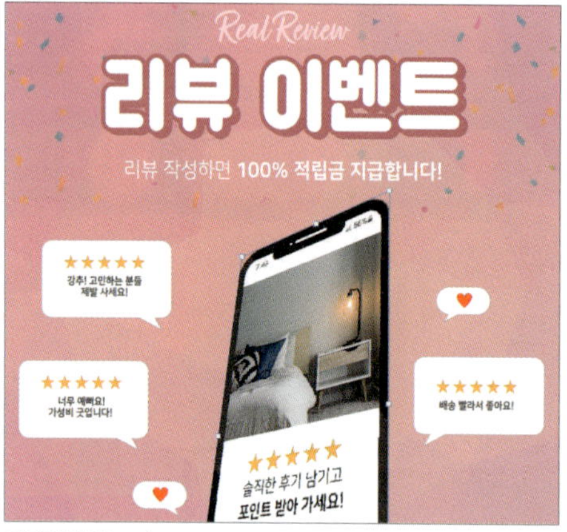

기울이기(Skew)

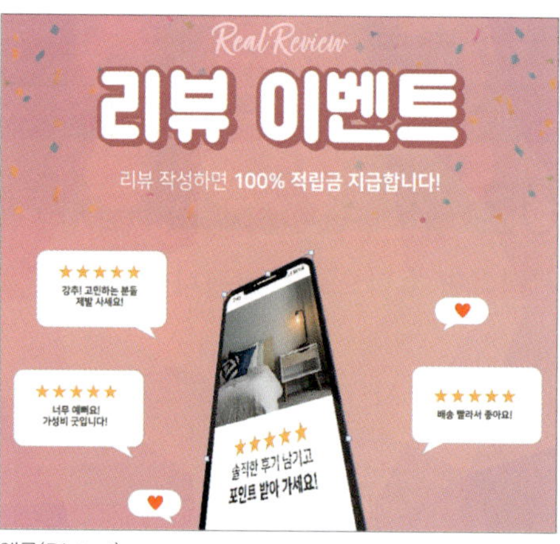

왜곡(Distort)

원근(Perspective)

뒤틀기(Warp)

08-4

이미지의 일부분을 잘라 내는 [자르기 도구 🔨]

준비 파일 08/이미지 자르기.jpg, 원근 자르기.jpg

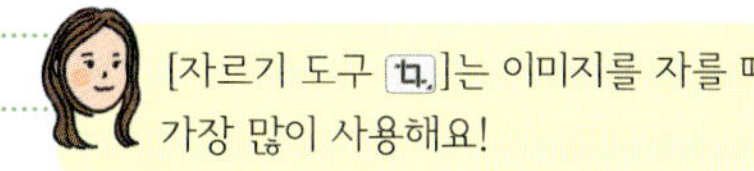

이미지를 원하는 크기로 자를 때는 [자르기 도구 🔨]를 가장 많이 사용하며, [원근 자르기 도구 🔲]는 원근감 있는 이미지를 반듯하게 맞춰 자를 때 유용하게 사용할 수 있습니다.

지금 하면 된다! ⟩ [자르기 도구 🔨]로 불필요한 부분 자르기

01 ❶ Ctrl + O 를 눌러 준비 파일 이미지 자르기.jpg를 불러옵니다. ❷ [자르기 도구 🔨]를 선택한 후 ❸ 조절점이 나타나면 왼쪽 가운데에 있는 조절점을 클릭한 채로 드래그합니다.

[자르기 도구 🔨]의 옵션 바가 궁금하다면? **포토샵 기능 사전 - 옵션 바 02 참고!**

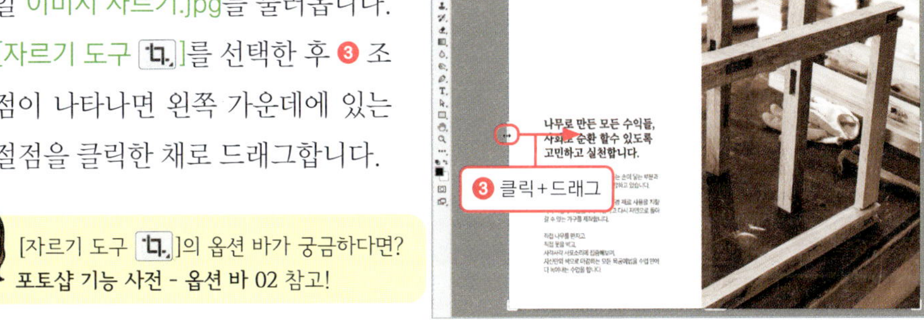

02 자르고 싶은 부분이 어둡게 표시되면 Enter 를 누르거나 화면 아무 곳이나 더블클릭해 자르기를 적용합니다.

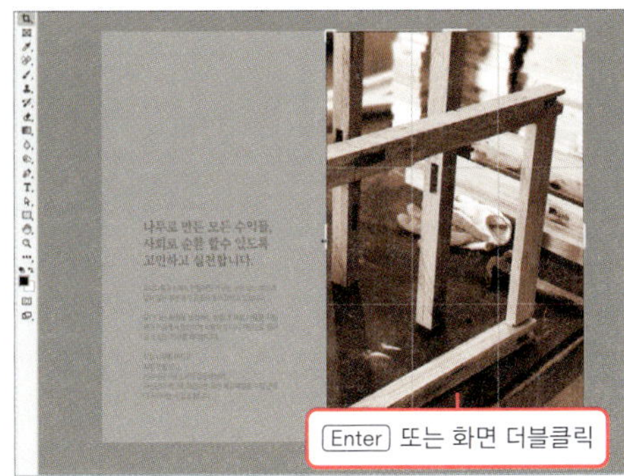

기울어진 이미지를 정면 이미지로 추출하고 싶다면 [원근 자르기 도구 ▦]를 사용하면 됩니다. 기울어진 스마트폰 화면을 정면으로 보이도록 변형해 보겠습니다.

01
❶ Ctrl + O 를 눌러 준비 파일 원근 자르기.jpg를 불러옵니다.
❷ [원근 자르기 도구 ▦]를 선택한 후 ❸ 시작점을 클릭합니다.

02
❶ ❷ ❸ 이미지의 모서리 부분을 차례로 클릭한 후 Enter 를 누르면 원근감에 따라 기울어진 이미지가 정면으로 보이게 잘립니다.

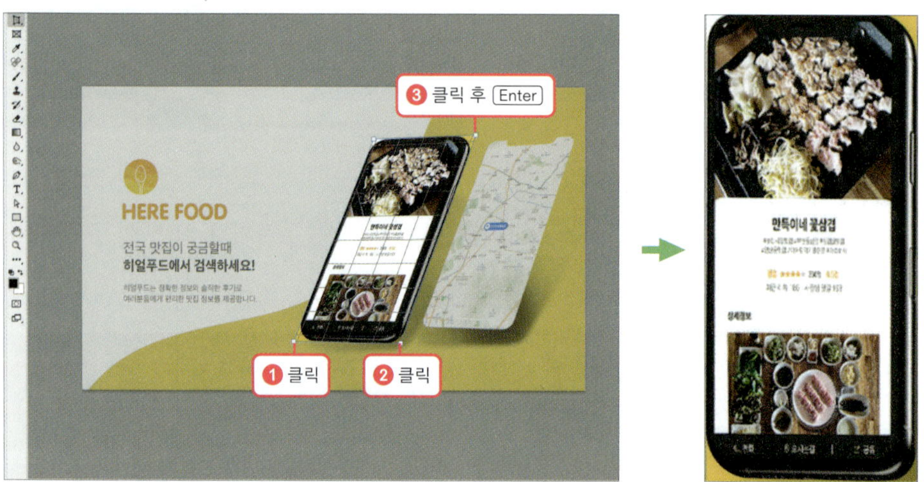

레스토랑 메뉴판 완성하기

준비 파일 08/문제/메뉴판.jpg, 피자.jpg, 파스타.jpg, 스테이크.jpg, 디저트.jpg, 파프리카.jpg, 도마.jpg, 피망 마늘.jpg
완성 파일 08/문제/메뉴판 완성.jpg

자유 변형 모드와 이동하기는 이미지를 넣을 때마다 실행하는 과정이에요!

미션   **메뉴판에 음식 이미지를 예쁘게 배치해 주세요**

자유 변형 모드가 실제 실무에서 어떻게 사용되는지 알아야 해요! 이미지를 선택하는 것 외에도 선택한 이미지의 크기를 조절하는 등 자유롭게 변형해 보면서 실무에서 어떻게 쓰이는지 경험해 보세요. 혼자 완성하기 어렵다면 오른쪽에 있는 QR코드를 스캔해서 동영상 강의를 살펴보세요.

동영상 강의

드로잉부터 채색까지!
색을 활용한 표현 방법 익히기

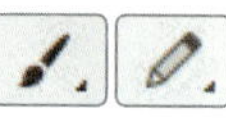

아윤 쌤의
강의 노트 "포토샵의 대표적인 드로잉·채색 도구를 알아봐요!"

포토샵은 다양한 색상으로 그래픽 디자인을 할 수 있는 프로그램입니다. 09장에서는 원하는 색상을 선택한 후 다양한 기능과 도구를 이용해 그림을 그리거나 원하는 영역을 채색해 보겠습니다. 포토샵의 채색 도구는 이미지를 보정하거나 디자인 콘텐츠를 제작할 때 많이 사용합니다.

✓ 체크 포인트

☐ 전경색과 배경색 이해하기
☐ 이미지에 다른 색감 덧칠하기
☐ 색 또는 패턴으로 배경 채우기

☐ 연필 도구와 브러시 도구로 자유롭게 그리기
☐ 스포이드 도구로 색상 추출하기

09-1

포토샵 색상의 기본! 전경색과 배경색

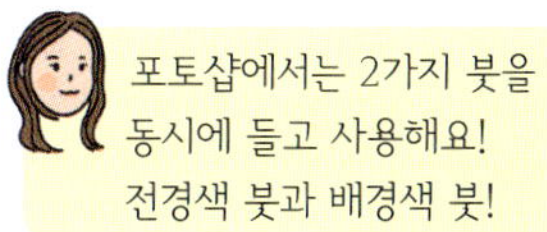

전경색과 배경색 이해하기

포토샵에서 색상을 선택하는 곳은 바로 '전경색'과 '배경색'입니다. 전경색과 배경색은 도구 바의 아래쪽에서 지정할 수 있습니다.

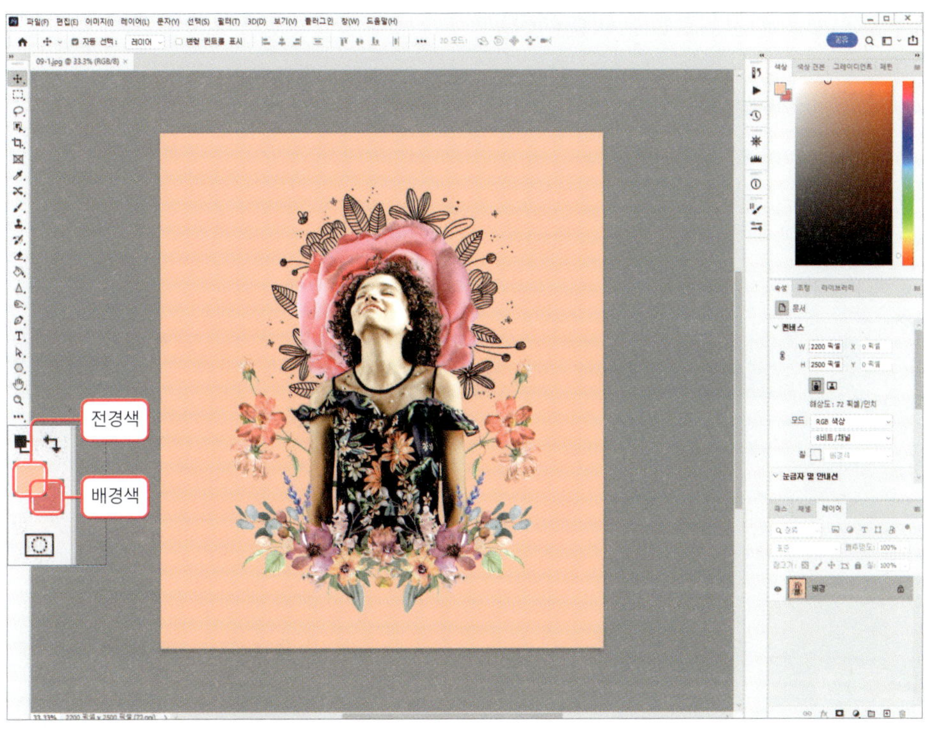

전경색은 원하는 색상을 선택하거나 채색할 때 사용하는 색, 배경색은 배경에 사용하는 색을 말합니다. 포토샵을 처음 실행하면 전경색은 '검은색', 배경색은 '흰색'으로 지정돼 있는데요. 그중 포토샵의 배경색이 흰색으로 기본 지정된 이유는 새 작업 문서를 만들 때 배경색을 흰색으로 지정했기 때문입니다. 새 문서를 만들 때 배경색을 검은색으로 지정하면 배경색도 검은색이 됩니다.

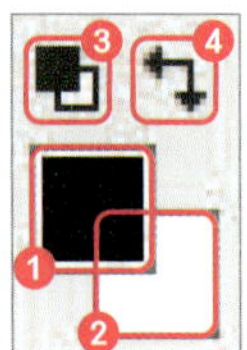

❶ **전경색:** [브러시 도구], [펜 도구], [페인트 통 도구]를 사용하면 채색할 때 전경색이 사용됩니다.

❷ **배경색:** [지우개 도구]를 사용하거나 빈 여백이 생겼을 때 배경색이 사용됩니다.

❸ **기본 전경색과 배경색:** 기본 색상(전경색은 검은색, 배경색은 흰색)으로 변경됩니다. 단축키 D 를 눌러도 기본 색상으로 빠르게 변경됩니다.

❹ **전경색과 배경색 전환:** 전경색과 배경색이 서로 변경됩니다. 단축키 X 를 눌러도 전경색과 배경색이 빠르게 변경됩니다.

지금 하면 된다! ⟩ 전경색과 배경색 설정하기

01 전경색 설정하기

❶ [전경색]을 클릭하고 ❷ [색상 피커(전경색)] 대화상자에서 원하는 색상을 선택합니다. ❸ [확인]을 클릭하면 선택한 색상이 전경색으로 설정됩니다.

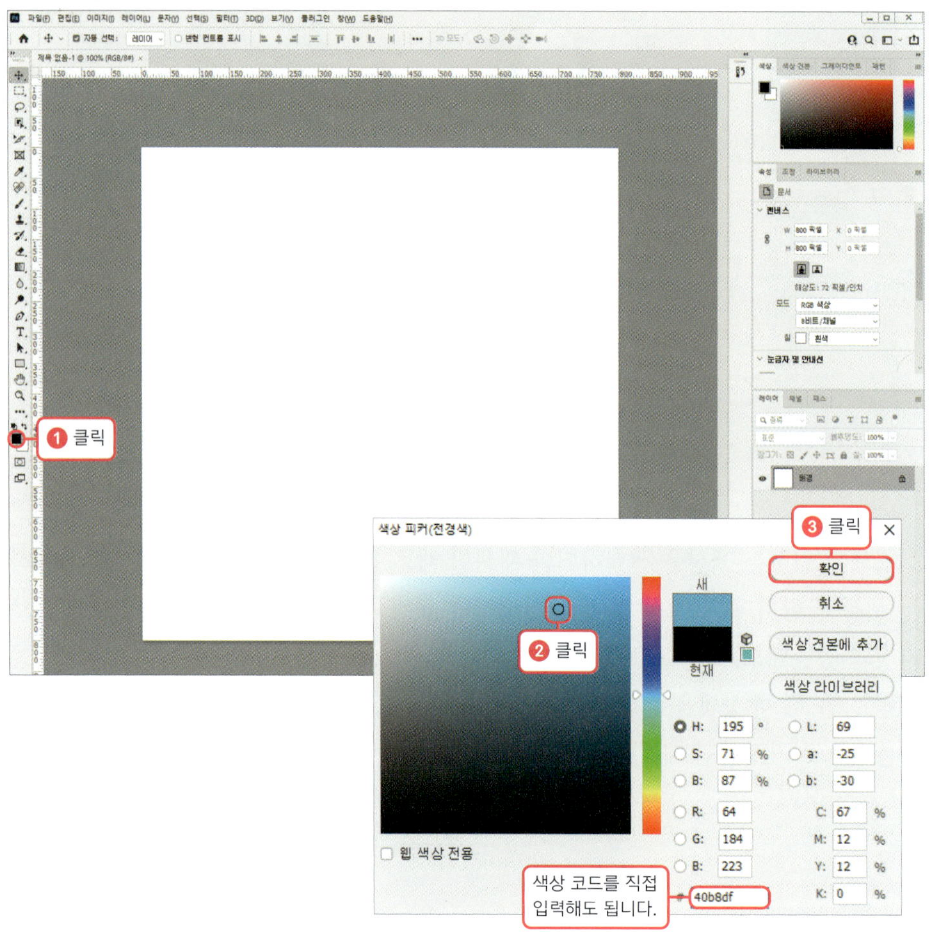

02　배경색 설정하기

❶ [배경색]을 클릭하고 ❷ [색상 피커(배경색)] 대화상자에서 원하는 색상을 선택합니
다. ❸ [확인]을 클릭하면 선택한 색상이 배경색으로 설정됩니다.

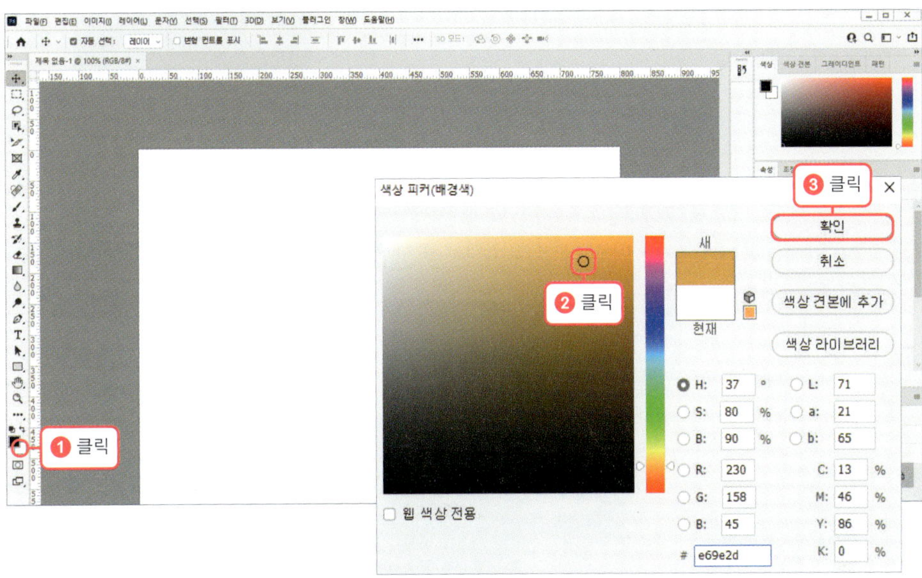

✦ 지금 하면 된다! 〉 [색상] 패널에서 색상 선택하기

[색상] 패널에서도 색을 지정할 수 있습니다. 포토
샵을 설치한 후 화면 구성을 바꾸지 않았다면 오
른쪽 윗부분에서 [색상] 패널을 찾을 수 있습니다.
만약 보이지 않는다면 메뉴 바에서 [창 → 색상]을
클릭해 패널을 여세요.

● **영문판** [Window → Colors]

01　전경색 설정하기

❶ [색상] 패널에서 [전경색]을 클릭한 후 ❷ 원하
는 색상을 선택합니다.
선택한 색상이 전경색으로 설정됩니다.

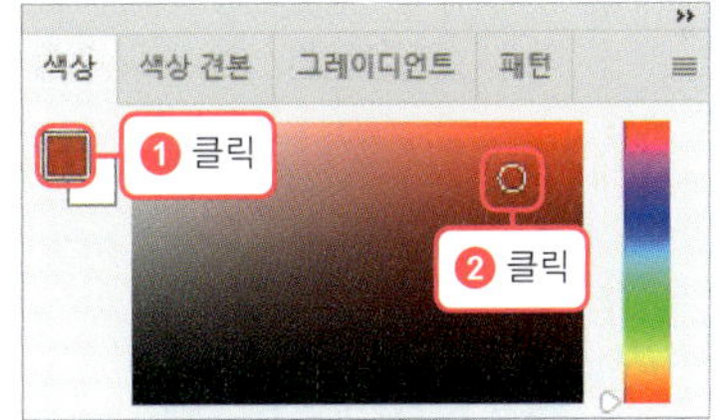

02 배경색 설정하기

❶ [색상] 패널에서 [배경색]을 클릭한 후 ❷ 원하는 색상을 선택합니다.
선택한 색상이 배경색으로 설정됩니다.

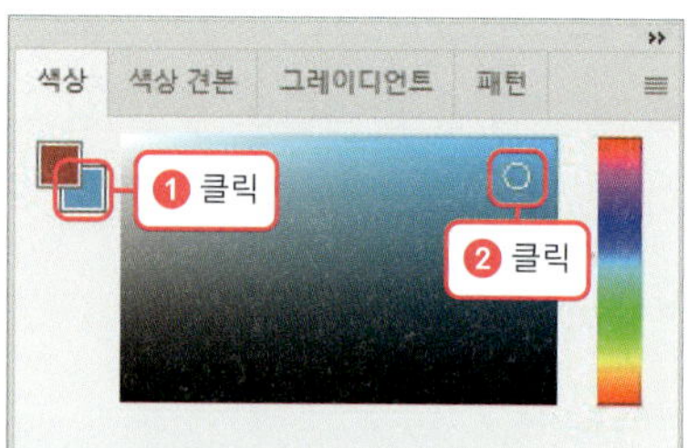

03

❶ [색상] 패널에서 [전경색] 또는 [배경색]을 더블클릭하세요.
❷ [색상 피커] 대화상자가 나타나면 원하는 색상을 선택하거나 ❸ 색상 코드를 입력합니다. ❹ [확인]을 클릭하면 선택한 색상이 전경색 또는 배경색으로 설정됩니다.

[색상 피커] 대화상자가 궁금하다면?
포토샵 기능 사전 – 대화상자 02 참고!

09-2

[브러시 도구 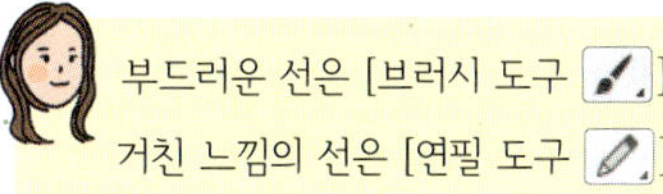]와 [연필 도구]로 도형 그리기

준비 파일 새 파일에서 실습

부드러운 선은 [브러시 도구], 거친 느낌의 선은 [연필 도구]!

원하는 색상을 선택했다면 그림을 그려 봐야겠죠?

대표적인 드로잉 도구로는 [브러시 도구]와 [연필 도구]가 있는데, 두 도구는 가장자리, 즉 경계 부분에서 차이가 납니다. [브러시 도구]는 붓으로 그린 듯 부드럽게, [연필 도구]는 딱딱하고 거칠게 표현됩니다.

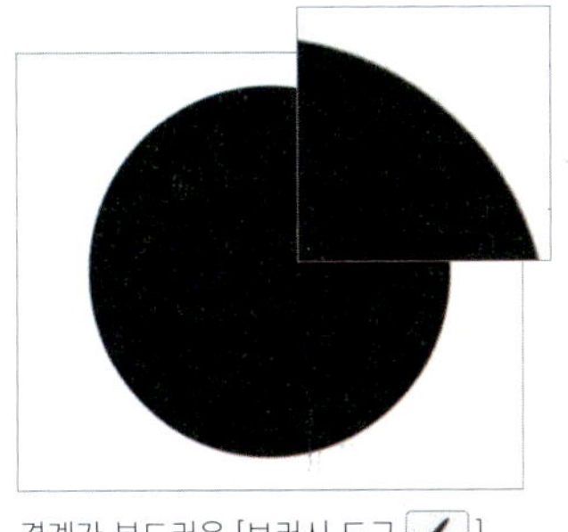

경계가 부드러운 [브러시 도구]

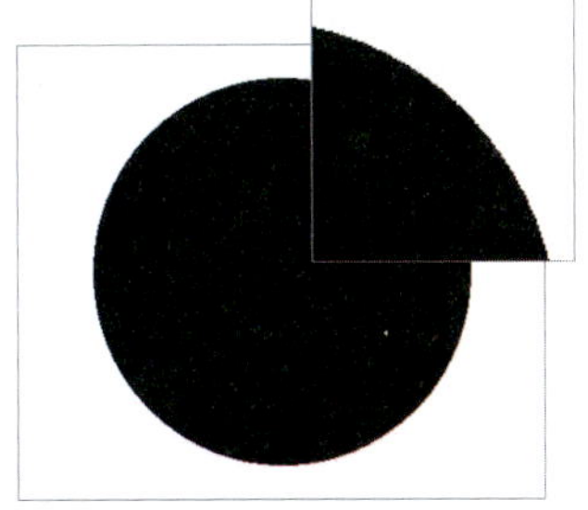

경계가 거친 [연필 도구]

지금 하면 된다! ▸ [브러시 도구]로 부드럽게 그리기 ⭐중요

💧 [브러시 도구] 단축키 B

01

❶ Ctrl + N을 눌러 새로운 작업 문서를 만듭니다.

❷ [브러시 도구]를 선택한 후 ❸ 브러시의 크기와 모양을 설정하기 위해 위쪽 옵션 바의 ⌄을 클릭합니다.

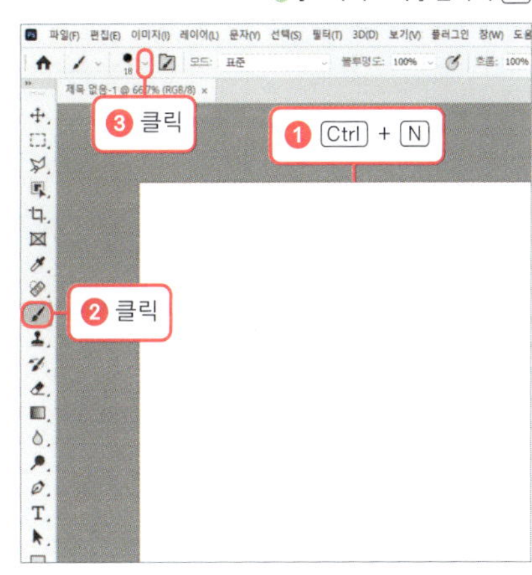

[브러시 도구]의 옵션 바가 궁금하다면?
포토샵 기능 사전 - 옵션 바 03 참고!

02 ❶ 브러시 크기는 300픽셀로 설정하고 ❷ 모양은 [일반 브러시 → 선명한 원]
으로 선택합니다. ❸ 작업 화면을 클릭하면 브러시 모양이 지정한 크기만큼 표현됩
니다.

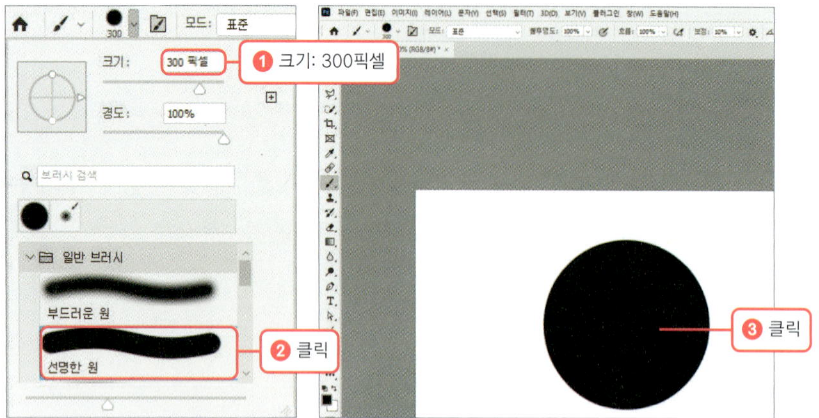

03 이번에는 원하는 색상을 선택한 후 드래그해 보겠습니다.
❶ 도구 바에서 [전경색]을 클릭한 후 ❷ [색상 피커(전경색)] 대화상자에서 원하는 색
상을 선택합니다. 여기서는 색상 코드를 f18012로 설정했습니다. ❸ [확인]을 클릭합
니다.

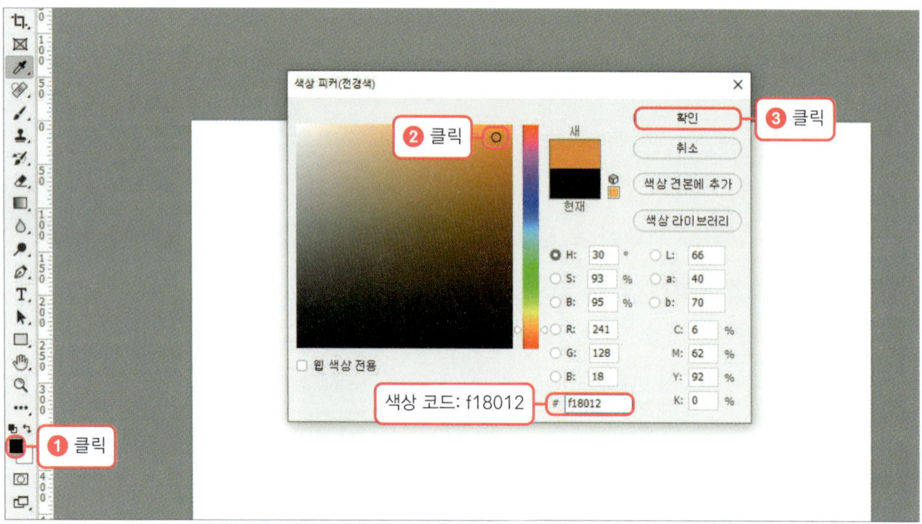

04

❶ 브러시 크기를 40픽셀로 설정합니다.

❷ 작업 화면 위를 클릭한 채로 드래그하면 선이 자유롭게 그려집니다.

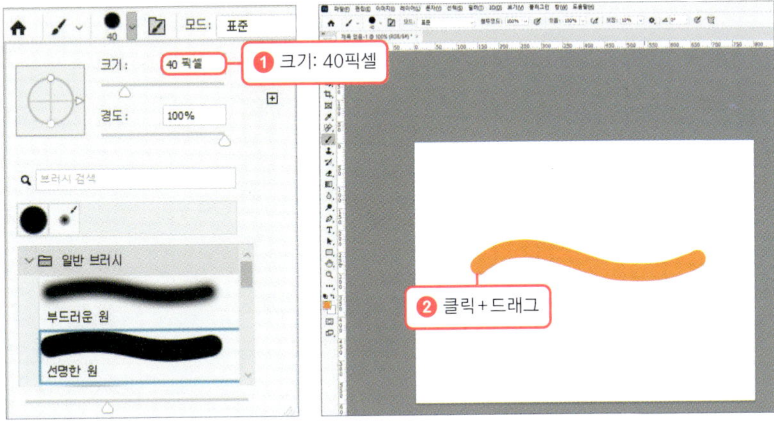

◇◇ 지금 하면 된다! ❯ [연필 도구 ✏️]로 거친 선 그리기

[연필 도구 ✏️]는 가장자리 경계선 부분이 거칠게 표현되는 드로잉 도구입니다. 마찬가지로 선을 그려 보겠습니다.

01

❶ [연필 도구 ✏️]를 선택합니다.

❷ 위쪽 옵션 바에서 █를 클릭한 후 ❸ 브러시 크기를 40픽셀로 설정합니다.

❹ 브러시 모양은 [일반 브러시 → 선명한 원]으로 선택합니다.

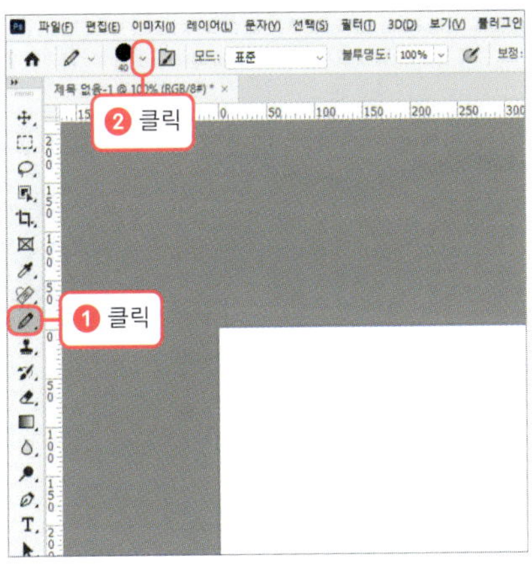

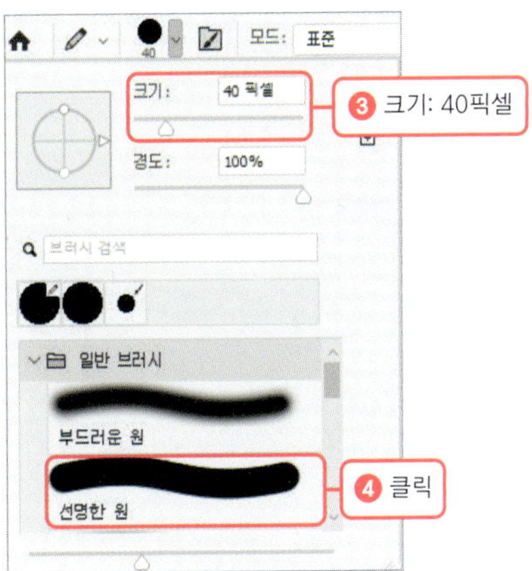

02 작업 화면을 클릭한 채로 드래그해서 선을 그립니다.

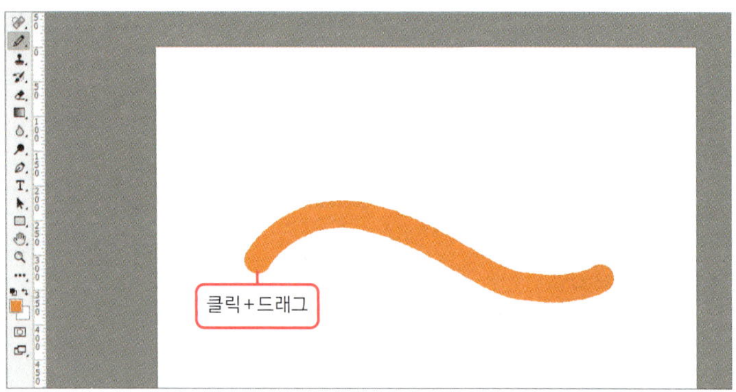

> [브러시 설정] 패널에서 점선 브러시 만들기

01

❶ Ctrl + N 을 눌러 새 작업 문서를 만듭니다.

❷ [브러시 도구]를 선택하고 ❸ 패널에서 [브러시 설정] 패널을 클릭하거나
단축키 F5 를 눌러 [브러시 설정] 패널을 불러옵니다.

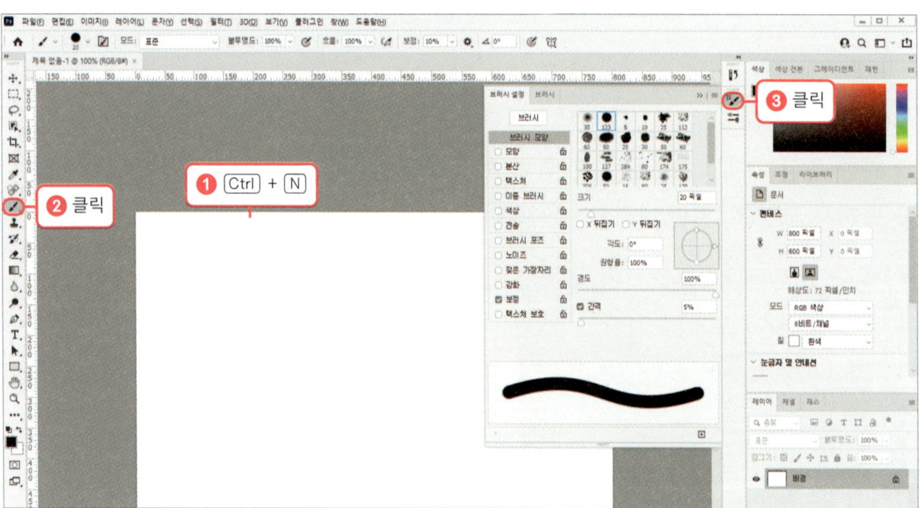

02

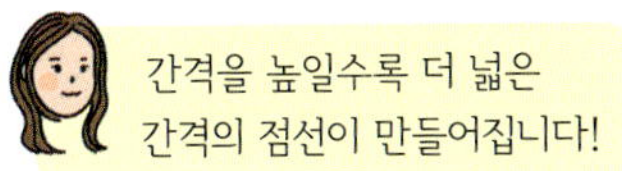

❶ 원하는 브러시 모양을 선택합니다.

❷ 브러시 크기는 10픽셀, ❸ 간격은 200%로 설정
합니다.

간격을 높일수록 더 넓은
간격의 점선이 만들어집니다!

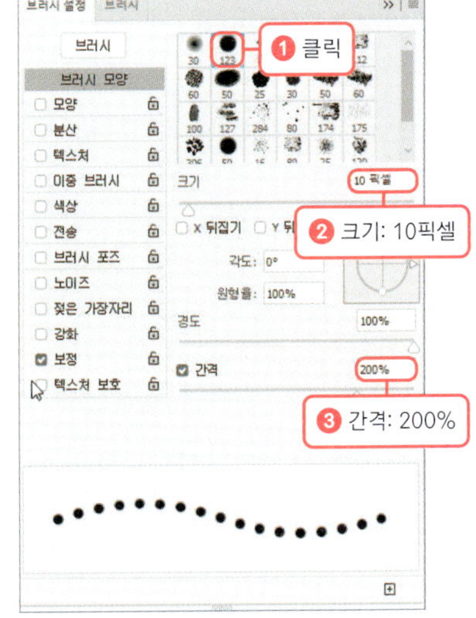

03 작업 화면을 클릭한 채로 드래그하면 점선 모양의 선이 그려집니다.

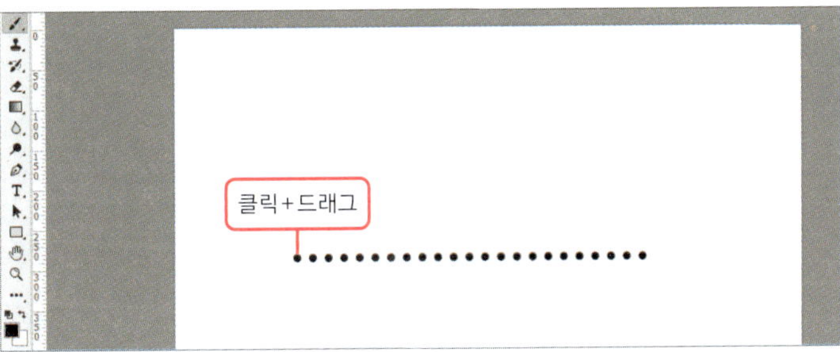

[색상 대체 도구 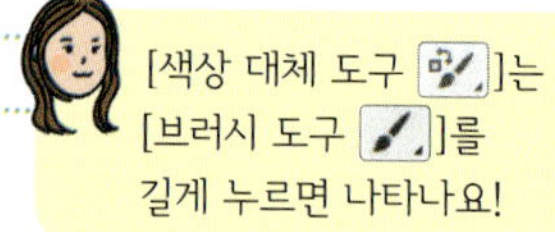]로 다른 색감 덧칠하기

준비 파일 09/색상 대체 도구 실습.jpg

지금 하면 된다! ⟩ [색상 대체 도구]로 색상 바꾸기

[색상 대체 도구]는 원본 이미지의 색상에 전경색을 혼합해서 다른 색으로 교체하는 도구입니다.

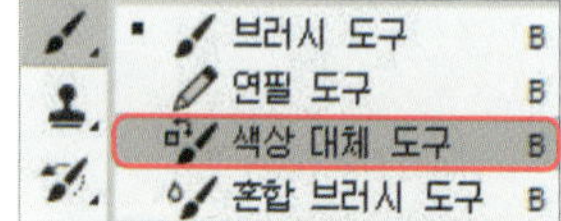

01 ❶ Ctrl + O 를 눌러 준비 파일 **색상 대체 도구 실습.jpg**를 불러옵니다.
❷ [전경색]을 클릭해 ❸ 원하는 색상으로 선택한 후 ❹ [확인]을 클릭합니다.

02 ❶ [색상 대체 도구]를 선택하고 ❷ 머리카락을 색칠하듯이 드래그해 보세요. 전경색과 혼합되면서 다른 색상으로 바뀝니다.

09-4

외부 브러시 파일 추가하기

준비 파일 09/flower.abr

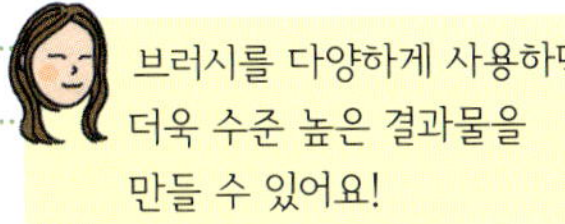

포토샵이 설치될 때 함께 제공되는 브러시 외에도 다양한 브러시를 등록해 사용할 수 있습니다. 무료 다운로드 사이트인 Brusheezy(www.brusheezy.com)에서 브러시를 내려받아 설치해 보세요. 만약 마음에 드는 브러시가 없다면 직접 브러시를 만들어 등록할 수도 있습니다.

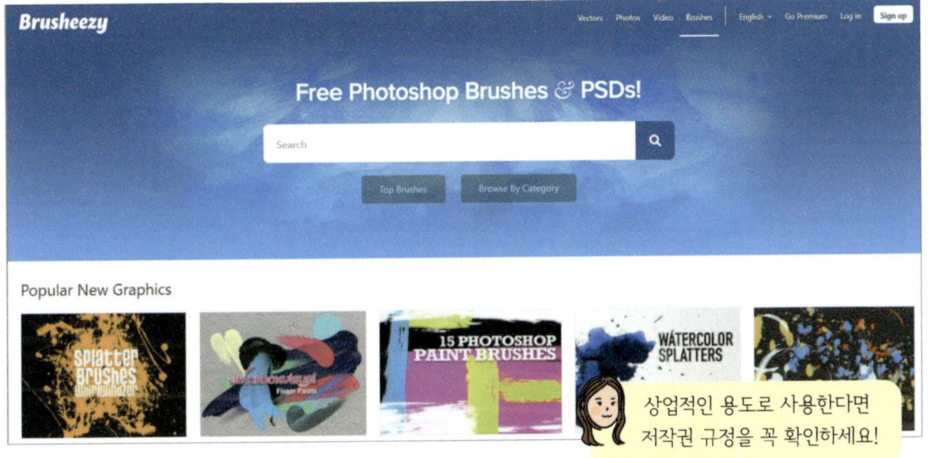

브러시로 사용할 그래픽을 선택하면 다음과 같이 나타납니다. 섬네일 오른쪽에서 [Free Download]를 클릭하면 파일을 내려받을 수 있습니다.

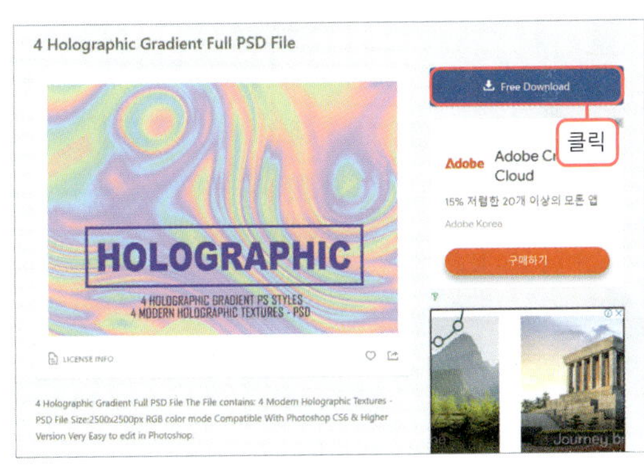

무료 브러시 파일 등록하기

01 ❶ Ctrl + N 을 눌러 새 작업 문서를 만듭니다.
❷ [브러시 도구 🖌]를 선택한 후 ❸ 위쪽 옵션 바에서 ▾를 클릭합니다.

02 ❶ ⚙를 클릭하면 나타나는 옵션 메뉴 중에서 ❷ [브러시 가져오기]를 선택합니다. ❸ [불러오기] 대화상자가 나타나면 브러시 파일을 선택한 후 ❹ [불러오기]를 클릭합니다.

🟢 이 책에서 제공하는 예제 파일의 [09] 폴더에 저자가 만든 브러시 파일인 'flower.abr'가 있습니다. 브러시 파일을 따로 내려받지 않았다면 이 파일을 불러오세요.

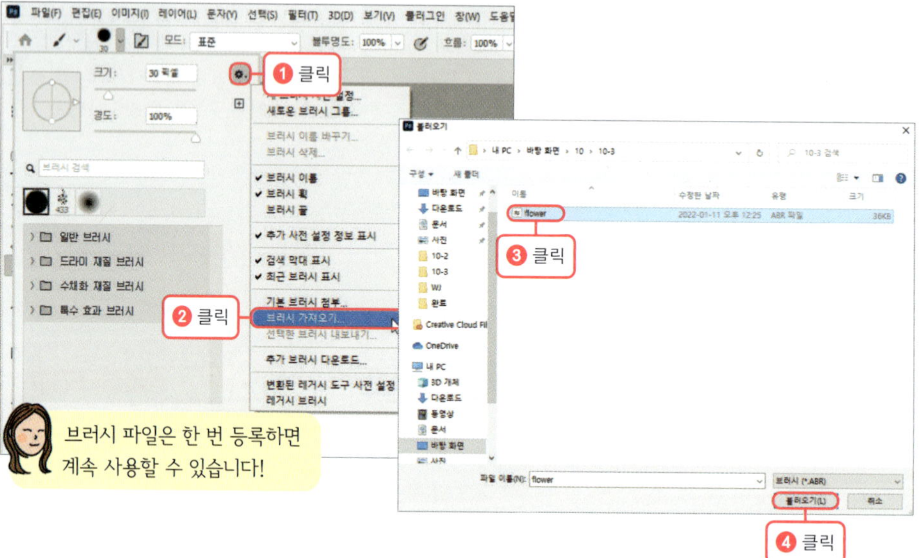

03 ❶ 새로 등록한 브러시를 선택합니다.

❷ 브러시 크기를 433픽셀로 설정한 후 ❸ 작업 화면을 자유롭게 클릭하거나 드래그
하면서 브러시의 모양을 살펴보세요.

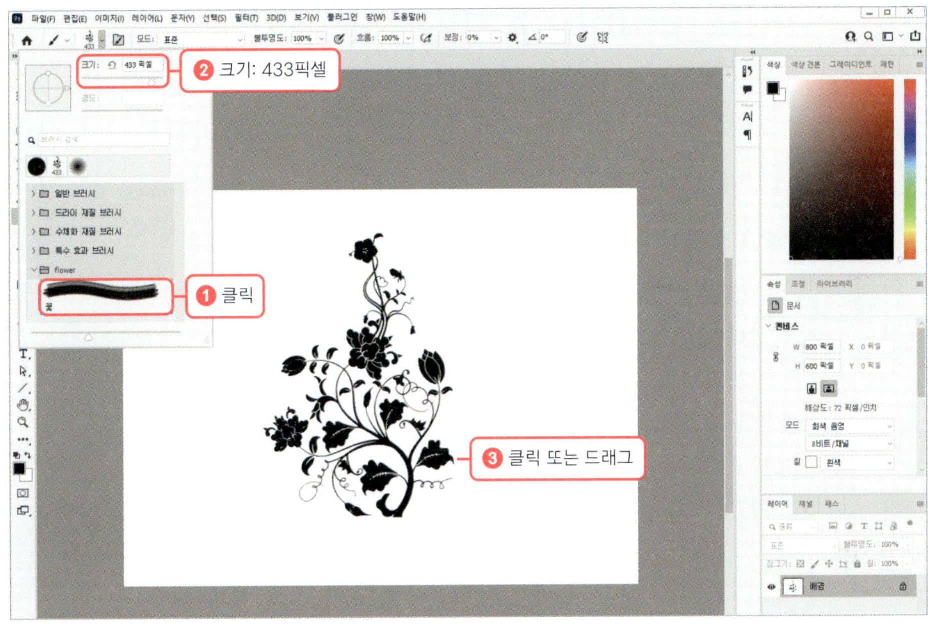

09-5

[지우개 도구 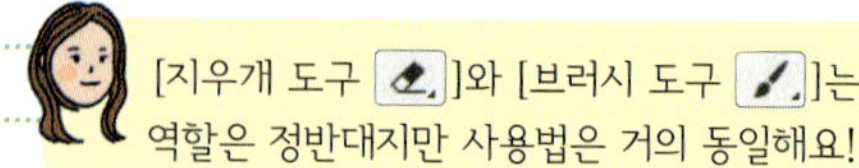]로 이미지 지우기

준비 파일 10/지우개 도구 실습.jpg

지금 하면 된다! ▸ [지우개 도구]로 이미지 지우기

[지우개 도구]의 가장 큰 특징은 이미지를 [배경색]으로 지운다는 점입니다. 배경색이 흰색이면 흰색으로 지워지고, [배경색]을 다른 색상으로 설정하고 지우면 해당 색상으로 지워집니다.

💧 [지우개 도구] 단축키 E

01 ❶ Ctrl + O 를 눌러 준비 파일 지우개 도구 실습.jpg 를 불러옵니다.

❷ [지우개 도구]를 선택하고

❸ 불러온 이미지 위에서 드래그합니다. 배경색인 흰색이 나타나죠?

02 이번에는 배경색을 변경해 보겠습니다.

❶ 원하는 배경색을 선택한 후

❷ 이미지를 드래그하면 됩니다.

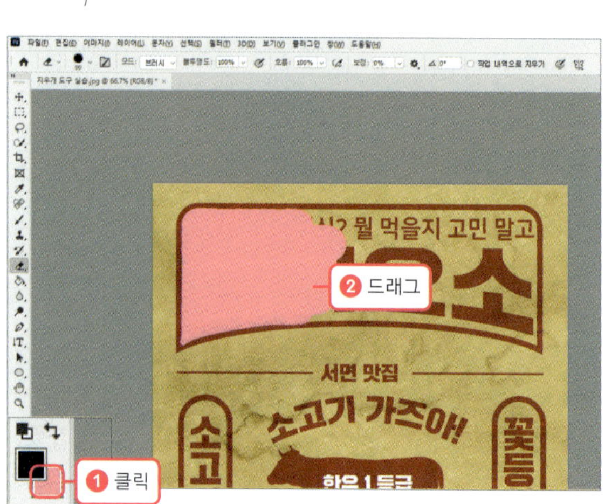

 이미지를 잘못 지웠는데 원래대로 되돌릴 수 있나요?

물론 가능합니다. 만약 [지우개 도구 ◢]를 사용하다 실수해서 원본 이미지로 되돌리고 싶다면 다음 내용을 따라 해보세요.

❶ [지우개 도구 ◢]를 선택한 후 ❷ 위쪽 옵션 바에서 [작업 내역으로 지우기]에 체크 표시합니다.
❸ 복구할 부분을 다시 드래그하면 원본 상태로 돌아옵니다.

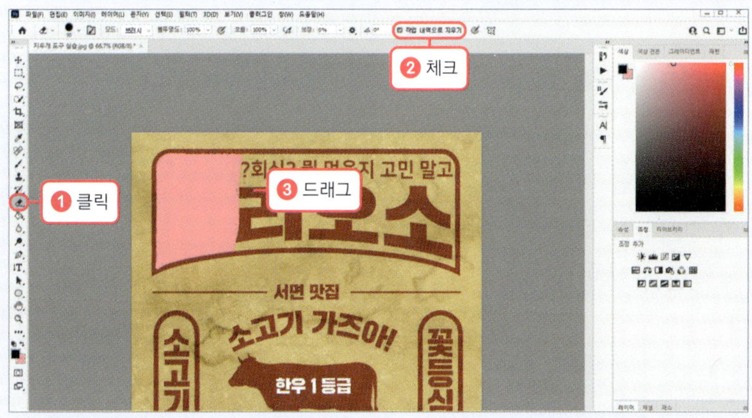

이와 비슷한 기능을 가진 [작업 내역 브러시 도구 ◢]를 사용해도 됩니다.
❶ [작업 내역 브러시 도구 ◢]를 선택한 후 ❷ 이미지의 지워진 부분 위를 드래그하면 지워진 부분이 다시 원본 상태로 돌아옵니다.

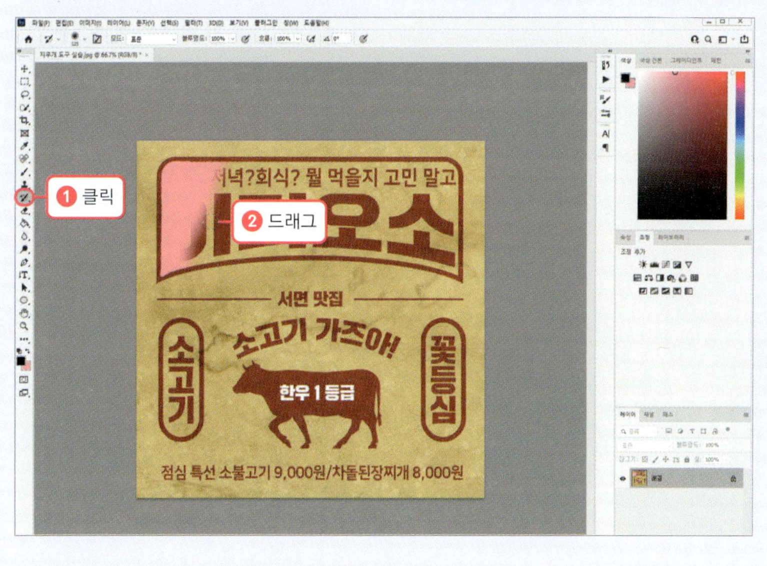

이번에는 배경색을 따르지 않고 배경을 아예 삭제해 버리는 [배경 지우개 도구 🩹]
를 사용해 볼게요. [지우개 도구 🩹]는 배경색으로 설정
한 색으로 이미지가 지워지지만, [배경 지우개 도구 🩹]
는 배경색과 상관없이 배경을 투명하게 만듭니다.

01

❶ [배경 지우개 도구 🩹]
를 선택합니다.

❷ 이미지 위를 드래그하면 드래
그한 곳에 모자이크 배경이 보이
죠? 배경이 삭제되면서 투명해
졌기 때문입니다.

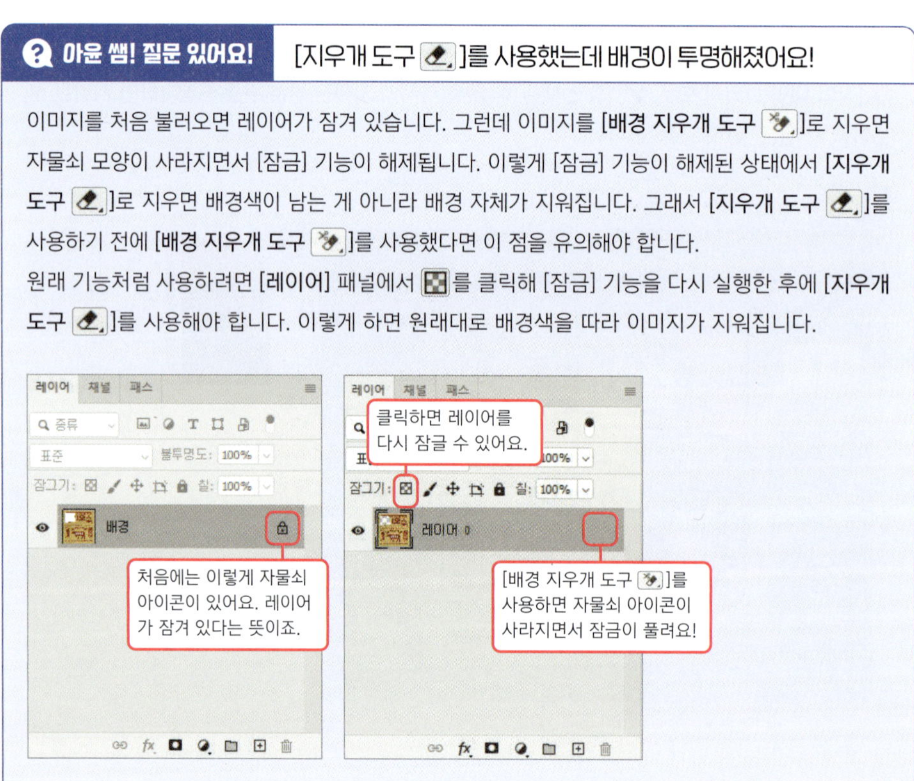

❓ 아윤 쌤! 질문 있어요!　　　[지우개 도구 🩹]를 사용했는데 배경이 투명해졌어요!

이미지를 처음 불러오면 레이어가 잠겨 있습니다. 그런데 이미지를 [배경 지우개 도구 🩹]로 지우면
자물쇠 모양이 사라지면서 [잠금] 기능이 해제됩니다. 이렇게 [잠금] 기능이 해제된 상태에서 [지우개
도구 🩹]로 지우면 배경색이 남는 게 아니라 배경 자체가 지워집니다. 그래서 [지우개 도구 🩹]를
사용하기 전에 [배경 지우개 도구 🩹]를 사용했다면 이 점을 유의해야 합니다.

원래 기능처럼 사용하려면 [레이어] 패널에서 🔲를 클릭해 [잠금] 기능을 다시 실행한 후에 [지우개
도구 🩹]를 사용해야 합니다. 이렇게 하면 원래대로 배경색을 따라 이미지가 지워집니다.

✦✦ 지금 **하면 된다!** ⟩ [자동 지우개 도구 ✦]로 영역 인식해서 지우기

이번에는 이미지를 자동으로 인식해서 특정 부분을 쉽게
지워 주는 [자동 지우개 도구 ✦] 를 사용해 보겠습니다.

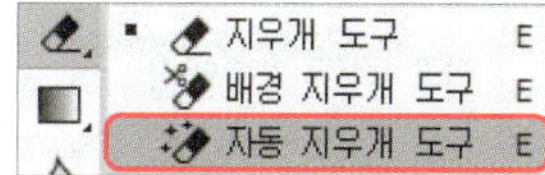

01
❶ [자동 지우개 도구 ✦]를 선택한 후 ❷ 이미지의 배경 부분을 클릭합니다.
배경이 순식간에 사라졌죠? [자동 지우개 도구 ✦]는 바로 이렇게 한 번의 클릭으로
배경을 쉽게 지워 줍니다. 같은 색상을 자동으로 인식해 지워 주기 때문에 이미지의
색상이 선명하거나 단색일수록 사용하기 편리합니다.

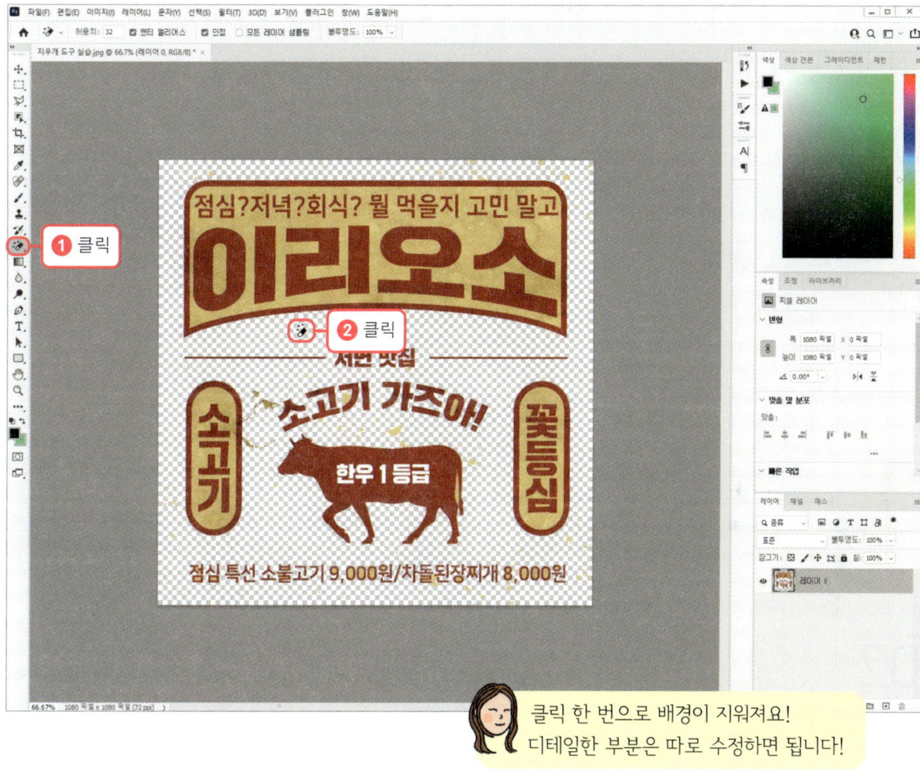

09-6

[그레이디언트 도구 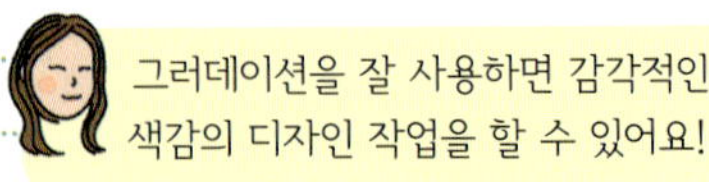]로 그러데이션 적용하기

준비 파일 09/그레이디언트 도구 실습.png

그러데이션(gradation)은 여러 색상이 단계적으로 변화되는 디자인 기법입니다.
[그레이디언트 도구]에 익숙해지면 트렌디한 디자인 작   ● [그레이디언트 도구] 단축키 G
품을 완성할 수 있어요!

지금 하면 된다! ⟩ [그레이디언트 도구]로 그러데이션 배경 만들기 ⭐중요

01 ❶ Ctrl + N 을 눌러 새 작업 문서를 만들고 ❷ [그레이디언트 도구]를 선택합니다. ❸ 옵션 바에서 ⌄를 눌러 ❹ [분홍(Pinks)] 항목 색상을 선택합니다.

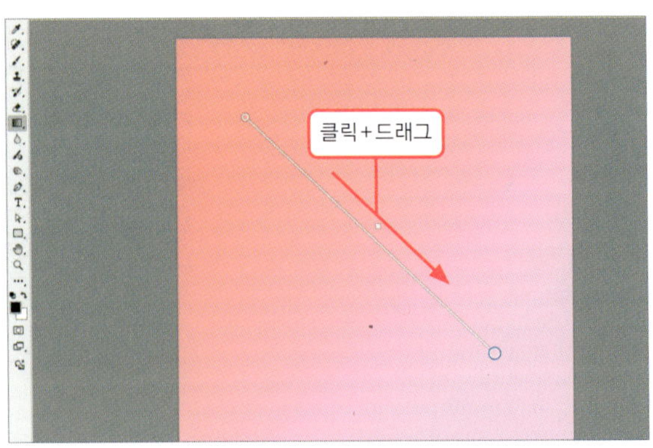

02 작업 화면을 클릭한 채로 드래그하면 그러데이션이 화면 가득 채워집니다.

✧지금 하면 된다! › [그레이디언트 도구 ▣]로 몽환적인 분위기 더하기

이번에는 [그레이디언트 도구 ▣] 옵션 바의 모드와 불투명도를 활용해 이미지 색상을 보정해 보겠습니다.

01

❶ [Ctrl] + [O]를 눌러 준비 파일 그레이디언트 도구 실습.png를 불러옵니다.
❷ [그레이디언트 도구 ▣]를 선택한 후 ❸ 옵션 바에서 ⌄를 눌러 ❹ [분홍(Pinks)] 항목 색상을 선택합니다.

02

❶ 이미지 위에서 클릭한 채로 대각선 방향으로 덮듯이 드래그합니다. [레이어] 패널에 그레이디언트 레이어가 생성된 것을 확인할 수 있습니다.
❷ 블렌딩 모드는 [오버레이], ❸ 불투명도는 50%로 설정하면 이미지의 색상과 그레이디언트 색상이 혼합되면서 몽환적인 분위기를 연출할 수 있습니다.

[페인트 통 도구 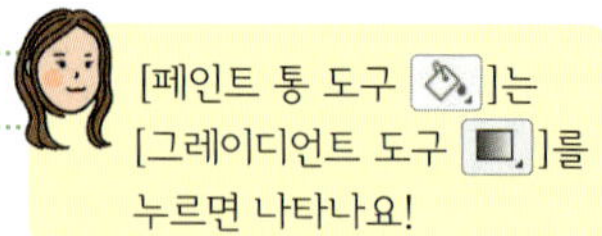]로 영역 채색하기

준비 파일 09/페인트 도구 실습.jpg

[페인트 통 도구]는 클릭 한 번으로 원하는 영역을 채색하는 도구입니다.

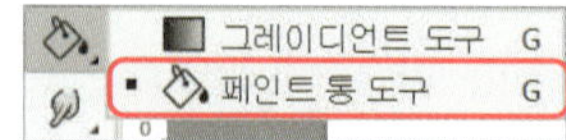

지금 하면 된다! ⟩ [페인트 통 도구]로 빈 캔버스에 색 채우기

01 ❶ Ctrl + N 을 눌러 새 작업 문서를 만듭니다.

❷ [전경색]을 클릭해 원하는 색을 선택하고 ❸ [페인트 통 도구]를 선택합니다.

❹ 작업 캔버스를 클릭하면 전경색으로 설정한 색이 캔버스 전체를 채웁니다.

● 단축키
• 전경색 채우기 Alt + Delete
• 배경색 채우기 Ctrl + Delete

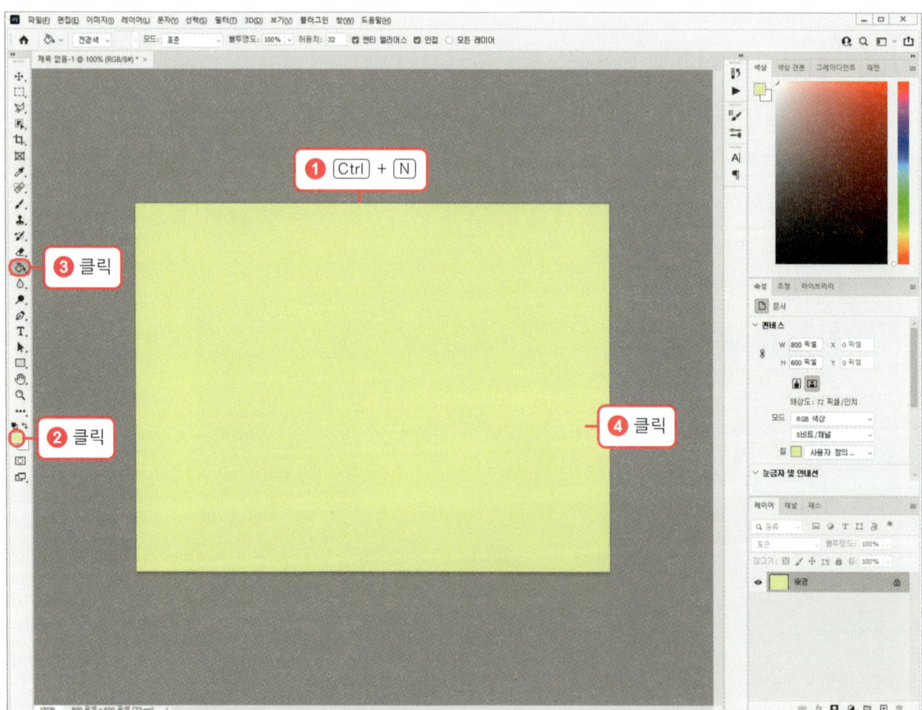

지금 하면 된다! › [페인트 통 도구 🪣]로 특정 영역에만 색 채우기

[페인트 통 도구 🪣]에는 비슷한 색상을 하나의 영역으로 자동 인식해 채색하는 기능도 있습니다.

01

❶ Ctrl + O 를 눌러 준비 파일 페인트 도구 실습.jpg를 불러옵니다.
❷ [페인트 통 도구 🪣]를 선택한 후 ❸ [전경색]을 클릭해 원하는 색을 선택하고 ❹ 모델의 흰색 상의 부분을 클릭합니다. 비슷한 색상으로 인식되는 흰색 부분만 전경색으로 칠해집니다.

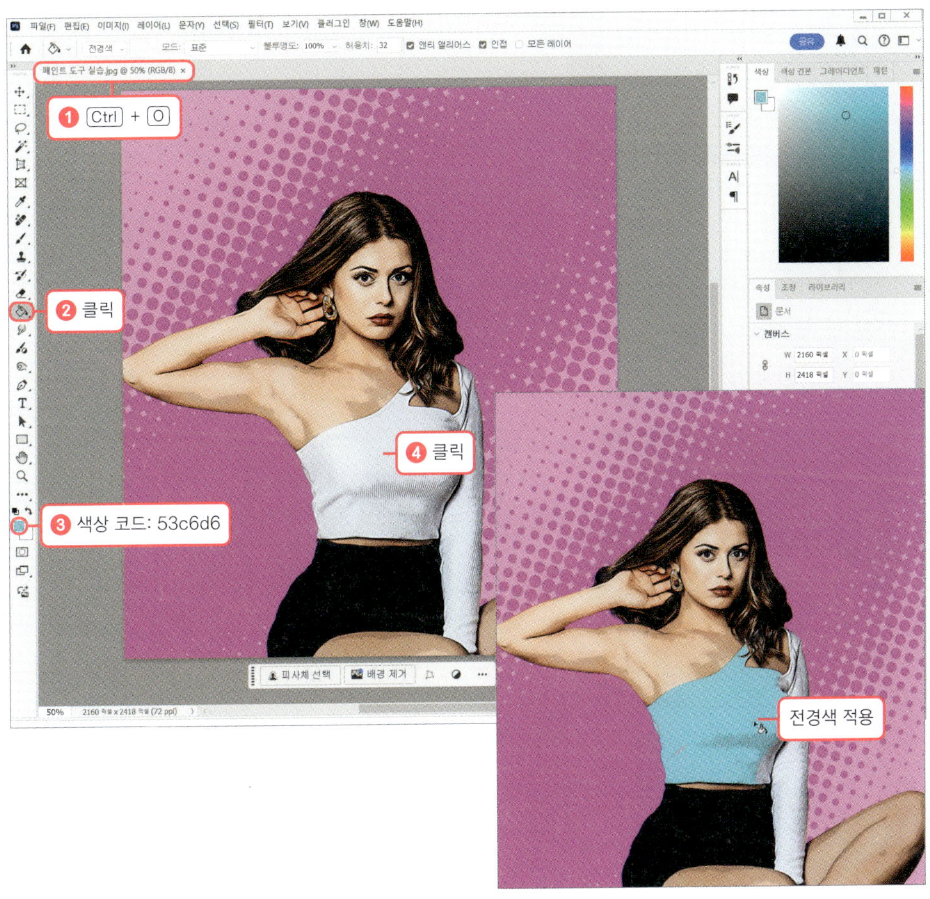

 [페인트 통 도구 🪣]와 [칠(Fill)]은 뭐가 다른가요?

[페인트 통 도구 🪣]와 [칠(Fill)]의 기능은 비슷하므로 차이점을 알고 사용하는 것이 좋아요!

[칠(Fill)]을 사용하는 방법

❶ 메뉴 바에서 [편집 → 칠]을 클릭합니다. ❷ [칠] 대화상자에서 내용을 [전경색]으로 설정한 후
❸ [확인]을 클릭합니다.

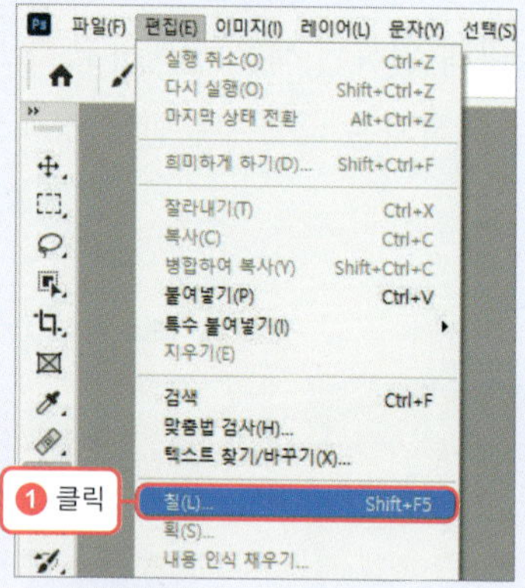

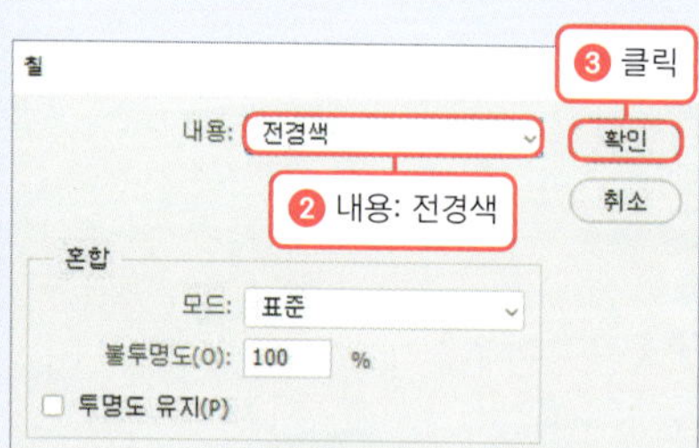

[페인트 통 도구 🪣]와 [칠(Fill)]의 차이점

- [페인트 통 도구 🪣]: 비슷한 색상끼리 인지해
  색을 채워 줍니다.

- [칠(Fill)]: 비슷한 색상과 상관없이 캔버스 전체
  또는 선택한 영역에 색을 채워 줍니다.

패턴 만들고 영역 채우기

준비 파일 09/패턴 채우기 실습.jpg, 패턴 등록하기 실습.jpg, 패턴 미리 보기 실습.jpg

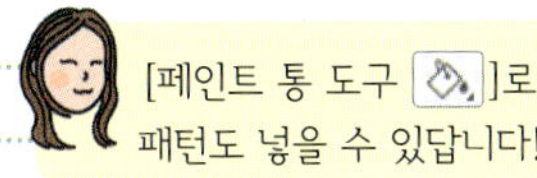

지금 하면 된다! ▶ [페인트 통 도구 🪣]로 배경을 패턴으로 채우기

[페인트 통 도구 🪣] 옵션 바에서 전경색 모드를 [패턴]으로 설정하면 배경에 다양한
문양의 패턴을 채울 수 있습니다.

01

❶ Ctrl + O 를 눌러 준비 파일 패턴 채우기 실습.jpg를 불러옵니다.

❷ [페인트 통 도구 🪣]를 선택한 후 ❸ 옵션 바에서 전경색을 [패턴]으로 변경합니다.

❹ 패턴 문양 옆의 ⌄를 클릭하면 나타나는 패턴 목록에서 원하는 패턴을 선택한 후

❺ 이미지를 클릭하면 선택한 패턴이 채워집니다.

패턴 등록이 브러시 등록과 다른 점은 특정 색상, 문양, 이미지의 일부를 패턴으로 등록할 수 있다는 것입니다. 예쁜 꽃 이미지를 패턴으로 등록해 보겠습니다.

01

❶ Ctrl + O를 눌러 준비 파일 패턴 등록하기 실습.jpg를 불러옵니다.

❷ [편집 → 패턴 정의]를 선택합니다.

🟢 영문판 [Edit → Define Pattern]

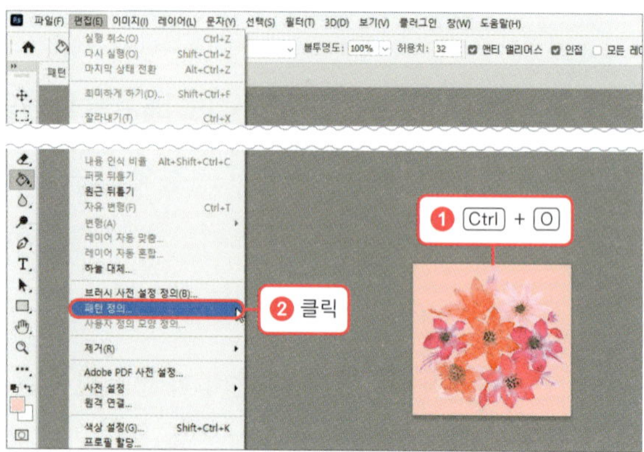

02

❶ [패턴 이름] 대화상자가 나타나면 패턴 이름을 입력한 후 ❷ [확인]을 클릭합니다.

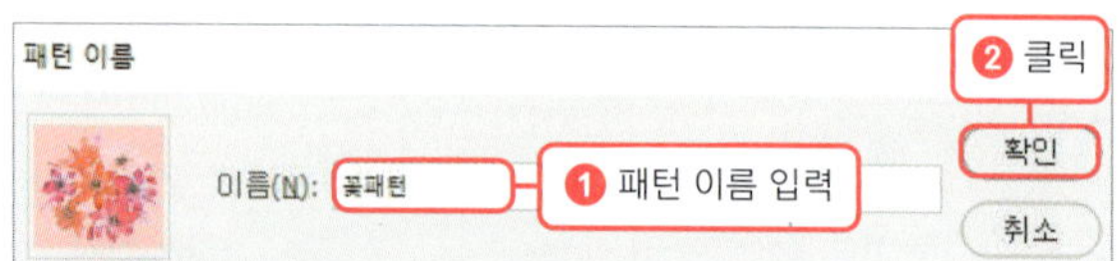

03

❶ Ctrl + N을 눌러 새 작업 문서를 만듭니다.

❷ [페인트 통 도구 🪣]를 클릭하고 ❸ 옵션 바에서 앞서 등록한 패턴을 선택합니다.

❹ 작업 화면을 클릭하면 등록한 새 패턴이 전체적으로 적용됩니다.

지금 하면 된다! ▶ 패턴 미리 확인하면서 만들기

패턴을 등록하기 전에 내가 등록할 문양이 어떤 패턴으로 보일지 미리 보면서 작업
할 수 있습니다.

01
❶ [Ctrl] + [O]를 눌러 준비 파일 패턴 미리 보기 실습.jpg를 불러옵니다.
❷ 메뉴 바에서 [보기 → 패턴 미리 보기]를 선택하고 ❸ 나타나는 팝업 창에서 [확인]
을 클릭합니다.

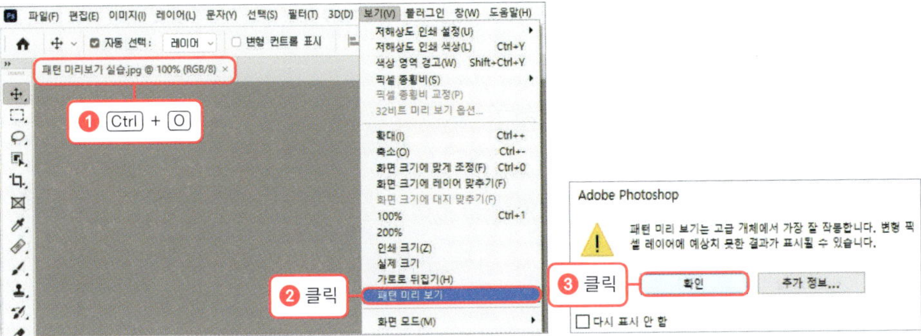

02
등록한 문양의 패턴을 확인할 수 있습니다.

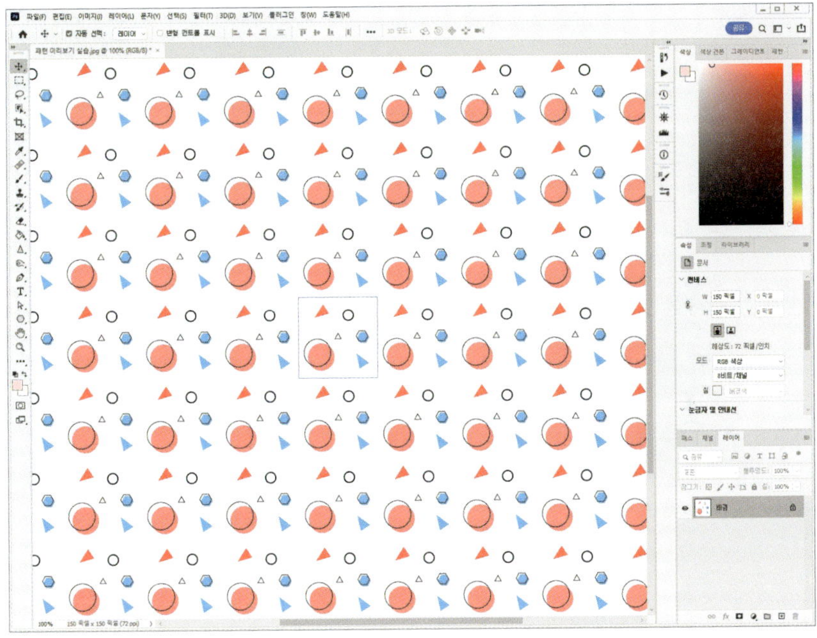

09-9

[스포이드 도구]로 색상 추출하기

준비 파일 09/스포이드 도구 실습.jpg

사진을 보고 '와, 이 색상 너무 맘에 든다! 이 색상을 포토샵에서 사용하고 싶은데 어떻게 하지?'라고 생각해 본 적 있나요? 이럴 때 [스포이드 도구 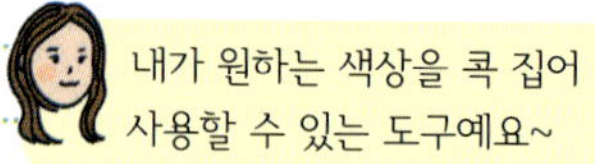]를 사용하면 마음에 드는 색상을 추출해 바로 적용할 수 있어 매우 편리합니다.

✧✧지금 하면 된다! ⟩ 이미지에서 색상 추출하기 ⭐중요

01 ❶ Ctrl + O를 눌러 준비 파일 스포이드 도구 실습.jpg를 불러옵니다.
❷ [스포이드 도구]를 선택한 후 ❸ 커튼 부분을 클릭하면 ❹ 그 색이 전경색으로 변경됩니다.

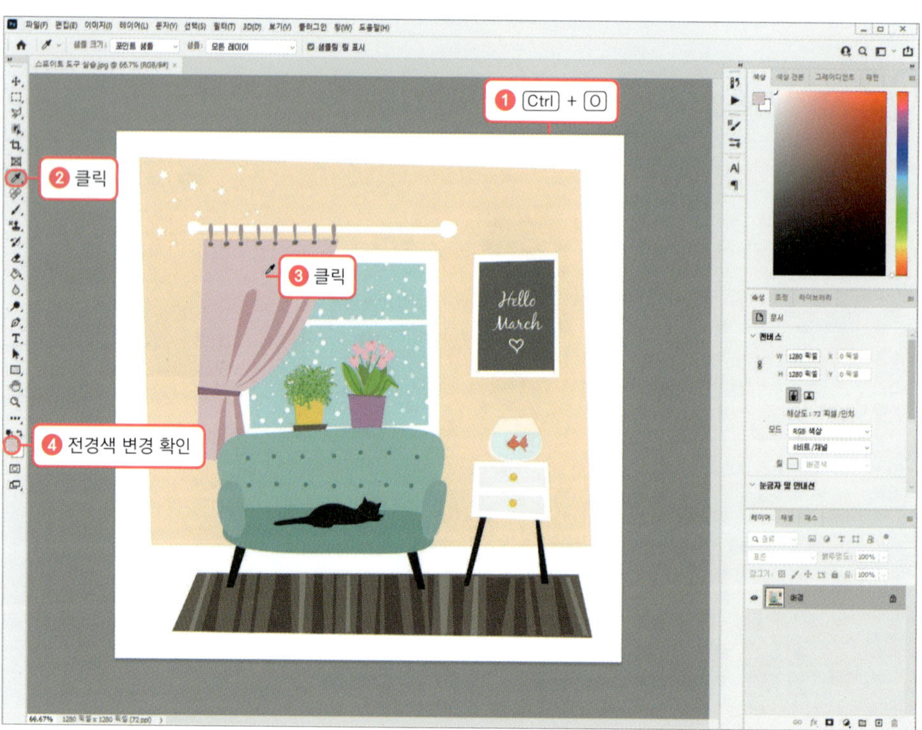

무에서 유를 창조하는 생성형 채우기

생성형 채우기 기능으로
자연스러운 합성이 가능해요!

아윤 쌤의
**강의
노트**   "머릿속에 그린 그림을 AI 기능을 사용해 실제로 구현해 보세요!" 

구글의 이미지 생성 모델 '나노 바나나'가 도입되면서 포토샵은 어마어마한 성능을 자랑하는 프로그램이 되었습니다. 포토샵 안에서 고품질 이미지를 만들거나 조화롭게 합성할 수 있는 AI 기능을 모두 만나 보세요!

✓ 체크 포인트 --

☐ 프롬프트 입력해서 새로운 이미지 만들기　　　☐ 생성형 확장으로 이미지 영역 늘리기

10-1

[생성형 채우기]로 기존 이미지 변형하기

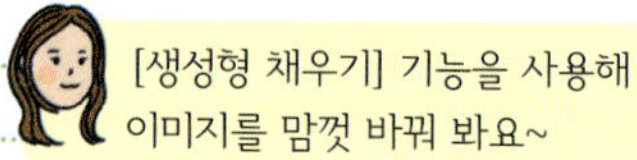

[생성형 채우기]는 포토샵에서 제공하는 이미지 생성 AI 기능입니다. 가끔 우리는 사진을 보면서 아쉬움을 느낍니다. 너무나 맘에 드는 사진인데 '아, 이쪽이 조금 더 넓었더라면…', '이쪽에 이런 것이 놓이면 분위기가 더 좋겠는데?'처럼 말이죠. 이제 [생성형 채우기]를 사용해서 이미지를 내가 원하는 대로 수정할 수 있으니 아쉬움은 뒤로 해도 됩니다.

◇◇ 지금 하면 된다! › [생성형 채우기]로 이미지 속 요소 바꾸기

포토샵에서 [생성형 채우기] 기능을 사용하면 프롬프트를 따로 작성하지 않아도 됩니다. 포토샵에 내장된 AI가 원본 이미지를 자연스럽게 대체할 이미지를 생성해 주거든요!

🟢 영문판 [Generative Fill]

01

❶ Ctrl + O를 눌러 준비 파일 **선글라스 고양이.jpg**를 불러옵니다.
❷ [올가미 도구 🔘]를 선택한 후 ❸ 선글라스의 외곽선에 맞게 클릭한 채로 드래그해서 선택 영역으로 만듭니다.

02 ❶ 상황별 작업 표시줄에서 [생성형 채우기]를 클릭하고 ❷ 아무것도 입력하지 않은 상태에서 [생성]을 클릭합니다.

03 선글라스가 눈 또는 파란색 안경으로 대체됐습니다. 02 과정을 따라 하면 총 3개의 이미지가 생성되는데, 이 중에서 원하는 이미지를 선택하면 됩니다.

◁ ▷ 버튼을 눌러 3개의 이미지를 살펴보세요!

04 이미지 추가 생성하기

만약 이미지가 맘에 들지 않거나 다른 이미지를 더 생성하고 싶다면 [생성]을 다시
한번 클릭합니다.

05 또 다른 이미지 3개가 새로 생성됩니다. 처음 생성했던 이미지 3개는 그대로
남아 있으니 비교해서 내가 원하는 이미지를 선택하면 됩니다.

포토샵이 알아서 이미지를 대체해 준다니 신기하죠? 하지만 내가 원하는 대로 바뀌
지 않는다면 아무리 쉽고 간편한 기능이라 해도 무용지물일 거예요. 이어서 수정하
고 싶은 방향을 직접 입력해서 이미지를 바꾸는 방법을 알아보겠습니다.

지금 하면 된다! ▸ 프롬프트를 작성해서 요소 바꾸기

이번에는 변경하고 싶은 내용을 직접 프롬프트에 작성해서 [생성형 채우기]를 요청해 보겠습니다.

01
❶ Ctrl + O 를 눌러 준비 파일 **바다속 세상.jpg**를 불러옵니다.
❷ 마찬가지로 도구 바에서 [올가미 도구 ◯]를 선택하고 ❸ 가방과 그 주변부를 클릭한 채로 드래그해 선택 영역으로 만든 다음 ❹ [생성형 채우기]를 클릭합니다.

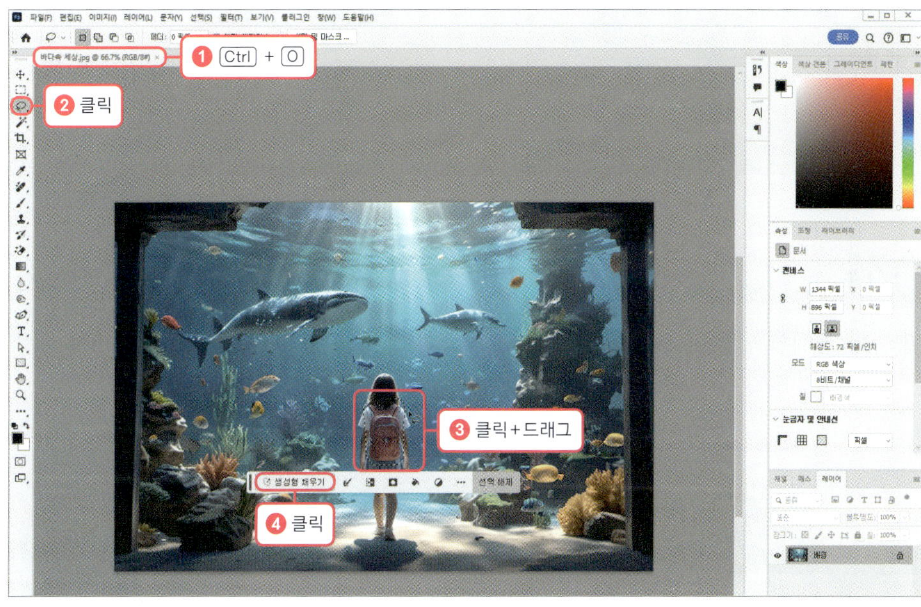

02
❶ 프롬프트 입력 창에 **노란색 가방**을 입력하고 ❷ [생성]을 클릭합니다.

03 분홍색 가방에서 노란색 가방으로 변경됐죠? 화살표를 눌러가며 생성된 3개 이미지를 확인하고 그중에서 원하는 이미지를 선택합니다.

04 ❶ [사각형 선택 윤곽 도구 ▢]를 선택하고 ❷ 왼쪽 부분을 클릭한 채로 드래그해 선택 영역을 만듭니다. ❸ Shift 를 누른 상태에서 오른쪽 부분도 클릭한 채로 드래그해 영역을 추가로 선택합니다.

05 ❶ [생성형 채우기]를 클릭한 후 ❷ 프롬프트 입력 창이 나타나면 하얀 돌기둥을 입력하고 ❸ [생성]을 클릭합니다.

06 선택 영역이 흰색 돌기둥으로 바뀌면서 마치 바닷속 세상에 들어온 듯한 이미지로 바뀌었습니다. ❶ 이번에는 [올가미 도구]를 선택하고 ❷ 여자 아이 오른쪽 부분을 드래그해 선택 영역으로 지정한 후 ❸ [생성형 채우기]를 클릭합니다.

07

❶ 프롬프트 입력 창에 궁전을 입력하고 ❷ [생성]을 클릭합니다.

08

궁전 같은 건물이 생성되고 배경과 자연스럽게 합성됩니다. 이처럼 다양한 방법으로 이미지를 생성해서 꾸밀 수 있습니다.

10-2

캔버스 영역을 늘려 배경을 확장하는 [생성형 확장]

준비 파일 10/자전거탄 소녀.jpg

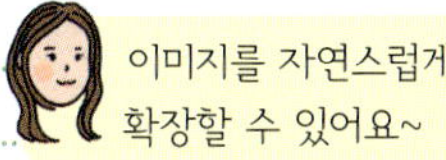

[생성형 확장]은 [생성형 채우기]와 동일한 기능입니다. 다만 [선택 윤곽 도구 []]와
같은 선택 도구가 아니라 [자르기 도구 []]를 사용할 때 활성화된다는 점에서 다른
데요. 캔버스를 상하좌우로 원하는 만큼 확장한 다음, 확장된 영역만큼 이미지를 새
로 생성해서 원본 이미지에 자연스럽게 합성하는 원리입니다. 예를 들어 가로가 긴
이미지가 필요한데 가지고 있는 이미지의 비율이 정사각형이라면 캔버스 영역을 좌
우로 늘리면 되는 것이죠.

지금 하면 된다! ▶ 자연스럽게 배경 확장하기

01

❶ Ctrl + O 를 눌러 준비 파일 자전거탄 소녀.jpg를 불러온 다음 ❷ [자르기
도구 []]를 선택합니다.

02

주변에 테두리가 생겼죠? 이미지의 왼쪽 영역을 확장해 보겠습니다.

❶ 왼쪽 중간에 있는 조절 바를 클릭한 채로 왼쪽으로 드래그해 영역을 확장하고 ❷ [생성]을 클릭합니다.

03

확장된 캔버스 영역에 이미지가 자연스럽게 합성되면서 확장됩니다.

✨지금 하면 된다! ▶ 프롬프트 입력해서 배경 확장하기

01

❶ 앞서 실습을 진행했다면 Ctrl + Z 를 눌러 원본 이미지로 돌아갑니다.

❷ [자르기 도구 ☐]를 선택합니다.

02

왼쪽 중간 조절 바를 클릭한 채로 드래그해서 확장할 영역을 설정합니다. 같은 방식으로 오른쪽과 아래쪽도 적당한 크기로 확장합니다.

03

① 프롬프트 입력 창에 나무, 보라색 꽃들, 파란색 꽃들, 하얀색 꽃들을 입력하고 ② [생성]을 클릭합니다.

04

작성한 프롬프트가 반영되어 나무를 비롯한 3가지 색의 꽃이 추가된 예쁜 배경으로 확장됩니다. [생성형 확장]은 이미지를 빠르게 생성하고 자연스럽게 합성해 주므로 실무에도 매우 유용합니다.

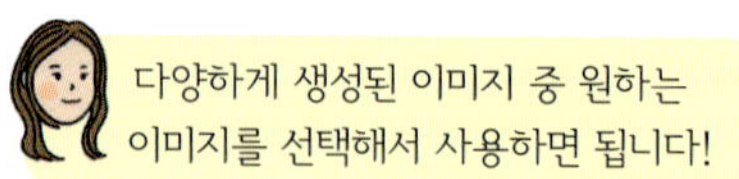

10-3

나노 바나나로 인물 포즈와 배경 바꾸기

준비 파일 10/나노바나나실습01.jpg, 나노바나나실습02.jpg, 블루슈트.png, 핑크 스포츠카.png

포토샵에서 나노 바나나(Nano Banana) 모델을 이용하면 이미 촬영된 모델의 포즈를 미세하고 자연스럽게 변경하거나 전혀 다른 스타일과 재질의 옷으로 교체하는 까다로운 작업도 쉽게 해낼 수 있습니다. 주변 광원과 신체 구조를 완벽히 계산해 마치 처음부터 다시 촬영한 것처럼 완성해 줍니다. 작업 시간을 혁신적으로 단축하면서 창의적인 표현의 한계를 무한히 넓혀 주는 나노 바나나를 바로 이용해 보겠습니다.

지금 하면 된다! ▶ 인물 의상과 포즈, 배경 바꾸기

01 ❶ Ctrl + O 를 눌러 준비 파일 나노바나나실습01.jpg를 불러옵니다. ❷ Ctrl + A 를 눌러 캔버스 전체를 영역으로 선택하고 ❸ 상황별 작업 표시줄에서 [생성형 채우기]를 클릭합니다. ❹ 모델 선택 아이콘 🖼 을 클릭하고 ❺ [Gemini 3(Nano Banana Pro 사용)]을 선택합니다. ❻ 프롬프트 창에 여자 모델에게 쉬폰 재질의 하얀 롱 원피스를 입혀 줘라고 입력하고 ❼ [생성]을 클릭합니다.

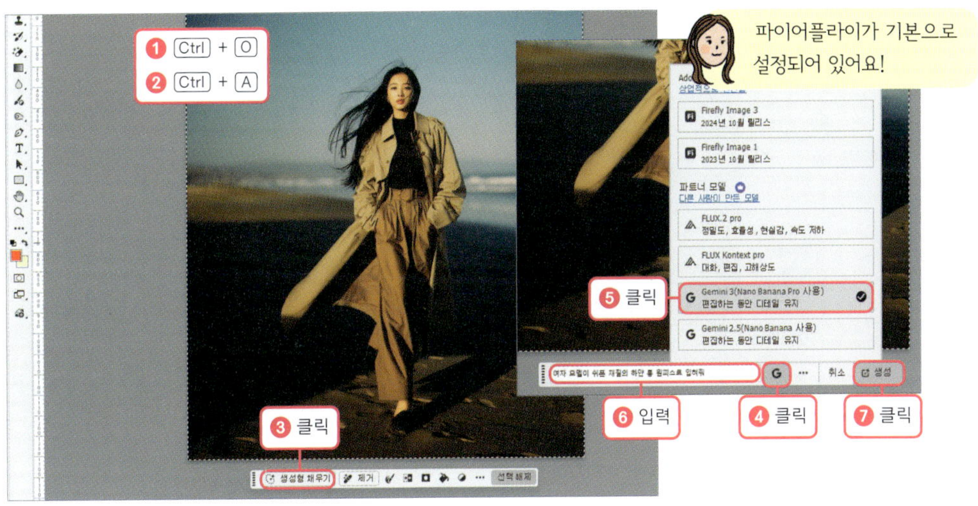

02

모델의 의상이 하얀 롱 원피스로 바뀌었죠? ❶ 다시 한번 Ctrl + A 를 눌러 전체 영역을 선택하고 ❷ [생성형 채우기]를 클릭합니다.

03

❶ 프롬프트 창에 여자가 두 손으로 작은 부케를 들고 있도록 변경해 줘라고 입력한 뒤 ❷ [생성]을 클릭합니다. 모델이 부케를 들고 있는 포즈로 변경된 것을 확인할 수 있습니다.

04

또 한 번 포즈를 변경해 볼게요. ❶ Ctrl + A 를 눌러 이미지 전체를 영역으로 선택합니다. ❷ [생성형 채우기]를 클릭하고 ❸ 프롬프트 창에 모델이 나무로 된 등받이가 있는 벤치 의자에 앉아 있도록 변경해 줘라고 입력한 뒤 ❹ [생성]을 누릅니다.

05

이번에는 배경을 해변가에서 꽃이 가득한 예쁜 정원으로 바꿔 보겠습니다. ❶ Ctrl + A 를 눌러 이미지 전체를 영역으로 선택하고 ❷ [생성형 채우기]를 클릭합니다. ❸ 프롬프트 창에 배경을 꽃이 가득한 집 마당 정원으로 변경해 줘라고 입력한 뒤 ❹ [생성]을 누릅니다.

06

예쁜 꽃이 가득한 정원 배경으로 변경되었죠? 이렇게 원본 이미지를 원하는 콘셉트에 맞춰 쉽고 빠르게 변경할 수 있습니다.

지금 하면 된다! 〉 참고 이미지를 직접 삽입해서 합성하기

이번에는 합성할 이미지를 포토샵에 추가로 삽입해서 기존 이미지를 내 생각대로 완벽하게 수정해 보겠습니다. 이 기능은 특히 온라인 제품 판매를 하는 분들이 제품을 든 모델 이미지를 만들 때 유용합니다.

01

Ctrl + O 를 눌러 준비 파일 나노바나나실습02.jpg를 불러옵니다.

02

❶ 준비 파일 **블루슈트.png**를 불러옵니다. ❷ `Ctrl` + `A`를 눌러 전체를 영역으로 선택하고 ❸ [생성형 채우기]를 클릭합니다. ❹ 모델 선택 아이콘 🖼 을 클릭하고 ❺ [Gemini 3(Nano Banana Pro 사용)]을 선택합니다. ❻ 프롬프트 창에 **모델 옆 파란 정장을 모델에게 입혀 줘**라고 입력한 후 ❼ [생성]을 누릅니다.

03

모델이 파란색 정장을 착용했다면 앞에서 가져온 파란 슈트는 지워야 합니다. ❶ 도구 바에서 [사각형 선택 윤곽 도구 🔲]를 선택한 뒤 ❷ 파란 정장이 있는 부분을 드래그해서 영역을 지정하고 ❸ 상황별 작업 표시줄에서 [제거]를 클릭합니다.

04 이번에는 자동차를 내가 원하는 차종으로 바꿔 볼게요. ❶ 준비 파일 핑크 스포츠카.png를 불러온 다음 ❷ Ctrl + A를 눌러 전체 이미지를 영역으로 선택하고 ❸ 상황별 작업 표시줄에서 [생성형 채우기]를 클릭합니다. ❹ 프롬프트 창에 빨간색 스포츠카를 위의 핑크색 스포츠카로 변경해 줘라고 입력한 후 ❺ [생성]을 누릅니다.

05 스포츠카 디자인이 새로 추가한 차종으로 바뀌었습니다. 프롬프트에 글로만 명령해도 좋지만 구체적으로 생각하는 이미지가 있다면 직접 가져와서 수정해 보세요. 더욱 빠르고 쉽게 이미지를 편집할 수 있습니다.

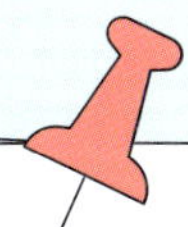

AI를 활용해서 제품 광고 디자인하기

준비 파일 10/향수 구성.jpg
완성 파일 10/Firefly.jpg

미션 AI로 초안 이미지를 만든 뒤 포토샵에서 디자인을 완성하세요!

한발 더 나아가 파이어플라이에 참조 이미지를 첨부해서 초안을 만들고 포토샵의
AI 기능을 활용해서 요소를 편집해 보세요. 제품을 소개하는 카피까지 추가한다
면 더할 나위 없는 광고 디자인이 완성됩니다. 동영상 강의를 보며 AI를 포토샵에
활용하는 방식을 살펴보세요.

동영상 강의

이미지 보정·리터칭하기

"포토샵의 정수! 이미지 보정을 알아봐요!"

사진을 촬영하다 보면 흐리거나 어둡게 나오기도 하고, 얼굴에 잡티가 보일 때도 있습니다. 보정 도구를 사용하면 이러한 사진을 깔끔하게 보정할 수 있습니다. 둘 이상의 이미지를 자연스럽게 합성할 수 있는 비법도 공개하니 하나씩 따라 해보며 전후 차이를 비교해 보세요!

✓ **체크 포인트**

☐ 선명도 조절하기
☐ 밝기와 채도 조절하기

☐ 조명과 구도에 맞춰 자연스럽게 합성하기
☐ 이미지 속 요소를 깔끔하게 제거하기

11-1

이미지 선명도 조절하기

준비 파일 11/리터칭 보정 실습_01.jpg

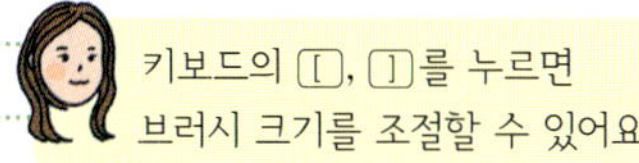

이미지의 선명도를 조절하는 도구로는 [흐림 효과 도구 △], [선명 효과 도구 △], [손가락 도구 ☝]가 있습니다. 이 도구 3가지는 질감을 바꾸는 표현 기법으로 브러시처럼 원하는 곳에 드래그해 사용합니다.

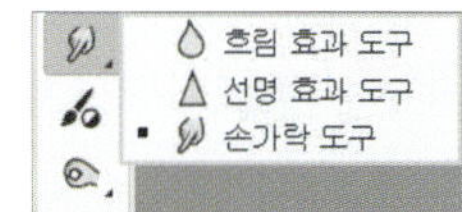

☆☆ 지금 하면 된다! ⟩ [흐림 효과 도구 △]로 영역 뿌옇게 만들기

[흐림 효과 도구 △]는 특정 영역을 부드럽고 흐리게 만드는 도구입니다.

01

❶ Ctrl + O를 눌러 준비 파일 리터칭 보정 실습_01.jpg를 불러옵니다.
❷ [흐림 효과 도구 △]를 선택한 후 ❸ 원하는 부분을 드래그하면 해당 영역이 뿌옇게 흐려집니다.

 [선명 효과 도구 △]로 영역 선명하게 만들기

[선명 효과 도구 △]는 특정 영역을 거칠고 선명하게 만드는 도구입니다.

01
① [Ctrl] + [Z]를 여러 번 눌러 원본 상태로 돌아갑니다.
② [선명 효과 도구 △]를 선택한 후 ③ 원하는 부분을 드래그하면 해당 영역이 기존보다 또렷해집니다.

 [손가락 도구 ✋]로 문질러 번진 것처럼 형태 왜곡하기

01
① [Ctrl] + [Z]를 여러 번 눌러 다시 원본 상태로 돌아갑니다.
② [손가락 도구 ✋]를 선택한 후 ③ 원하는 부분을 드래그하면 이미지가 뭉개지듯이 표현됩니다.

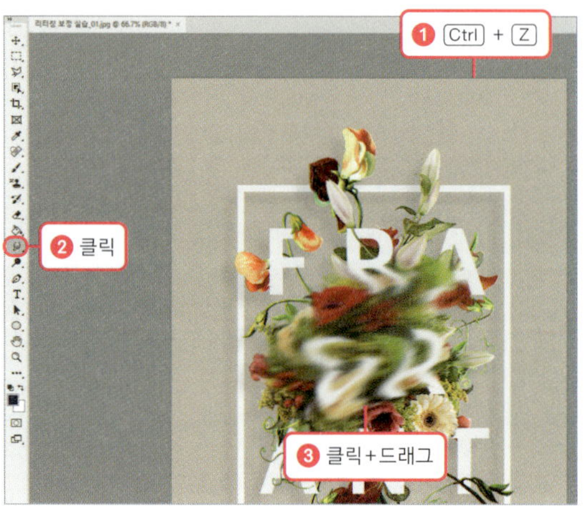

11-2

이미지의 밝기와 채도 조절하기

준비 파일 11/리터칭 보정 실습_02.jpg, 아름다운 노을 해변.png, 커플.png

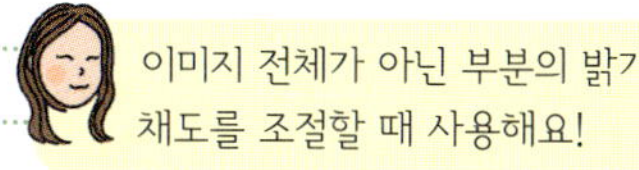

[닷지 도구 🔍], [번 도구 ✋], [스폰지 도구 🫧]는 이미지의 밝기와 채도를 디테일하게 조절할 때 사용합니다. 이 3가지 도구를 사용하면 자연스럽게 이미지를 합성하거나 입체감을 표현할 수 있습니다.

🔍 닷지 도구	O
✋ 번 도구	O
🫧 스폰지 도구	O

지금 하면 된다! ▶ [닷지 도구 🔍]로 영역 밝히기

[닷지 도구 🔍]는 이미지의 어두운 부분을 밝혀 주는 도구입니다.

01

❶ Ctrl + O를 눌러 준비 파일 리터칭 보정 실습_02.jpg를 불러옵니다.
❷ [닷지 도구 🔍]를 선택한 후 ❸ 밝게 표현하고 싶은 부분을 드래그하면 이미지가 밝아집니다.

[번 도구 ⊜]는 이미지의 밝은 부분을 어둡게 만드는 도구입니다. 이미지를 합성할 때 자연스러운 명암을 표현하기 위해 많이 사용합니다.

01
❶ Ctrl + Z를 여러 번 눌러 원본 상태로 돌아갑니다.

❷ [번 도구 ⊜]를 선택한 후 ❸ 어둡게 표현하고 싶은 부분을 드래그하면 이미지가 어두워집니다.

01
❶ Ctrl + Z를 여러 번 눌러 원본 상태로 돌아갑니다.

❷ [스폰지 도구 ⊜]를 선택한 후

❸ 채도를 조절할 부분을 드래그합니다.

❹ 옵션 바에서 모드를 [채도 감소]로 설정하면 채도가 낮아지고, [채도 증가]로 설정하면 채도가 높아집니다.

지금 하면 된다! › [하모나이즈]로 빛 조절해서 자연스럽게 합성하기

둘 이상의 이미지를 합성할 때 가장 큰 난관은 서로 다른 조명과 색감을 맞추는 것입니다. 이 작업을 단숨에 해결해 주는 [하모나이즈] 기능을 사용하면 배경의 빛과 분위기를 정교하게 분석해 피사체에 자연스럽게 입혀 주는데요. 그 덕분에 복잡한 보정 없이도 마치 한 장소에서 촬영한 듯한 완벽한 일체감을 표현할 수 있습니다.

01

Ctrl + O 를 눌러 준비 파일 아름다운 노을 해변.png를 불러옵니다.

02

❶ 준비 파일 커플.png를 추가로 불러온 뒤 ❷ 상황별 작업 표시줄에서 [배경 제거]를 클릭합니다.

03 커플 이미지의 모래 배경이 제거됐다면 커플이 실제로 해변에 있는 것처럼 보이도록 원근감에 맞게 크기를 조정해 주겠습니다. ❶ Ctrl + T 를 눌러 자유 변형 모드를 실행하고 ❷ 크기를 줄인 뒤 적당한 위치에 배치하고 Enter 를 누릅니다.

04 [하모나이즈] 기능으로 두 이미지를 하나의 이미지였던 것처럼 자연스럽게 표현해 보겠습니다. ❶ 상황별 작업 표시줄에서 [하모나이즈]를 클릭합니다. 그러면 AI가 자동으로 배경의 노을 색감과 빛을 분석해 커플 레이어의 인물에 적용합니다. ❷ 커플 이미지의 색감이 배경과 조화롭게 보정된 3개의 생성 결과물을 확인할 수 있습니다.

11-3

불필요한 잡티 빠르게 지우기

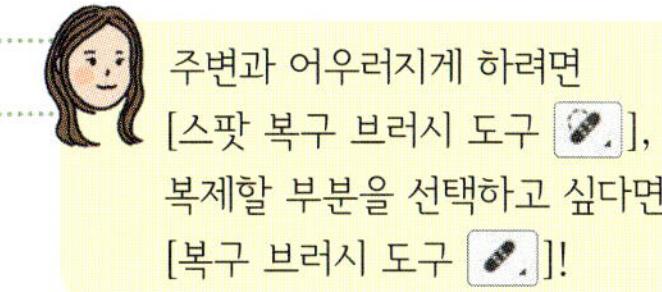

아무리 촬영을 잘해도 이미지에 잡티가 남기 마련인데요. 이러한 잡티를 쉽게 제거해 주는 도구가 바로 [스팟 복구 브러시 도구]와 [복구 브러시 도구] 그리고 [제거 도구]입니다. 피부를 깨끗하게 보정할 수 있어 인물 보정에서 절대 빠질 수 없는 기능이랍니다.

지금 하면 된다! ▸ [스팟 복구 브러시 도구]로 잡티 제거하기

[스팟 복구 브러시 도구]는 클릭 한 번으로 잡티를 제거합니다. 클릭하는 위치와 가까운 주변 픽셀을 자동으로 인식해 복제하기 때문입니다. 피부를 빠르고 간단하게 보정할 때 많이 사용합니다.

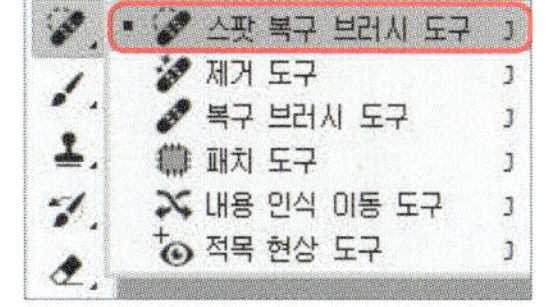

01

❶ Ctrl + O 를 눌러 준비 파일 리터칭 보정 실습_03.jpg를 불러옵니다.
❷ [스팟 복구 브러시 도구]를 선택한 후 ❸ 잡티가 있는 부분을 드래그합니다.
이미지의 잡티가 순식간에 사라집니다.

 ▸ **[복구 브러시 도구 🩹]로 주변부 색상 복사해 잡티 덮기**

[복구 브러시 도구 🩹]는 잡티 주변의 깨끗한 부위를 선택한 후 잡티 부분을 클릭하면
혼합해 보정하는 도구입니다. 주변 이미지가 자동으로 복
제되는 [스팟 복구 브러시 도구 🩹]와 달리 복제할 부분을
직접 선택하고 적용하는 기능이죠. 이 도구를 사용하면 좀
더 디테일하게 보정할 수 있습니다.

01
❶ Ctrl + Z 를 여러 번 눌러 원본 상태로 돌아갑니다.
❷ [복구 브러시 도구 🩹]를 선택한 후 ❸ Alt 를 누른 채 보정해야 할 부분과 가까운
곳을 클릭합니다. 이제 해당 부분이 복제돼 마우스 커서를 따라 움직입니다.
❹ 잡티가 있는 부분을 클릭하거나 드래그하면 잡티가 자연스럽게 제거됩니다.

[스팟 복구 브러시 도구 🩹]와
[복구 브러시 도구 🩹]의
옵션 바가 궁금하다면?
포토샵 기능 사전 - 옵션 바 10, 11 참고!

 ▶ [제거 도구 ✎]로 클릭 한 번에 요소 제거하기

[제거 도구 ✎]는 이미지에서 제거하고 싶은 모든 부분을 합성해서 제거하는 도구입니다. 11-4절에 나오는 [내용 인식 채우기] 기능과 유사하며, 쉽고 빠르게 원하는 부분만 자연스럽게 제거할 수 있어 아주 유용합니다.

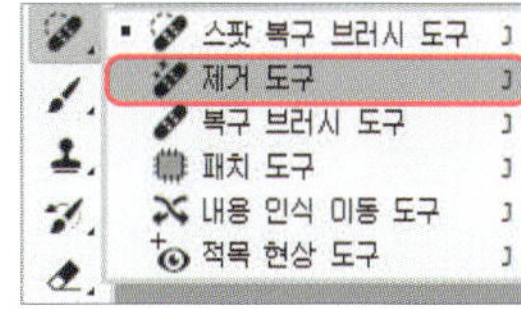

01

❶ Ctrl + O 를 눌러 준비 파일 미니멀 세상.jpg를 불러옵니다.

❷ [제거 도구 ✎]를 클릭하고 ❸ 옵션 바에서 브러시 크기를 45로 설정합니다.

02

빨간색 자동차를 색칠하듯 드래그합니다. 자동차가 사라지고 빈 공간이 자연스럽게 채워집니다.

[제거 도구 ✎]의 옵션 바가 궁금하다면?
포토샵 기능 사전 - 옵션 바 12 참고!

자동차가 사라지지 않고 다른 자동차로 변경됐다면 옵션 바에서 모드를 확인해 보세요. 만약 모드가
[자동(생성형 AI를 사용할 수 있음)]으로 설정되어 있다면 자동차가 제거되지 않고 다른 자동차로
변경될 수도 있습니다. 모드를 [생성형 AI 끄기]로 설정하고 다시 [제거 도구 🖌.]를 사용해 자동차
를 클릭한 채로 드래그하면 자동차가 지워집니다.

지금 하면 된다! › [산만한 요소 찾기]로 배경에 있는 전선 지우기

[제거 도구 ✎]의 옵션에는 산만한 요소를 자동으로 찾아서 지워 주는 [산만한 요소 찾기] 기능이 있습니다. 이 기능을 사용해서 이미지 속 전선을 빠르게 제거해 보겠습니다.

01
❶ Ctrl + O를 눌러 준비 파일 전선 제거.png를 불러옵니다.
❷ [제거 도구 ✎]를 선택한 다음 ❸ 옵션 바에서 [산만한 요소 찾기]를 클릭하고 ❹ [전선 및 케이블]을 선택합니다.

02
배경에 보이는 복잡한 전선들이 사라진 것을 확인할 수 있습니다.

11-4

주변을 인식해 요소를 제거하거나 옮기기

준비 파일 11/패치 도구 실습.jpg, 내용 인식 도구 실습.jpg, 가을 풍경.jpg

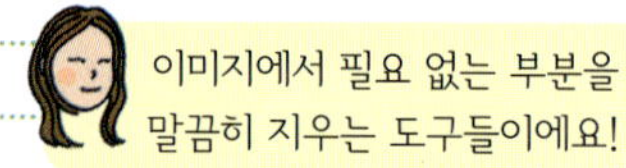

가끔 이미지를 보면서 '이 부분을 조금 옆으로 옮기면 참 좋을 텐데~', '이 부분은 지우면 좋겠는데~'라고 생각할 때가 있지 않나요? 예를 들어 하늘 이미지를 발견했는데 하늘을 날고 있는 새 때문에 합성이 어려운 경우 말이에요.

이런 상황에서 [패치 도구]나 [내용 인식 이동 도구]를 사용하면 특정 부분을 복제해 자연스럽게 이동하거나 지울 수 있습니다. 그럼 기존에 있던 부분은 어떻게 되냐고요? 포토샵이 그 부분을 알아서 자연스럽게 합성해 말끔하게 채워 준답니다.

◇◇ 지금 하면 된다! ▸ [패치 도구]로 자연스럽게 인물 제거하기

[패치 도구]는 이미지에서 특정 부분만 자연스럽게 지우고 싶을 때 사용합니다.

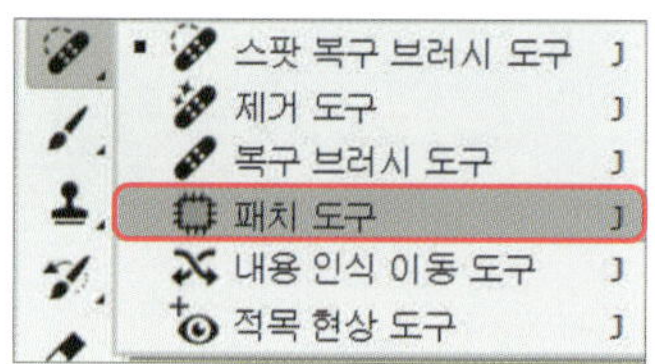

01

❶ Ctrl + O 를 눌러 준비 파일 패치 도구 실습.jpg를 불러옵니다.
❷ [패치 도구]를 클릭한 후 ❸ 삭제하고 싶은 부분을 드래그해 영역을 선택합니다.

02

❶ 선택된 영역 부분을 클릭한 상태에서 왼쪽 방향으로 드래그해 보세요.

❷ 이동한 이미지와 주변의 색상이 혼합되면서 선택 영역이 자연스럽게 지워진 것을 확인할 수 있습니다.

[내용 인식 이동 도구 ✖️]는 이미지에서 특정 부분
의 위치를 이동하고 싶을 때 사용합니다. 특정 부분
이 이동하면서 생기는 빈 부분은 주변을 자동으로
인식해 대체해 주죠.

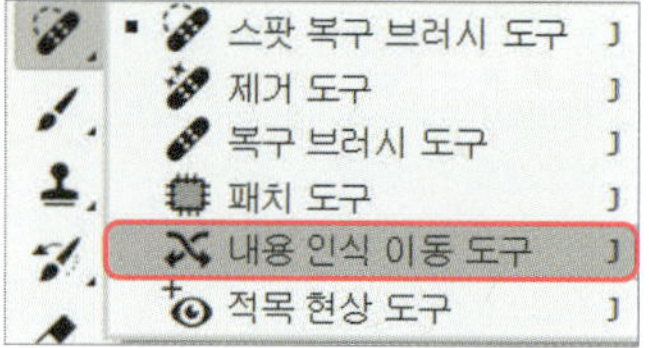

01

❶ Ctrl + O 를 눌러 준비 파일 내용 인식 도구 실습.jpg를 불러옵니다.
❷ [내용 인식 이동 도구 ✖️]를 클릭한 후 ❸ 이동할 열기구를 드래그해 선택합니다.
❹ 선택된 열기구를 오른쪽 방향으로 이동한 후 Enter 를 누르세요.

02

열기구의 위치가 이동하고
기존 부분은 주변 이미지를 인식한
대체 이미지로 합성됩니다.

지금 하면 된다! › [내용 인식 채우기]로 자연스럽게 요소 지우기

메뉴 바의 [편집 → 내용 인식 채우기]를 사용하면 [내용 인식 이동 도구 ⚒]와 같은 효과를 낼 수 있습니다.

01

❶ Ctrl + O 를 눌러 준비 파일 가을풍경.jpg를 불러옵니다.
❷ [올가미 도구 ◯]를 클릭한 후 ❸ 가운데에 있는 나무 이미지를 감싸도록 드래그해 영역을 선택합니다.

02

[편집 → 내용 인식 채우기]를 클릭합니다.

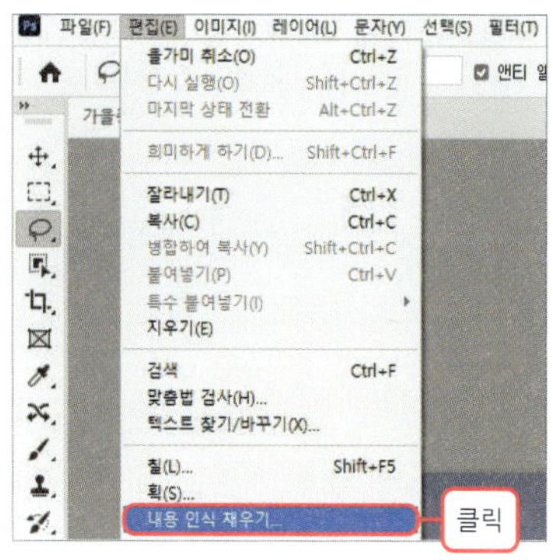

03 내용 인식 채우기 모드가 활성화됩니다.

❶ 오른쪽 [미리 보기]에서 나무가 사라지고 뒷배경만 남은 이미지를 볼 수 있습니다.

❷ 출력 위치를 [새 레이어]로 선택한 후 ❸ [확인]을 클릭합니다.

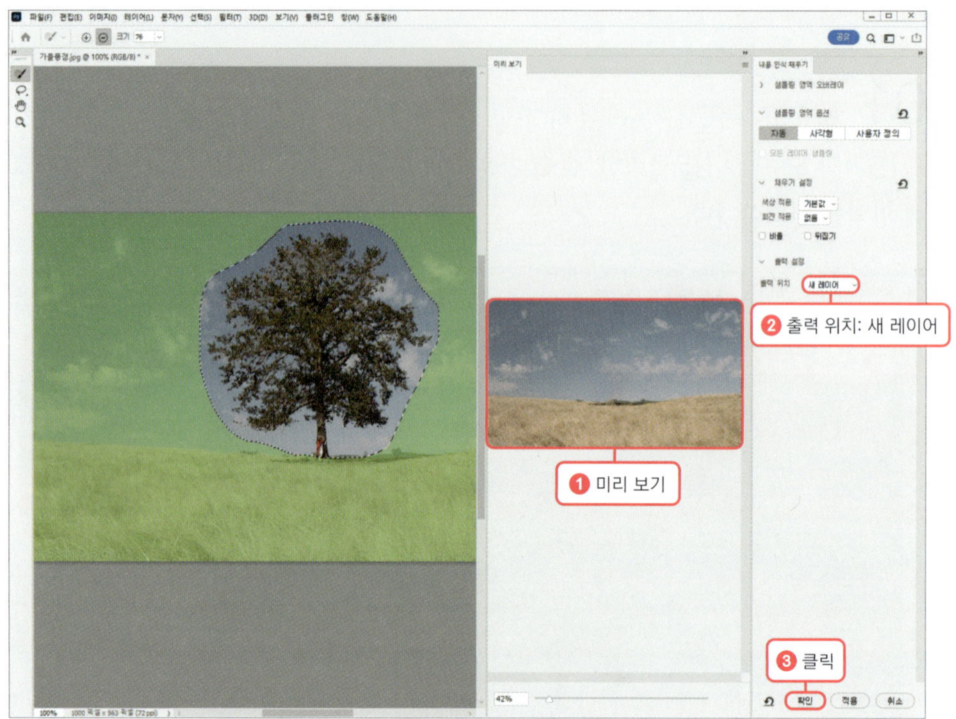

04 앞서 영역 선택한 나무가 사라지면서 배경이 자연스럽게 합성됩니다.

11-5

특정 영역 복제해서 다른 곳에 추가하기

준비 파일 11/복제 도장 도구 실습.jpg

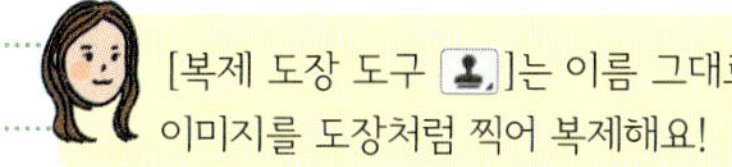

✧지금 하면 된다! ▷ [복제 도장 도구]로 이미지 복제하기

[복제 도장 도구]는 복제할 영역을 선택하기 힘들거나 필요 없는 부분을 자연스럽게 지울 때 복제할 이미지를 도장처럼 찍어 사용하는 도구입니다. 손상된 이미지를 복원할 때 많이 사용합니다.

▪ ● 복제 도장 도구	S
※ ● 패턴 도장 도구	S

🟢 [복제 도장 도구] 단축키 S

01

① Ctrl + O 를 눌러 준비 파일 복제 도장 도구 실습.jpg를 불러옵니다.

② [복제 도장 도구]를 선택한 후 ③ Alt 를 누른 채 이미지에서 복사하고 싶은 부분을 클릭하면 해당 부분이 복제됩니다.

02

이미지를 붙여넣을 부분을 드래그하면 이미지를 복제할 때 클릭한 부분과 그 주변부가 서서히 나타납니다.

전문가도 놀라는 조정 기능 사용법

"이미지 보정 기능은 조정 메뉴에 모여 있어요!"

11장에서 도구를 활용해 간단한 보정과 리터칭을 해보았지요? 12장에서 배울 조정 메뉴를 사용하면 이미지를 좀 더 디테일하고 전문적으로 보정하고 편집할 수 있습니다. 조정 메뉴에는 비슷한 듯하지만 다른 기능이 여러 가지 있는데, 대부분 밝기, 채도, 색상을 조절하는 것이므로 몇 번만 사용해 보면 금방 익숙해질 거예요.

✔ 체크 포인트

- ☐ 조정 브러시 도구 사용해 보기
- ☐ 밝기, 채도, 색상 조절하기
- ☐ 이미지 색상 반전하기
- ☐ 스케치처럼 색상 단순화하기

조정 기능을 사용하는 4가지 방법

준비 파일 12/조정 메뉴 보정 실습_01.jpg, 모델.png

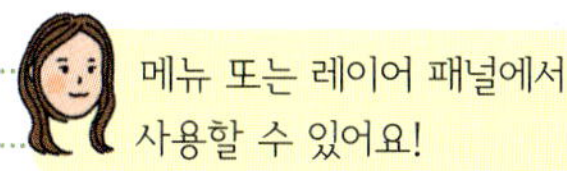

[조정] 기능은 메뉴 바 또는 조정 레이어로 사용할 수 있습니다.

메뉴 바에서 [이미지 → 조정]을 클릭하면 조정 메뉴를 확인할 수 있습니다. 단, 조정 메뉴를 사용하면 이미지에 바로 적용되면서 나중에 원본 상태로 되돌릴 수 없습니다.

반면 조정 레이어를 사용하면 '상위 레이어'가 추가로 생성되면서 적용되는데요. 별도로 생성된 조정 레이어를 삭제하면 다시 원본 이미지로 복구할 수 있습니다. 조정 레이어는 [레이어] 패널 아래쪽에 있는 조정 아이콘 을 클릭하거나 [조정] 패널에서 원하는 항목을 선택해 적용하면 됩니다.

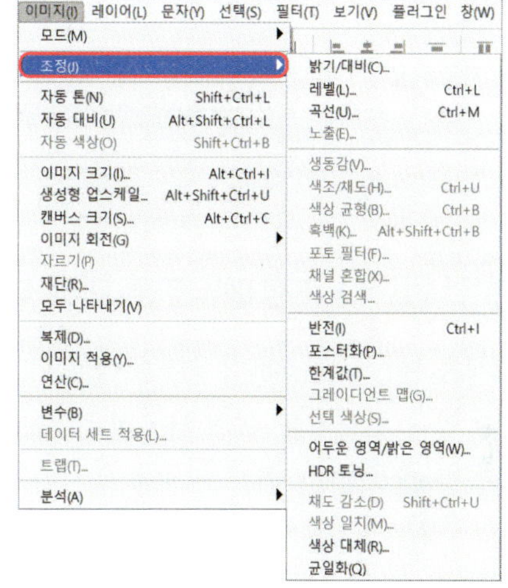

🟢 영문판 [Image → Adjustments]

메뉴 바에서 조정 메뉴 사용

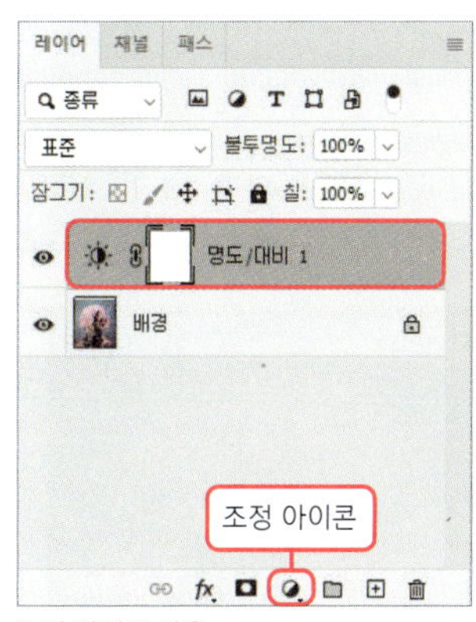

조정 아이콘 사용

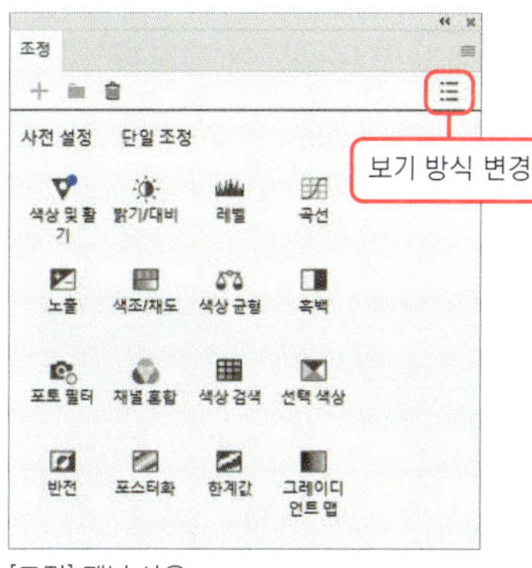

[조정] 패널 사용

이 외에도 메뉴 바에서 [이미지]를 누르면 나타나는 [자동 톤], [자동 대비], [자동 색상]을 클릭해 포토샵 자체 조정 기능을 실행하거나 [조정 브러시 도구 🖌]를 활용해서 조정 기능을 실행할 수 있습니다.

기능	설명	단축키
자동 톤 (Auto Tone)	이미지의 색조 범위를 최대화해 보정합니다.	Shift + Ctrl + L
자동 대비 (Auto Contrast)	전체적인 색상은 유지하되, 밝은 영역은 더 밝게, 어두운 영역은 더 어둡게 조정해 대비를 줍니다.	Alt + Shift + Ctrl + L
자동 색상 (Auto Color)	이미지에서 가장 밝은 부분과 가장 어두운 부분을 찾아 2개의 영역을 평균적으로 조화롭게 조정합니다.	Shift + Ctrl + B

✧✦지금 하면 된다! ⟩ 조정 메뉴로 톤, 대비, 색상 보정하기

[자동 톤], [자동 대비], [자동 색상] 3가지 기능은 이미지 보정을 빠르고 간단하게 할 수 있어 초보자도 쉽게 사용할 수 있습니다. 기본 보정 작업을 시작하거나 초안 작업을 할 때 적합합니다.

01

❶ Ctrl + O를 눌러 준비 파일 조정 메뉴 보정 실습_01.jpg를 불러오세요.

❷ 메뉴 바에서 [이미지 → 자동 톤], [이미지 → 자동 대비], [이미지 → 자동 색상]을 각각 선택하면 기본 이미지를 자동으로 보정할 수 있습니다.

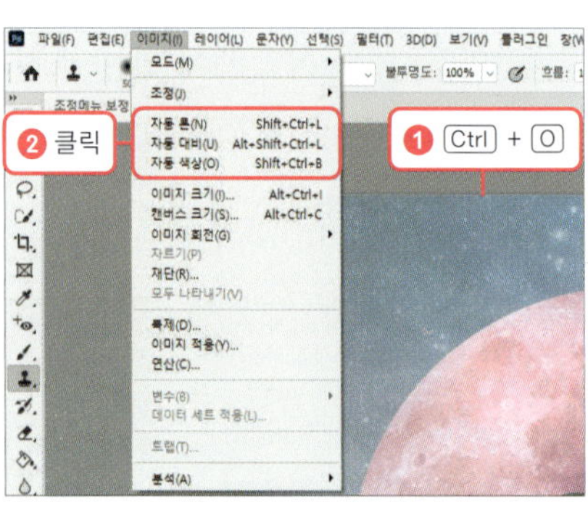

자동 톤(Auto Tone)

자동 대비(Auto Contrast)

자동 색상(Auto Color)

✨지금 하면 된다! ▶ [조정 브러시 도구 🖌]로 옷 색상 바꾸기

[조정 브러시 도구 🖌]를 활용하면 색을 쉽고 빠르게 보정할 수 있습니다.

01
❶ Ctrl + O를 눌러 준비 파일 **모델.png**를 불러온 후 ❷ 도구 바에서 [조정 브러시 도구 🖌]를 선택합니다. ❸ 상황별 작업 표시줄에서 [밝기/대비]를 클릭하면 다양한 조정 스타일이 나타나는데 ❹ 목록에서 [색조/채도]를 선택합니다.

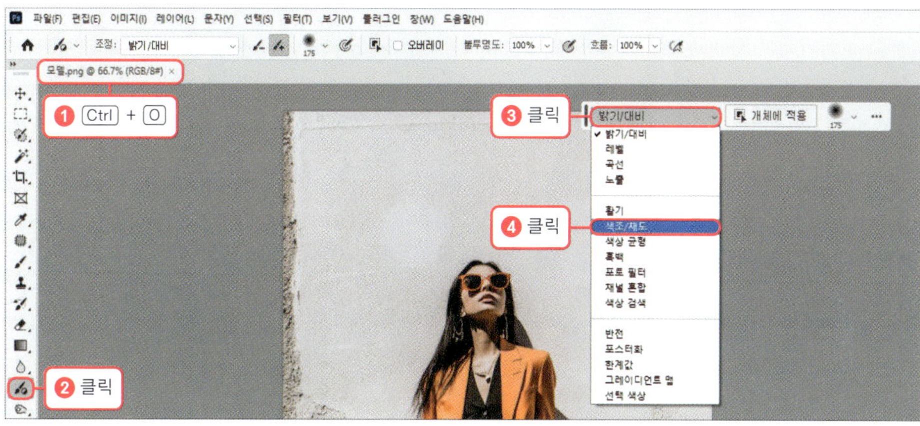

02
[조정 브러시 도구 🖌]로 주황색 수트 영역 일부를 드래그해서 선택합니다.

03

❶ 색조를 -180으로 설정하면 수트의 색이 파란색으로 바뀝니다.

❷ 나머지 부분도 드래그해서 수트를 전부 파란색으로 변경합니다.

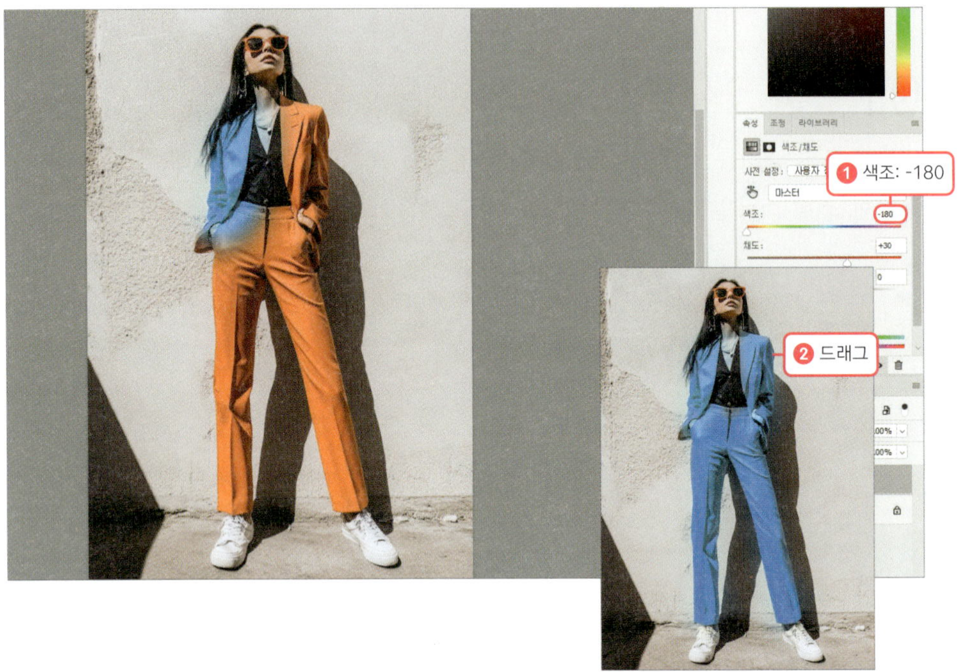

04

만약 칠한 부분을 덜어 내고 싶다면 **❶** 상황별 작업 표시줄에서 [마스크 영역에서 빼서 이미지 영역에서 조정 제거 ✎]를 클릭하고 **❷** 해당 부분을 드래그합니다.

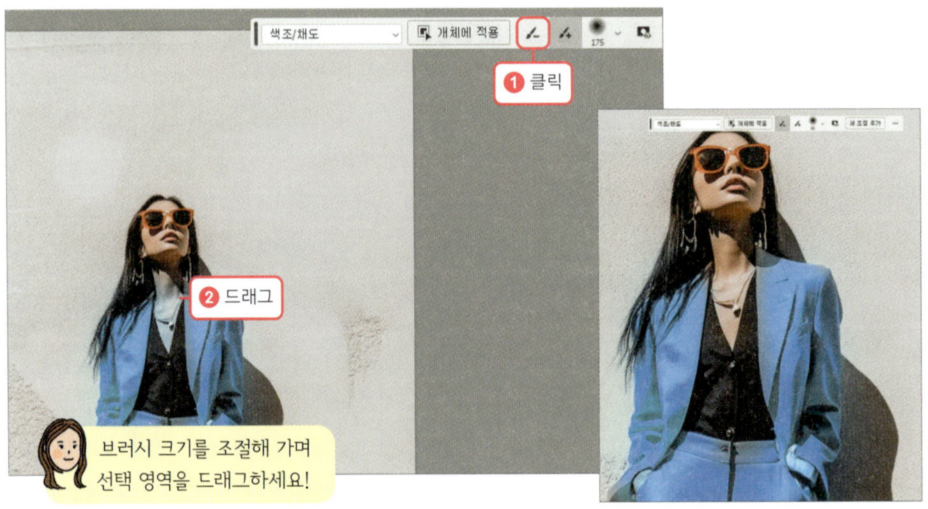

05 색을 바꾸고 싶다면 [속성] 패널에서 값을 조절합니다. 얼마든지 원하는 색상
으로 변경할 수 있습니다.

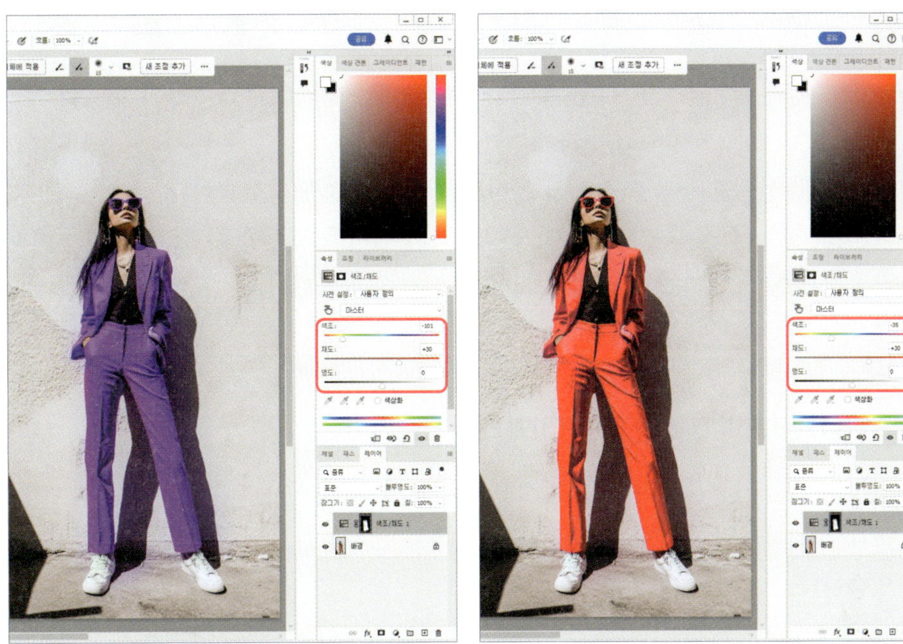

조정 메뉴와 [조정 브러시 도구]를 다뤄 봤으니 이어서 [조정] 패널과 메뉴를 사용
해 보겠습니다. [조정] 패널과 메뉴는 선택한 기능에 따라 톤, 색조, 색온도 등을 조정
할 수 있으므로 보정 목적에 맞게 활용하면 됩니다.

12-2

전반적인 톤 보정하기

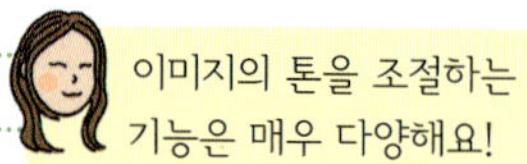

밝기와 대비, 선명도 등을 조정해서 이미지의 톤을 보정해 보겠습니다.
[밝기/대비 ☀], [레벨 ᴍ], [곡선 ▦]으로 밝기와 대비를 조절할 수 있고, [노출 ▣]과
[어두운 영역/밝은 영역]으로 노출 정도를 조정할 수 있습니다.

✦ 지금 하면 된다!〉 [밝기/대비 ☀]로 밝기와 대비 조절하기

[밝기/대비 ☀] 기능은 이미지의 밝기를 간단하게 조
절할 때 편리하지만, 세밀하게 조절하는 데에는 한계
가 있습니다.

🍃 **메뉴 바** [이미지 → 조정 → 밝기/대비]

🍃 **영문판** [Image → Adjustments →
Brightness/Contrast]

01

❶ Ctrl + O 를 눌러 준비 파일 조정
메뉴 보정 실습_01.jpg를 불러옵니다. ❷ [조정]
패널에서 [밝기/대비 ☀]를 클릭합니다.

🍃 [조정] 패널은 기본 인터페이스 설정일 때 오른쪽
중간 부분에 있습니다. 보이지 않는다면 메뉴 바에
서 [창 → 조정]을 누르세요.

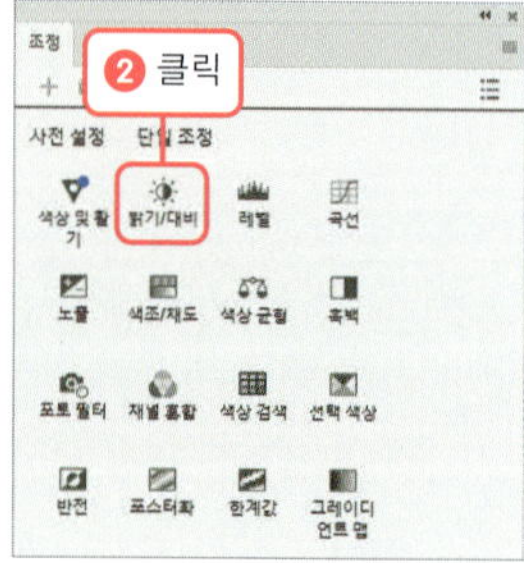

02 ❶ [속성] 패널에 [밝기/대비] 항목이 나타나면 [밝기]와 [대비] 슬라이더를 오른쪽으로 드래그하세요. ❷ 이미지가 밝게 보정된 것을 확인할 수 있습니다.

❖ 지금 하면 된다! ▷ [레벨 ▥]로 밝기와 대비 세밀하게 조절하기

[레벨 ▥]은 [밝기/대비 ☀]보다 밝기와 대비를
더 세밀하게 조절할 수 있습니다.

🔹 메뉴 바 [이미지 → 조정 → 레벨]
🔹 영문판 [Image → Adjustments → Levels]
🔹 단축키 Ctrl + L

01 ❶ Ctrl + Z 를 여러 번 눌러 원본으로 돌아옵니다. ❷ [조정] 패널에서 [레벨 ▥]을 클릭합니다.

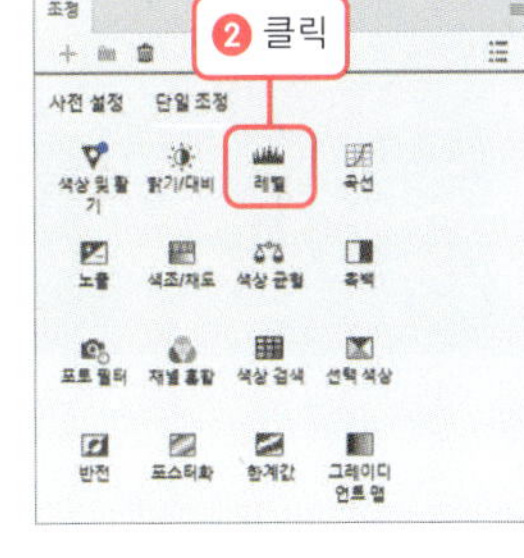

02

① [레벨] 패널에서 어두운 슬라이더를 오른쪽으로 드래그합니다.

② 이미지가 진해지면서 선명해진 것을 확인할 수 있습니다.

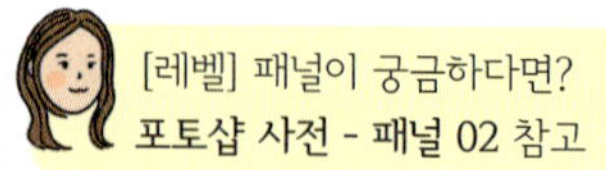

03

① 어두운 슬라이더의 위치를 처음 위치로 드래그해 되돌립니다.

② 이번에는 밝은 슬라이더를 왼쪽으로 드래그합니다. 이미지가 기존보다 밝아집니다.

이렇게 슬라이더를 조절하면 이미지 밝기와 선명도를 세밀하게 조절할 수 있습니다.

지금 하면 된다! ▶ [곡선 ▦]으로 밝기와 선명도 조절하기

[곡선 ▦]은 [레벨 ▩]과 비슷한 기능으로, 그래프의 선을 이용해 밝기와 선명도를 조절합니다. 밝기와 선명도를 세밀하게 보정할 수 있어 [레벨 ▩]과 함께 가장 많이 사용됩니다.

● 메뉴 바 [이미지 → 조정 → 곡선]
● 영문판 [Image → Adjustments → Curves]
● 단축키 [Ctrl] + [M]

01

❶ [Ctrl] + [Z]를 여러 번 눌러 원본으로 돌아옵니다. ❷ [조정] 패널에서 [곡선 ▦]을 클릭합니다.

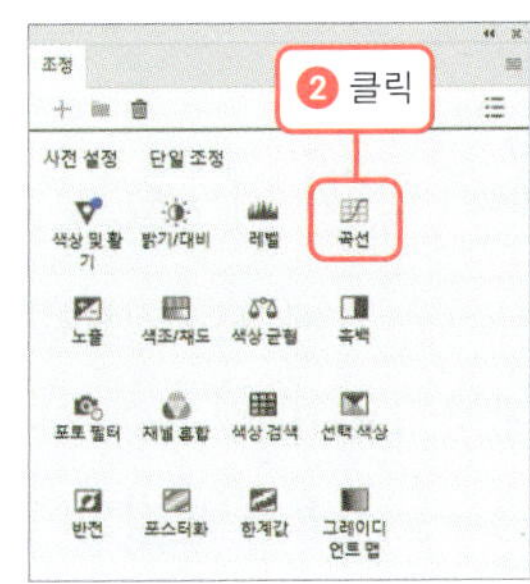

02

[속성] 패널에서 그래프를 조절하겠습니다.

❶ 위 지점을 클릭해 위로 드래그합니다. ❷ 이미지가 확실히 밝아지죠?

[곡선] 패널이 궁금하다면?
포토샵 기능 사전 - 패널 03 참고!

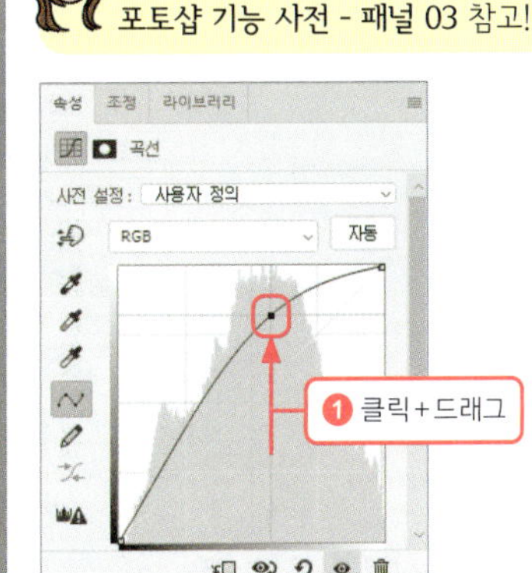

03

❶ 이번에는 좀 더 아래 지점을 클릭해 아래로 드래그합니다.

❷ 밝기 대비가 심해져 이미지가 전체적으로 선명해진 것을 확인할 수 있습니다.

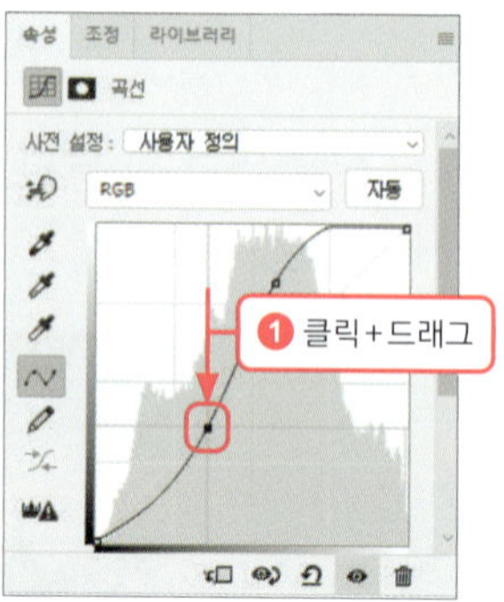

지금 하면 된다! ▸ [노출 🖾]에서 카메라 노출 효과 적용하기

사진을 카메라로 촬영할 때 빛의 양을 조절하는 기능을 '노출'이라고 합니다. 이미지에서 노출이 부족하거나 과한 경우 [노출 🖾] 기능을 사용해 보정할 수 있습니다.

🟢 **메뉴 바** [이미지 → 조정 → 노출]
🟢 **영문판** [Image → Adjustments → Exposure]

01

❶ Ctrl + Z 를 여러 번 눌러 원본으로 돌아옵니다. ❷ [조정] 패널에서 [노출 🖾]을 클릭합니다.

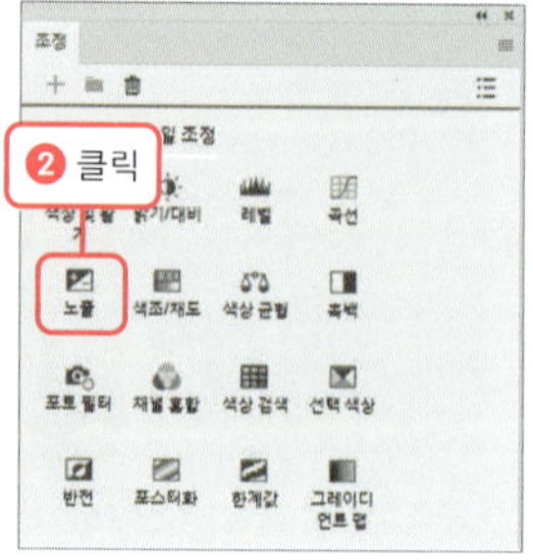

02

❶ [노출] 슬라이더를 오른쪽으로 드래그해 빛의 양을 증가시킵니다.

❷ [감마 교정]을 오른쪽으로 드래그해 중간 톤 밝기를 밝게 보정하고 ❸ [오프셋]을
왼쪽으로 드래그해 선명도를 높입니다.

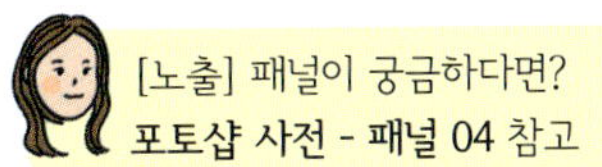

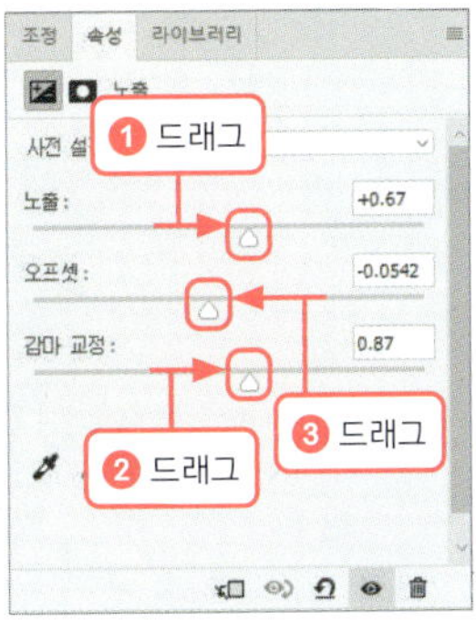

하면 된다! ▸ [어두운 영역/밝은 영역]으로 노출 조절하기

[어두운 영역/밝은 영역]은 이미지의 어두운 부분을 밝게,
밝은 부분을 어둡게 보정하는 기능입니다. 역광 사진 또
는 노출이 부족하거나 과한 사진에 주로 사용합니다.

🌢 **메뉴 바** [이미지 → 조정 →
　　어두운 영역/밝은 영역]
🌢 **영문판** [Image → Adjustments →
　　Shadows/Highlights]

01

❶ Ctrl + Z 를 여러 번 눌러 원본으로 돌아옵니다.

❷ 메뉴 바에서 [이미지 → 조정 → 어두운 영역/밝은 영역]을 선택합니다.

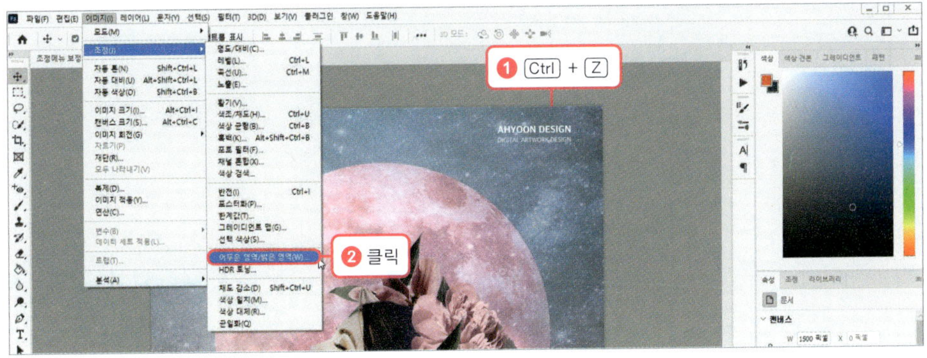

02

❶ [어두운 영역] 슬라이더를 오른쪽으로 드래그하면 이미지의 어두운 부분이 밝아지고 ❷ [밝은 영역] 슬라이더를 오른쪽으로 드래그하면 밝은 부분이 어두워집니다. ❸ [확인]을 클릭해 조정 사항을 적용합니다.

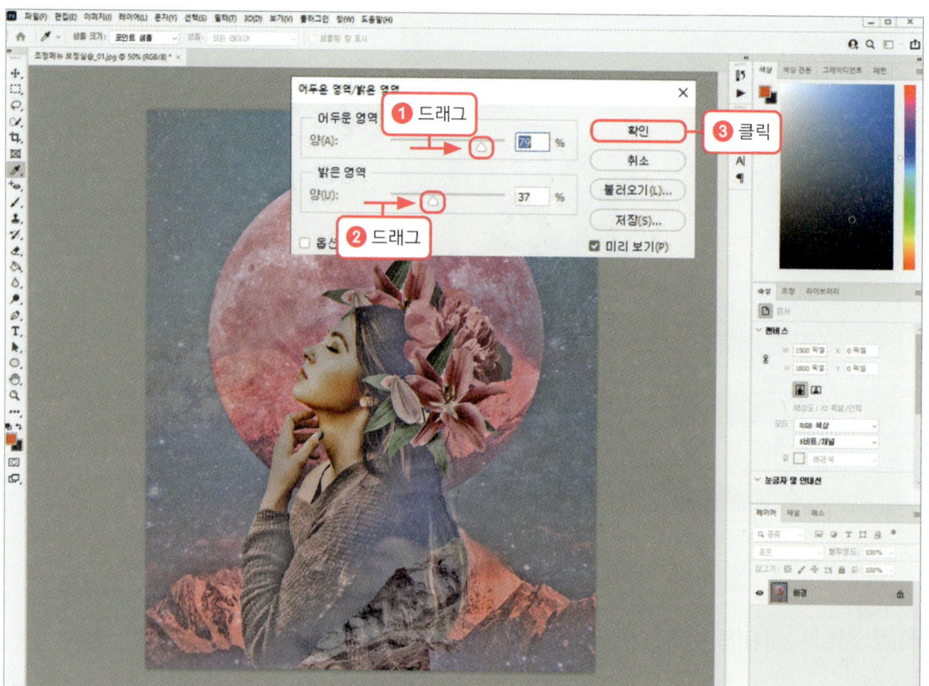

12-3

색상과 채도 조절하기

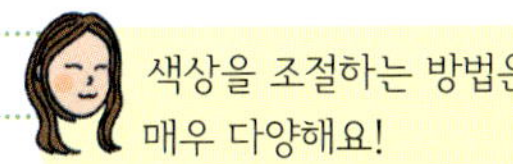

준비 파일 12/조정 메뉴 보정 실습_02.jpg, 선택 색상 실습.jpg

색상과 채도를 조절하는 기능은 매우 다양합니다. 이미지 전체 색감을 한번에 조절하는 [색상 및 활기 ▽], [색조/채도 ▦], [색상 균형 ◔]과 특정 부분만 색을 보정할 수 있는 [선택 색상 ▨]을 알아보겠습니다.

지금 하면 된다! ❯ [색상 및 활기 ▽]로 색 선명도 높이기

[색상 및 활기 ▽]는 기존 이미지의 색을 보호하면서 색상과 채도를 조절하는 기능입니다. 기능이 간단하기 때문에 빠르게 사용하고자 할 때 유용합니다.

🟢 **메뉴 바** [이미지 → 조정 → 생동감]
🟢 **영문판** [Image → Adjustments → Vibrance]

01

❶ Ctrl + O 를 눌러 준비 파일 조정 메뉴 보정 실습_02.jpg를 불러옵니다.
❷ [조정] 패널에서 [색상 및 활기 ▽]를 클릭합니다.

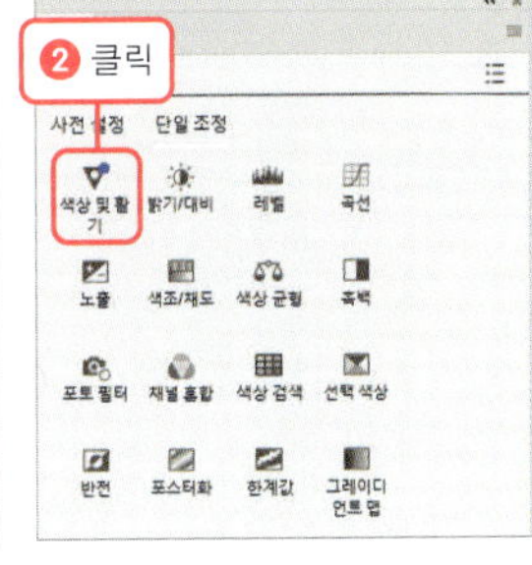

02

❶ [온도], [농도], [생동감], [채도] 슬라이더를 다음과 같이 드래그해 색상을 조절합니다. ❷ 이미지의 색상이 더욱 생동감 있게 변한 것을 확인할 수 있습니다.

Q 아윤 쌤! 질문 있어요!　　[생동감]과 [색상 및 활기]는 어떻게 다른가요?

조정 메뉴에 있는 [생동감]을 선택하면 색의 강도만 조절할 수 있지만, [조정] 패널에서 [색상 및 활기]를 선택하면 빛의 온도부터 색의 깊이까지 한꺼번에 조절할 수 있습니다.

- [생동감]: 색의 강도에만 집중하는 보정 기능으로, 메뉴 바에서 [이미지 → 조정 → 생동감]을 클릭해 실행할 수 있습니다. [생동감]과 [채도]만 조절할 수 있으며, 이미 색이 충분한 곳은 건드리지 않고 부족한 부분만 활기를 채워 줍니다. 복잡한 설정 없이 색의 진하기만 빠르게 수정하고 싶을 때 적합합니다.

- [색상 및 활기]: 활기는 물론 분위기까지 설계하는 종합 보정 기능입니다. [조정] 패널에서 [색상 및 활기]를 실행하면 단순히 색을 진하게 만드는 것을 넘어, 이미지 전체의 온도와 농도를 조절해 전반적인 분위기를 재설계할 수 있습니다.

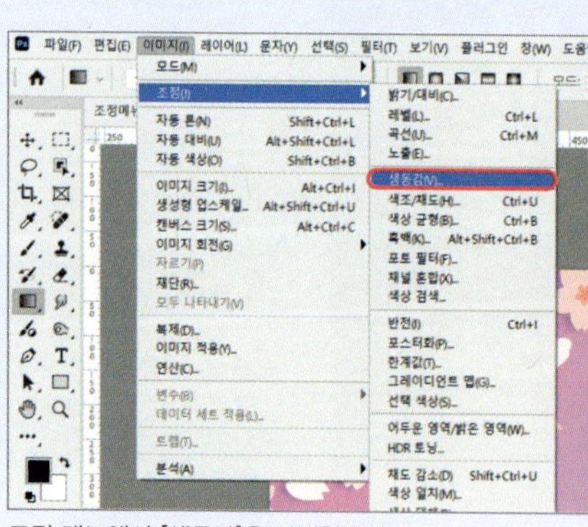

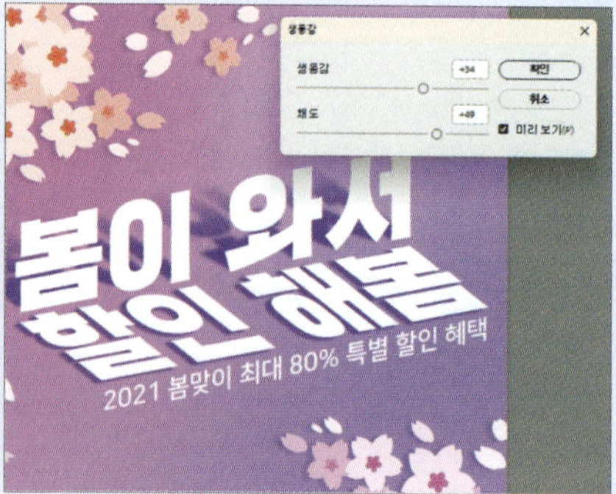

조정 메뉴에서 [생동감]을 선택한 모습

◇◇ 지금 하면 된다! ⟩ [색조/채도 🎚]로 색상 조절하기

[색조/채도 🎚]는 이미지의 색상, 채도, 밝기를 조절할 수 있습니다. 색을 좀 더 세밀하게 조절하거나 원하는 색으로 쉽게 바꿀 수 있죠. 특정 개체의 색상을 완전히 다른 색으로 변경할 수 있어서 실무에서 색상을 조절할 때 많이 사용합니다.

🔹 **메뉴 바** [이미지 → 조정 → 색조/채도]
🔹 **영문판** [Image → Adjustments → Hue/Saturation]
🔹 **단축키** Ctrl + U

01

❶ Ctrl + Z 를 여러 번 눌러 원본으로 돌아옵니다. ❷ [조정] 패널에서 [색조/채도 🎚]를 클릭합니다.

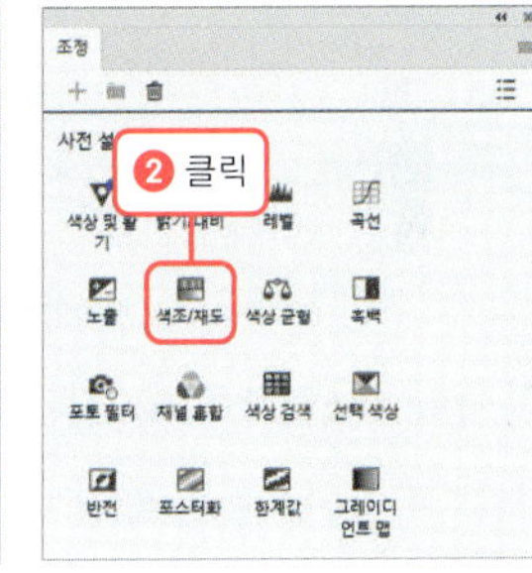

02

❶ [색조], [채도] 슬라이더를 오른쪽으로 드래그하면 색이 변경됩니다.
❷ 🔄 를 클릭해 초기화합니다.

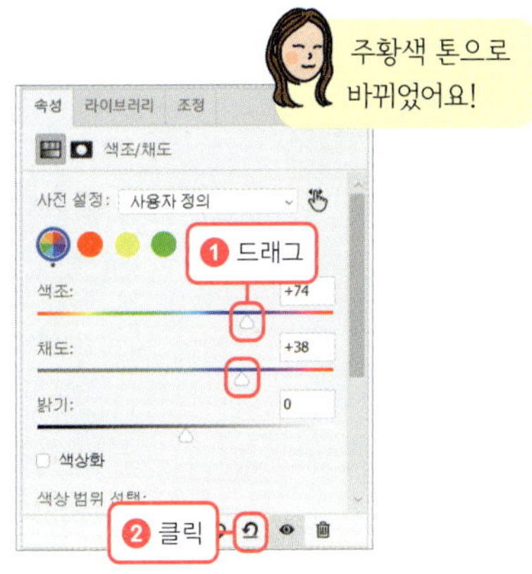

03

❶ [색상화]에 체크 표시한 다음 ❷ [색조], [채도], [밝기] 슬라이더를 드래그합
니다. 3요소 속성이 바뀌면서 기존 이미지와 다른 분위기가 연출됩니다.

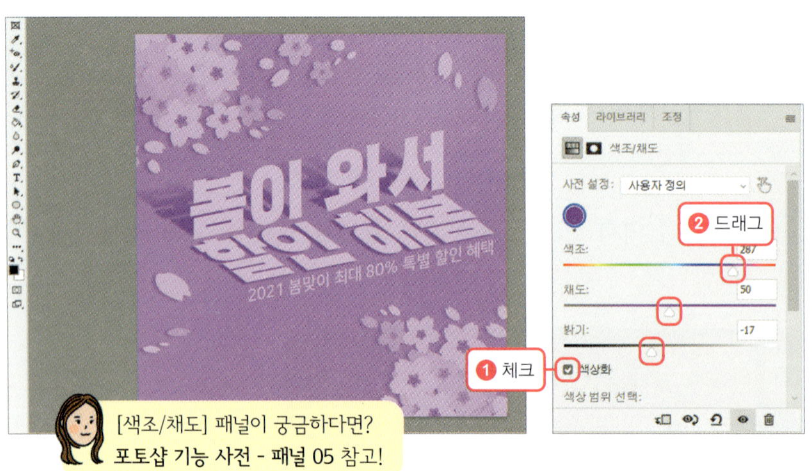

지금 하면 된다! ﹥ [색상 균형 ⚖]으로 톤 색상 보정하기

[색상 균형 ⚖]은 이미지 고유의 톤에 색상을 추가하거나 빼면서 균형을 맞추는 기능
입니다. 자연스럽고 감성적인 분위기를 연
출할 때 매우 효과적입니다.

🔸 **메뉴 바** [이미지 → 조정 → 색상 균형]
🔸 **영문판** [Image → Adjustments → Color Balance]
🔸 **단축키** Ctrl + B

01

❶ Ctrl + Z 를 여러 번 눌러 원본으로 돌아옵니다. ❷ [조정] 패널에서 [색
상 균형 ⚖]을 클릭합니다.

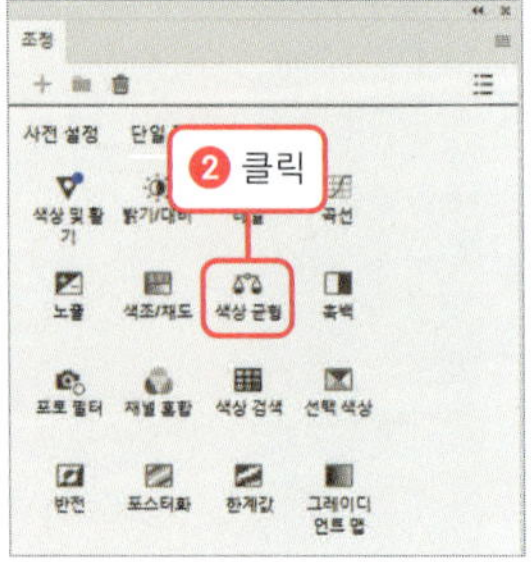

02 색상 슬라이더를 좌우로 드래그하면 톤 색상이 변경됩니다.

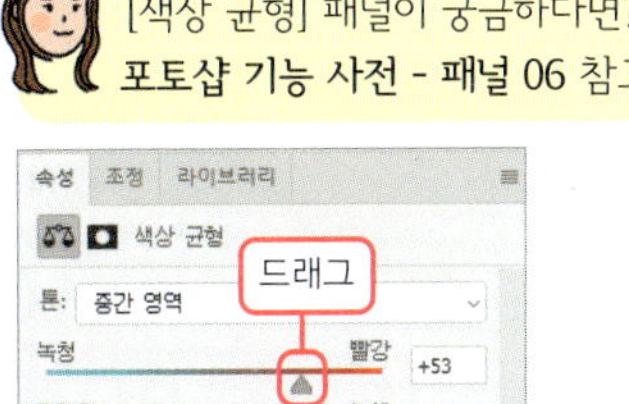

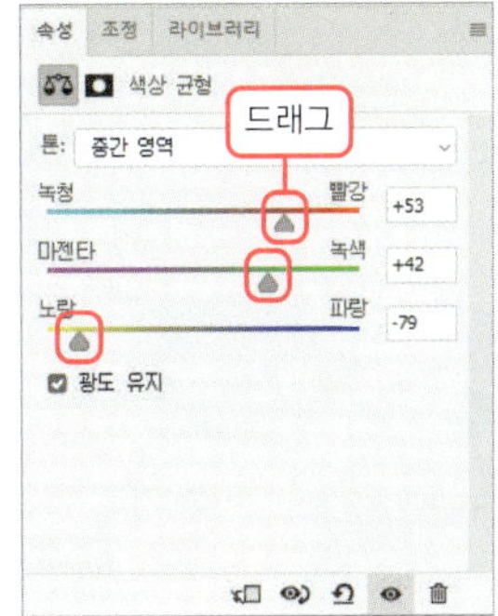

지금 하면 된다! ⟩ [선택 색상 ▣]으로 특정 색상만 보정하기

앞서 배운 기능들이 이미지 전체의 색상을 조절한다면 [선택 색상 ▣]은 특정 색을 선택해 보정하는 기능입니다. 선택한 색을 다른 색상으로 바꾸거나 더욱 진하게 만듭니다.

🟢 메뉴 바 [이미지 → 조정 → 선택 색상]
🟢 영문판 [Image → Adjustments → Selective Color]

01 ❶ Ctrl + O를 눌러 준비 파일 선택 색상 실습.jpg를 불러옵니다.
❷ [조정] 패널에서 [선택 색상 ▣]을 클릭합니다.

02 [속성] 패널에서 ❶ 색상을 [노랑 계열]로 변경한 후 ❷ 슬라이더를 드래그합니다. ❸ 이미지의 노랑 계열만 색이 보정된 것을 확인할 수 있습니다.

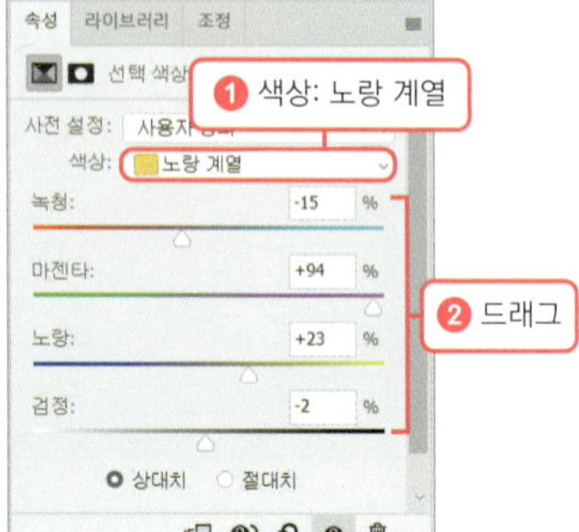

12-4

필터를 입힌 듯한 색감과 분위기로 보정하기

준비 파일 조정 메뉴 보정 실습_03.jpg, 그레이디언트 맵 실습.jpg

[흑백 ◧]과 [그레이디언트 맵 ◧]은 마치 필터를 끼운 것처럼 특정 색감을 입히는 기능입니다. 이 두 기능만 배워 두면 어떤 사진이든 색상 필터를 입혀 색다른 분위기를 연출할 수 있습니다.

지금 하면 된다! ▷ [흑백 ◧]으로 흑백 사진 만들기

[흑백 ◧]은 이미지를 흑백 사진으로 변경하는 기능입니다. 특정 색상을 단색으로 변경해 이미지를 분위기 있게 보정할 수 있습니다.

🔹 **메뉴 바** [이미지 → 조정 → 흑백]
🔹 **영문판** [Image → Adjustments → Black&White]
🔹 **단축키** Alt + Shift + Ctrl + B

01

❶ Ctrl + O를 눌러 준비 파일 조정 메뉴 보정 실습_03.jpg를 불러옵니다.

❷ [조정] 패널에서 [흑백 ◧]을 클릭하면 이미지가 즉시 흑백으로 변경됩니다.

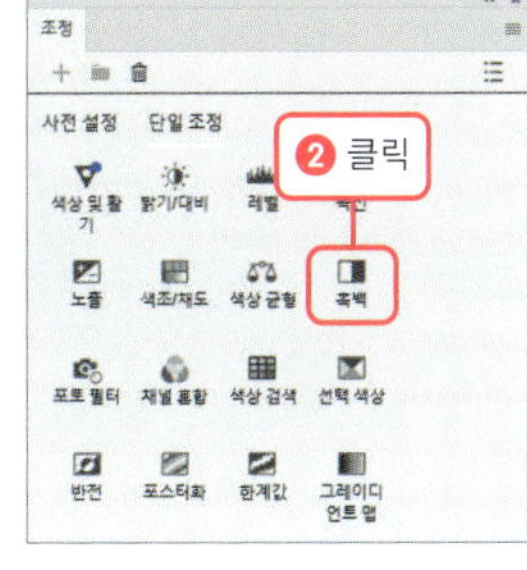

[흑백] 패널이 궁금하다면?
포토샵 기능 사전 – 패널 07 참고!

02 [빨강 계열], [노랑 계열] 등의 슬라이더를 드래그하면 해당 부분의 흑백 정도
가 좀 더 어두워지거나 밝아집니다.

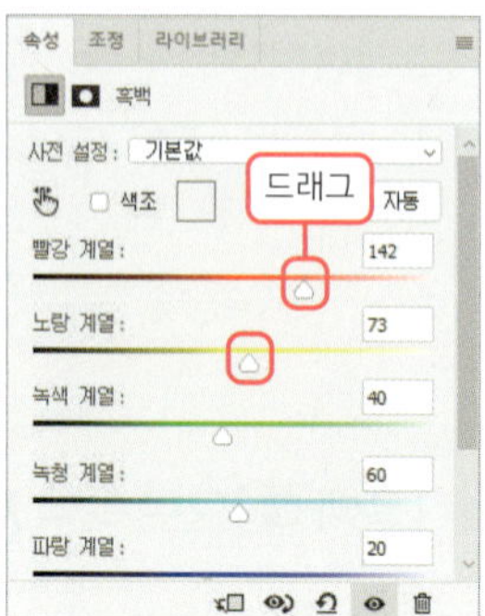

03 ❶ [색조]에 체크 표시를 하면 이미지의 색상이 단색으로 변경됩니다.
❷ 색상을 설정해 분위기 있는 이미지로 보정해 보세요.

✧지금 **하면 된다!** › [그레이디언트 맵 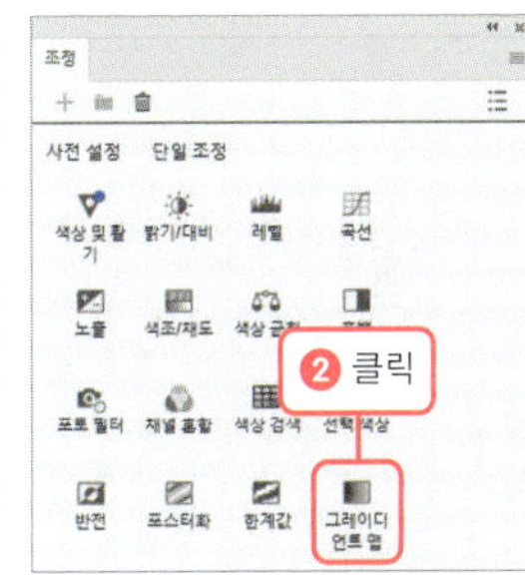]으로 색상 덧입히기

[그레이디언트 맵 ■]은 그레이디언트 효과를 혼합해 이미지에 적용하는 기능입니다. 여러 색상을 혼합하면 개성 있는 효과를 연출할 수 있습니다.

🔹 **메뉴 바** [이미지 → 조정 → 그레이디언트 맵]
🔹 **영문판** [Image → Adjustments → Gradient Map]

01
❶ Ctrl + O 를 눌러 준비 파일 그레이디언트 맵 실습.jpg를 불러옵니다.
❷ [조정] 패널에서 [그레이디언트 맵 ■]을 클릭합니다.

02
❶ [속성] 패널에서 색상 부분을 클릭하면 [그레이디언트 편집기] 대화상자가 나타납니다. ❷ 색상을 설정한 후 ❸ [확인]을 클릭합니다.
❹ 이미지에 그러데이션 색상이 혼합된 것을 확인할 수 있습니다.

12-5

반전, 단순화 등 특수 연출하기

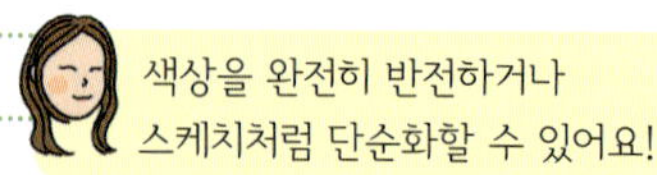

[조정] 패널에 있는 [반전 ▣], [포스터화 ▨], [한계값 ▨]을 사용하면 이미지에 반전, 단순화 등 특수한 효과를 넣을 수 있습니다. 특수한 연출을 구상하고 있다면 이와 같은 효과에 주목해 주세요.

✦✧지금 하면 된다! 〉 [반전 ▣]으로 이미지 색상 반전하기

[반전 ▣]은 색을 반대로 바꾸는 기능으로, 이미지 색상의 보색으로 반전합니다. 카메라의 필름과 유사한 효과를 줍니다.

🍃 **메뉴 바** [이미지 → 조정 → 반전]
🍃 **영문판** [Image → Adjustments → Invert]
🍃 **단축키** Ctrl + I

01
❶ Ctrl + O를 눌러 준비 파일 반전 실습.jpg를 불러옵니다.
❷ [조정] 패널에서 [반전 ▣]을 클릭합니다.

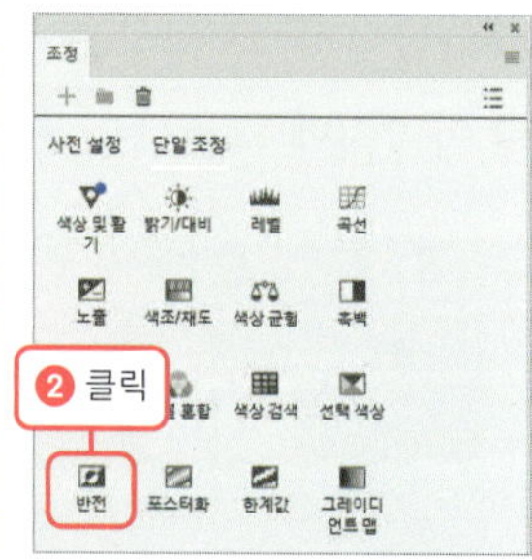

02 이미지의 색상이 반전됩니다.

지금 하면 된다! ▸ [포스터화 ▨]로 이미지 색상 단순화하기

[포스터화 ▨]는 이미지에서 사용한 색상의 수를 줄여 단순화하는 기능입니다.
포스터로 그린 듯한 효과를 줍니다.

● 메뉴 바 [이미지 → 조정 → 포스터화]
● 영문판 [Image → Adjustments → Posterize]

01

❶ Ctrl + O를 눌러 준비 파일 포스터화 실습.jpg를 불러옵니다.

❷ [조정] 패널에서 [포스터화 ▨]를 클릭합니다.

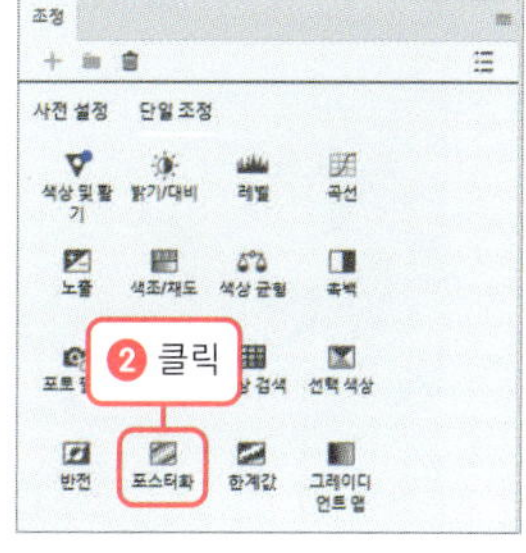

02 [레벨] 슬라이더를 드래그하거나 값을 입력해 채널당 사용할 색상 수를 조절합니다.

지금 하면 된다! ⟩ [한계값 ▨]을 이용해 무채색으로 단순화하기

[한계값 ▨]은 대비를 강하게 만들어 이미지를 흰색과 검은색으로 만드는 기능입니다. 고대비를 사용한 흑백 효과로, 판화나 만화 효과를 낼 때 많이 사용합니다.

🔹 메뉴 바 [이미지 → 조정 → 한계값]
🔹 영문판 [Image → Adjustments → Threshold]

01 ❶ Ctrl + O 를 눌러 준비 파일 한계값 실습.jpg를 불러옵니다.
❷ [조정] 패널에서 [한계값 ▨]을 클릭합니다.

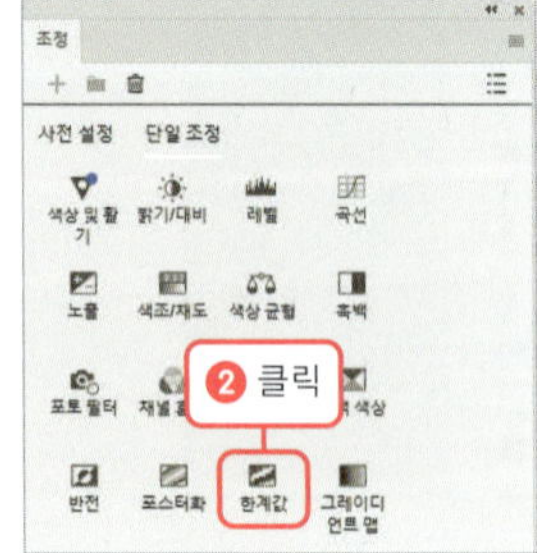

02 [한계값] 패널에서 슬라이더를 조절해 이미지 대비 효과를 줍니다.

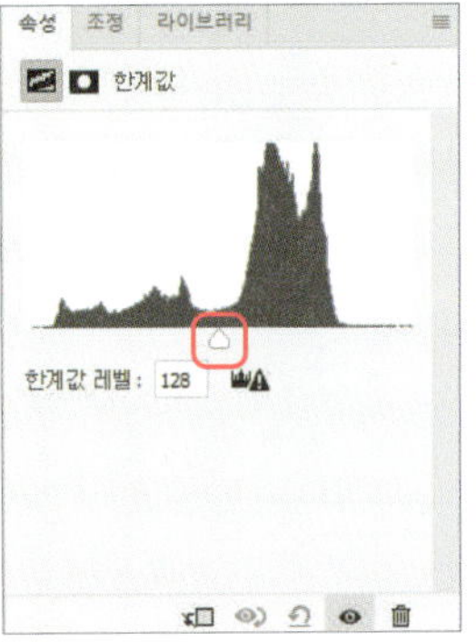

음료를 맛있어 보이게 색상 보정하기

준비 파일 12/문제/음료 포스터 실습.psd
완성 파일 12/문제/음료 포스터 완성.jpg

미션 어둡게 촬영된 음료 사진을 생기 넘치는 색감으로 보정해 보세요!

제품을 촬영하면 원본 사진을 그대로 사용하는 경우가 많지 않아요. 특히 음료를 촬영한 사진은 색이 환하고 선명해야 더 맛있어 보인답니다. 색상 보정과 밝은 톤 조정 방법을 되살려 문제를 해결해 보세요.

동영상 강의

타이포그래피의 기본, 문자 도구

단순한 입력을 넘어 글자로
디자인하는 방법을 배워요!

아윤쌤의
**강의
노트** "디자인에서 문자는 메시지를 전달하는 역할을 해요!"

문자는 디자인에서 메시지를 직관적으로 전달하는 역할을 하는 동시에 시각적인 역할
을 하므로 매우 중요합니다. 포토샵의 [문자 도구 **T.**]를 사용하는 방법을 익힌 후 이
를 응용해 타이포그래피 디자인까지 완성해 보겠습니다.

✓ 체크 포인트

☐ 문자 입력하고 정렬하기 ☐ 문자 뒤틀어 디자인하기
☐ [가로쓰기 마스크 도구] 활용하기 ☐ 패스 선을 따라 문자 입력하기

문자 입력하고 서식 설정하기

준비 파일 13/인생샷 추천 실습.psd, 문자 정렬.jpg, 문자 정렬 텍스트.txt
완성 파일 13/인생샷 추천 완성.jpg

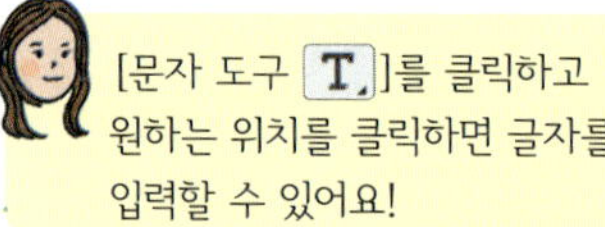

[문자 도구 T] 종류 4가지 ⭐중요

[문자 도구 T]는 말 그대로 문자를 넣는 도구입니다.
일반적으로 문자를 가로로 입력하는 [가로쓰기 문자 도구 T]를 사용하며, 이 외에 3가지 도구가 있습니다.

[가로쓰기 문자 도구 T]
가장 기본적으로 사용하는 문자
도구로, 문자를 가로 방향으로
입력합니다.

[세로쓰기 문자 도구 IT]
문자를 세로 방향으로 입력합니다.

[세로쓰기 마스크 도구 IT]
문자가 세로 방향으로 입력되며,
입력한 글자의 형태가 선택 영역
이 됩니다.

[가로쓰기 마스크 도구 T]
문자가 가로 방향으로 입력되며,
입력한 글자의 형태가 선택 영역
이 됩니다.

지금 하면 된다! ▸ [가로쓰기 문자 도구 T.]로 문자 입력하기

01

❶ Ctrl + N 을 눌러 새 작업 문서를 만듭니다.

❷ [가로쓰기 문자 도구 T.]를 선택한 후 ❸ 문자를 입력할 위치를 클릭합니다.

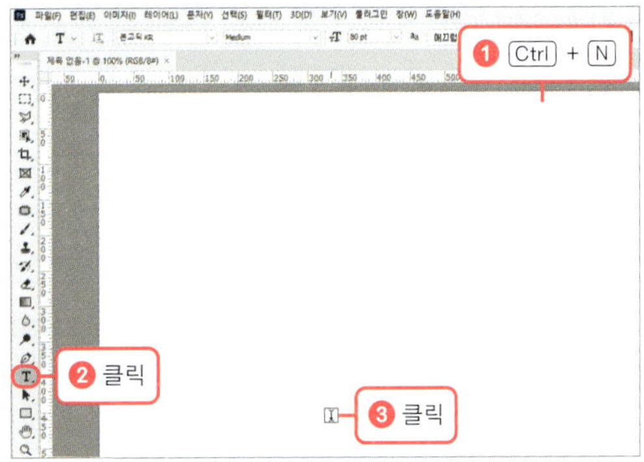

02

❶ 원하는 내용을 입력한 후 ❷ Ctrl + Enter 를 눌러 적용합니다.

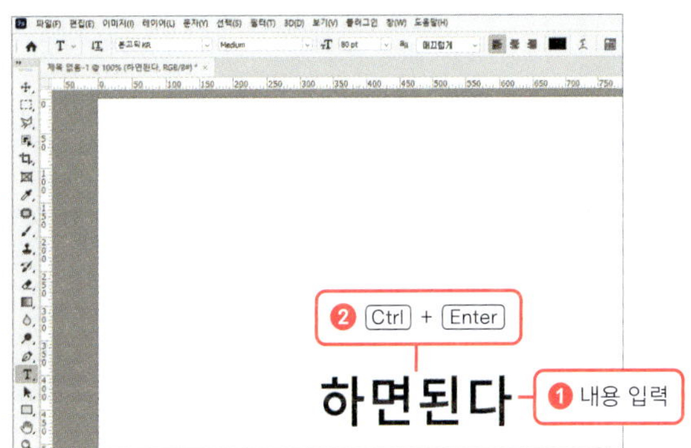

03

내용을 수정하려면 [가로쓰기 문자 도구 T.]가 선택된 상태에서 수정할 문자를 클릭하세요. 문자 입력이 활성화돼 수정할 수 있습니다.

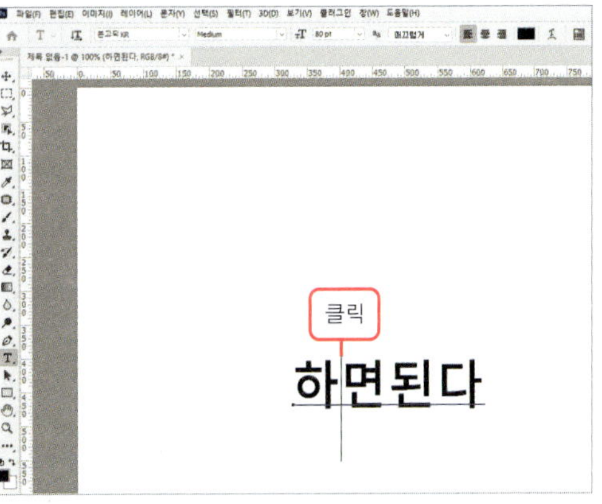

 ▸ 문자 스타일 바꾸기

01 ❶ Ctrl + O 를 눌러 인생샷 추천 실습.psd를 불러옵니다.

❷ [가로쓰기 문자 도구 T]를 선택한 후 ❸ 옵션 바에서 [문자 패널 🔲]을 클릭해 [문자] 패널을 엽니다.

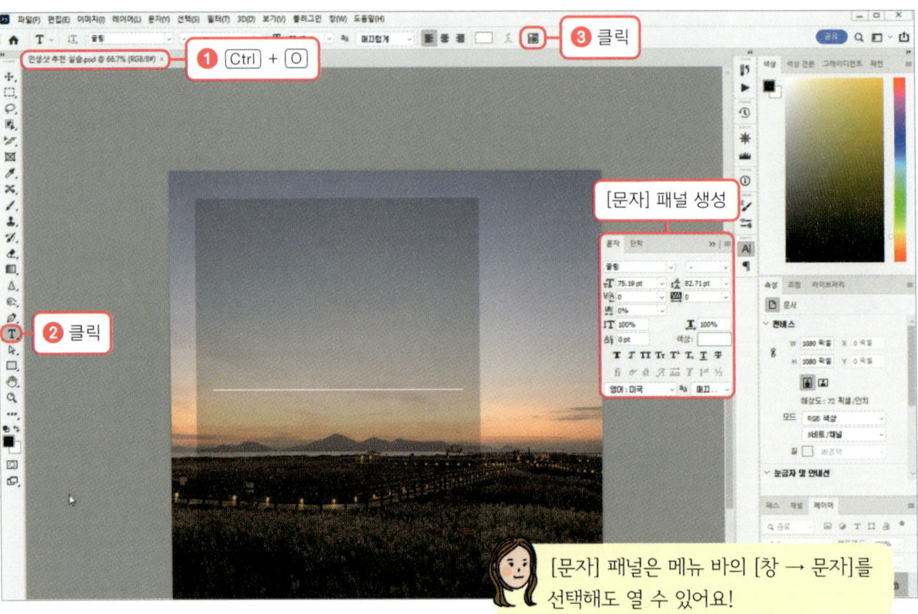

02 [문자] 패널에서 글꼴을 선택하겠습니다.

❶ 글꼴 목록을 클릭하면 여러 종류의 글꼴이 나타납니다.

❷ 여기서는 Noto Sans CJK KR 글꼴을 사용하겠습니다.

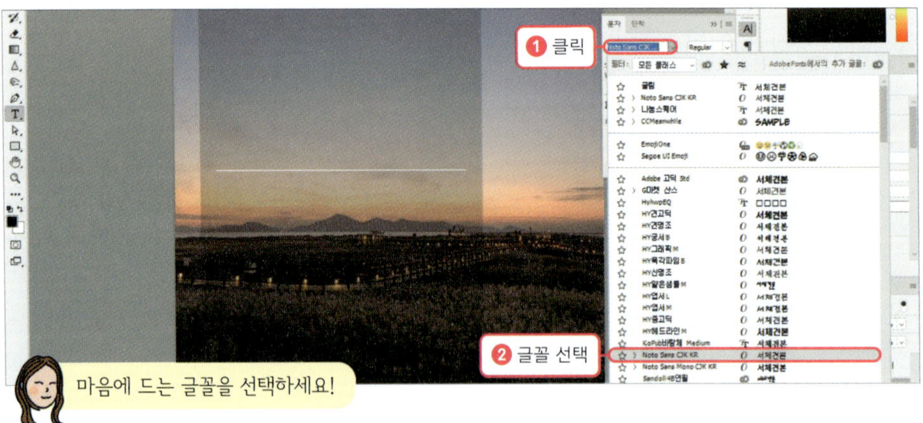

03 ❶ 글자 크기는 95pt, ❷ 행간은 100pt, ❸ 색상은 [흰색]으로 설정합니다.
❹ 캔버스의 배경 부분을 클릭해 문구를 입력합니다.

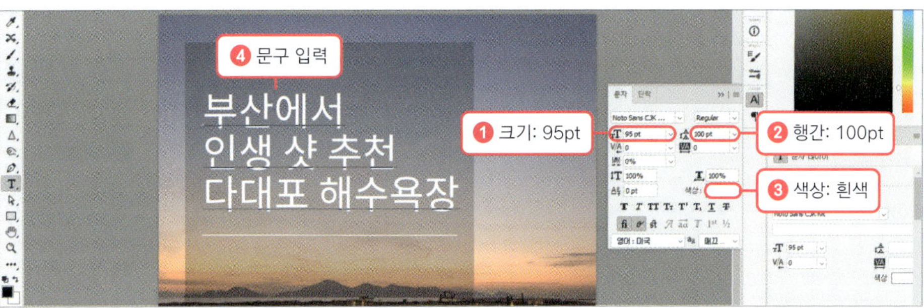

04 이번에는 글꼴 스타일을 변경하겠습니다.
❶ 부산에서 글자를 드래그해 선택하세요.
❷ 글꼴 스타일을 [Black]으로 선택해 굵게 변경합니다.

05 ❶ 인생샷 추천 글자를 드래그해 선택합니다.
❷ 글꼴 스타일을 [Light]로 선택해 얇게 변경합니다.

06

❶ 다대포 해수욕장 글자를 드래그해 선택합니다.

❷ 글꼴 스타일을 [Black]으로 선택해 굵게 변경합니다.

❸ Ctrl + Enter 를 눌러 적용합니다.

07

이번에는 조금 작은 글자로 입력해 보겠습니다.

❶ [가로쓰기 문자 도구 T.]로 이미지를 클릭해 문자 입력 상태를 활성화합니다.

❷ 글자 크기를 40pt, ❸ 행간을 50pt로 설정합니다.

08

❶ 문구를 입력한 후 Ctrl + Enter 를 눌러 적용합니다.

❷ 글꼴 스타일을 [Regular]로 선택합니다.

09 ❶ [이동 도구 ⊕]를 선택한 후 ❷ 입력한 문구를 드래그해 보기 좋은 위치에 배치합니다.

글자를 이동할 때도 [이동 도구 ⊕]를 사용해요!

10 문자 크기와 정렬, 글꼴 스타일을 간단하게 수정해 콘텐츠를 완성했습니다. 여러분도 [문자] 패널에서 글자를 자유롭게 수정해 만들어 보세요.

간단한 설정은 [문자 도구 T]를 선택하면 나타나는 상황별 작업 표시줄에서도 할 수 있어요!

01
① Ctrl + O 를 눌러 준비 파일 **문자 정렬.jpg**를 불러옵니다. **②** [가로쓰기 문자 도구 T.]를 선택한 후 **③** 드래그하여 설명을 입력할 텍스트 상자를 만듭니다.

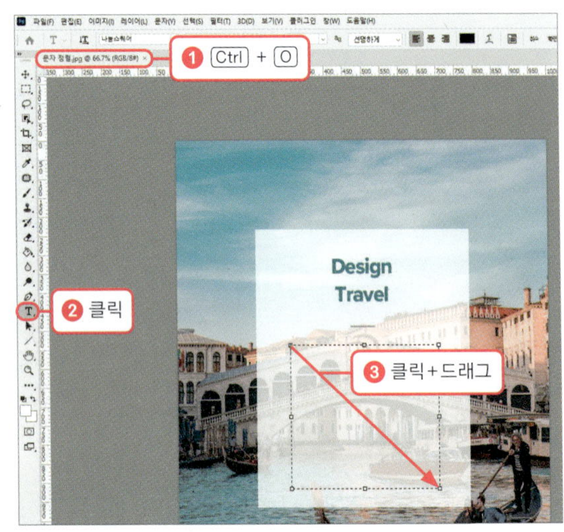

02
포토샵은 그대로 둔 채 **①** 준비 파일 **문자 정렬 텍스트.txt**를 열어 보세요. 입력할 문구를 미리 정리해 뒀습니다.
② 글자 전체를 선택한 후 Ctrl + C 를 눌러 복사합니다.

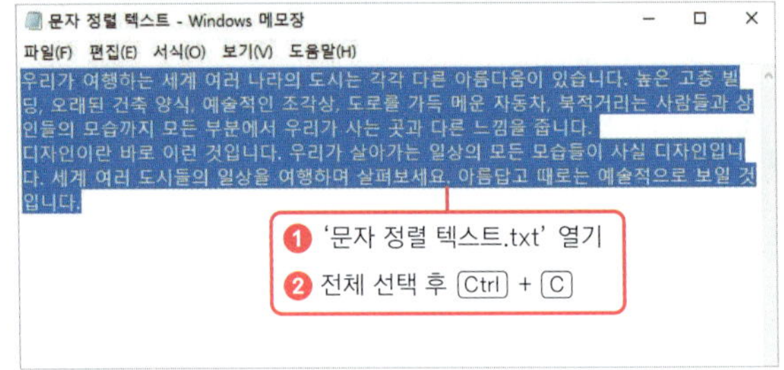

03
포토샵으로 돌아옵니다. **①** Ctrl + V 를 눌러 복사한 텍스트를 붙여넣은 후 **②** Ctrl + Enter 를 누릅니다.

💧 **글꼴** 나눔스퀘어 / Regular
💧 **글자 크기** 20pt

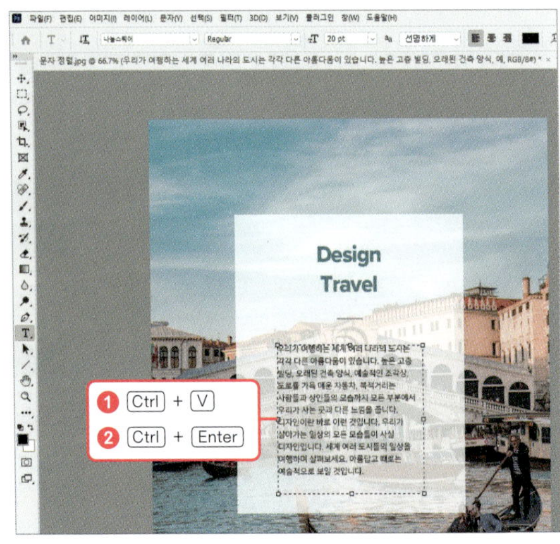

04

❶ 옵션 바에서 [문자] 패널을 클릭해 불러온 후 ❷ [단락] 패널에서 [중앙 정렬 ▤]을 선택합니다.

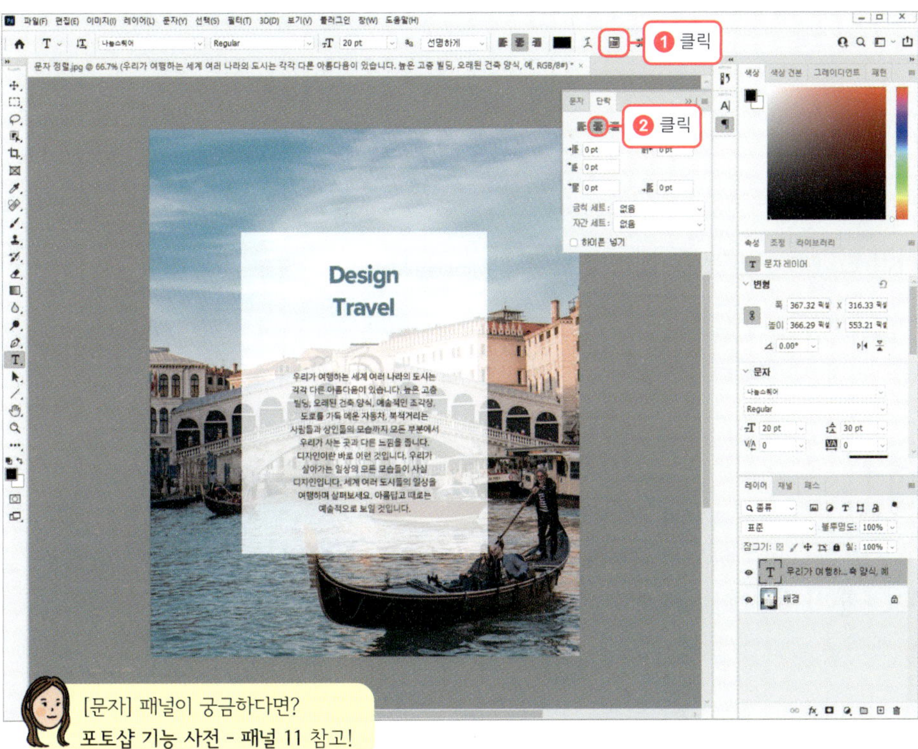

[문자] 패널이 궁금하다면?
포토샵 기능 사전 - 패널 11 참고!

글자 모양대로 영역 지정하기

준비 파일 13/문자 마스크 도구 활용.jpg
완성 파일 13/문자 마스크 도구 활용 완성.jpg

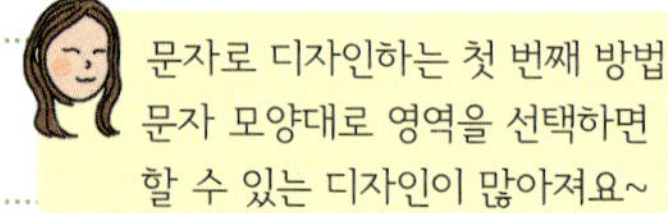

✧ 지금 하면 된다! ▸ [가로쓰기 마스크 도구 ▥]로 글자 모양 외곽선 그리기

[가로쓰기 마스크 도구 ▥]로 입력하면 문자의 외곽선이 선택 영역이 됩니다. 글자의
테두리만 사용해 디자인 콘텐츠를 제작할 때 많이 사용합니다.

01
❶ Ctrl + O를 눌러 준비 파일 문자 마스크 도구 활용.jpg를 불러옵니다.
❷ [가로쓰기 마스크 도구 ▥]를 선택하고 ❸ 글꼴과 글자 크기를 설정합니다.
❹ [레이어] 패널에서 [레이어 추가 ⊞]를 클릭한 다음
❺ 화면을 클릭합니다.

🟢 글꼴 Noto Sans CJK KR / Black
🟢 글자 크기 290pt

02

DJ MUSIC이라고 입력한 후 [Ctrl] + [Enter] 를 누르면 입력한 문자의 형태가 선택 영역이 됩니다.

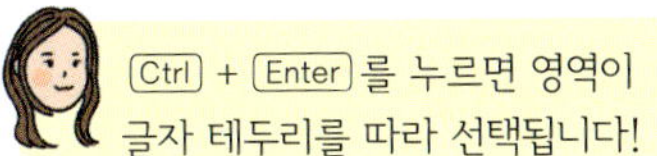

[Ctrl] + [Enter] 를 누르면 영역이 글자 테두리를 따라 선택됩니다!

03

글자에 테두리 선을 넣기 위해 메뉴 바에서 [편집 → 획]을 선택합니다.

🔵 영문판 [Edit → Stroke]

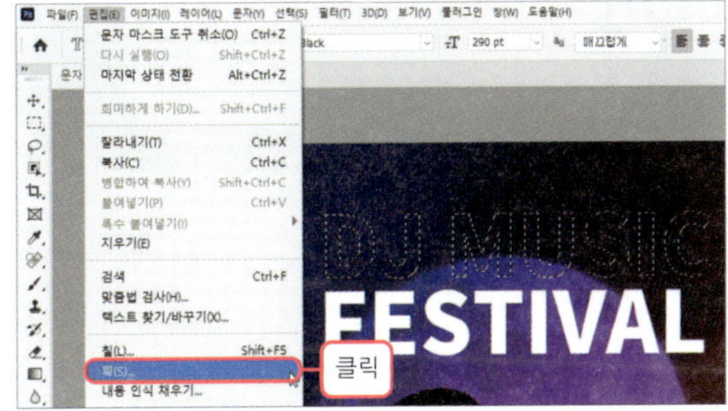

04

[획] 대화상자에서 ❶ 폭에 3픽셀을 입력한 후 ❷ 색상은 [흰색]으로 설정합니다. ❸ 선이 나타나는 위치로 [중앙]을 선택한 후 ❹ [확인]을 클릭합니다.

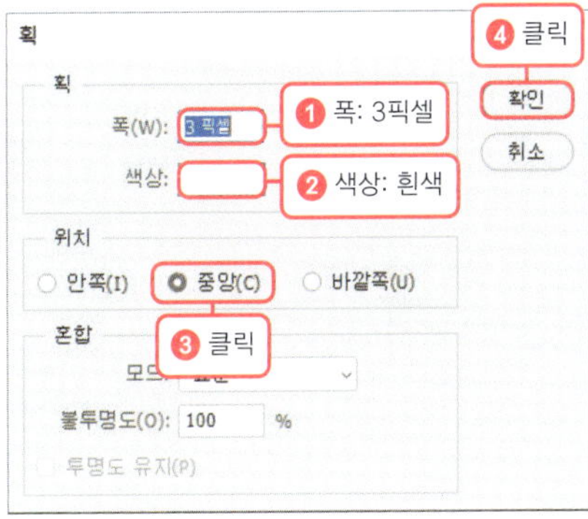

05

 + 를 눌러 선택 영역을 해제합니다.
입력한 글자 모양으로 테두리가 만들어졌습니다.

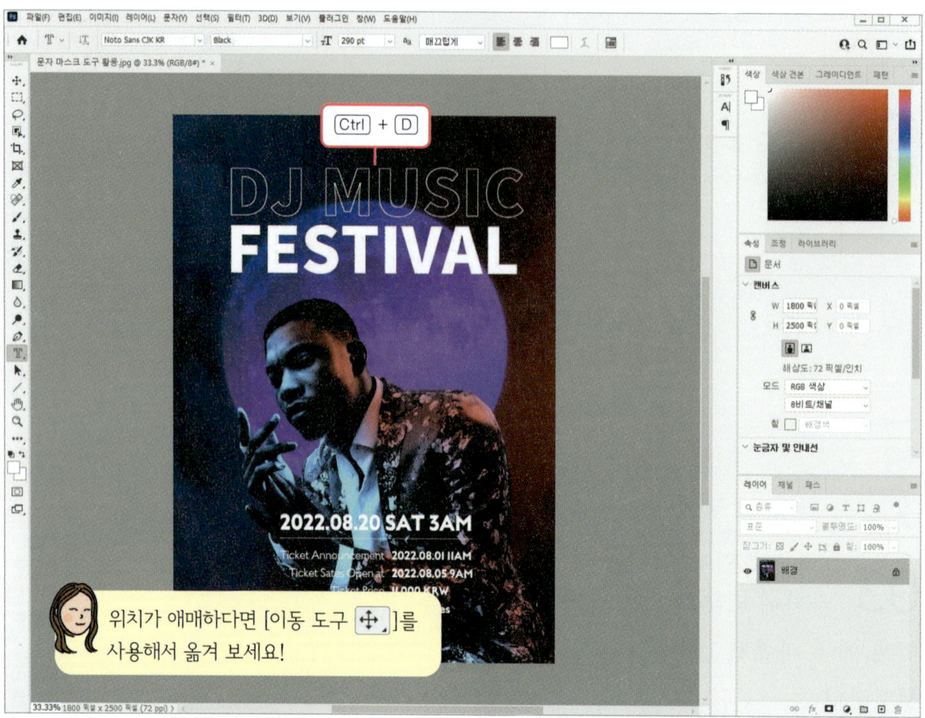

13-3

문자 뒤틀어 디자인하기

준비 파일 13/텍스트 왜곡.jpg
완성 파일 13/텍스트 왜곡 완성.jpg

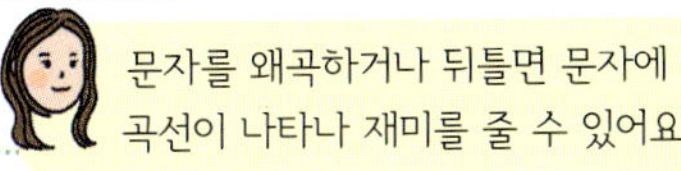

왜곡 기능이라고도 하는 뒤틀기 기능은 카드 뉴스, 이벤트 페이지, 유튜브 섬네일 디자인 등에서 자주 사용합니다. 특히 이벤트, 홍보성 콘텐츠를 디자인할 때 매우 유용하므로 다양하게 활용해 보세요!

◇◆ 지금 하면 된다! 〉 문자를 부채꼴 모양으로 구부리기

01
❶ Ctrl + O 를 눌러 준비 파일 텍스트 왜곡.jpg를 불러옵니다.
❷ [가로쓰기 문자 도구 T]를 선택한 후 ❸ 옵션 바에서 글꼴과 글자 크기, 색상 등을 지정합니다. ❹ 행간을 175pt로 설정하고 ❺ 문자를 입력한 후 ❻ 옵션 바에서 [뒤틀어진 텍스트 만들기 ⊥]를 클릭합니다.

● 글꼴 여기어때 잘난체 OTF
● 글자 크기 145pt

02 [텍스트 뒤틀기] 대화 상자가 나타나면 스타일에서 [위 부채꼴]을 선택합니다.

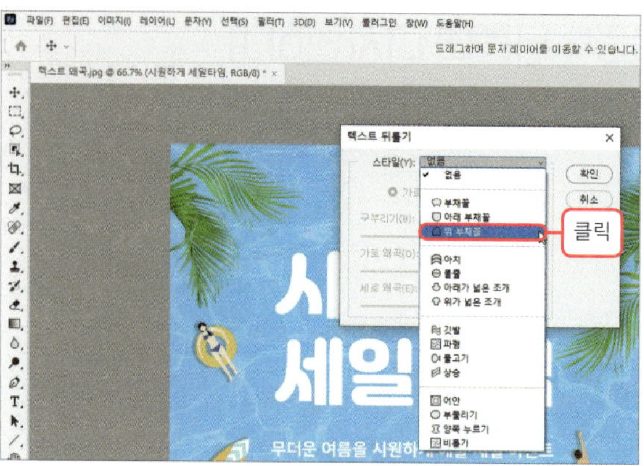

03 ❶ [구부리기] 항목의 슬라이더를 드래그해 뒤틀림 정도를 조절합니다.

❷ [확인]을 클릭해 텍스트 뒤틀기를 완료합니다.

실무에 추천하는 뒤틀기 스타일 6가지

[텍스트 뒤틀기] 스타일에는 15가지 종류가 있습니다. 하지만 실무에서 이 모든 스타일을 자주 사용하진 않아요! 작업자마다 다르지만 실무에 추천하는 스타일은 다음과 같습니다.

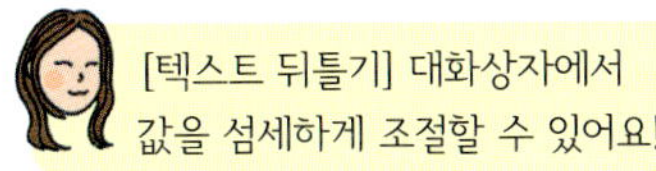

부채꼴(Arc)

아래 부채꼴(Arc Lower)

위 부채꼴(Arc Upper)

아치(Arch)

돌출(Bulge)

깃발(Flag)

13-4

패스 선을 따라 문자 입력하기

준비 파일 13/패스 곡선 문자.jpg

완성 파일 13/패스 곡선 문자 완성.jpg

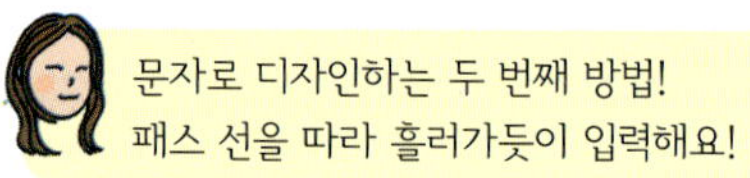

문자가 특정 곡선을 따라 흘러가는 것처럼 디자인하고 싶다면 [펜 도구 ✐.]로 패스 선을 그린 뒤 [문자 도구 T.]를 사용하면 됩니다. 곡선을 자유롭게 활용해 문자를 입력할 수 있기 때문에 개성 있는 타이포그래피 디자인을 제작할 수 있어요!

지금 하면 된다! ⟩ 패스 모양대로 흐르는 문자 입력하기

01 ❶ Ctrl + O 를 눌러 준비 파일 **패스 곡선 문자.jpg**를 불러옵니다.
❷ [펜 도구 ✐.]를 선택하고 ❸ 옵션 바에서 [패스]로 설정합니다.
❹ 모델의 머리 부분부터 라인을 따라 드래그해 패스 선을 만듭니다.

02

❶ 이어서 [가로쓰기 문자 도구 **T.**]를 선택합니다.

❷ 옵션 바에서 글꼴, 글자 크기, 색상 등을 선택합니다.

❸ 마우스 커서의 위치를 패스 선의 시작점으로 옮겨 모양이 로 변경됐을 때 클릭합니다.

💧 **글꼴** 나눔스퀘어OTF / ExtraBold
💧 **글자 크기** 30pt

03

문자를 입력하면 패스 선을 따라 흐르듯 표현됩니다.

깨지지 않는 벡터 도형 그리기

아윤 쌤의
강의 노트

포토샵은 '비트맵 방식', 일러스트레이터는 '벡터 방식'이라고 설명했던 것을 기억하나요? 그런데 사실은 포토샵에서도 벡터 방식을 사용할 수 있습니다. 바로 [모양 도구 □]와 [펜 도구 ✐]를 사용하는 것인데요. [모양 도구 □]와 [펜 도구 ✐]로 여러 형태의 도형을 만들어 보겠습니다.

✔ 체크 포인트

□ 벡터 방식 이해하기
□ [모양 도구]로 다양한 도형 만들기
□ 도형에 색상 넣고 테두리 두께 조절하기
□ [펜 도구]로 도형 그리기

14-1

포토샵에서 벡터 방식을 쓰는 방법 2가지

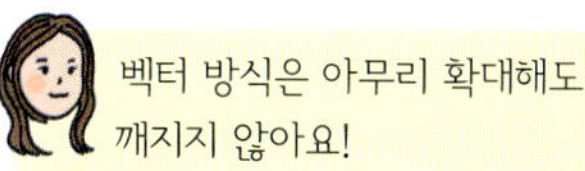

06-1절에서 살펴본 것처럼 벡터 방식은 점과 점을 선으로 연결해 도형을 만들고 도형을 수학적 함수로 계산해 표현하는 원리입니다. 그래서 크기를 늘리거나 줄여도 이미지가 깨지지 않습니다. 보통 일러스트레이터는 '벡터 방식', 포토샵은 '비트맵 방식'을 사용하지만, 포토샵에서도 [모양 도구 ▢]를 사용하면 벡터 방식을 구현할 수 있습니다. 포토샵의 [모양 도구 ▢]는 벡터 방식으로 점과 점을 선으로 이어 형태를 만들기 때문입니다.

벡터 방식

비트맵 방식

[모양 도구 ▢]로 만든 도형은 원하는 형태와 색상으로 쉽게 수정할 수 있습니다. [펜 도구 ✎]를 이용하면 비정형의 형태를 만들 수도 있습니다.

[모양 도구 ▢]와 [펜 도구 ✎]를 사용하면 [레이어] 패널의 섬네일에 셰이프 모양의 아이콘 ▣이 나타나며, 실무에서는 [모양 도구 ▢]를 '셰이프 도구'라고도 부릅니다.

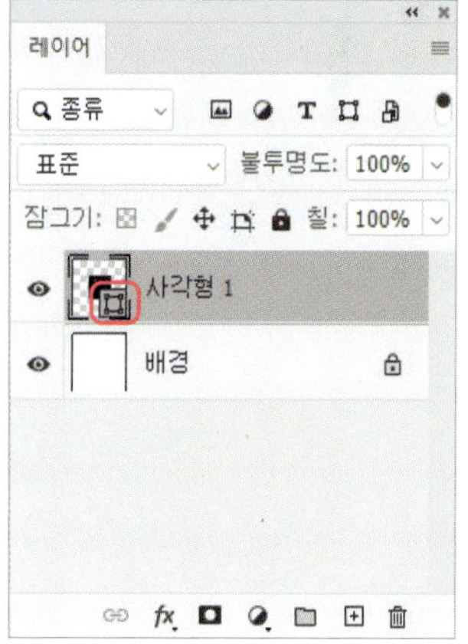

14-2

[모양 도구 ▭]로 도형 그리기

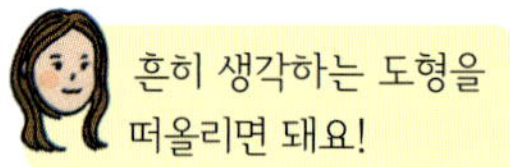

[모양 도구 ▭]의 종류 살펴보기 ⭐중요

[모양 도구 ▭]의 종류는 [사각형 도구 ▭], [타원 도구 ◯], [삼각형 도구 △], [다각형 도구 ◯], [별모양 도구 ☆], [선 도구 ╱], [사용자 정의 모양 도구 ✿] 총 7가지입니다.

▪ ▭ 사각형 도구		U
◯ 타원 도구		U
△ 삼각형 도구		U
◯ 다각형 도구		U
☆ 별모양 도구		U
╱ 선 도구		U
✿ 사용자 정의 모양 도구		U

[사각형 도구 ▭]

사각형 도형을 만듭니다. 기본적으로 가장 많이 사용합니다.

[타원 도구 ◯]

타원 도형을 만듭니다.

[삼각형 도구 △]

삼각형 도형을 만듭니다.

[다각형 도구 ◯], [별모양 도구 ☆]

옵션 바의 [면 수]에 수치를 입력하면 오각형, 육각형, 별 모양 등 다양한 도형을 만들 수 있습니다.

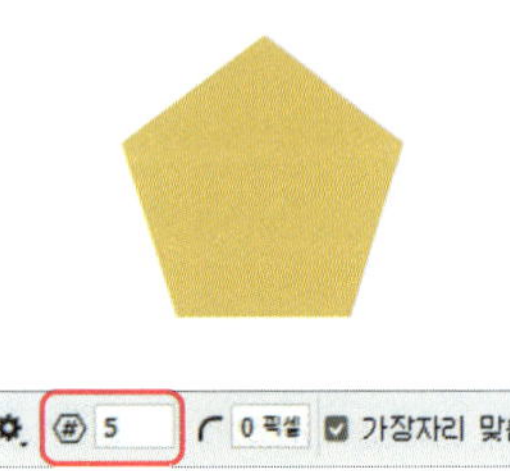

[선 도구 ╱]

[칠]을 '색이 없음'으로 설정하고 [획]에 원하는 색상과 두께를 적용하면 선을 만들 수 있습니다.

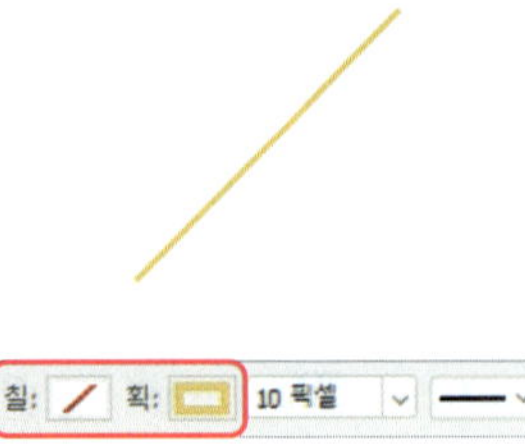

[사용자 정의 모양 도구 ✿]

포토샵에서 제공하는 다양한 형태의 도형을 만듭니다.

✦ 지금 하면 된다! › [사각형 도구 □]로 도형 만들고 색 채우기

[모양 도구 □]로 만든 도형은 면의 색과 선의 색을 다르게 설정할 수 있습니다. 7가지 도구 중 [사각형 도구 □]로 연습해 보겠습니다.

01 ❶ Ctrl + N을 눌러 새 작업 문서를 만듭니다.
❷ [사각형 도구 □]를 선택합니다.
❸ 작업 화면에서 클릭한 채로 드래그하면 사각형이 만들어집니다.

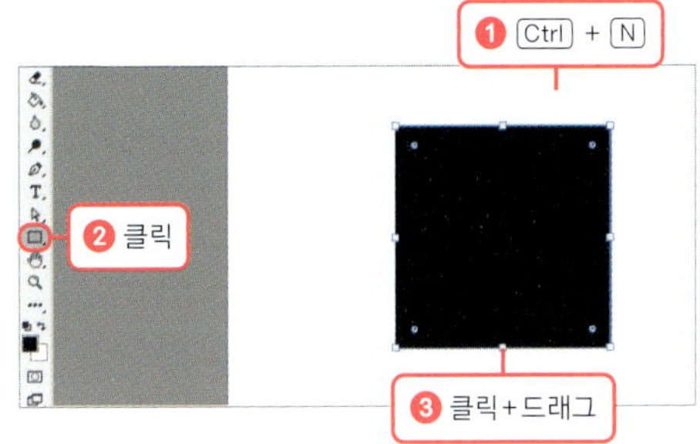

02 색상을 넣어 볼까요?
옵션 바에서 ❶ [칠(Fill)]을 선택하면 면의 색상이 변경되고 ❷ [획(Stroke)]을 설정하면 테두리의 색상이 변경됩니다.

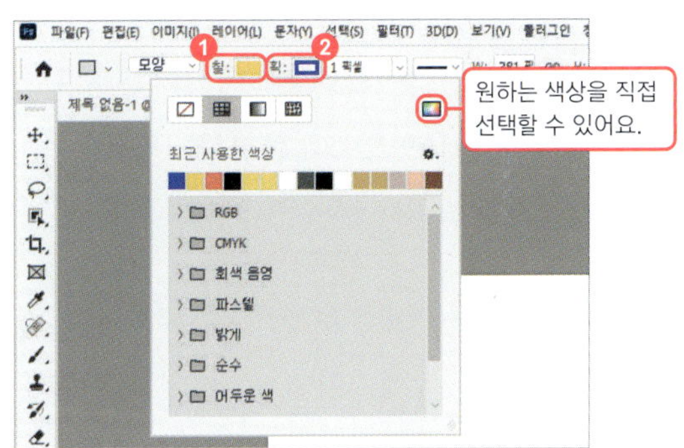

03 테두리의 두께도 조절할 수 있습니다. 10픽셀로 설정해 보세요.

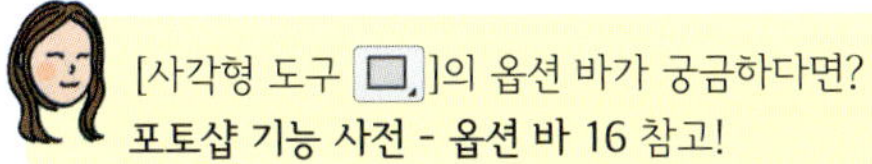

👩 [사각형 도구 □]의 옵션 바가 궁금하다면?
포토샵 기능 사전 – 옵션 바 16 참고!

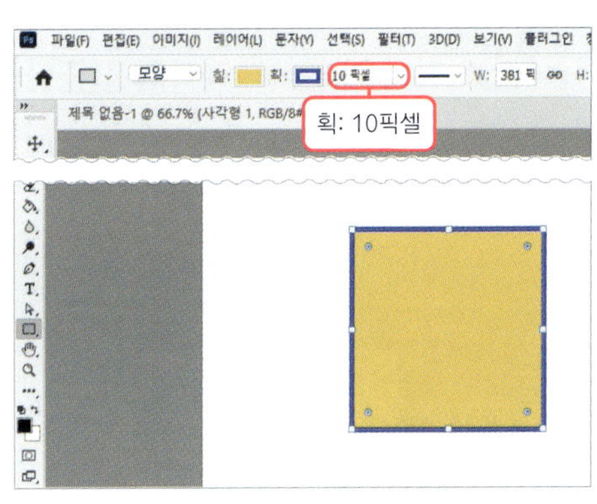

14-3

[펜 도구 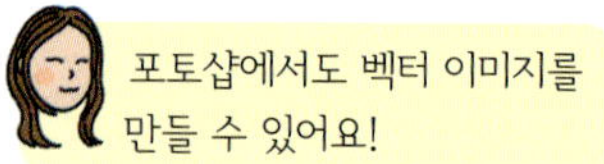]로 자유롭게 도형 그리기

[펜 도구]는 점과 선으로 패스를 만드는 도구입니다. 벡터 속성의 개체를 원하는 모양으로 변형하는 것은 물론, [모양 도구]로 만든 도형을 수정할 수도 있습니다. 능숙한 실무자가 되려면 반드시 숙지해 두세요!

지금 하면 된다! [펜 도구]로 사각형 그리기 ⭐중요

01 ❶ Ctrl + N 을 눌러 새 작업 문서를 만듭니다.

❷ [펜 도구]를 선택합니다.

❸ 옵션을 [모양]으로 변경합니다.

💧 [모양]으로 변경해야 원하는 색상을 사용할 수 있습니다!

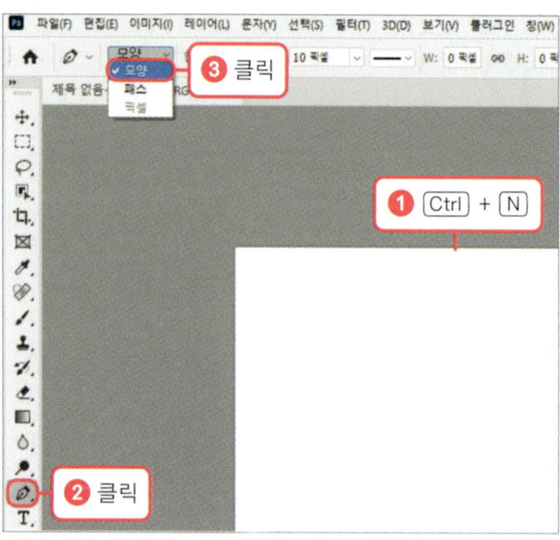

02 ❶ 작업 화면에서 시작점을 클릭한 후 ❷❸❹ 다음 방향을 다시 클릭합니다.

❺ 마지막으로 시작점을 다시 클릭하면 벡터 도형이 완성됩니다.

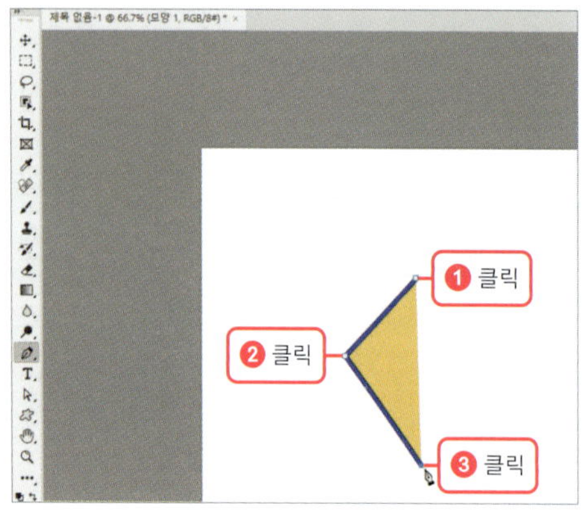

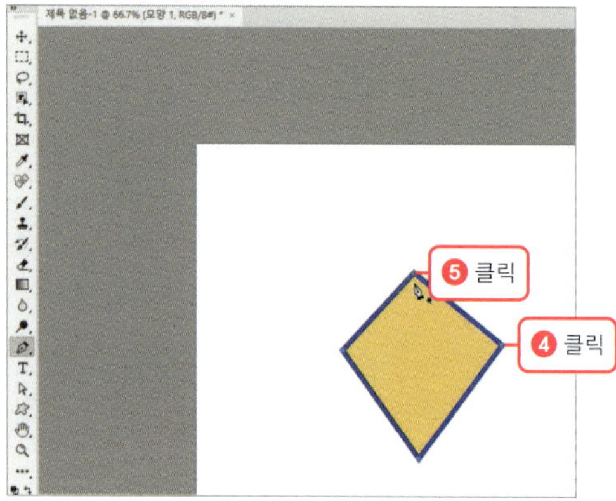

장르를 단번에 바꾸는 필터의 마법

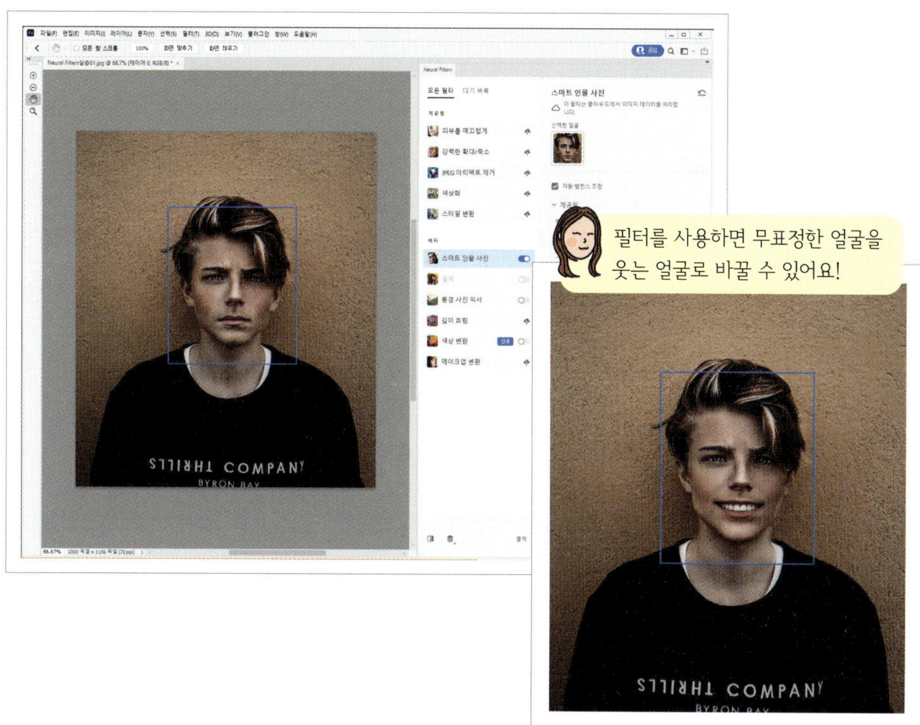

아윤 쌤의
강의노트

"회화, 조명, AI를 이용한 효과까지! 신기한 필터 기능을 만나 봐요!"

필터는 이미지에 특수 효과를 넣는 신기한 기능입니다. 회화 느낌을 주거나, 이미지를 흐리게 하거나, 조명 효과를 추가할 수도 있습니다.

AI 기술이 결합된 [뉴럴 필터] 기능을 사용하면 초보자도 클릭 한 번으로 이미지에 다양한 효과를 적용할 수 있습니다. 필터는 실무에서 반드시 필요한 기능이며, 특히 아트워크 디자인에서 많이 사용하므로 꼭 익혀 두세요!

✔ 체크 포인트

☐ 필터 기능 이해하기
☐ 필터 갤러리 살펴보기

☐ 뉴럴 필터로 표정과 분위기 바꾸기

15-1

필터 메뉴 살펴보기

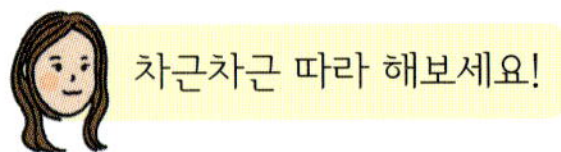

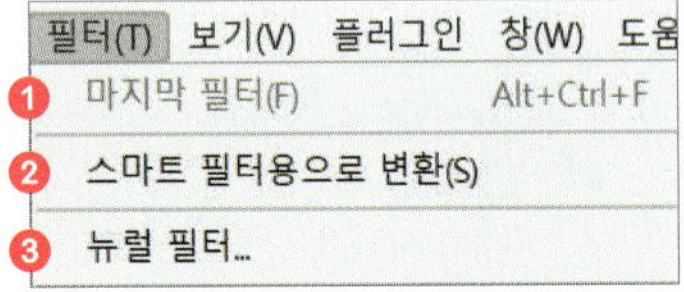

메뉴 바에서 [필터]를 선택하면 기본 필터가 하위 메뉴로 나타납니다. 그냥 봐서는 뭐가 뭔지 모르겠죠? 각각의 기능을 간단하게 정리해 드릴게요.

❶ **마지막 필터:** 여러 종류의 필터 중 최근에 사용한 필터의 이름이 나타납니다. 사용자의 편의에 맞춘 메뉴이므로 실무에서 많이 사용합니다.   🔹 단축키 [Alt] + [Ctrl] + [F]

❷ **스마트 필터용으로 변환:** 이 기능을 사용하면 일반 레이어가 고급 개체 레이어로 변환됩니다.

❸ **뉴럴 필터:** 어도비의 인공 지능인 어도비 센세이(Adobe Sensei) 기능으로, 인물·풍경 등의 이미지를 자동으로 인식해 자연스럽게 합성하거나 아예 다른 이미지로 만들 수 있습니다.

❓ 아윤 쌤! 질문 있어요!   스마트 필터는 뭐가 다른가요?

일반 이미지 레이어에 필터를 사용하면 원본 이미지에 바로 효과가 적용되면서 수정할 수 없지만, [스마트 필터용으로 변환] 기능을 사용해 고급 개체 레이어로 바꾸면 필터를 수정할 수 있어요. 고급 개체 레이어는 일반 레이어와 달리 레이어 축소판의 오른쪽 아래에 작은 아이콘 🔲 이 표시됩니다.

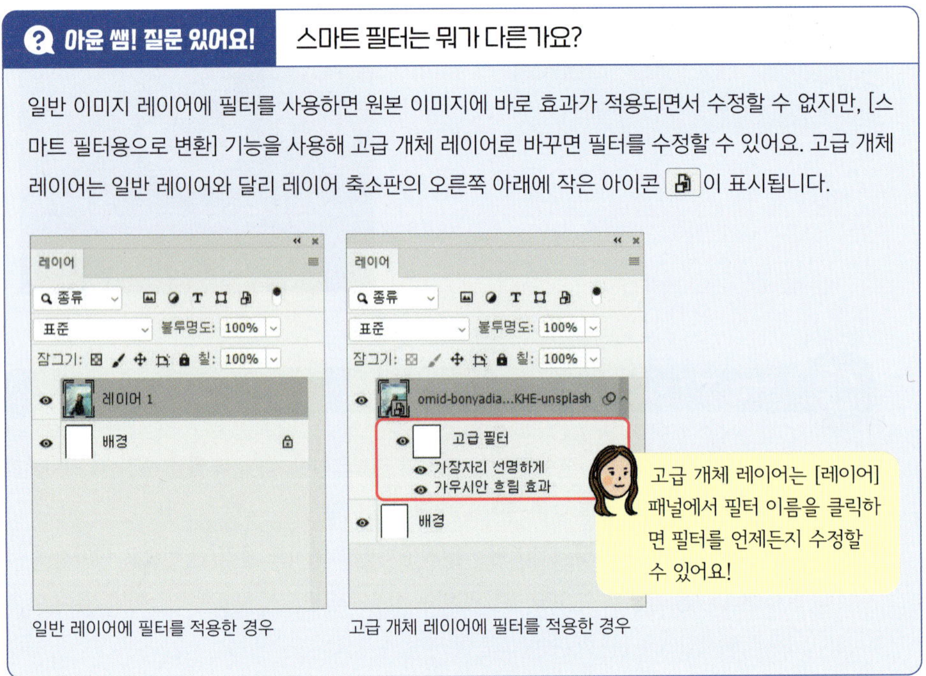

일반 레이어에 필터를 적용한 경우   고급 개체 레이어에 필터를 적용한 경우

15-2

얼굴 표정부터 계절감까지 바꾸는 [뉴럴 필터]

준비 파일 15/인물 표정 바꾸기.jpg, 밤거리 합성.psd, 풍경 분위기 바꾸기.jpg

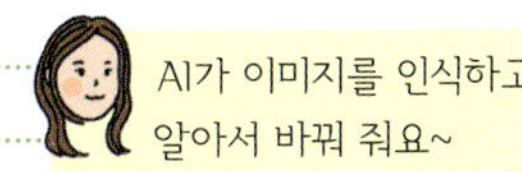

지금 하면 된다! ⟩ 무표정한 얼굴을 웃는 얼굴로 만들기

[뉴럴 필터] 기능을 사용해서 무표정한 얼굴 이미지를 환하게 웃는 이미지로 만들 어 보겠습니다.

01 ❶ [Ctrl] + [O]를 눌러 준비 파일 인물 표정 바꾸기.jpg를 불러옵니다.
❷ 메뉴 바에서 [필터 → 뉴럴 필터]를 클릭합니다.

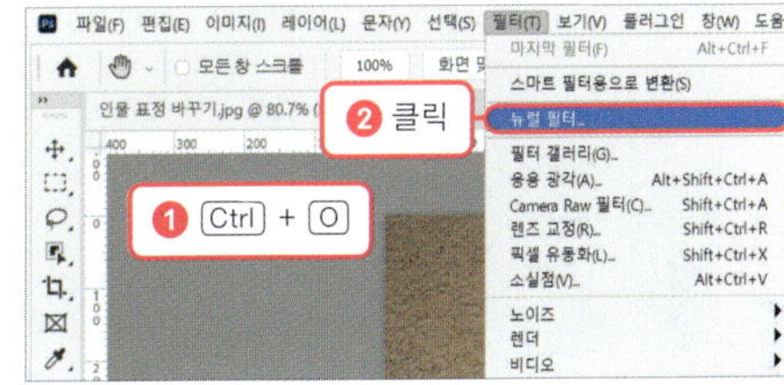

02 ❶ 메뉴에서 [스마트 인물 사진]을 선택해 ❷ 옵션을 활성화합니다.

03

❶ [행복] 슬라이더를 오른쪽으로 드래그해 보세요.

❷ 왼쪽 이미지의 얼굴이 웃는 표정으로 바뀌면 ❸ [확인]을 클릭합니다.

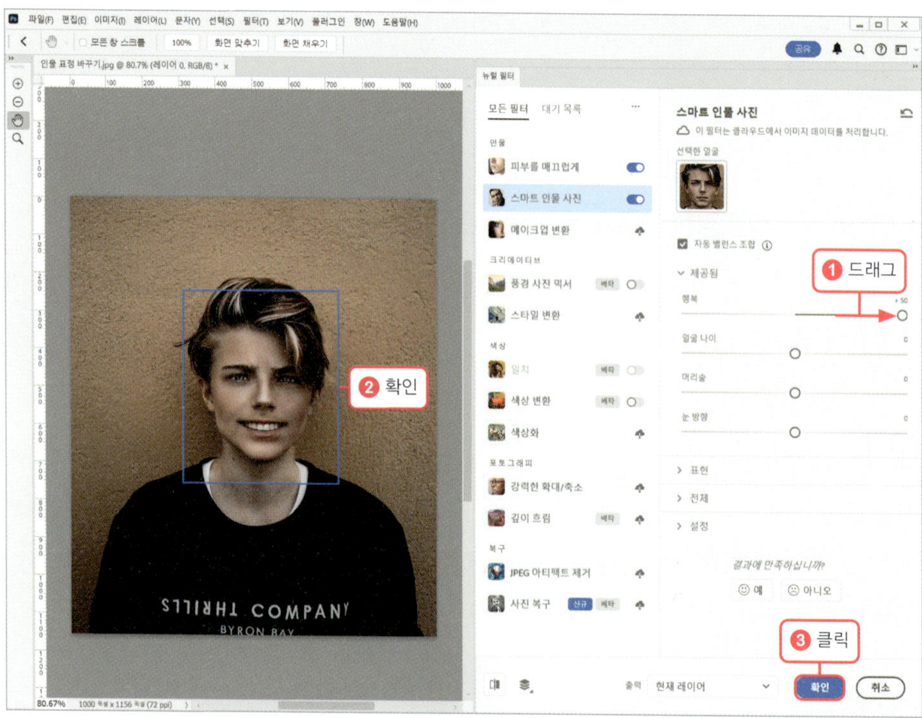

04

무표정했던 얼굴이 환하게 웃는 얼굴로 변경됐습니다.

✦❖지금 하면 된다! 〉 합성한 이미지가 어우러지도록 자연스럽게 보정하기

[뉴럴 필터] 기능을 사용하면 합성에 사용한 두 장의 이미지를 마치 원래 한 장의 이미지인 것처럼 자연스럽게 보정할 수 있습니다.

01

❶ Ctrl + O 를 눌러 준비 파일 밤거리 합성.psd를 불러옵니다.

❷ 메뉴 바에서 [필터 → 뉴럴 필터]를 클릭합니다.

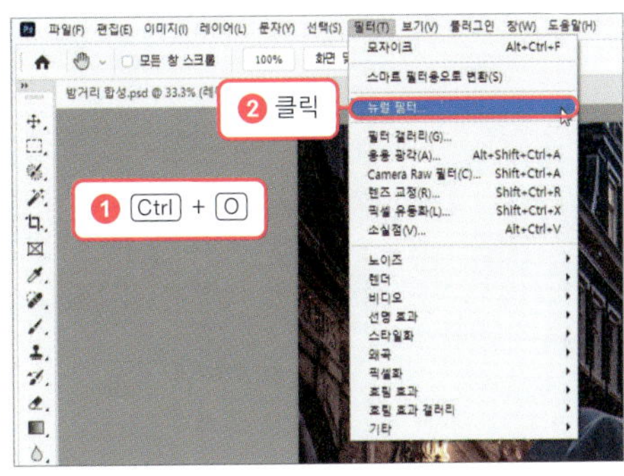

02

❶ 필터 메뉴에서 [일치]를 클릭합니다.

❷ [레이어 선택 → 배경]을 선택합니다.

🟢 영문판 [Harmonization]

03 배경과 인물의 색상이 조화롭게 보정되었습니다.

❶ 보정이 좀 더 필요하다면 옵션 슬라이더를 드래그해 수정할 수 있습니다. ❷ 수정을 마쳤다면 [확인]을 클릭합니다.

04 인물 레이어와 배경 레이어가 원래 하나의 사진인 것처럼 조화롭게 보정되었습니다.

✧지금 하면 된다! ▶ 풍경 이미지에 다양한 분위기 적용하기

[뉴럴 필터] 기능을 사용하면 가을 풍경 사진을 겨울 분위기로 단번에 바꿀 수 있습니다.

01
❶ Ctrl + O 를 눌러 준비 파일 풍경 분위기 바꾸기.jpg를 불러옵니다.
❷ 메뉴 바에서 [필터 → 뉴럴 필터]를 클릭합니다.

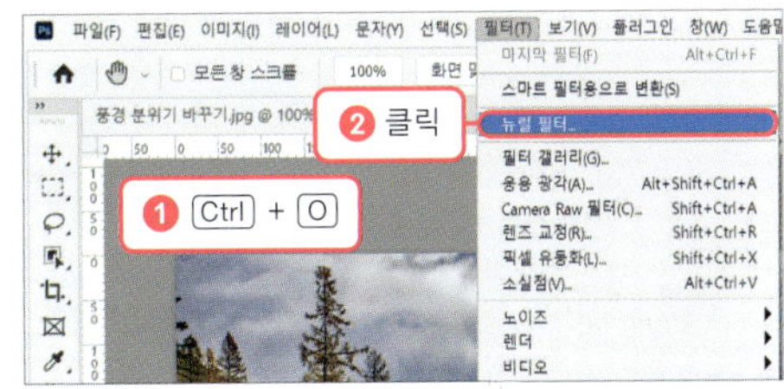

02
필터 메뉴에서 [풍경 사진 믹서]를 클릭합니다. 🌢 영문판 [Landscape Mixer]

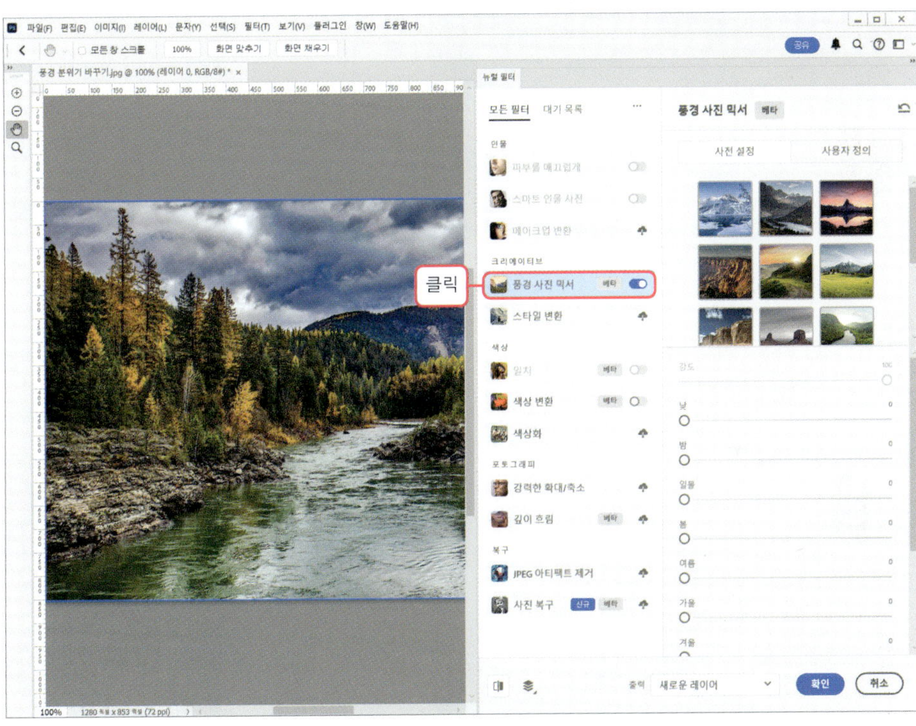

03 ❶ 겨울 풍경 사진을 선택하고 ❷ [겨울] 슬라이더를 오른쪽으로 드래그하면 사진이 겨울 분위기로 바뀝니다. ❸ [확인]을 클릭해 뉴럴 필터를 적용합니다.

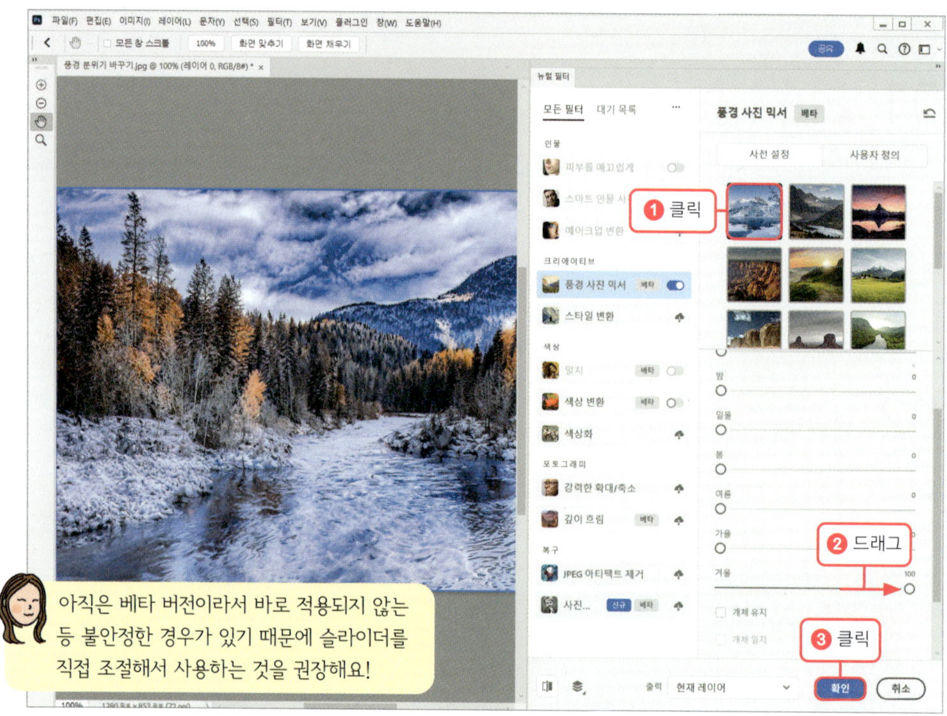

04 또 다른 이미지를 선택하면 해당 이미지의 분위기와 조화롭게 합성됩니다. 신기하죠? 이제 여러분도 클릭 몇 번으로 쉽게 합성할 수 있답니다.

15-3

다양한 필터가 모여 있는 [필터 갤러리]

이번에는 실무에서 많이 사용하는 [필터 갤러리]를 알아보겠습니다. 메뉴에서 [필터 → 필터 갤러리]를 클릭하면 그림을 그린 듯한 효과, 연필로 스케치한 효과, 독특한 질감을 표현하는 효과 등 6가지 메뉴가 나타납니다. 실무에서 많이 사용하는 효과를 중심으로 하나하나 살펴보겠습니다.

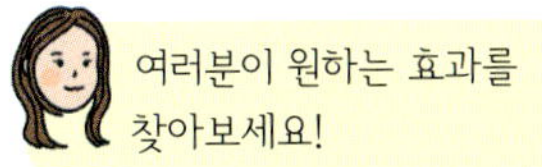

❶ 브러시 획(Brush Strokes)

붓의 질감 느낌과 잉크를 사용해 수채화나 순수 미술의 느낌을 내는 필터입니다. 메뉴 바에서 [필터 → 필터 갤러리 → 브러시 획]을 클릭하면 적용됩니다.

원본

각진 획(Angled Strokes)

강조된 가장자리(Accented Edges)

그물눈(Crosshatch)

뿌리기(Spatter)

수묵화(Sumi-e)

스프레이 획(Sprayed Strokes)

어두운 획(Dark Strokes)

잉크 윤곽선(Ink Outlines)

❷ 스케치 효과(Sketch)

메뉴 바에서 [필터 → 필터 갤러리 → 스케치 효과]를 클릭하면 적용됩니다.

[스케치 효과]는 연필이나 펜 등을 사용해 손으로 직접 스케치한 듯한 느낌을 줍니다.

원본

가장자리 찢기(Torn Edges)

그래픽 펜(Graphic Pen)

도장(Stamp)

망사 효과(Reticulation)

메모지(Note Paper)

목탄(Charcoal)

물 종이(Water Paper)

복사(Photocopy)

석고(Plaster)

저부조(Bas Relief)

크롬(Chrome)

크레용(Conté Crayon)

하프톤 패턴(Halftone Pattern)

분필과 목탄(Chalk & Charcoal)

❸ **스타일화(Stylize)**

[스타일화]는 픽셀을 변경하거나 이미지의 대비를 고조시켜 그림을 그린 듯한 효과
나 표면이 돌출되는 등의 효과를 낼 때 사용합니다. [필터 → 필터 갤러리 → 스타일
화] 또는 [필터 → 스타일화]에서 적용할 수 있습니다.

[필터 → 필터 갤러리 → 스타일화]에는 [가장자리 광선 효과]가 있습니다.

원본

가장자리 광선 효과(Glowing Edges)

[필터 → 스타일화]에는 9가지 필터가 있습니다.

가장자리 찾기(Find Edges)

과대 노출(Solarize)

돌출(Extrude)

바람(Wind)

엠보스(Emboss)

유화(Oil Paint)

윤곽선 추적(Trace Contour)

타일(Tiles)

확산(Diffuse)

❹ 예술 효과(Artistic)

미술 도구를 사용한 느낌으로 회화적이고 예술적인 효과를 적용해 주는 필터입니다.
메뉴에서 [필터 → 필터 갤러리 → 예술 효과]를 클릭하면 적용됩니다.

원본

거친 파스텔 효과(Rough Pastels)

네온광(Neon Glow)

드라이 브러시(Dry Brush)

문지르기 효과(Smudge Sick)

비닐랩(Plastic Wrap)

색연필(Colored Pencil)

수채화 효과(Watercolor)

스폰지(Sponge)

언더페인팅 효과(Underpainting)

오려내기(Cutout)

팔레트 나이프(Palette Knife)

페인트 바르기(Paint Daubs)

포스터 가장자리(Poster Edges)

프레스코(Fresco)

필름 그레인(Film Grain)

15 · 장르를 단번에 바꾸는 필터의 마법　**273**

[왜곡]은 이미지를 뒤틀거나 기하학적으로 변경하는 필터 기능입니다.
[필터 → 필터 갤러리 → 왜곡] 또는 [필터 → 왜곡]에서 적용할 수 있습니다.

[필터 → 필터 갤러리 → 왜곡]에는 '광선 확산', '바다 물결', '유리' 3가지가 있습니다.

원본

광선 확산(Diffuse Glow)

바다 물결(Ocean Ripple)

유리(Glass)

메뉴 바에서 [필터 → 왜곡]을 클릭하면 이미지 형태를 왜곡하는 여러 가지 필터를 사용할 수 있습니다.

구형화(Spherize)

극좌표(Polar Coordinates)

기울임(Shear)

돌리기(Twirl)

잔물결(Ripple)

지그재그(ZigZag)

파형(Wave)

핀치(Pinch)

❻ 텍스처(Texture)

[텍스처]는 이미지 표면의 다양한 질감을 표현해 주는 필터입니다. 벽처럼 거친 느낌, 타일, 모자이크 등 다양한 표면 질감을 넣을 수 있습니다.

[필터 → 필터 갤러리 → 텍스처]에서 다음 6가지 필터를 확인할 수 있습니다.

원본

균열(Craquelure)

그레인(Grain)

모자이크 타일(Mosaic Tiles)

이어붙이기(Patchwork)

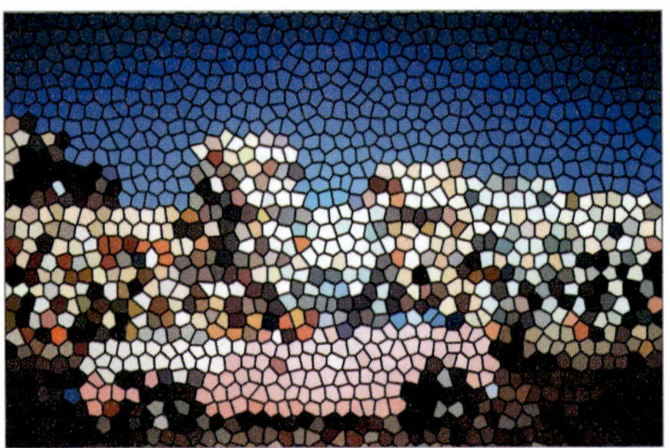

채색 유리(Stained Glass)

텍스처화(Texturizer)

15-4

그 밖의 9가지 필터 살펴보기

이 외에도 실무에서 유용하게 사용할 수 있는 다양한
필터 기능 9가지를 함께 살펴보겠습니다.

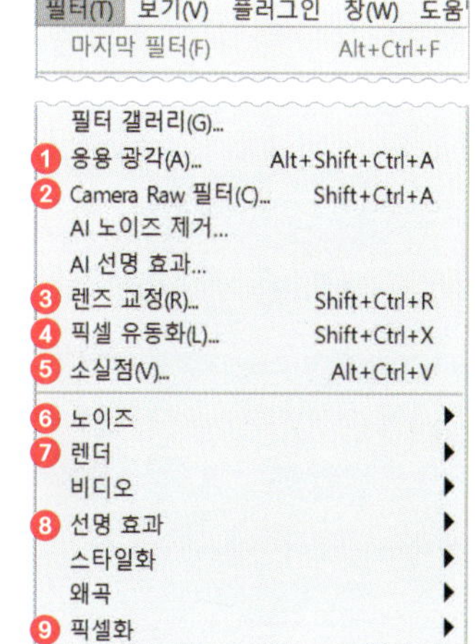

[AI 노이즈 제거]와 [AI 선명 효과]는
AI 모델 토파즈를 사용한 필터예요!

❶ 응용 광각

광각 렌즈 카메라로 촬영하면 이미지 굴곡 현상이 발생합니다. [필터 → 응용 광각]은
광각 렌즈로 찍어 왜곡된 이미지를 바르게 교정할 수 있으며, [어안] 옵션을 선택하
면 어안 렌즈를 사용한 효과를 낼 수 있습니다.

● 영문판 [Adaptive Wide Angle]

광각으로 인해 도로가 굴곡된 모습

[응용 광각]을 이용해 똑바르게 교정한 결과

❷ Camera Raw 필터

[필터 → Camera Raw 필터]는 디지털 카메라로 촬영한 RAW 파일을 보정하고 다른 형식으로 변환해 줍니다. JPEG, PNG, TIFF 등 다른 포맷의 이미지를 포토샵으로 불러와 작업할 수도 있습니다. 포토샵의 [조정] 기능과 비슷하지만 좀 더 전문적인 보정 기능이라고 생각하면 됩니다. 그렇지만 기능이 어렵지는 않습니다. 옵션 값을 조정하면 누구나 쉽게 보정할 수 있어요.

🟢 **영문판** [Camera Raw Filter]

❸ 렌즈 교정

사진을 촬영할 때 왜곡되거나 흔들려 원근이 기울어지는 경우 [필터 → 렌즈 교정]을 사용해 수직, 수평, 왜곡 현상 등을 교정합니다.

🟢 **영문판** [Lens Correction]

원본   수평 맞춤

❹ 픽셀 유동화

[필터 → 픽셀 유동화]는 선명한 화질을 유지하면서 이미지의 형태를 원하는 대로 변형할 수 있는 필터입니다. 특히 인물 이미지를 보정할 때 빠질 수 없는 기능이죠. 통통한 얼굴을 갸름한 얼굴로 바꿔 주거나, 짧은 다리를 긴 다리로 만들거나, 살찐 몸을 날씬한 몸으로 만들어 주는 고마운 기능입니다. 옵션을 조절해 눈, 코, 입 등을 교정할 수도 있답니다.

🔵 영문판 [Liquify]

원본 / 갸름해진 얼굴

❺ 소실점

[필터 → 소실점]은 원근감이 있는 벽이나 입체적인 건물 이미지에 텍스트나 다른 이미지를 자연스럽게 합성합니다.

🔵 영문판 [Vanishing Point]

원본 / 건물 외벽에 이미지를 합성한 모습

❻ 노이즈

[노이즈]는 이미지 속 잡티를 없애거나 추가해 주는 필터입니다.

[필터 → 노이즈]를 클릭하면 적용됩니다. ● 영문판 [Noise]

원본

노이즈 감소(Despeckle)

노이즈 추가(Add Noise)

먼지와 스크래치(Dust&Scratches)

반점 제거(Reduce Noise)

중간값

❼ 렌더

[렌더]는 구름 패턴, 굴절 패턴, 이미지에서 시뮬레이션된 빛 반사, 패턴 조명 효과 등을 만들 때 사용합니다. [필터 → 렌더]를 클릭하면 적용됩니다.　🟢 영문판 [Render]

원본

구름 효과 1(Clouds)

구름 효과 2(Difference Clouds)

렌즈 플레어(Lens Flare)

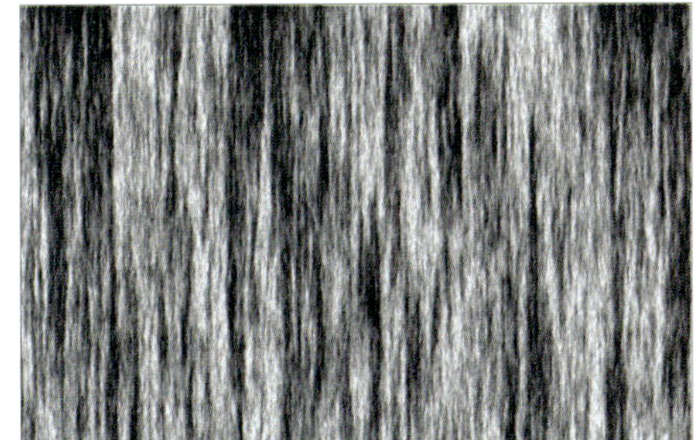

섬유(Fibers)

조명 효과(Lighting)

❽ 선명 효과

[선명 효과]는 이미지 픽셀의 대비 효과를 주어 흐린 이미지를 선명하게 만듭니다. [필터 → 선명 효과]를 클릭하면 적용됩니다. 이 중 [고급 선명 효과]는 [노이즈 감소] 옵션을 조절해 주요 부분은 선명하게, 그 외 부분은 흐리게 만든다는 점에서 [더 선명하게]와 다릅니다.

🟢 영문판 [Sharpen]

원본

선명하게(Sharpen)

더 선명하게(Sharpen More)

흔들기 감소(Shake Reduction)

고급 선명 효과(Smart Sharpen)

언샵 마스크(Unsharp Mask)

❾ 픽셀화

[픽셀화]는 주변 픽셀을 이동시켜 도트 효과와 모자이크 효과 등을 만듭니다.

[필터 → 픽셀화]를 클릭하면 적용됩니다.　　　　🟢 **영문판** [Pixelate]

원본

단면화(Facet)

메조틴트(Mezzotint)

모자이크(Mosaic)

분열(Fragment)

색상 하프톤(Color Halftone)

수정화(Crystallize)

점묘화(Pointillize)

인물 사진을 웹툰 속 그림으로 만들기

준비 파일 15/문제/만화 효과 만들기 실습.psd
완성 파일 15/문제/만화 효과 만들기 완성.jpg

미션 필터 갤러리와 다양한 필터를 사용해 만화처럼 만들어 보세요!

필터의 특수 효과와 같은 기능을 과연 어디에 활용할지 궁금하지 않나요?
수많은 디자인 작업에 활용하지만, 인물 사진을 마치 웹툰 그림체처럼 만들 수
도 있답니다. 동영상 강의와 함께 인물 사진을 웹툰 속 그림으로 만들어 보세요.

동영상 강의

실무에서 자주 쓰는 고급 기술 4가지
- 전문가로 한발 더 나아가기

포토샵의 기본 기능을 배웠다면 이제 실력을 조금 더 높여 볼까요? 셋째마당에서는 지금까지 배운 기능을 떠올리면서 실무에서 많이 사용하는 필수 기능을 배워 볼 거예요! 실무에서 자주 사용할 뿐만 아니라 이 책의 넷째마당에서 실전 디자인 프로젝트를 완성도 있게 만들기 위해서라도 반드시 알아야 하는 기능입니다.

16 고급 합성을 위한 레이어 활용법

17 보정과 합성의 종결, 채널

18 망한 사진도 인생 사진으로 만드는 인물 보정 기술

19 고난이도 누끼 따기 노하우

고급 합성을 위한 레이어 활용법

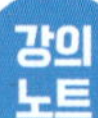
섬네일 자막에 효과를 입힐 때도
레이어 스타일을 활용해요~

"실전 레이어 활용 방법을 익혀 보세요!"

04장에서 레이어의 기본 개념을 이해했으므로 이번에는 레이어를 여러 디자인에 활용해 보겠습니다. 레이어는 실무에서 가장 많이 사용하는 기능입니다. 특히 [레이어] 패널의 블렌딩 모드와 레이어 마스크는 이미지를 자연스럽게 합성할 때 유용하고, 레이어 스타일은 적용하는 효과에 따라 디자인의 완성도를 눈에 띄게 높일 수 있습니다.

✔ 체크 포인트

☐ 블렌딩 모드 사용하기　　　　　　　☐ 클리핑 마스크 활용하기
☐ 레이어 스타일 사용하기　　　　　　☐ 레이어 마스크 활용하기

16-1

이미지를 자연스럽게 합성하는 블렌딩 모드

준비 파일 16/블렌딩 모드 실습_01.jpg, 블렌딩 모드 실습_02.jpg

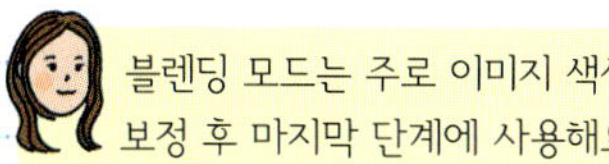

블렌딩 모드란?

블렌딩 모드(blending mode)는 말 그대로 2개의 이미지를 혼합해 사용하는 것을 말합니다. 원래 하위 레이어인 이미지는 상위 레이어 이미지 뒤에 가려져 보이지 않지만, 두 이미지 사이에 블렌딩 모드를 적용하면 두 이미지가 물감 섞이듯 혼합되면서 뒤에 있는 하위 레이어 이미지가 드러나는 원리입니다.

블렌딩 모드의 종류는 총 27개입니다. 하지만 종류가 많다고 해서 블렌딩 모드의 종류를 모두 외울 필요는 없습니다. 각 모드가 비슷한 기능끼리 묶여 있기 때문이죠. 큰 그룹 단위로 이해해 두고 그때그때 맞는 블렌딩 모드를 적용하면 됩니다.

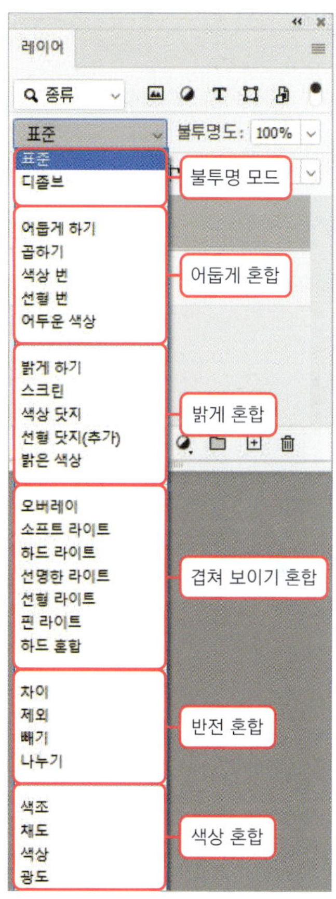

각각의 블렌딩 모드가 어떤 모습인지 확인하기 전에 [레이어] 패널에서 블렌딩 모드를 한번 적용해 보겠습니다.

01 Ctrl + O 를 눌러 준비 파일 블렌딩 모드 실습_01.jpg를 불러옵니다.

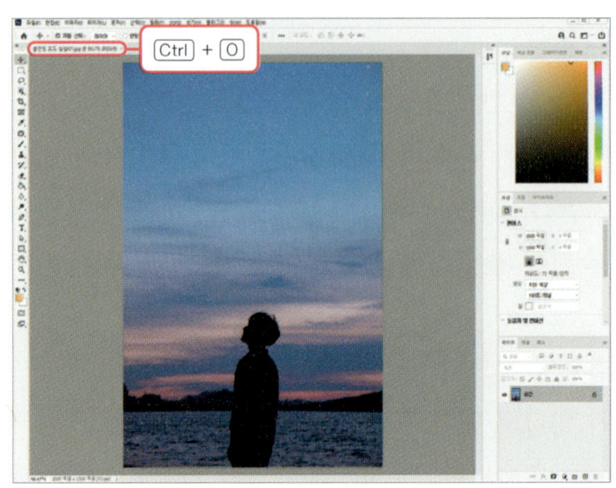

02 또 다른 준비 파일 블렌딩 모드 실습_02.jpg를 작업 화면 위로 드래그해 불러옵니다.

💧 만약 두 이미지의 크기가 다르다면 자유 변형 모드로 만든 다음 동일한 크기로 맞추세요.

03 이제 상위 레이어가 하위 레이어와 혼합되도록 블렌딩 모드를 사용해 볼게요. [레이어] 패널에서 블렌딩 모드로 [어둡게 하기]를 선택합니다. 작업 화면으로 불러온 두 이미지가 자연스럽게 혼합됩니다.

27가지 블렌딩 모드 자세히 살펴보기

27가지 블렌딩 모드 가운데 어떤 것을 사용할지 고민된다면 디자인 목적을 고려해 선택하면 됩니다. 이제부터 직접 모든 블렌딩 모드를 사용해 보겠습니다.

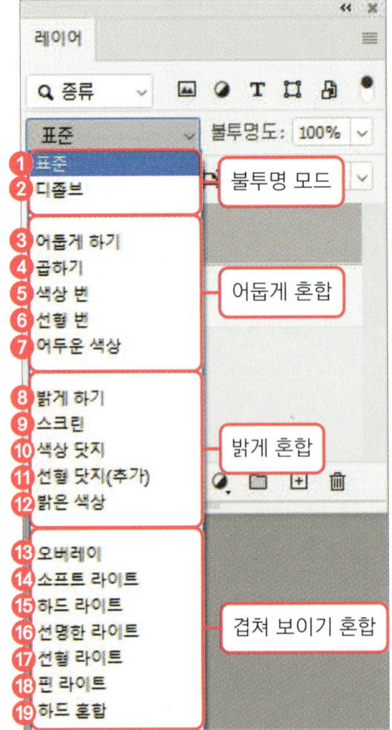
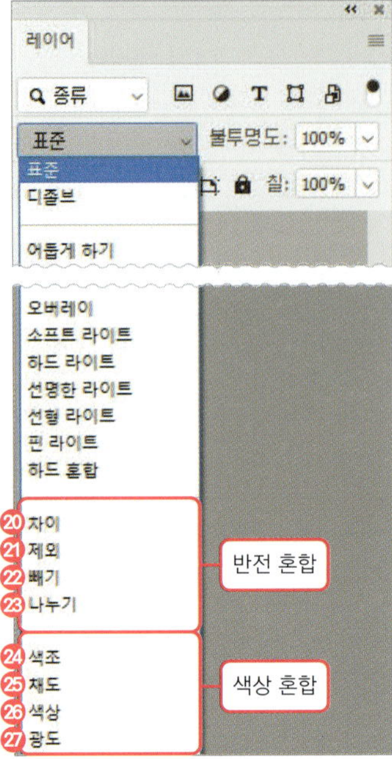

① 표준(Normal)

두 레이어의 이미지가 혼합되지 않은 일반 모드입니다. 하위 이미지와 혼합되지 않은 상태로, 상위 레이어의 이미지만 보입니다.

② 디졸브(Dissolve)

하위 레이어 이미지의 윤곽을 점으로 표시하는 혼합 모드입니다. 거칠고 투박한 이미지를 만들 때 유용합니다.

표준(Normal)

디졸브(Dissolve)

③ 어둡게 하기(Darken)

상·하위 레이어 이미지의 어두운 부분을 강조하면서 레이어를 합성합니다. 밝은 색상은 투명해지고 어두운 색상을 중심으로 합성합니다.

④ 곱하기(Multiply) ⭐중요

상·하위 레이어 이미지의 색상을 곱하는 방식입니다. 흰색일수록 투명하게, 이미지가 겹치는 부분은 어둡게 합성합니다. 검은색을 곱하면 검은색으로 표현되고, 흰색을 곱하면 투명하게 표현됩니다. 실무에서 많이 사용하는 기능입니다.

⑤ 색상 번(Color Burn)

이미지가 어두워지는 방향으로 합성합니다. [번 도구 ✎]처럼 이미지를 어둡게 만듭니다.

⑥ 선형 번(Linear Burn)

상·하위 레이어 이미지의 명도를 낮춰 색상을 어둡게 한 후 합성합니다. 흰색과 혼합하면 색이 변하지 않습니다.

⑦ 어두운 색상(Darker Color)

색상이 있는 부분을 제외한 나머지 부분을 어둡게 만듭니다.

어둡게 하기(Darken)

곱하기(Multiply)

색상 번(Color Burn)

선형 번(Linear Burn)

어두운 색상(Darker Color)

8 밝게 하기(Lighten)

상·하위 레이어 이미지의 색상 중 밝은 색상을 강조해 표현합니다.

9 스크린(Screen) ⭐중요

레이어 이미지의 색상 중 밝은색은 더 밝아지고, 검은색은 투명해집니다. [곱하기] 모드와 반대입니다.

10 색상 닷지(Color Dodge)

상·하위 레이어 이미지의 색상 대비를 낮춰 색상을 밝게 한 후에 합성합니다. 빛을 강하게 표현할 때 유용합니다.

11 선형 닷지(추가) (Linear Dodge(Add))

상·하위 레이어 이미지의 명도를 높여 색상을 밝게 한 후에 합성합니다. 기존 색상을 밝게 표현할 때 유용합니다.

12 밝은 색상(Lighter Color)

상·하위 레이어 이미지의 색상값을 비교해 밝은 색상을 중심으로 합성합니다.

밝게 하기(Lighten)

스크린(Screen)

색상 닷지(Color Dodge)

선형 닷지(추가) (Linear Dodge(Add))

밝은 색상(Lighter Color)

⑬ 오버레이(Overlay) ⭐중요

상·하위 레이어 이미지의 색상을 필요에 따라 [곱하기] 모드나 [스크린] 모드로 바꿉니다. 밝은 영역은 더 밝게, 어두운 영역은 더 어둡게 합성해 2개의 레이어 이미지가 겹쳐 보입니다.

⑭ 소프트 라이트(Soft Light)

[오버레이]와 같은 방식으로, 상·하위 레이어 이미지의 색상을 어둡게 하거나 밝게 합성합니다. 합성된 색상이 50% 회색보다 밝으면 [닷지 도구 🔍]를 사용한 것처럼 밝아지고, 50% 회색보다 어두우면 [번 도구 ✋]를 사용한 것처럼 어두워집니다.

⑮ 하드 라이트(Hard Light)

[소프트 라이트] 모드와 같은 방식으로 합성합니다. 색상이 [소프트 라이트] 모드보다 강하게 표현됩니다.

⑯ 선명한 라이트(Vivid Light)

상·하위 레이어 이미지의 합성 색상 대비를 높이거나 낮춥니다. [번 도구 ✋]와 [닷지 도구 🔍]를 강하게 적용한 효과를 보여 주며 색상이 [하드 라이트]보다 강하게 표현됩니다.

오버레이(Overlay)

소프트 라이트(Soft Light)

하드 라이트(Hard Light)

선명한 라이트(Vivid Light)

16 · 고급 합성을 위한 레이어 활용법　**293**

⑰ 선형 라이트(Linear Light)

상·하위 레이어 이미지의 합성 색상 명도를 높이거나 낮춰 합성합니다. 합성된 색상이 50% 회색보다 밝으면 명도를 높이고, 50% 회색보다 어두우면 밝기를 낮춥니다. 특수 효과를 표현할 때 유용합니다.

⑱ 핀 라이트(Pin Light)

상·하위 레이어 이미지 중 채도가 높은 방향으로 합성합니다.

⑲ 하드 혼합(Hard Mix)

상·하위 레이어 이미지의 색상값을 합해 표현합니다. 기본 색상이 RGB라면 3개의 채널 합계값으로 표현하기 때문에 원색에 가깝습니다.

⑳ 차이(Difference)

상·하위 레이어 이미지 색상에서 어두운 색상은 반전하고, 밝은 색상은 보색으로 반전합니다.

㉑ 제외(Exclusion)

[차이] 모드와 동일하게 반전하지만 비교적 부드럽고 약하게 합성합니다.

선형 라이트(Linear Light)

핀 라이트(Pin Light)

하드 혼합(Hard Mix)

차이(Difference)

제외(Exclusion)

㉒ 빼기(Subtract)

상·하위 레이어 이미지의 색상에서 합성된 색상을 뺍니다.

㉓ 나누기(Divide)

상·하위 레이어 이미지의 색상에서 합성된 색상을 나눕니다.

㉔ 색조(Hue)

상·하위 레이어 이미지의 색조를 광도와 채도로 혼합해 새로운 색상으로 만든 후 합성합니다.

㉕ 채도(Saturation)

상위 레이어 이미지에서는 채도, 하위 레이어 이미지에서는 채도와 밝기를 반영해 합성합니다.

㉖ 색상(Color)

상위 레이어 이미지에서는 색상과 채도, 하위 레이어 이미지에서는 밝기를 반영해 합성합니다.

㉗ 광도(Luminosity)

상위 레이어 이미지에서는 밝기, 하위 레이어 이미지에서는 색상과 채도를 반영해 합성합니다. [색상] 모드와 반대입니다.

빼기(Subtract)

나누기(Divide)

색조(Hue)

채도(Saturation)

색상(Color)

광도(Luminosity)

16-2

실무에서 자주 쓰는 블렌딩 모드 2가지

준비 파일 16/헤드셋 배너.jpg, 헤드셋.jpg, 불꽃 축제.jpg, 불꽃.jpg

완성 파일 16/헤드셋 배너_완성.jpg, 불꽃 축제_완성.jpg

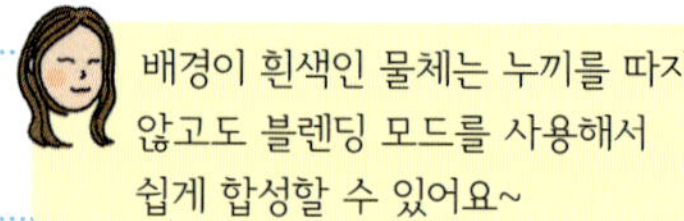

앞에서 살펴본 블렌딩 모드 중에서 자주 사용하는 블렌딩 모드만 예제로 살펴보겠습니다. '어둡게 혼합' 방식의 [곱하기] 모드와 '밝게 혼합' 방식의 [스크린] 모드를 다룹니다.

지금 하면 된다! 〉 [곱하기] 모드로 흰색 배경 제거하기

흰색 부분을 투명하게 만드는 [곱하기(Multiply)] 모드는 실무에서 가장 많이 사용합니다. 흰색 배경에서 촬영한 제품 이미지를 가져와 [곱하기] 모드로 블렌딩하면 제품 이미지만 쉽게 추출할 수 있기 때문입니다. 어두운 개체만 남기고 싶을 때도 쉽게 합성할 수 있습니다.

01

❶ Ctrl + O를 눌러 준비 파일 헤드셋 배너.jpg를 불러옵니다.

❷ 또 다른 준비 파일 헤드셋.jpg를 작업 화면 위로 드래그해 불러옵니다.

02

❶ 불러온 헤드셋 이미지의 크기를 조절한 후 ❷ 원하는 위치로 이동하고 [Enter]를 눌러 적용하세요.

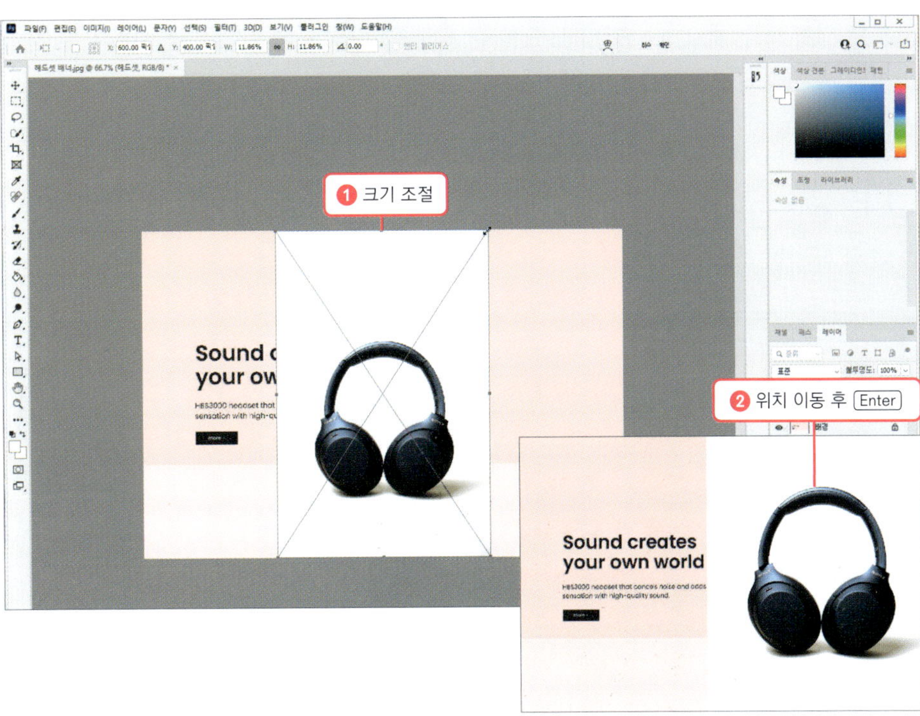

03

[레이어] 패널에서 블렌딩 모드로 [곱하기]를 선택하세요. 헤드셋의 흰색 배경이 투명해지면서 자연스럽게 합성됩니다.

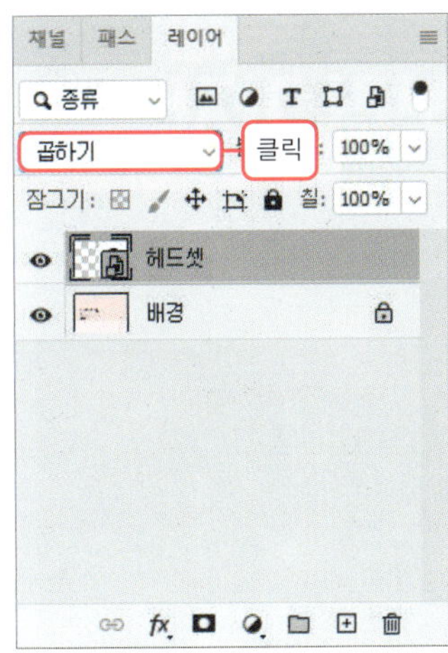

이번에는 흰색 부분은 나타나게 하고 어두운 부분은 투명하게 하는 [스크린(Screen)] 모드를 활용해 볼게요. [스크린] 모드를 활용해 밤하늘의 화려한 불꽃 이미지를 자연스럽게 합성해 보겠습니다.

01

❶ Ctrl + O 를 눌러 준비 파일 불꽃 축제.jpg를 불러옵니다.

❷ 함께 합성할 준비 파일 불꽃.jpg를 작업 화면으로 드래그해 불러옵니다.

02 크기와 위치를 알맞게 조절한 후 Enter 를 눌러 적용합니다.

03 [레이어] 패널에서 블렌딩 모드로 [스크린]을 선택합니다. 불꽃.jpg의 검은색
배경이 투명해지면서 불꽃 이미지가 자연스럽게 합성됩니다.

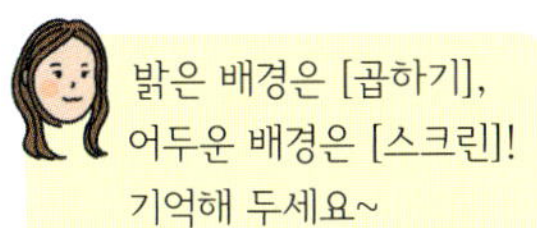

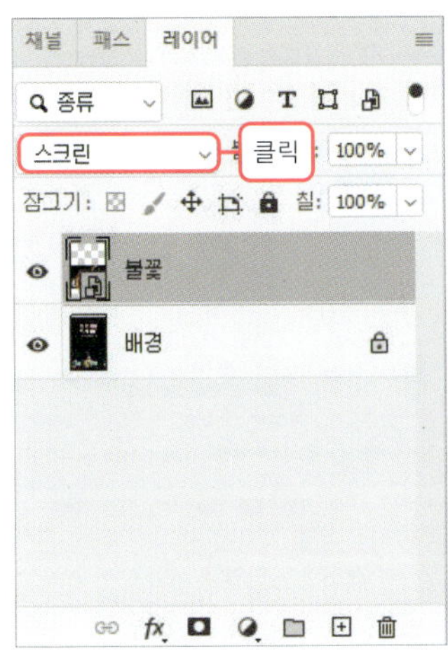

그림자부터 입체 효과까지!
시각적 효과를 더하는 레이어 스타일

준비 파일 16/레이어 스타일 실습.psd

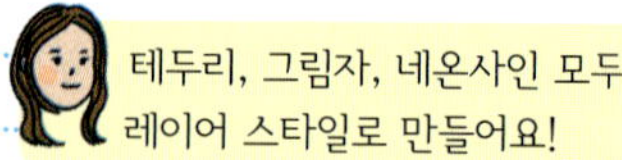

레이어 스타일이란?

레이어 스타일은 레이어에 테두리, 그림자, 입체 효과 등을 적용하는 기능입니다. 레이어 스타일은 카드 뉴스, 유튜브 섬네일, 상세 페이지, 이벤트 페이지 등 디자인 콘텐츠를 만들 때 많이 사용하며, 레이어 스타일만 잘 사용해도 디자인 수준을 한층 높일 수 있습니다.

[레이어] 패널에서 레이어 스타일을 적용할 레이어를 선택한 후 [레이어 스타일 fx]을 클릭하면 원하는 레이어 스타일을 적용할 수 있습니다. 레이어 스타일의 종류는 총 10개이며, 실습으로 자세히 살펴보겠습니다.

● 레이어 스타일별 적용 모습은 304~305쪽을 참고하세요.

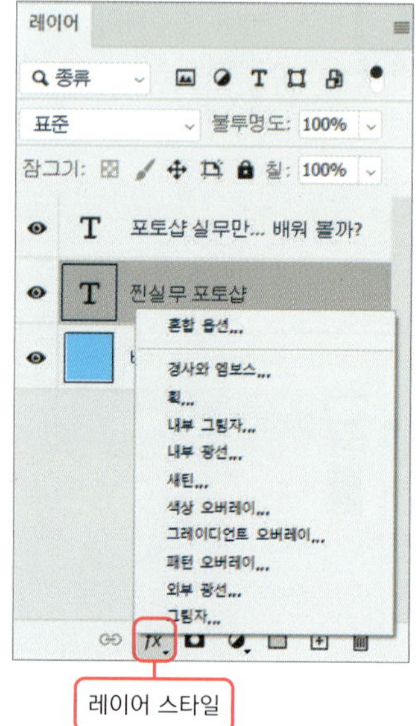

✧˚ 지금
하면 된다! 〉 글자에 레이어 스타일 적용하기

01
❶ Ctrl + O를 눌러 준비 파일 레이어 스타일 실습.psd를 불러옵니다.
❷ [레이어] 패널에서 [찐실무 포토샵] 텍스트 레이어를 선택한 후 ❸ [레이어 스타일 fx → 혼합 옵션]을 클릭합니다.

● 준비 파일에서는 '여기어때 잘난체 OTF' 글꼴을 사용했습니다. 글꼴은 웹 사이트(www.goodchoice.kr/font)에서 미리 설치해 준비해 두면 좋아요! 만약 없다면 이와 비슷한 글꼴을 사용해 주세요.

02 레이어 스타일 적용하기

[레이어 스타일] 대화상자에서 항목을 클릭하면 효과가 적용됩니다.

❶ 여러 가지 항목을 한 번씩 선택해 본 후 ❷ [확인]을 클릭합니다.

❸ 선택한 레이어 스타일 항목이 [레이어] 패널에 표시된 것을 확인할 수 있습니다.

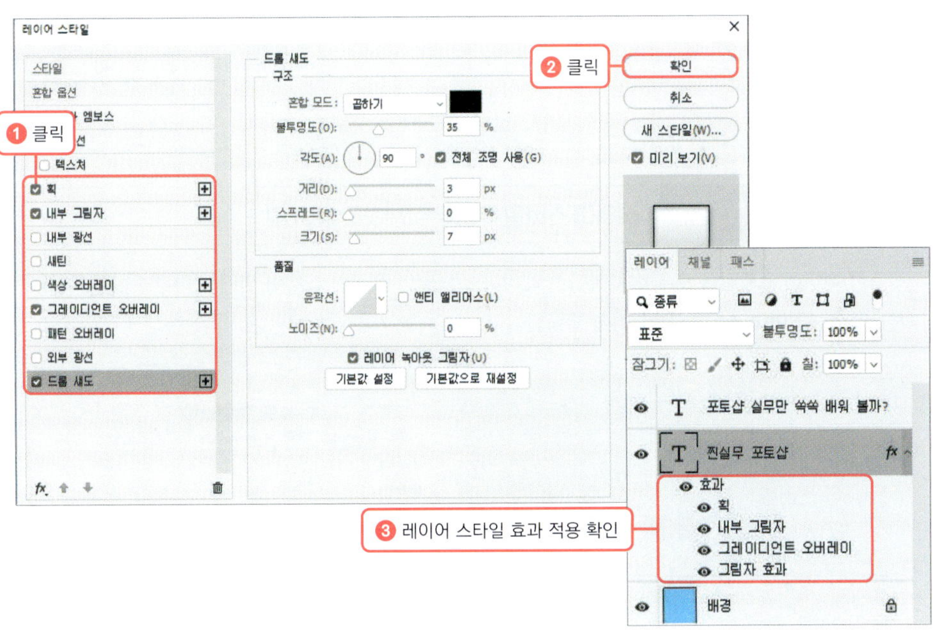

03 레이어 스타일 추가 / 수정하기

[레이어] 패널에서 레이어 스타일 효과가 적용된 항목 중 수정할 항목을 더블클릭합니다. [레이어 스타일] 대화상자가 다시 나타나면 레이어 스타일을 추가 또는 수정할 수 있습니다.

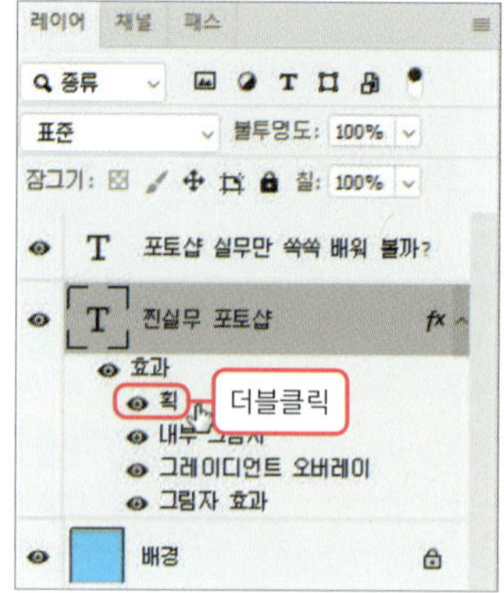

04 레이어 스타일 삭제하기

[레이어] 패널에서 레이어 스타일 효과가 적용된 항목 중 삭제하고 싶은 항목을 클릭한 채로 패널 아래쪽에 있는 [삭제 🗑]로 드래그합니다.

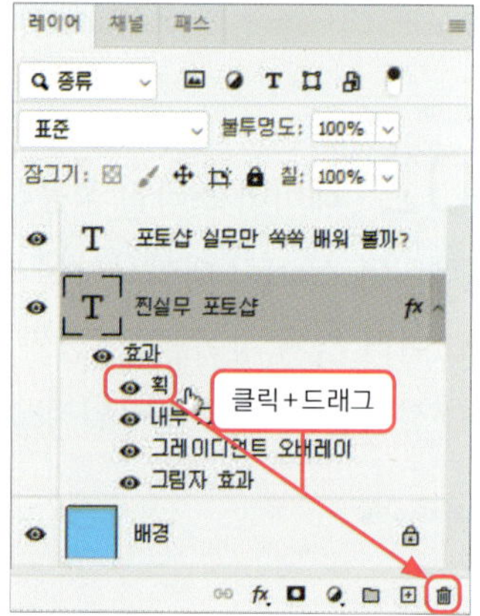

> **❓ 아윤 쌤! 질문 있어요!**　레이어 스타일을 모두 삭제하고 싶어요!
>
> 적용한 레이어 스타일을 모두 삭제하려면 레이어 스타일이 적용된 레이어 위에서 마우스 오른쪽 버튼을 눌러 **[레이어 스타일 지우기]**를 클릭합니다.
>
> 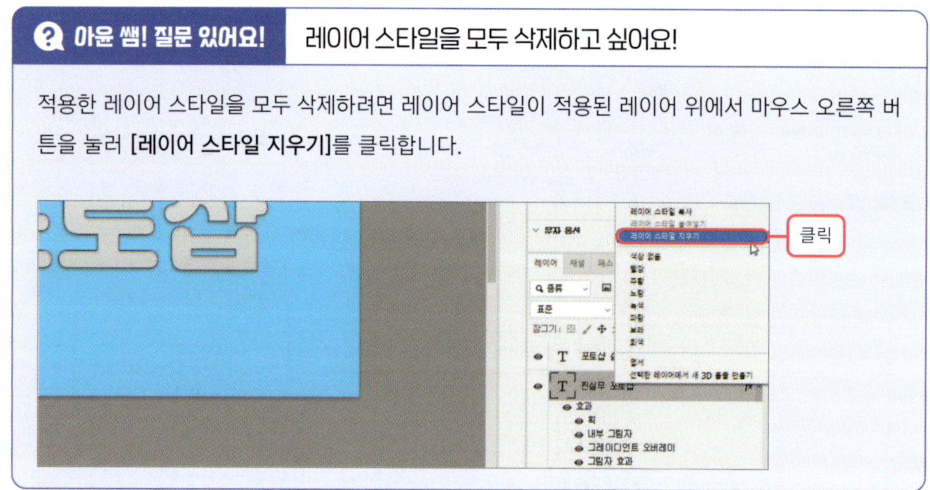

05 레이어 스타일 복사하기

[Alt]를 누른 상태에서 [효과] 레이어 스타일을 복사할 레이어로 드래그합니다. 마우스 커서의 모양이 [▶]로 변했을 때 마우스에서 손을 떼면 레이어 스타일이 복사됩니다.

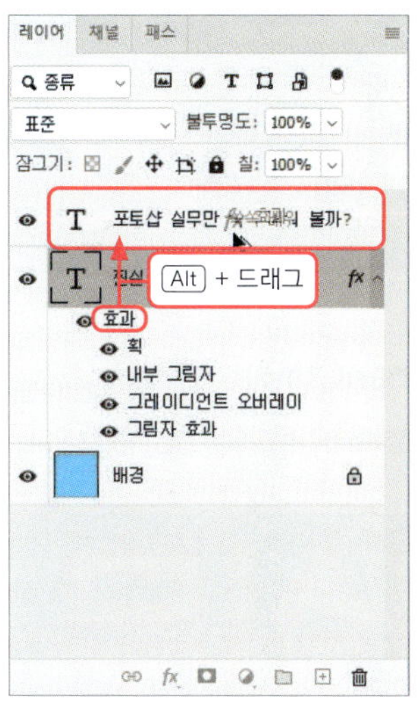

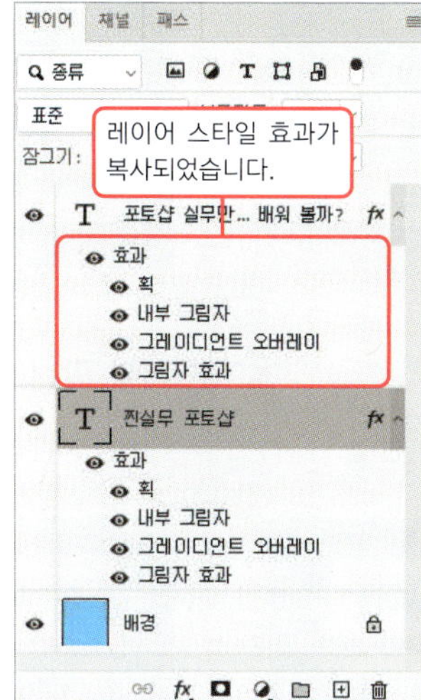

레이어 스타일 10가지 살펴보기

레이어 스타일의 종류는 총 10가지입니다. 각 스타일의 특징을 잘 알아 두면 레이어 스타일을 디자인 콘셉트에 어울리게 사용할 수 있습니다.

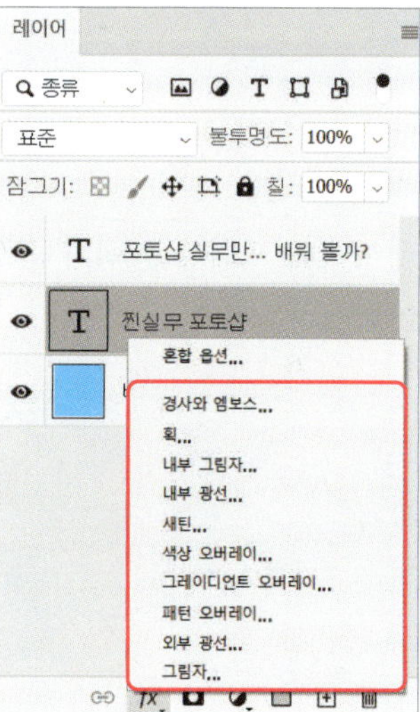

경사와 엠보스(Bevel & Emboss)

레이어가 튀어나와 보이는 효과입니다.

획(Stroke)

레이어에 테두리를 만듭니다.

내부 그림자(Inner Shadow)

레이어 안쪽에 그림자 효과를 만듭니다.

내부 광선(Inner Glow)

레이어 안으로 빛이 번지는 효과입니다.

새틴(Satin)

레이어의 표면에 광택과 점토질 효과를 입힙니다.

색상 오버레이(Color Overlay)

레이어의 표면을 다른 색상으로 변경합니다.

그레이디언트 오버레이
(Gradient Overlay)

레이어 표면에 그러데이션을 만듭니다.

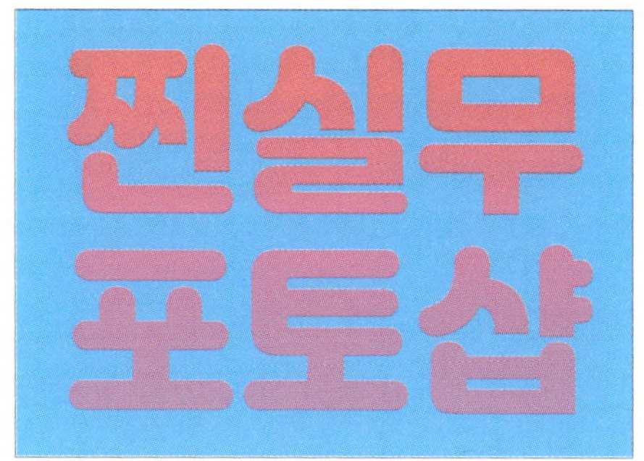

패턴 오버레이(Pattern Overlay)

레이어의 표면에 패턴을 만듭니다.

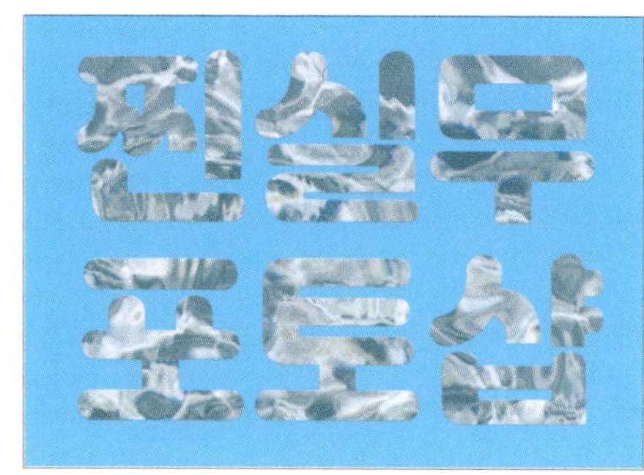

외부 광선(Outer Glow)

레이어 밖으로 빛이 번지는 효과입니다.

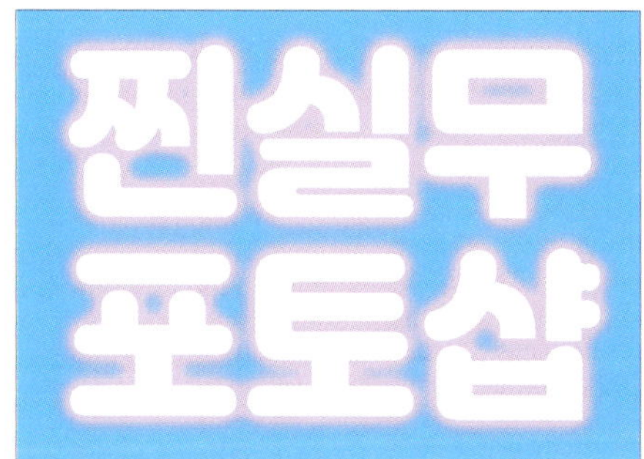

그림자(Drop Shadow)

레이어 뒤로 그림자를 만듭니다.

실무에서 자주 쓰는 레이어 스타일 3가지

준비 파일 16/텍스트 레이어 스타일.psd, 네온 사인.psd

완성 파일 16/텍스트 레이어 스타일 완성.jpg, 네온 사인 완성.jpg

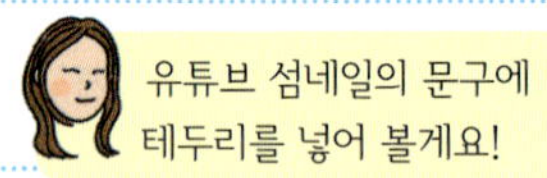

레이어 스타일의 특징을 배웠지만, 이를 실무에 어떻게 활용해야 하는지는 아직 실감이 나지 않을 거예요. 실무 디자인에 활용되는 레이어 스타일을 직접 만들어 보겠습니다. 여기서는 [획]과 [그레이디언트 오버레이], [외부 광선]을 다룹니다.

✧◇ 지금 하면 된다! [획]과 [그레이디언트 오버레이]로 글자에 테두리 적용하기

유튜브 섬네일에 [획]과 [그레이디언트 오버레이] 레이어 스타일을 적용해 제목을 강조해 보겠습니다.

01

❶ Ctrl + O 를 눌러 준비 파일 텍스트 레이어 스타일.psd를 불러옵니다.
❷ [레이어] 패널에서 [유튜브 섬네일] 텍스트 레이어를 클릭한 후 ❸ [레이어 스타일 fx → 획]을 선택합니다.

🔵 글꼴 여기 어때 잘난체

02 [레이어 스타일] 대화상자의 [획] 항목에서 ❶ 크기는 5px, ❷ 위치는 [바깥쪽], ❸ 색상은 [검은색]으로 선택합니다. 글자에 검은색 테두리가 생깁니다.

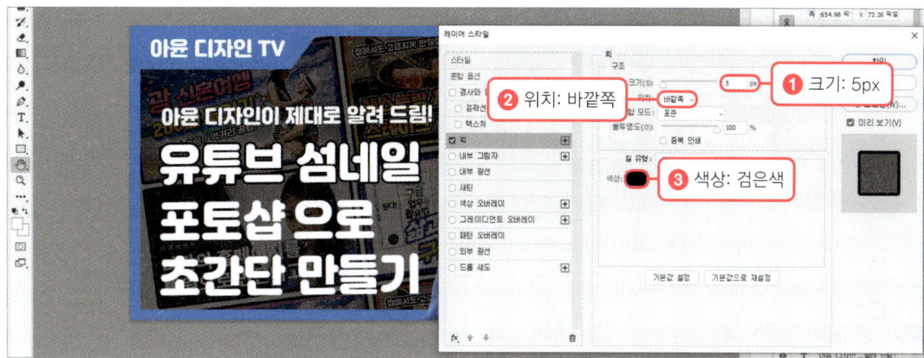

03 ❶ [획] 항목의 ⊞를 클릭하면 [획] 항목이 아래에 하나 더 추가됩니다. ❷ 추가된 [획] 항목을 클릭한 후 ❸ 크기는 10px, ❹ 색상은 [흰색]으로 변경합니다.

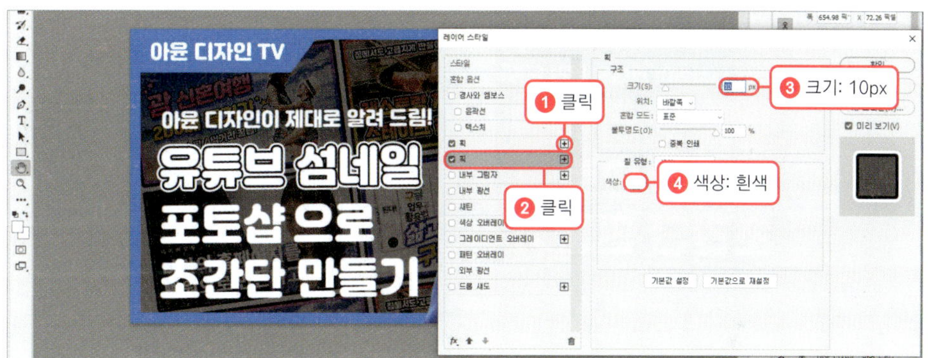

04 ❶ 추가된 [획]에서 ⊞를 클릭해 아래쪽에 [획] 항목을 하나 더 추가합니다. ❷ 추가된 [획] 항목을 클릭한 후 ❸ 크기는 15px, ❹ 색상은 [검은색]으로 변경합니다. 글자에 테두리가 한 겹 더 생겼죠?

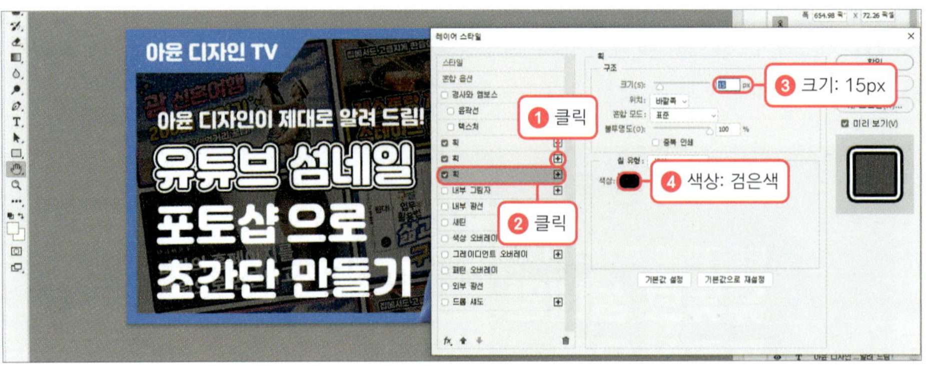

05 이번에는 텍스트에 그러데이션을 넣어 보겠습니다

❶ [그레이디언트 오버레이]를 선택합니다.

❷ [그레이디언트] 항목에서 원하는 그러데이션 색상을 선택한 후 ❸ [확인]을 클릭하면 레이어 스타일 효과가 설정됩니다.

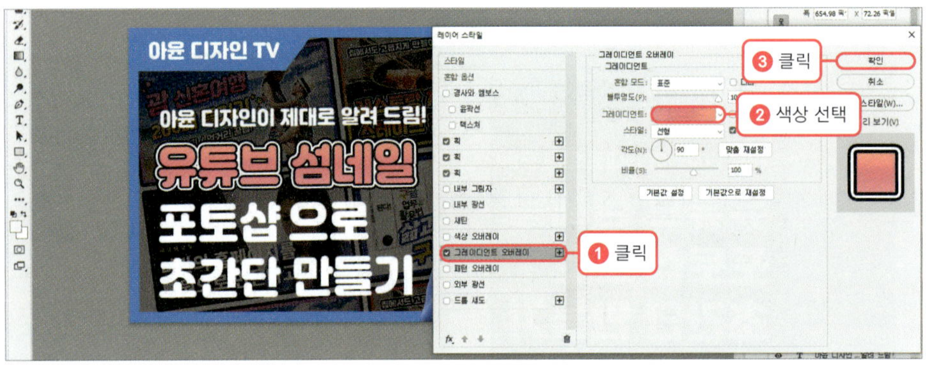

06 나머지 텍스트에도 레이어 스타일을 적용해야겠죠?

[레이어] 패널에서 [유튜브 섬네일] 레이어에 적용된 [효과] 레이어 스타일을 Alt 를 누른 상태에서 [포토샵] 텍스트 레이어로 드래그해 복사합니다.

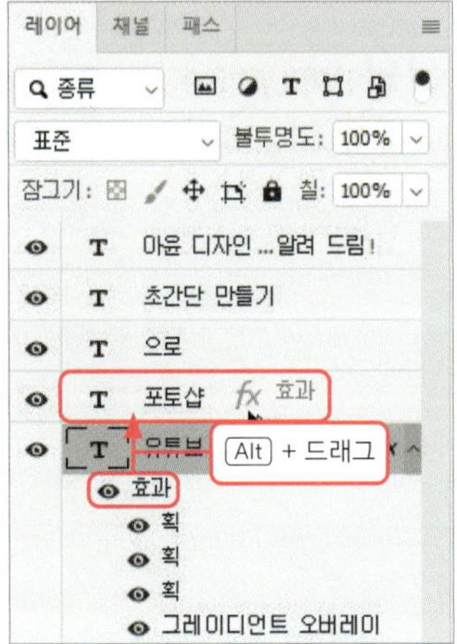

07 레이어 스타일이 한 번에 복사됐죠?
글자 색을 다르게 설정하기 위해 [그레이디언트 오버레이] 레이어 스타일을 수정해 볼게요.
[포토샵] 텍스트 레이어에 적용된 레이어 스타일 항목에서 [그레이디언트 오버레이]를 더블클릭합니다.

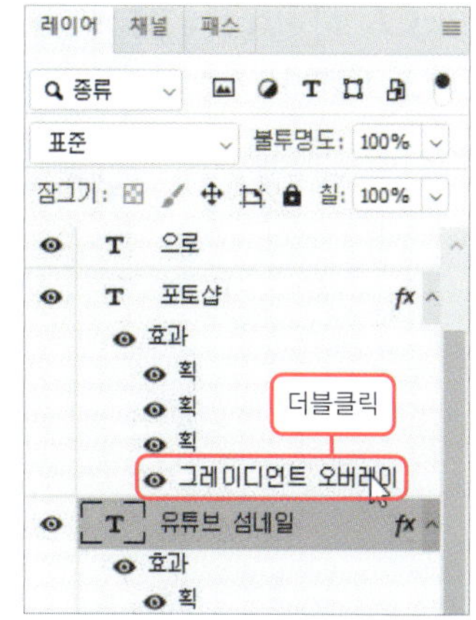

08 ❶ [그레이디언트] 항목에서 원하는 색상을 선택한 후 ❷ [확인]을 클릭합니다.

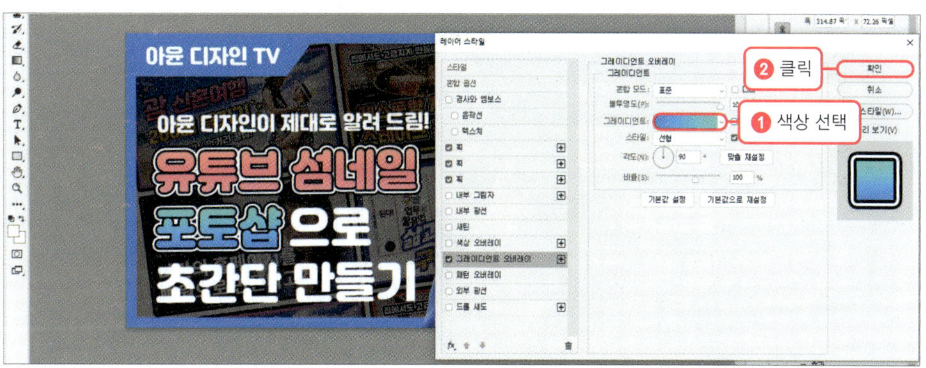

09 [포토샵] 텍스트 레이어의 [효과] 레이어 스타일을 Alt 를 누른 상태에서 [초간단 만들기] 텍스트 레이어로 드래그해 복사합니다.

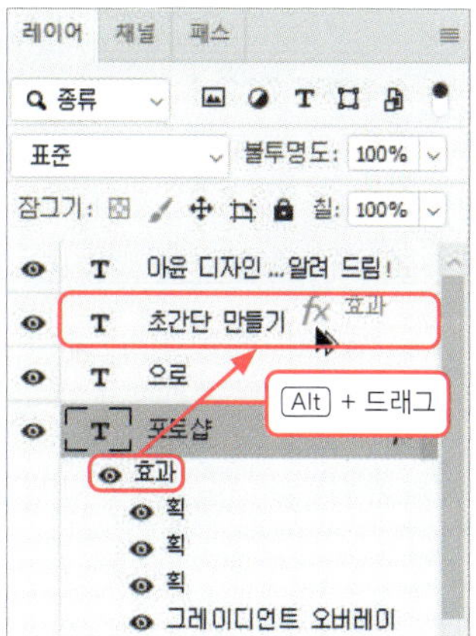

10 이번에는 [포토샵] 텍스트 레이어의 [효과] 레이어 스타일을 Alt 를 누른 상태에서 [으로] 텍스트 레이어로 드래그해 복사합니다.

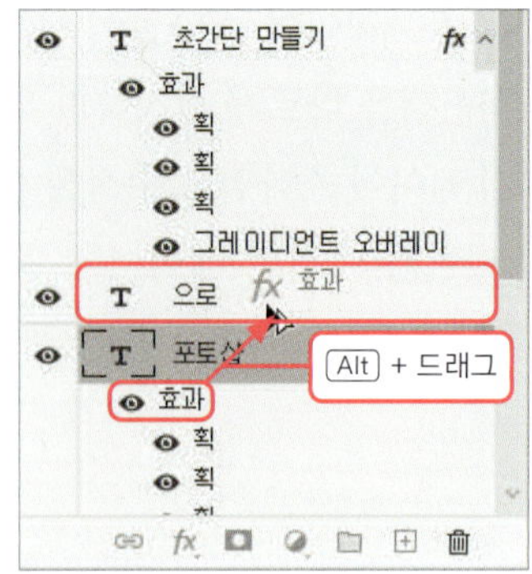

11 [으로] 텍스트 레이어는 색상을 빼 흰색으로 만들겠습니다. [그레이디언트 오버레이] 레이어 스타일의 👁 을 클릭해 보이지 않게 합니다.

12 마지막으로 [초간단 만들기] 텍스트 레이어의 첫 번째 [획] 레이어 스타일을 Alt 를 누른 상태에서 [아윤 디자인 …알려 드림!] 텍스트 레이어로 드래그해 복사합니다.

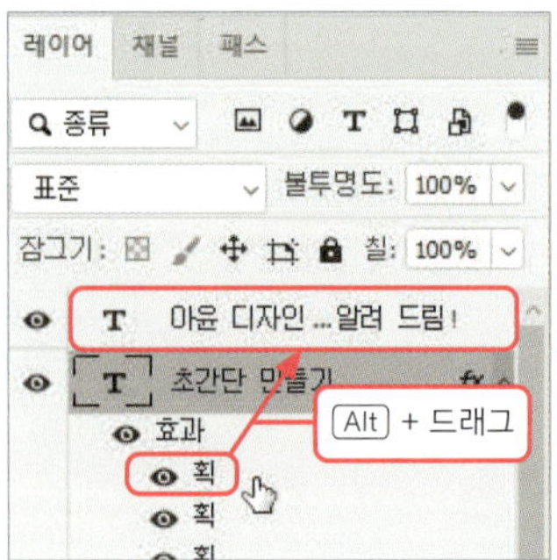

13 레이어 스타일을 활용한 텍스트 디자인이 완성됐습니다.

◇◇지금 하면 된다! ⟩ [외부 광선]으로 네온사인 로고 만들기

01 ❶ Ctrl + O 를 눌러 준비 파일 네온 사인.psd를 불러옵니다.
❷ [레이어] 패널에서 [글자] 텍스트 레이어를 클릭한 후 ❸ [레이어 스타일 fx] → 외부 광선]을 클릭합니다.

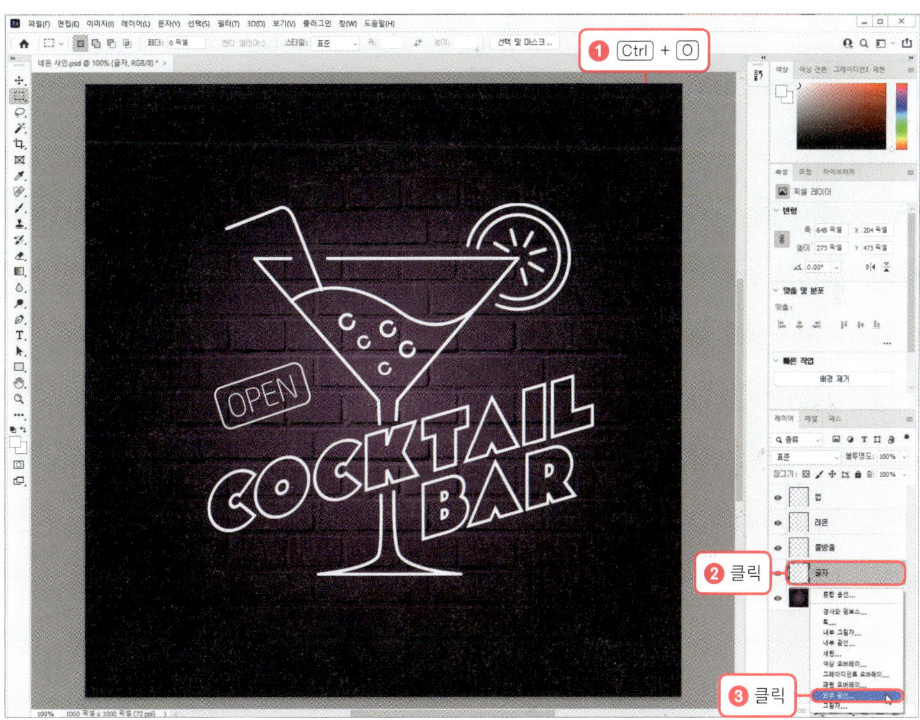

02
[외부 광선] 옵션에서 ❶ 불투명도는 100%, ❷ 색상 코드는 0500ff, ❸ 스프레드는 5%, ❹ 크기는 12px로 설정합니다.

03
네온사인 간판에 입체감을 표현하기 위해 그림자를 넣어 볼게요.
❶ [드롭 섀도]를 클릭한 후 ❷ 불투명도는 30%, ❸ 각도는 35°, ❹ 거리는 15px, ❺ 스프레드는 50%, ❻ 크기는 3px로 설정하고 ❼ [확인]을 클릭합니다.

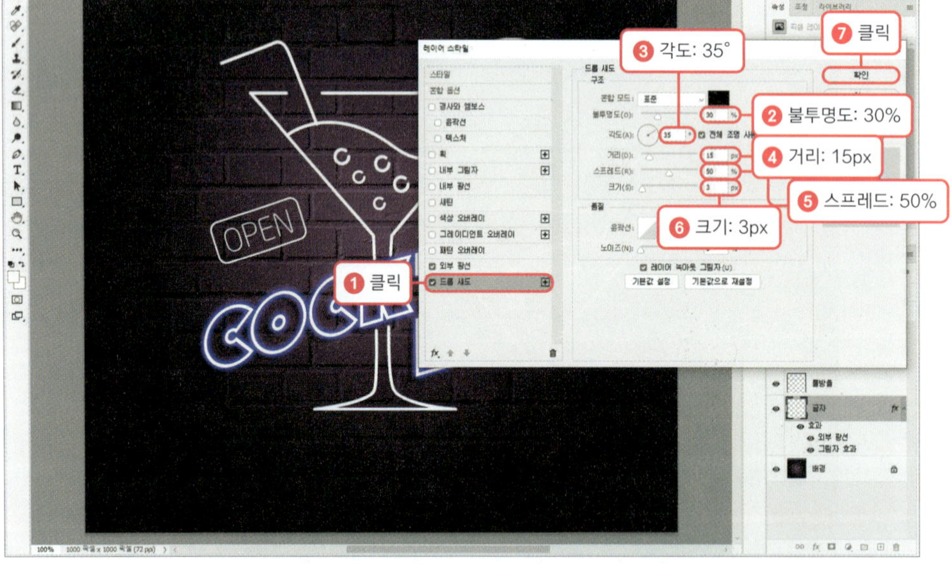

04 [글자] 텍스트 레이어에 적용된 효과를 [물방울] 레이어로 복사하겠습니다.

❶ [레이어] 패널에서 [효과] 레이어 스타일을 Alt 를 누른 채 [물방울] 레이어로 드래그합니다. ❷ 색상을 변경하기 위해 [물방울] 레이어에서 [외부 광선]을 더블클릭합니다.

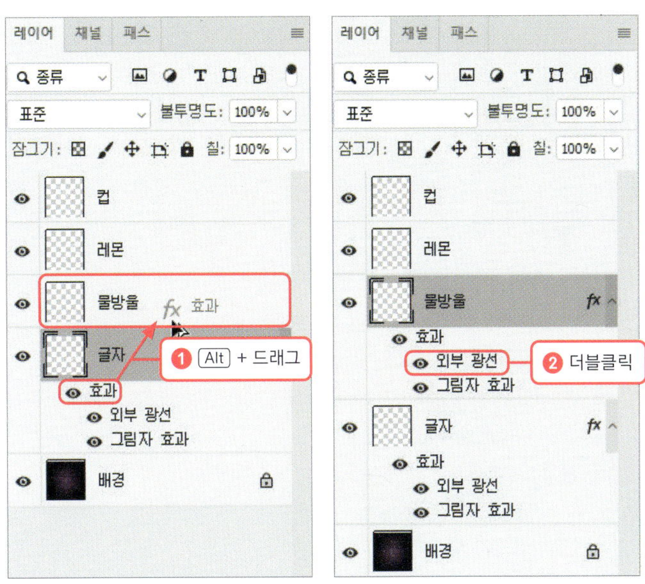

05 ❶ [외부 광선] 레이어 스타일 옵션에서 원하는 색상으로 변경한 후 ❷ [확인]을 클릭합니다.

06 [물방울] 레이어의 [효과] 레이어 스타일을 [Alt]를 누른 상태에서 [레몬], [컵] 레이어로 드래그해 복사합니다.

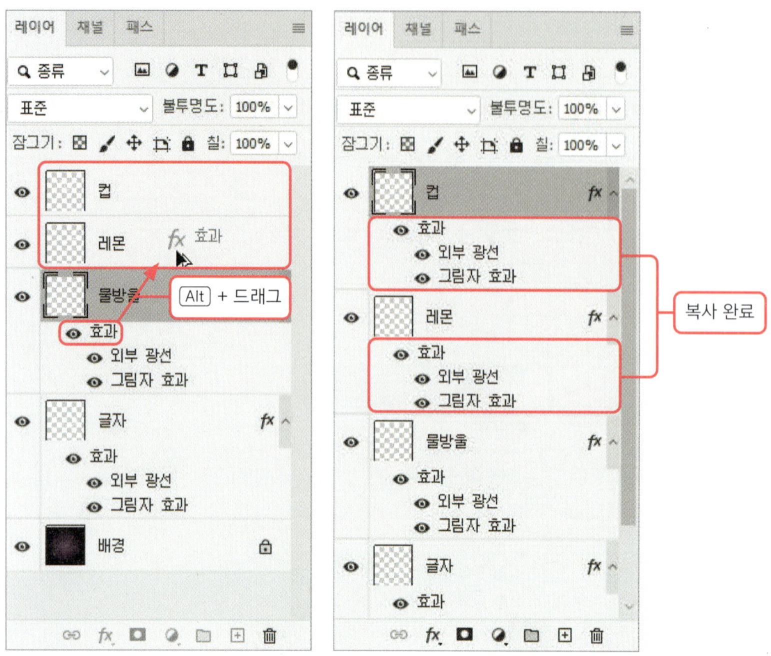

07 ❶ [레몬] 레이어의 [외부 광선] 레이어 스타일을 더블클릭한 후 ❷ 색상을 변경하고 ❸ [확인]을 클릭합니다.

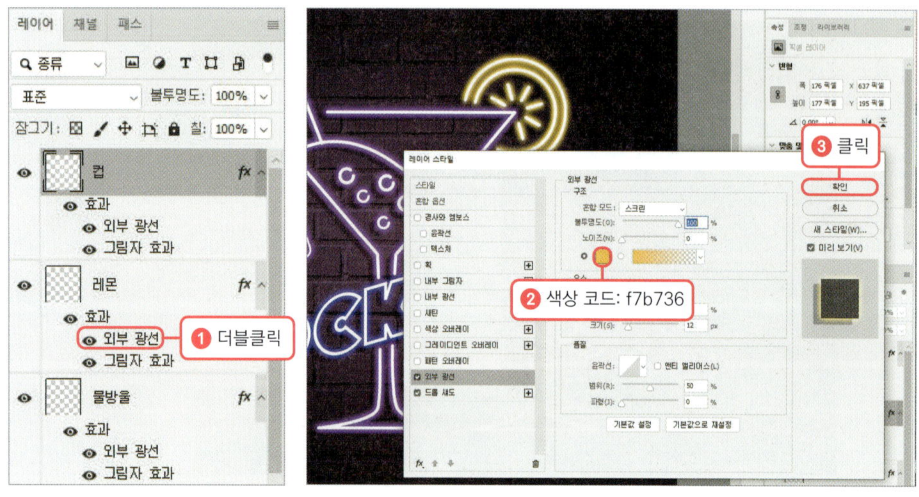

08 ❶ [컵] 레이어의 [외부 광선] 레이어 스타일을 더블클릭한 후 ❷ 색상을 변경하고 ❸ [확인]을 클릭합니다.

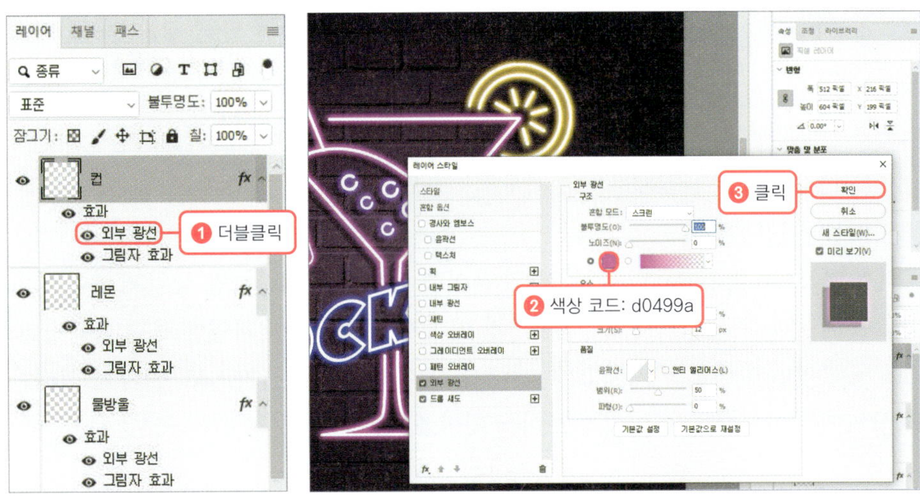

09 외부 광선을 활용한 네온사인 디자인을 완성했습니다.

16-5

클리핑 마스크로 특정 부분만 합성하기

준비 파일 16/텍스트 클리핑 마스크.psd, 마스크 활용.jpg

완성 파일 16/텍스트 클리핑 마스크 완성.jpg

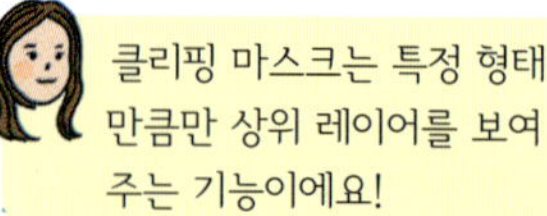

클리핑 마스크의 원리

클리핑 마스크(clipping mask)는 하위 레이어 이미지 형태만큼만 상위 레이어 이미지를 보여 주는 기능입니다. 글자에 배경 이미지가 들어간 디자인을 보면 클리핑 마스크가 무엇인지 이해될 거예요. 여기에서 하위 레이어는 글자이고, 글자의 형태만큼 상위 레이어에 있는 이미지가 보이는 것이죠.

클리핑 마스크 적용 전   클리핑 마스크 적용 후

지금 하면 된다! ▶ 이미지가 문자 모양대로 나타나도록 합성하기

01 ❶ Ctrl + O 를 눌러 준비 파일 **텍스트 클리핑 마스크.psd**를 불러옵니다. ❷ 또 다른 준비 파일 **마스크 활용.jpg**를 작업 화면으로 드래그해 가져와서 ❸ 크기와 위치를 조절한 후 Enter 를 누릅니다. ❹ [레이어] 패널에서 [마스크 활용] 레이어를 [SALE] 레이어 위로 이동합니다.

💧 글꼴 Noto Sans CJK KR

02

[마스크 활용] 레이어 위에서 마우스 오른쪽 버튼을 누른 후 [클리핑 마스크 만들기]를 클릭합니다.

🔹 단축키 Ctrl + Alt + G

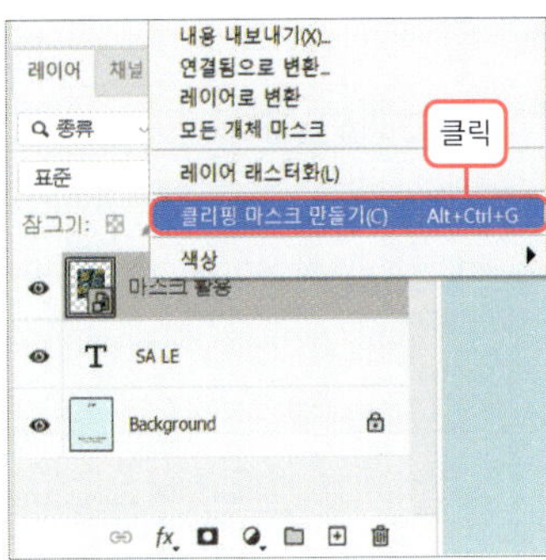

03 [SALE] 텍스트 레이어와 [마스크 활용] 레이어에 클리핑 마스크가 적용된 것을 확인할 수 있습니다.

❓ 아윤 쌤! 질문 있어요!   **클리핑 마스크를 더 간단하게 적용하는 방법은 없나요?**

실무에서 클리핑 마스크를 적용할 때는 주로 단축키를 사용합니다. Alt 를 누른 채 마우스 커서를 [SALE] 레이어와 [마스크 활용] 레이어의 경계선으로 이동하면 클리핑 마스크 적용 아이콘이 나타납니다. 이때 아이콘을 클릭하면 클리핑 마스크가 빠르게 적용됩니다.

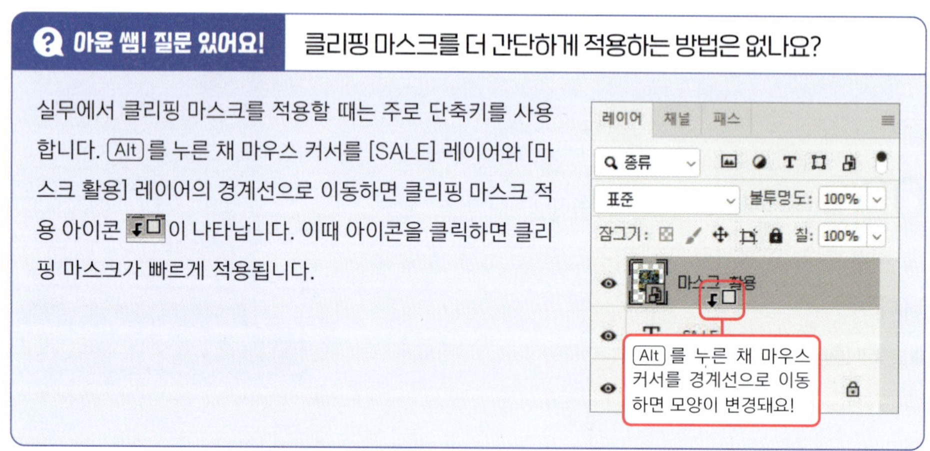

16-6

레이어 마스크로 가려서 합성하기

준비 파일 16/합성 이미지01.jpg, 합성 이미지02.jpg

레이어 마스크는 이것만 기억해요!
검은색은 가려서 보이지 않게 하는 것,
흰색은 보이게 하는 것!

레이어 마스크의 원리

레이어 마스크(layer mask)는 원본 이미지의 상태를 유지하면서 특정 부분을 가려 주는 기능입니다. 실제로 지우는 것이 아니라 가려서 보이지 않게 하는 것이죠. 클리핑 마스크가 레이어 간에 겹치는 부분만 나타낸다면, 레이어 마스크는 가릴 부분을 브러시로 직접 지정합니다.

[레이어 마스크 ▣]를 사용하면 언제든 원상 복구할 수 있기 때문에 [지우개 도구 ✎]로 아예 삭제하는 것보다 훨씬 효율적입니다.

레이어 마스크를 활성화한 상태에서 전경색을 '흰색'으로 설정하고 브러시로 칠하면 원본 이미지가 가려집니다. 반대로 전경색을 '검은색'으로 설정하고 해당 부분을 다시 브러시로 칠하면 이미지의 가려진 부분이 다시 나타납니다. 이는 레이어 마스크가 무채색만 인식하며, 레이어 마스크에서 검은색이 '투명'을 의미하고 흰색은 '보이는 부분'을 의미하기 때문입니다.

조금 헷갈리겠지만 단순하게 '검은색은 가려서 보이지 않게 하는 것이고, 흰색은 보이게 하는 것!'이라고만 기억하면 됩니다.　💧 무채색인 회색은 명도에 따라 투명도가 달라집니다.

레이어 마스크에서 검은색으로 칠해 가려진 모습

레이어 마스크에서 흰색으로 칠해 복구된 모습

01

❶ Ctrl + O 를 눌러 준비 파일 합성 이미지01.jpg를 불러옵니다.

❷ 또 다른 준비 파일 합성 이미지02.jpg를 작업 화면으로 드래그해 불러온 후 ❸ Enter 를 누릅니다.

02 호수 부분의 이미지만 레이어 마스크로 합성해 볼게요.

❶ [합성 이미지 02] 레이어를 선택한 후 ❷ [레이어 마스크 ▣]를 클릭합니다.

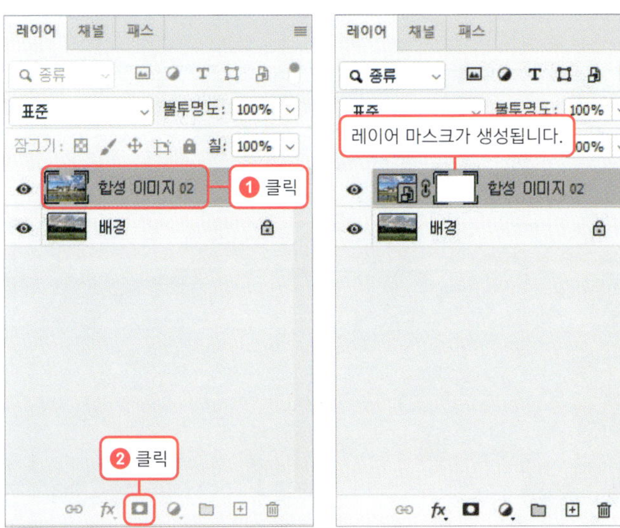

03 ❶ [브러시 도구 ✎]를 선택한 후 ❷ 전경색을 [검은색]으로 설정합니다.

❸ 옵션 바에서 불투명도를 100%로 설정합니다. ❹ 작업 화면에서 마우스 오른쪽 버튼을 누른 후 ❺ 브러시의 크기는 70픽셀, ❻ 종류는 [부드러운 원]을 선택합니다.

[브러시 도구 ✎]를 선택하고 작업 화면 위에서 마우스 오른쪽 버튼을 누르면 설정 창이 나타납니다!

04 브러시 설정을 마쳤으니 이제 레이어 마스크를 사용해 볼게요.
호수의 왼쪽 부분을 브러시로 클릭한 채 오른쪽으로 드래그하면 호수 이미지가 지워
집니다.

05 호수의 나머지 부분도 드래그해 레이어 마스크로 가려서 잔디 이미지로 변
경합니다.

06 검은색으로 칠하다가 잘못 지웠거나 복구하고 싶을 때는 ❶ 전경색을 [흰색]으
로 변경하고 ❷ 해당 영역을 다시 드래그하면 됩니다.

현실감이 느껴지는 제품 상세 이미지 만들기

준비 파일 16/문제/필링젤 실습.psd, 그림자.jpg
완성 파일 16/문제/필링젤 완성.jpg

미션 **화장품 이미지를 입체감 있게 만들어 주세요!**

레이어의 다양한 기능을 사용해 제품 이미지를 자연스럽게 합성해 보세요. 그림자를 넣거나 밋밋한 이미지에 입체감을 넣는 등의 작업을 하다 보면 포토샵에서 레이어가 왜 중요한지 알 수 있을 거예요.

동영상 강의

보정과 합성의 종결, 채널

아윤 쌤의
**강의
노트** **"보정과 합성 모두 유용하게 사용할 수 있는 채널을 소개합니다!"**

포토샵에서 레이어 다음으로 중요한 것이 바로 '채널'입니다. 채널에는 색상을 보정할 때 사용하는 '기본 채널'과 누끼 작업을 할 때 사용하는 '알파 채널'이 있습니다. 처음에는 조금 생소해도 익숙해지면 채널만큼 보정과 합성에 편리한 것이 없답니다. 채널의 원리를 살펴보고 직접 실무에 적용해 보겠습니다.

✔ 체크 포인트

☐ 기본 채널로 이미지 색상 보정하기  ☐ 브러시 영역을 레이어로 저장하기 

RGB를 활용한 채널 보정법

준비 파일 17/채널 보정.jpg

완성 파일 17/채널 보정 완성.jpg

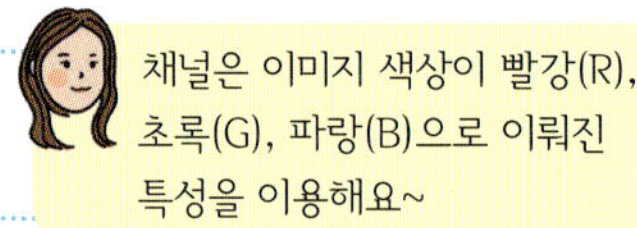

채널에는 '기본 채널'과 '알파 채널'이 있는데, 기본 채널은 색상을 보정할 때 사용하기 때문에 개념을 꼭 이해해야 합니다. 특히 조정 기능으로 밝기나 색상을 보정할 때 이미지를 채널 색상의 상태에 따라 보정할 수 있는데요. 예를 들어 하늘을 푸르게 보정하고 싶다면 [파랑] 채널을 이용합니다. 한편 알파 채널은 흑백 대비를 사용해 영역을 꼼꼼하게 선택하고 저장까지 할 수 있어서 누끼 작업을 할 때 매우 유용합니다.

[채널] 패널 살펴보기

[레이어] 패널 옆에 있는 [채널] 패널을 이용해 기본 채널의 개념을 알아보겠습니다. 현재 이미지가 RGB 색상이기 때문에 채널에서 상위 레이어가 [RGB]인 것을 확인할 수 있습니다. 그 아래로 [빨강(Red)], [녹색(Green)], [파랑(Blue)] 채널이 순서대로 나열돼 있어요. 이 3개의 채널이 합쳐져 현재의 RGB 이미지가 나타나는 것입니다.

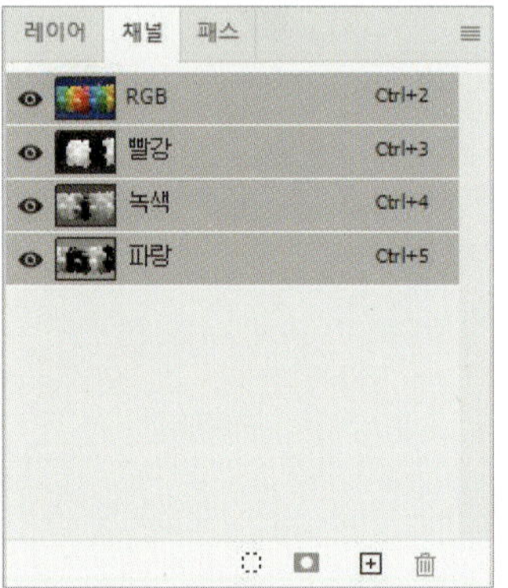

[채널] 패널에서 채널을 하나라도 끄면 [RGB] 채널이 비활성화됩니다. 먼저 [빨강] 채널의 👁을 클릭해 꺼보세요. 빨간색이 사라진 이상한 이미지가 됩니다.

[빨강] 채널을 끈 모습

[녹색]과 [파랑] 채널 역시 👁을 끄면 각 색상이 빠진 이미지를 확인할 수 있습니다.

[녹색] 채널을 끈 모습

[파랑] 채널을 끈 모습

채널별 흑백 대비 확인하기

[채널] 패널에서 다른 채널은 모두 끄고 하나의 채널만 켜면 흑백 이미지를 확인할 수 있습니다. 그리고 여기서 켠 채널에 따라 명도 대비가 각각 다르게 나옵니다. 예를 들어 [파랑] 채널만 켠 경우 파란색이 많을수록 흰색, 적을수록 검은색에 가깝게 나타납니다.

[빨강] 채널만 켠 모습

[녹색] 채널만 켠 모습

[파랑] 채널만 켠 모습

✧✧ 지금 하면 된다! › 채널 활용해 이미지 색상 선명하게 보정하기

기본 채널을 활용해 이미지 색상을 보정하는 방법을 알아보겠습니다.

01

❶ Ctrl + O 를 눌러 준비 파일 채널 보정.jpg를 불러옵니다.

❷ [조정] 패널에서 [레벨]을 선택합니다.

02

❶ [속성] 패널에서 색상 채널을 [빨강]으로 변경합니다.

❷ 중간 영역을 0.85, ❸ 밝은 영역을 202로 설정하면 붉은색으로 보정됩니다.

03

❶ 채널을 [녹색]으로 변경합니다.

❷ 중간 영역을 0.89, ❸ 밝은 영역을 206으로 설정합니다.
녹색이 선명해지면서 붉은색이 노란색으로 변경됩니다.

04

① 채널을 [파랑]으로 변경합니다.

② 중간 영역을 0.39, ③ 밝은 영역을 177로 설정합니다.
녹색의 나뭇잎이 전반적로 밝아집니다.

05

① 채널을 [RGB]로 변경합니다.

② 중간 영역을 1.49로 설정해 이미지 전체를 밝게 합니다.

복잡한 선택 영역을 저장하는 알파 채널

준비 파일 17/알파 채널.jpg
완성 파일 17/알파 채널 완성.jpg

알파 채널의 원리

알파 채널은 선택한 영역을 저장하거나 불러오는 기능입니다. 알파 채널은 흰색과 검은색 그리고 회색만 사용할 수 있는데, 알파 채널에서 검은색은 투명, 흰색은 선택할 수 있는 영역으로 인지합니다. 그럼 회색은 어떻게 인지할까요? 흰색은 투명도가 100%라서 완전한 선택 영역인 반면, 흰색의 투명도가 30%인 회색은 영역을 70%로 인지하며 그만큼만 투명하게 표현됩니다.

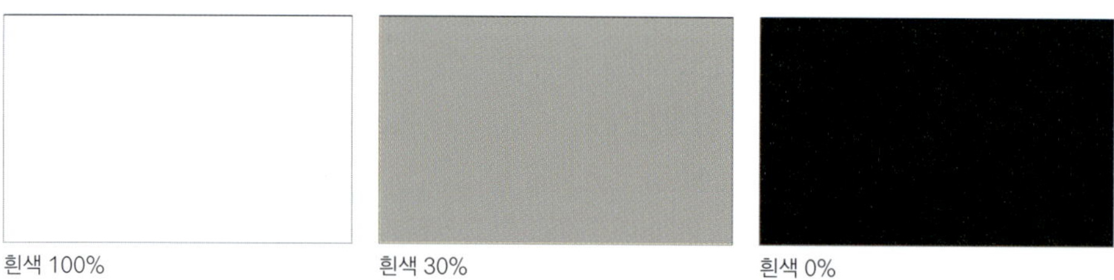

흰색 100% 흰색 30% 흰색 0%

조금 이해하기 어렵죠? 알파 채널은 직접 사용해 봐야 이해할 수 있어요. 알파 채널을 실무에서 많이 사용하는 이유는 선택 영역을 알파 채널로 저장하면 파일을 종료해도 다시 사용할 수 있기 때문이에요.

💧 16-6절에서 살펴본 레이어 마스크를 기억하나요? 검은색 브러시로 칠한 부분은 가려지고 흰색 브러시로 칠하면 다시 나타나는 원리였는데, 사실은 레이어 마스크도 알파 채널을 이용한 기능이랍니다.

지금 하면 된다! ▶ 알파 채널에서 브러시 영역을 레이어로 저장하고 불러오기

알파 채널에서 선택 영역을 레이어 이미지로 가져오는 원리를 이해하기 위한 실습을 해볼게요. 이 원리를 이해해야만 알파 채널을 사용할 수 있어요. 실무에서는 채널로 보정하는 것보다 알파 채널을 레이어로 가져오는 작업이 훨씬 흔합니다.

01

❶ Ctrl + O 를 눌러 준비 파일 알파 채널.jpg를 불러옵니다.

❷ 오른쪽에 있는 [채널] 패널을 클릭합니다.

02

새로운 채널을 만들기 위해 **❶** 를 클릭해 새로운 알파 채널을 추가합니다. **❷** 전경색을 [흰색]으로 설정한 후 **❸** [브러시 도구]를 선택합니다. **❹** 브러시의 종류는 [부드러운 원], **❺** 크기는 40px, **❻** 불투명도는 100%로 설정합니다.

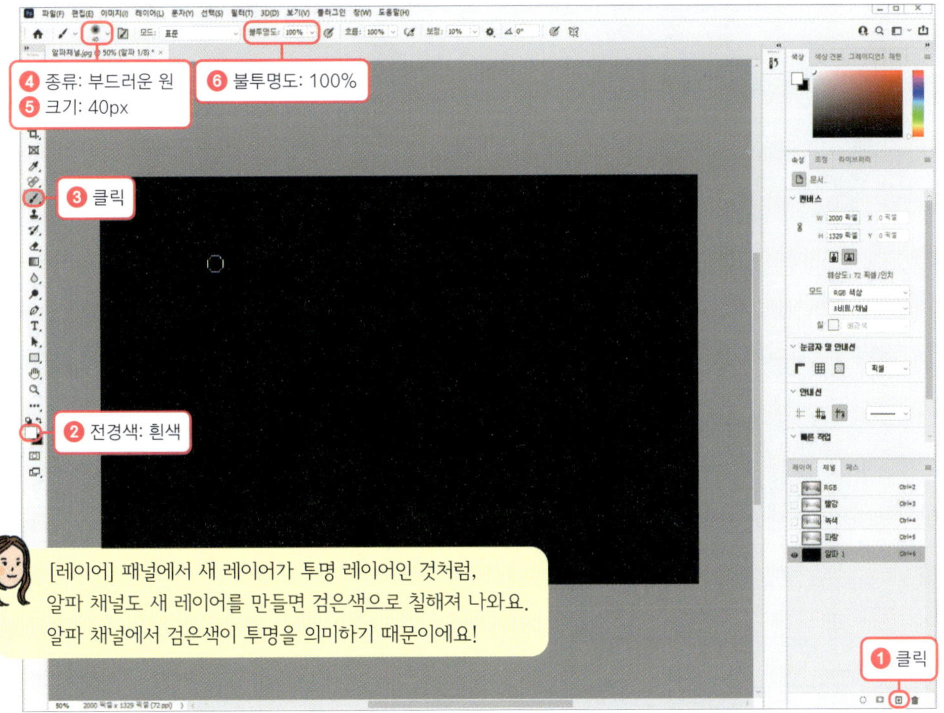

03 작업 화면을 여러 번 클릭해 눈송이처럼 점을 많이 만드세요.

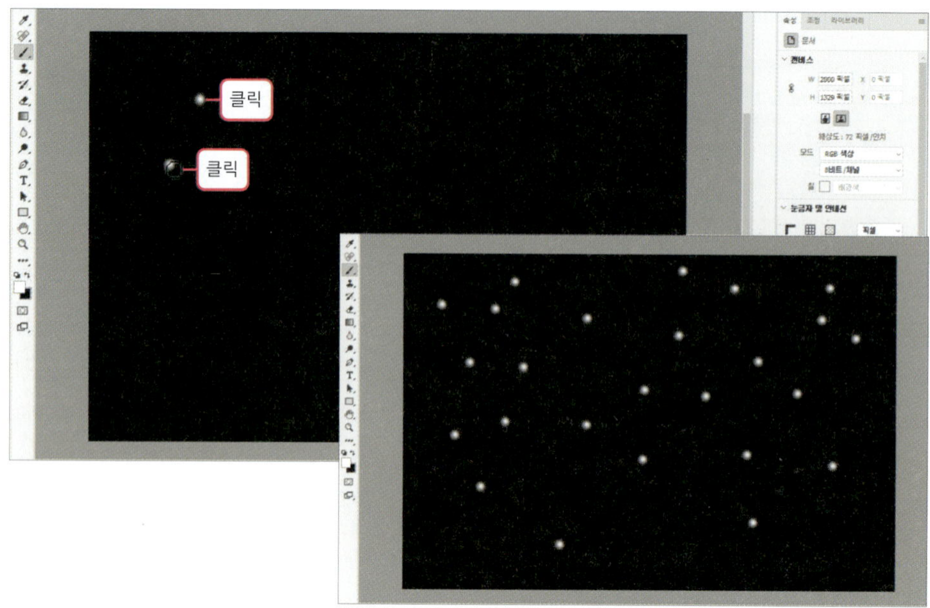

04 [RGB] 채널을 클릭하면 다시 원본 이미지로 돌아옵니다.

05 ❶ [레이어] 패널을 클릭한 후 ❷ [선택 → 선택 영역 불러오기]를 선택합니다.

● 영문판 [Select → Load Selection]

06 [선택 영역 불러오기] 대화상자에서 ❶ 채널을 [알파 1]로 선택한 후 ❷ [확인]을 클릭합니다.

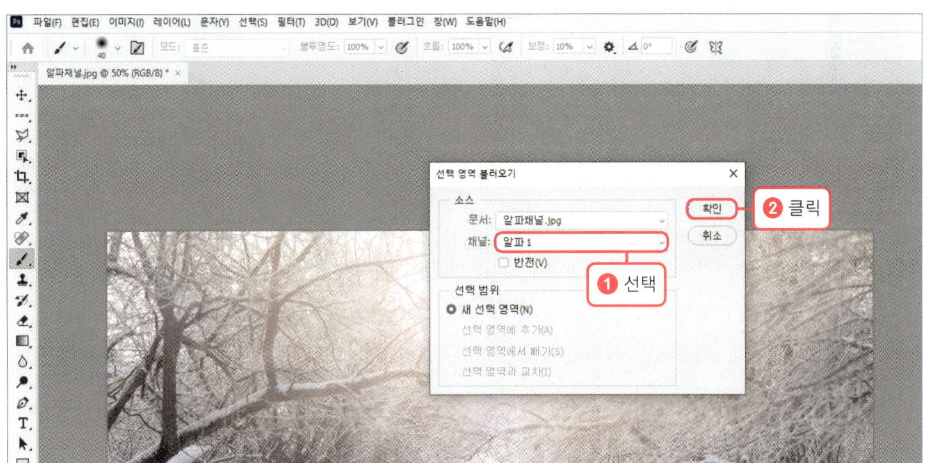

07 영역이 알파 채널에서 브러시로 만들었던 모양으로 선택됩니다. 정말 그런
지 확인해 볼까요? ❶ [레이어] 패널에서 ⊞를 클릭해 ❷ 새 레이어를 추가합니다.

08 ❶ 전경색을 [흰색]으로 설정한 후 ❷ Alt + Delete 를 눌러 색을 채웁니다.
❸ Ctrl + D 를 눌러 선택 영역을 해제하면 눈이 내리는 이미지가 완성됩니다.

망한 사진도 인생 사진으로 만드는
인물 보정 기술

**강의
노트** "인물이 들어간 경우에 사용하는 보정 기술을 배워요!"

인물 보정은 쇼핑몰처럼 인물 중심 콘텐츠를 만들 때 매우 유용하게 사용됩니다. 인물을 보정할 때는 형태만 단독으로 보정하는 것이 아니라 밝기와 색상, 분위기도 함께 조정해야 더 근사한 결과물을 만들 수 있습니다.

✔ 체크 포인트

 이미지 분위기 보정하기  잡티 없는 피부로 보정하기
□ 턱선과 몸매 보정하기

분위기 & 감성 챙기는 사진 보정 공식

준비 파일 18/웨딩.jpg, 인스타그램 보정.jpg

완성 파일 18/웨딩 완성.jpg, 인스타그램 보정 완성.jpg

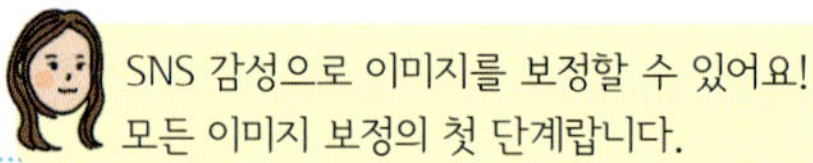

밝기와 색상을 보정하면 평범한 이미지도 멋진 분위기로 연출할 수 있습니다. 스마트폰 앱으로도 간단하게 보정할 수 있지만, 포토샵을 사용하면 전문가처럼 보정할 수 있습니다. 이미지를 고급스럽게 보정해 주변 지인에게 선물할 수도 있어요.

지금 하면 된다! ⟩ 웨딩 사진 화사하게 보정하기

웨딩 촬영 이미지를 화사하고 따뜻하고 분위기 있게 보정하는 방법을 알아볼게요. 여러분의 웨딩 사진이나 기념 사진 등을 직접 보정해 보세요!

01

❶ [Ctrl] + [O]를 눌러 준비 파일 웨딩.jpg를 불러옵니다.

❷ [조정] 패널에서 [밝기/대비 ☀]를 클릭합니다.

02 [속성] 패널에서 ❶ 밝기는 15, ❷ 대비는 30으로 설정해 전체적으로 밝고 선명하게 보정합니다.

03 ❶ 다시 [조정] 패널을 눌러 ❷ [색상 균형 ⚖]을 클릭합니다.

04

[속성] 패널에서 ❶ 빨강은 27, ❷ 노랑은 -23으로 설정합니다.
원본 사진보다 훨씬 화사하고 밝은 분위기로 보정됐습니다.

원본 이미지

화사하게 보정한 이미지

 〉 인스타그램 감성으로 보정하기

요즘 인스타그램에는 감성 넘치는 사진이 많습니다. 앱 자체 필터를 적용해 예쁘게 찍는 경우도 있지만, 포토샵을 이용해 보정하면 여러분의 인스타그램이 한층 분위기 있게 변할 거예요.

01

❶ Ctrl + O 를 눌러 준비 파일 인스타그램 보정.jpg 를 불러오세요.

❷ [필터 → Camera Raw 필터]를 선택합니다.

🔵 영문판 [Filter → Camera Raw Filter]

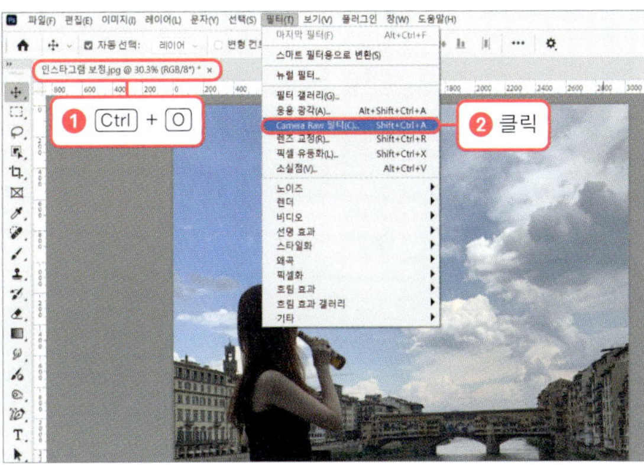

02

❶ [밝게] 목록에서 노출은 0.80, ❷ 대비는 -15, ❸ 밝은 영역은 -54, ❹ 어두운 영역은 41, ❺ 흰색 계열은 26, ❻ 검정 계열은 19로 설정해 전체적으로 밝고 은은하게 만듭니다.

03

이번에는 온도와 색조를 설정해 따뜻하고 밝은 색감으로 바꿔 볼게요.

❶ [색상]에서 온도는 18, ❷ 색조는 16, ❸ 활기는 25, ❹ 채도는 -12로 설정합니다.

04

❶ [곡선]을 클릭한 후 ❷ [빨강] 채널을 선택합니다.

❸ 선 위를 클릭해 점을 추가하고 드래그하면 붉은색으로 보정됩니다.

05

❶ 이번에는 [초록] 채널을 선택합니다.

❷ 마찬가지로 선 위를 클릭해 점을 만들고 드래그해 보정합니다.

06

❶ [파랑] 채널을 선택합니다.

❷ 마찬가지로 선 위를 클릭해 점을 만들고 드래그해 보정합니다.

$$07$$ 밝게 보정하면서 생긴 노이즈를 줄여 부드럽게 표현해 보겠습니다.
❶ [세부]를 클릭한 후 ❷ 노이즈 감소는 30, ❸ 색상 노이즈 감소는 20으로 설정합니다.

$$08$$ ❶ [색상 혼합]을 클릭한 후 ❷ 빨강 계열은 25, ❸ 노랑 계열은 30으로 설정해 색조를 자연스럽고 선명하게 보정합니다.

09

① [효과]를 클릭한 후 **②** 비네팅을 -18로 설정하면 주변이 살짝 어두워지면서 감성적인 분위기가 더해집니다. **③** [확인]을 클릭합니다.

💧 비네팅(vignetting)은 사진의 모서리 부분이 어둡게 나오는 현상을 뜻하는 사진 용어입니다.

10

원본 사진보다 은은하고 밝은 감성적인 분위기로 변경됐습니다.

출처: instagram.com/lovelee_young

18-2

턱선과 몸매를 날씬하게 보정하기

준비 파일 18/인물 보정.jpg　　완성 파일 18/인물 보정 완성.jpg

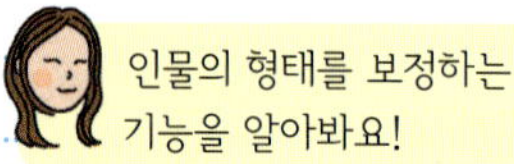

이번에는 인물 프로필 사진을 보정해 보겠습니다. 인물 보정은 무엇보다 자연스러움이 중요합니다.

✦✧지금 하면 된다! ⟩ 인물 프로필 사진 보정하기

01 ❶ Ctrl + O 를 눌러 준비 파일 인물 보정.jpg를 불러옵니다.

❷ [필터 → 픽셀 유동화]를 선택하거나 Ctrl + Shift + X 를 누르세요.

💧 영문판 [Filter → Liquify]

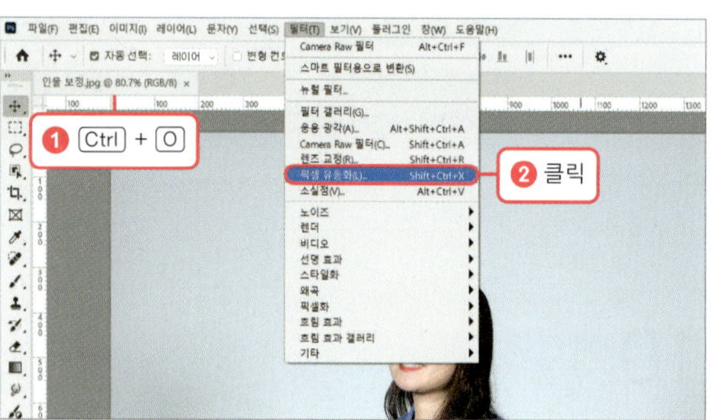

02 우선 얼굴 모양을 갸름하게 보정해 보겠습니다. ❶ [얼굴 도구 😊]를 선택한 후 ❷ 마우스 커서를 얼굴 외곽에 올려놓으면 수정 라인이 나타납니다.

03 턱선 지점을 얼굴 안쪽으로 드래그해서 턱선을 갸름하게 보정합니다.

04 좀 더 자연스럽게 표현하기 위해 턱 높이 지점도 얼굴 안쪽으로 드래그합니다.

05 얼굴 윤곽이 전체적으로 줄어들었으므로 입의 위치도 살짝 수정해 보겠습니다. 입 이동 지점을 위로 드래그합니다.

06 오른쪽 눈의 크기를 맞춰 보겠습니다.

눈 위쪽 지점을 위로 드래그해 크기를 자연스럽게 맞추세요.

07 이번에는 몸매를 보정해 볼게요.

❶ [손 도구 🖐]를 선택한 후 ❷ 위쪽으로 드래그해 화면을 아래로 이동합니다.

08

❶ [뒤틀기 도구]를 선택한 후 ❷ 브러시 크기를 300px로 설정합니다.
❸ 브러시로 왼쪽 팔을 안쪽으로 드래그해 팔의 두께를 줄입니다.

09

브러시로 허리를 몸통 안쪽으로 드래그합니다.

10 부자연스럽게 튀어나온 부분도 안쪽으로 드래그해 자연스럽게 만드세요.

11 이번에는 팔 아래쪽도 얇게 보정해 볼게요.

❶ ❷ 브러시로 팔을 몸통 안쪽과 바깥쪽으로 드래그합니다. ❸ [확인]을 클릭합니다.

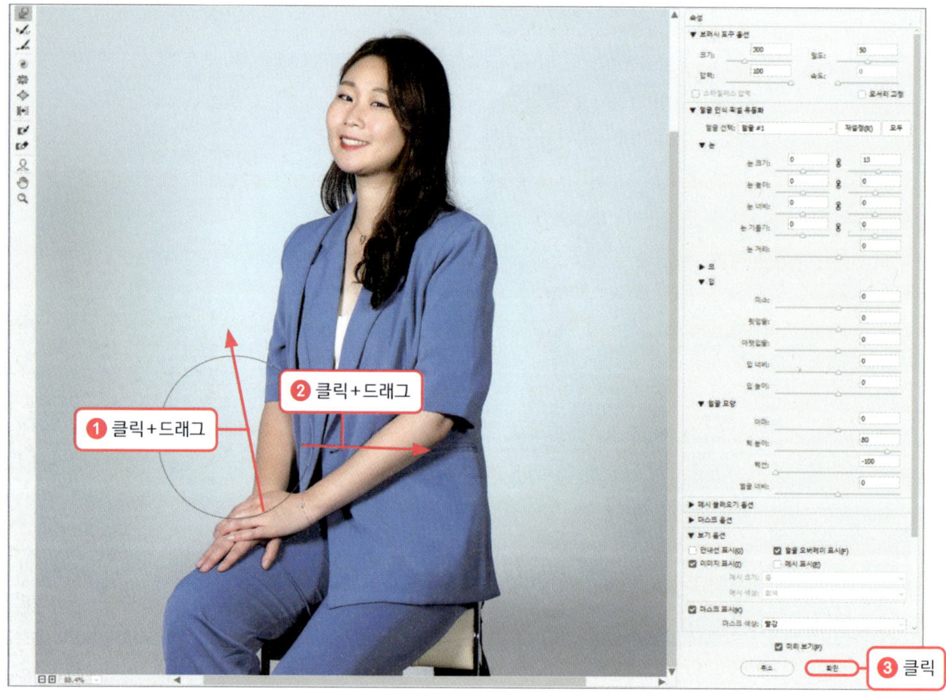

12   얼굴과 몸매가 자연스럽게 보정된 것을 확인할 수 있습니다.

18-3

잡티 없는 피부로 보정하기

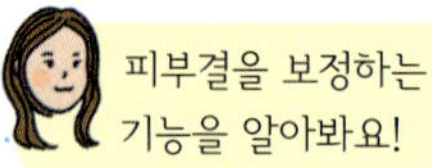

화장으로 가려지지 않는 잡티와 흉터 자국이 사진에 남아 있다면 보정하는 게 좋겠죠? 이번에는 잡티 제거뿐 아니라 피부의 톤과 결도 화사하게 만들고 부드럽게 정리하는 보정 방법을 알아볼게요.

지금 하면 된다! ▸ 잡티를 지워 피부 매끈하게 만들기

01 ❶ Ctrl + O 를 눌러 준비 파일 **피부 보정.jpg**를 불러옵니다.

❷ [이미지 → 조정 → 밝기/대비]를 선택합니다.

💧 **영문판** [Image → Adjustments → Brightness/Contrast]

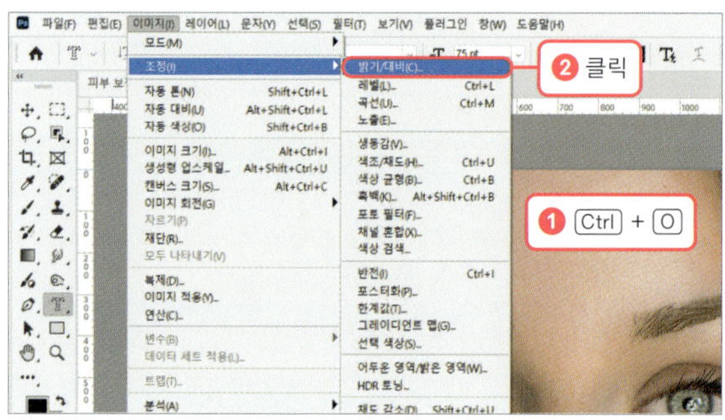

02 얼굴 톤을 밝혀 볼게요. [밝기/대비] 대화상자에서 ❶ 명도는 30, ❷ 대비는 15로 설정하고 ❸ [확인]을 클릭합니다.

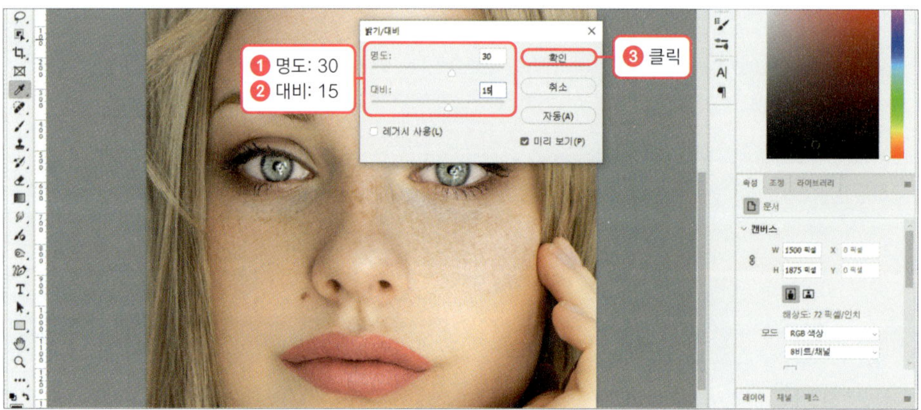

03

❶ [스팟 복구 브러시 도구 ✐]를 선택합니다.

❷ 브러시 크기를 40px로 설정하고 ❸ 잡티 부분을 클릭합니다.

04

❶ Ctrl 을 누른 채로 + 를 클릭해 작업 화면을 확대합니다.

❷ 눈에 띄는 잡티 부분을 클릭해 제거하세요.

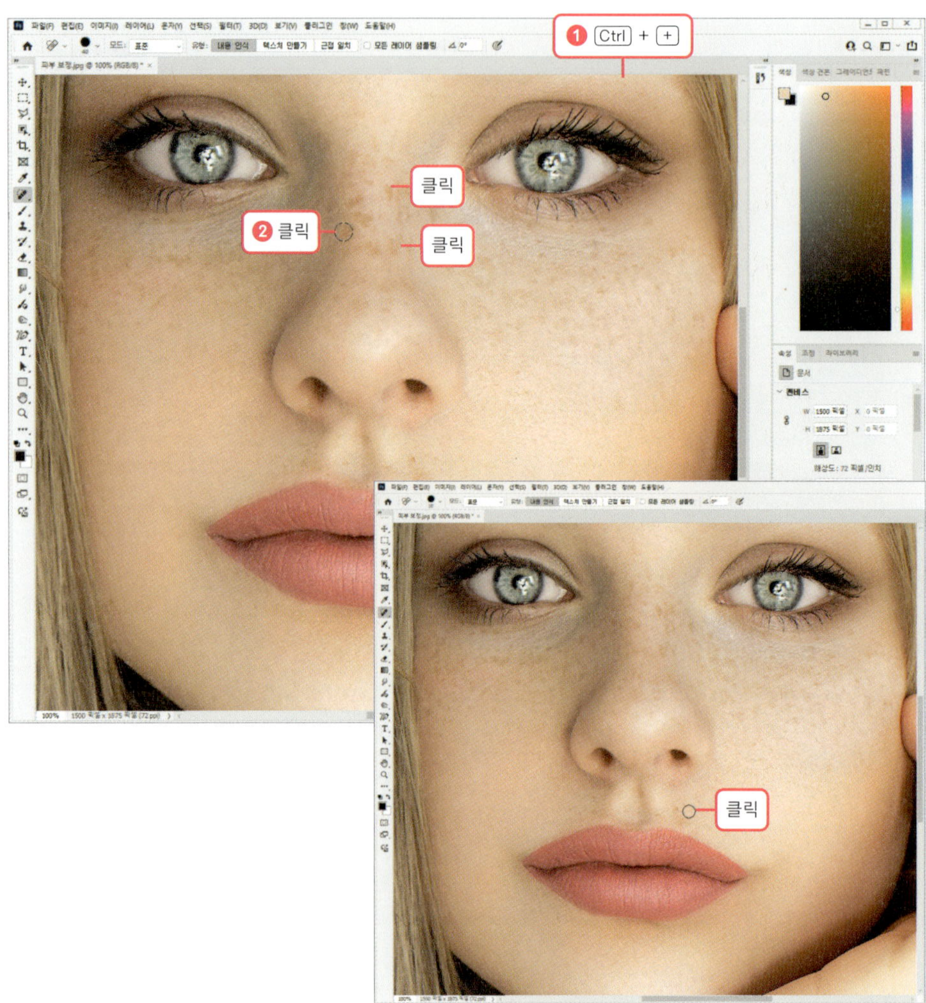

05

이번에는 윤곽을 살려 볼 거예요. 우선 왼쪽 눈 앞머리를 밝혀 보겠습니다.

❶ [닷지 도구 🔍]를 선택합니다. ❷ 크기는 175px, ❸ 범위는 [중간 영역], ❹ 노출은 50%로 설정합니다. ❺ 왼쪽 눈의 안쪽 부분을 브러시로 클릭해 밝게 변경합니다.

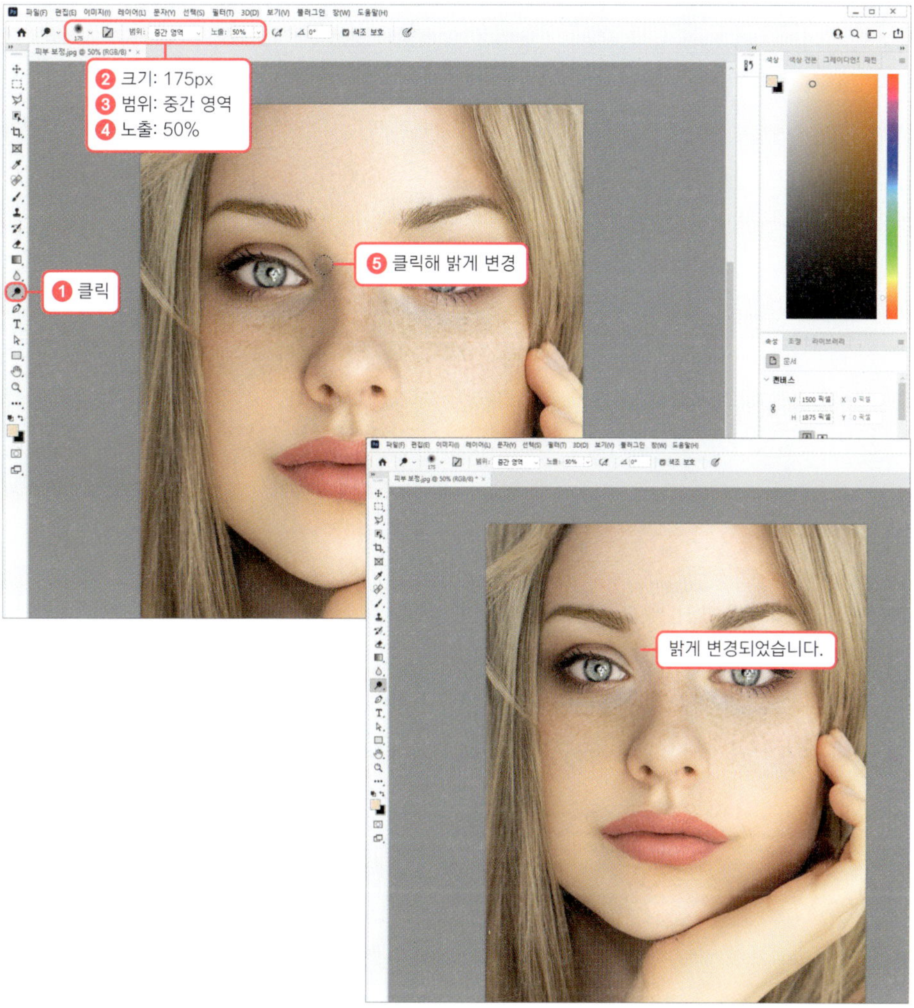

06 광대 부분도 [닷지 도구 🔍]로 클릭해 밝게 해줍니다. 오른쪽 광대의 밝기와 비슷하게 맞춘다고 생각하면서 작업하세요.

07

이마, 미간, 콧등도 [닷지 도구 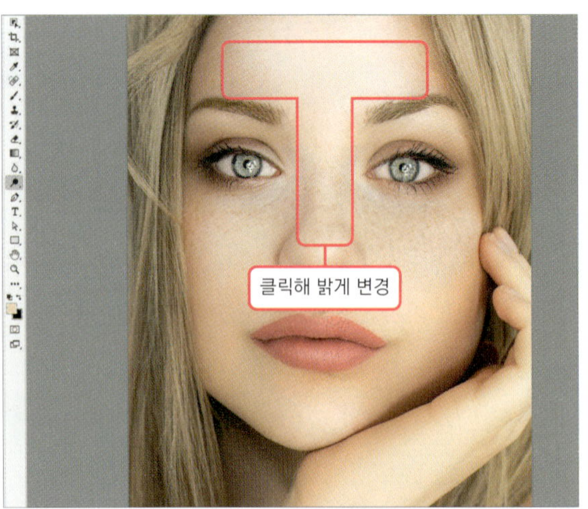

지 도구 🔍]로 클릭해 밝게 변경하세요.

08

파운데이션을 이용해 피부의 톤과 결을 정리하듯이 피부의 톤과 결을 전체적으로 매끄럽게 보정해 보겠습니다.

도구 바에서 ❶ [전경색]을 클릭한 후 ❷ 마우스 커서가 [스포이드 도구 🖉]로 바뀌면 얼굴 왼쪽 부분을 클릭해 전경색을 변경하고 ❸ [확인]을 클릭합니다.

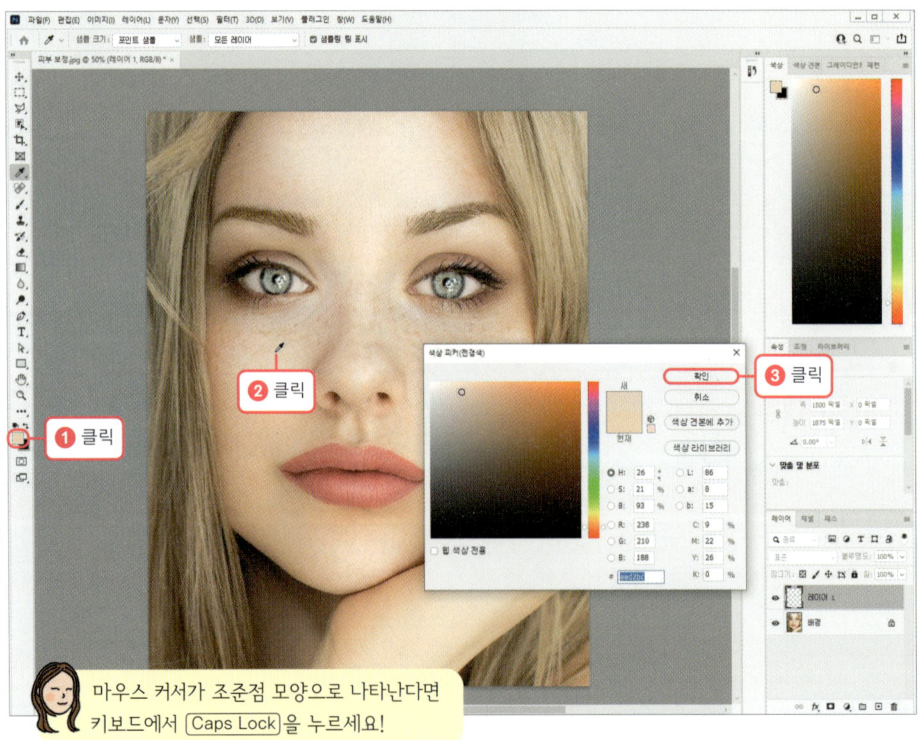

마우스 커서가 조준점 모양으로 나타난다면 키보드에서 Caps Lock 을 누르세요!

09

❶ [브러시 도구 ✏️]를 선택한 후 ❷ 옵션 바에서 브러시 크기는 250px, ❸ 종류는 [부드러운 원], ❹ 불투명도는 40%로 설정합니다.

❺ 왼쪽 얼굴을 클릭하면서 피부의 톤과 결을 정리하세요.

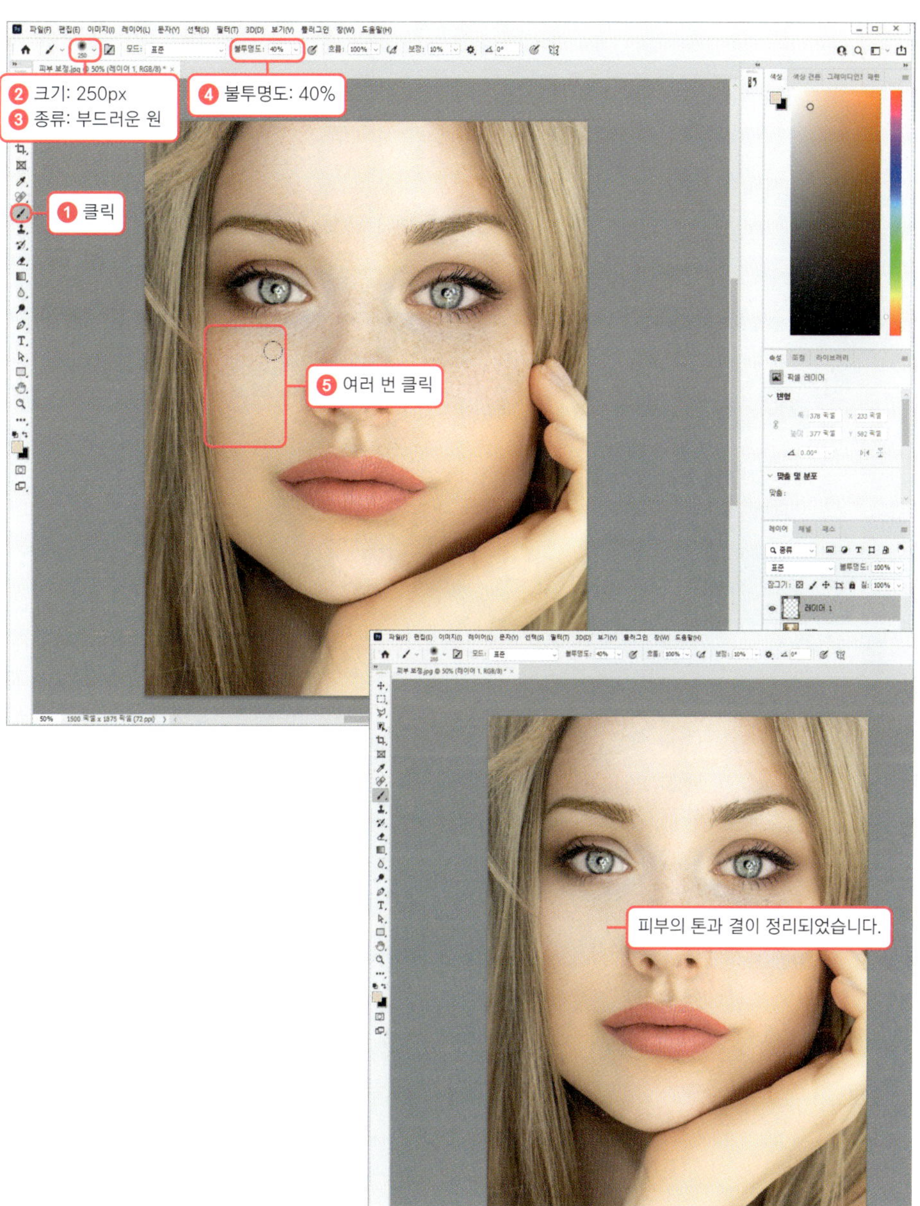

10   이번에는 오른쪽 얼굴의 톤과 결을 보정해 보겠습니다.

❶ [전경색]을 클릭한 후 ❷ 마우스 커서가 [스포이드 도구 🖊]로 바뀌면 오른쪽 얼굴을 클릭해 전경색을 변경하고 ❸ [확인]을 클릭합니다.

❹ 오른쪽 얼굴을 클릭하면서 피부의 톤과 결을 정리하세요.

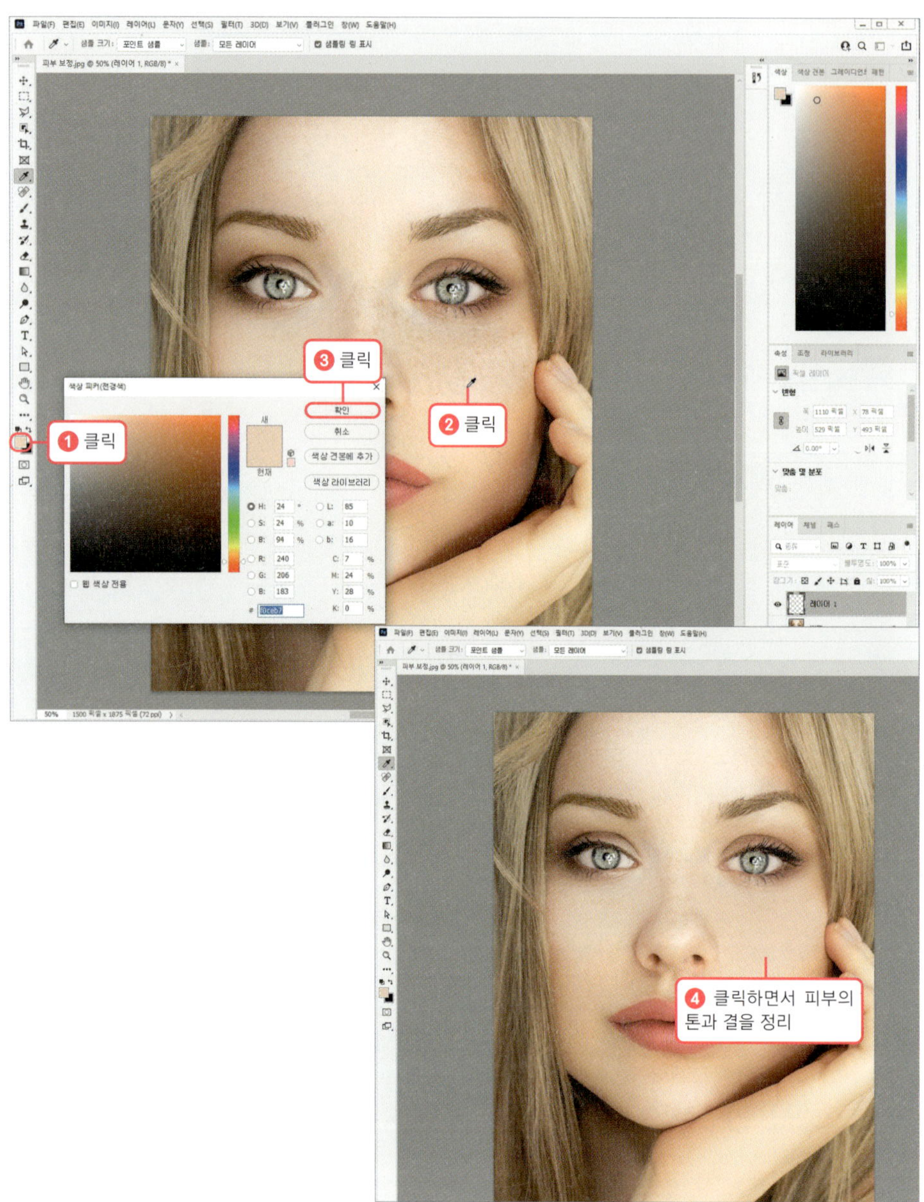

11

❶ [전경색]을 클릭한 후 ❷ 마우스 커서가 [스포이드 도구 ✎]로 바뀌면 콧등 부분을 클릭해 전경색을 변경하고 ❸ [확인]을 클릭합니다.

❹ 브러시 크기를 200px로 설정한 후 ❺ 콧등과 이마의 잡티 부분을 클릭해 피부의 톤과 결을 정리합니다.

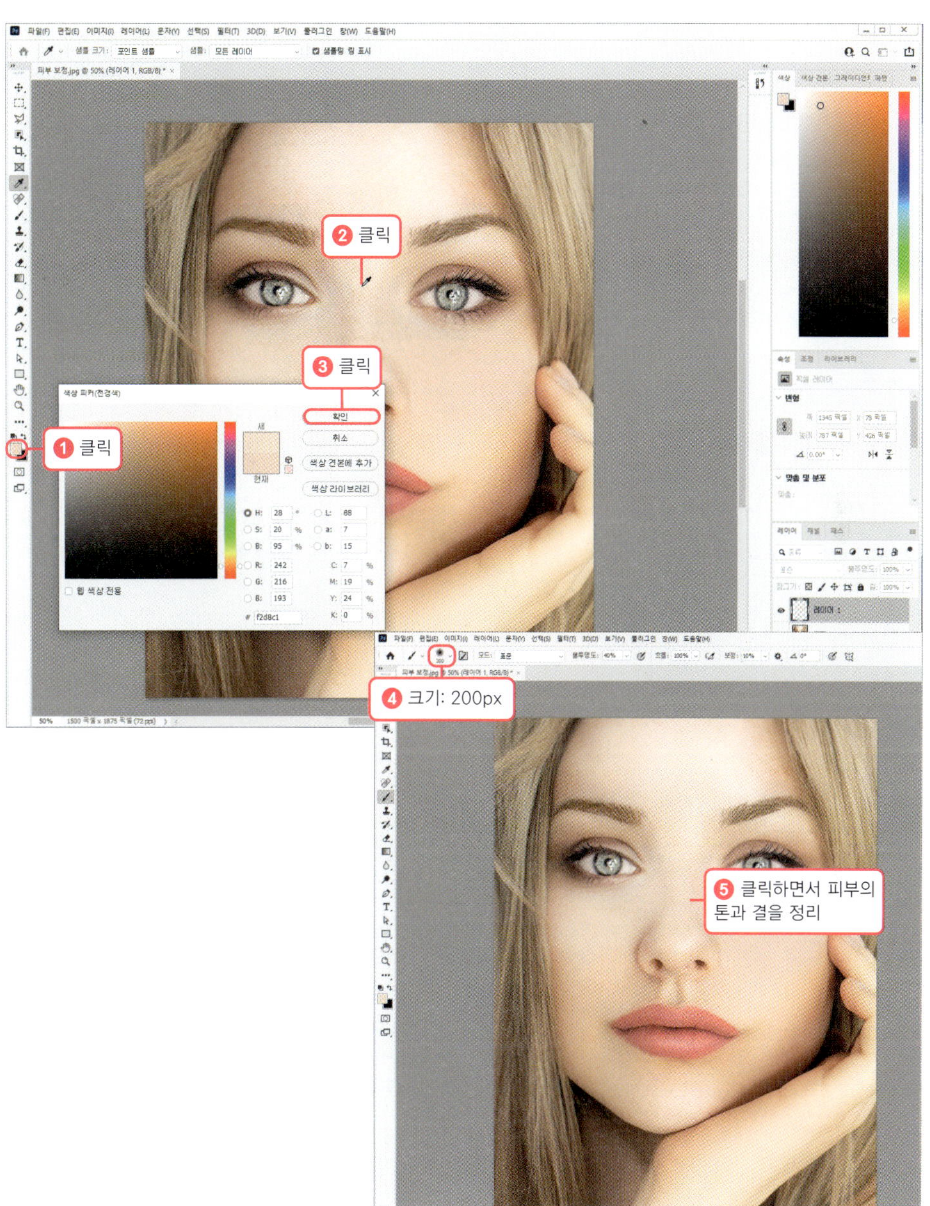

12

❶ [전경색]을 클릭한 후 ❷ 마우스 커서가 [스포이드 도구 💉]로 바뀌면 인중 부분을 클릭해 전경색을 변경하고 ❸ [확인]을 클릭합니다.

❹ 브러시의 크기를 100px로 설정한 후 ❺ 인중의 잡티 부분을 클릭해 피부의 톤과 결을 정리합니다.

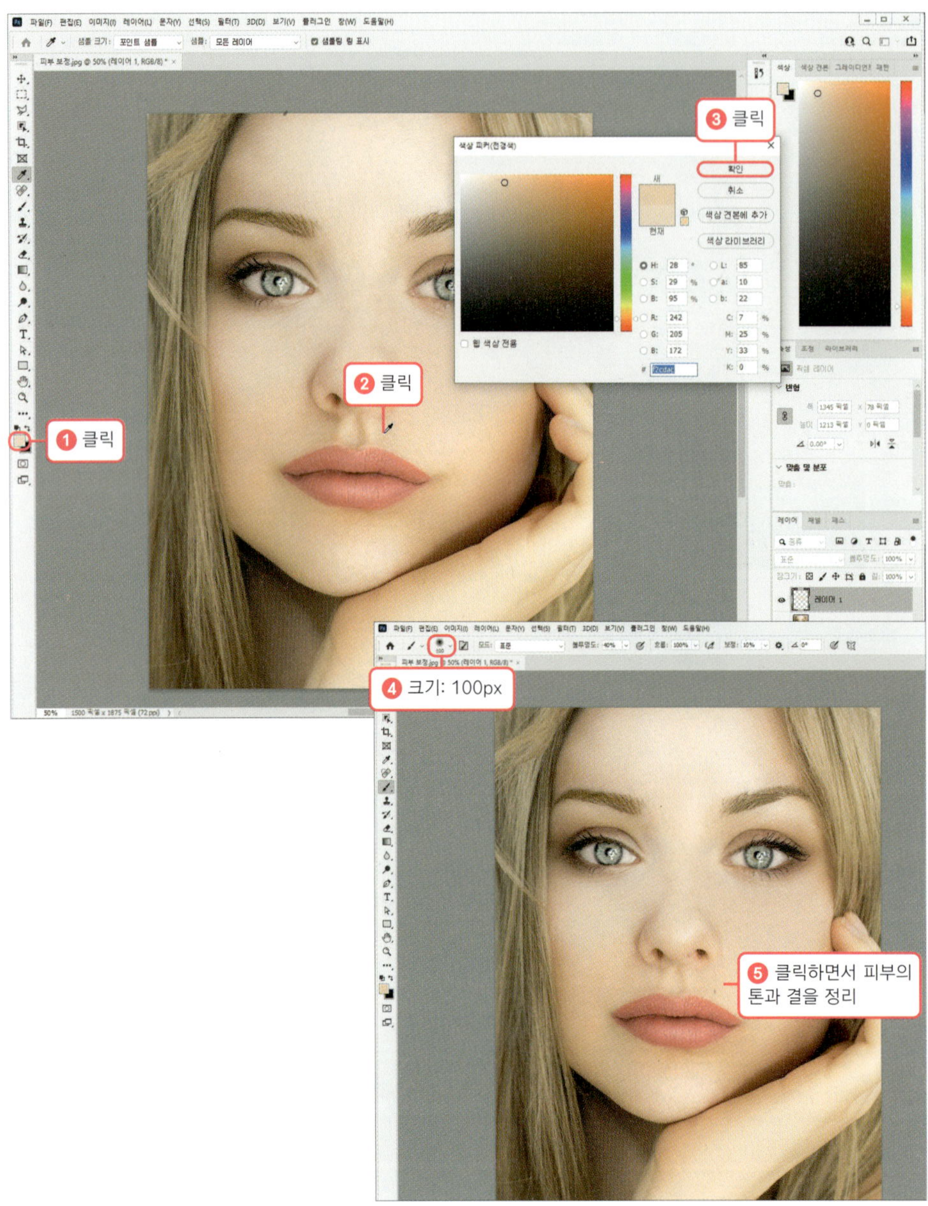

13 피부가 훨씬 밝고 매끈해진 것을 확인할 수 있습니다.

고난이도 누끼 따기 노하우

아윤 쌤의
강의 노트 "포토샵 작업의 필수! 상황별로 누끼 따는 방법을 알아봐요!"

포토샵으로 디자인 콘텐츠를 만들 때 누끼를 딸 수 있느냐와 없느냐는 매우 중요합니다. 다시 말해 누끼를 딸 수 있어야 디자인의 수준이 높아집니다. 여러 이미지를 조화롭게 합성하려면 각각의 이미지를 배경과 분리해야 하기 때문입니다. 따라서 누끼 따기는 디자인 작업에서 필수 중 필수입니다.

✔ 체크 포인트

☐ 채널을 활용해 누끼 따기   ☐ 고난이도 연기 누끼 따기
☐ 펜 도구로 누끼 따기

19-1

흑백 대비를 활용한 채널 누끼 따기

준비 파일 19/풀, 나무.jpg, 연기.jpg, 국수.jpg　　완성 파일 19/연기 합성 완성.jpg

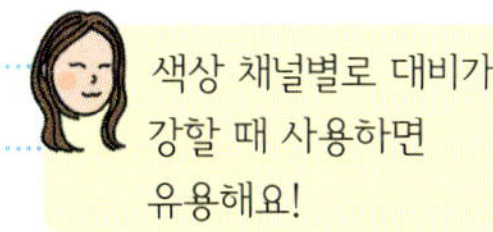

채널을 활용해 누끼를 따는 것이 초보자에게는 생소할 수 있지만 실무에서 많이 활
용하는 방법입니다. 특히 알파 채널에서 작업한 후 선택 영역을 레이어로 불러올 때
주로 사용합니다.　　　　　　　　　　　　　　　● 알파 채널의 원리는 17-2절을 참고하세요.

☆지금
하면 된다! ⟩ 채널 기능으로 풀과 나무 정교하게 누끼 따기

알파 채널을 활용한 누끼 작업은 무성한 풀이나 복잡하게 가지 친 나무 등 디테일한
이미지를 선택해야 할 때 유용합니다. 각 채널을 클릭했을 때 나타나는 흑백의 대비
를 이용하므로 흑백 대비가 가장 큰 채널을 사용하는 것이 좋습니다.

01　❶ Ctrl + O 를 눌러 준비 파일 풀, 나무.jpg를 불러옵니다.
❷ [채널] 패널을 선택합니다.

02

❶ [파랑] 채널을 ⊞로 드래그해 복사합니다.

❷ [파랑 복사] 채널이 생긴 것을 확인할 수 있습니다.

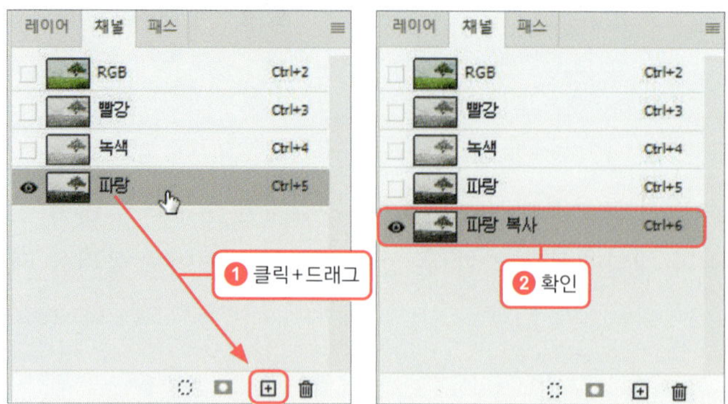

> **❓ 아윤 쌤! 질문 있어요!** **왜 [파랑] 채널을 선택하나요?**
>
> 채널을 활용해 영역을 선택할 땐 대비 효과가 가장 큰 채널을 선택하는 것이 좋아요. 알파 채널에서는 이미지를 흰색과 검은색으로만 구분하기 때문입니다. 이 이미지에서는 가장 흑백 대비가 높은 채널이 파랑이기 때문에 [파랑] 채널을 선택했습니다.
>
>   
>
> [빨강] 채널　　　　　[녹색] 채널　　　　　[파랑] 채널

03

흰색 부분과 검은색 부분을 확실하게 구분하기 위해 대비를 최대한으로 설정하겠습니다.

❶ Ctrl + L 을 눌러 [레벨] 대화상자를 불러옵니다.

❷ 중간 영역은 0.01, ❸ 밝은 영역은 170으로 설정한 후 ❹ [확인]을 클릭합니다.

04 빠진 부분은 [브러시 도구 ✏️]로 섬세하게 작업하겠습니다.

❶ [브러시 도구 ✏️]를 선택한 후 ❷ 전경색을 [검은색]으로 설정합니다.

❸ 브러시 크기는 80px, ❹ 종류는 [선명한 원], ❺ 불투명도는 100%로 설정합니다.

❻ 흰 점으로 보이는 부분을 브러시로 드래그해 검은색으로 칠합니다.

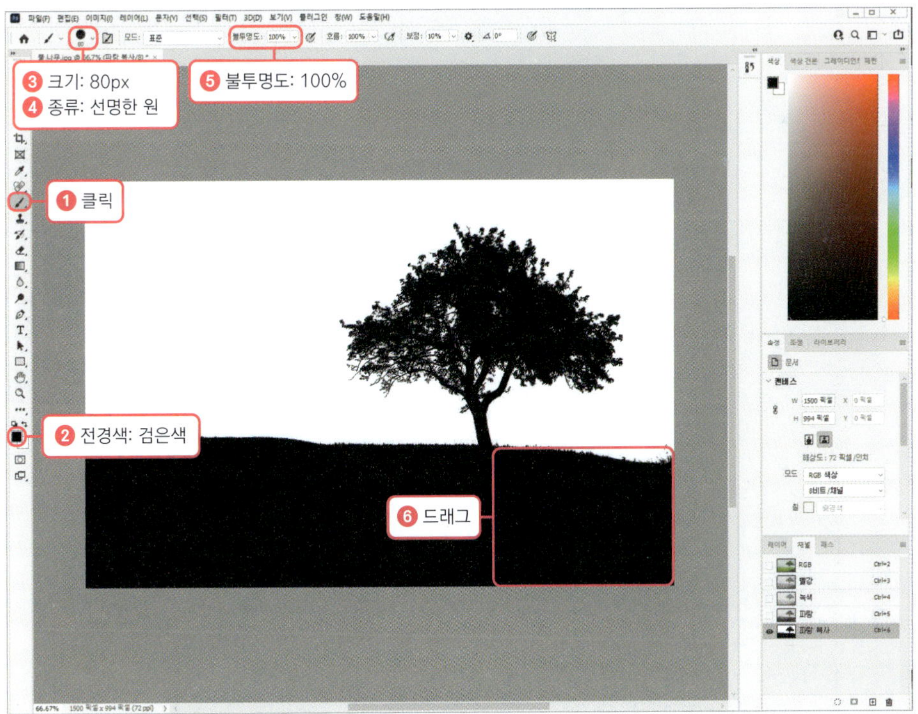

05 [RGB] 채널을 클릭해서 원본 이미지 색상으로 돌아옵니다.

06 이제 앞서 만들어 둔 채널을 활용해 영역을 선택해 보겠습니다.

❶ [레이어] 패널을 선택한 후 ❷ [선택 → 선택 영역 불　●영문판 [Select → Load Selection]
러오기]를 클릭합니다.

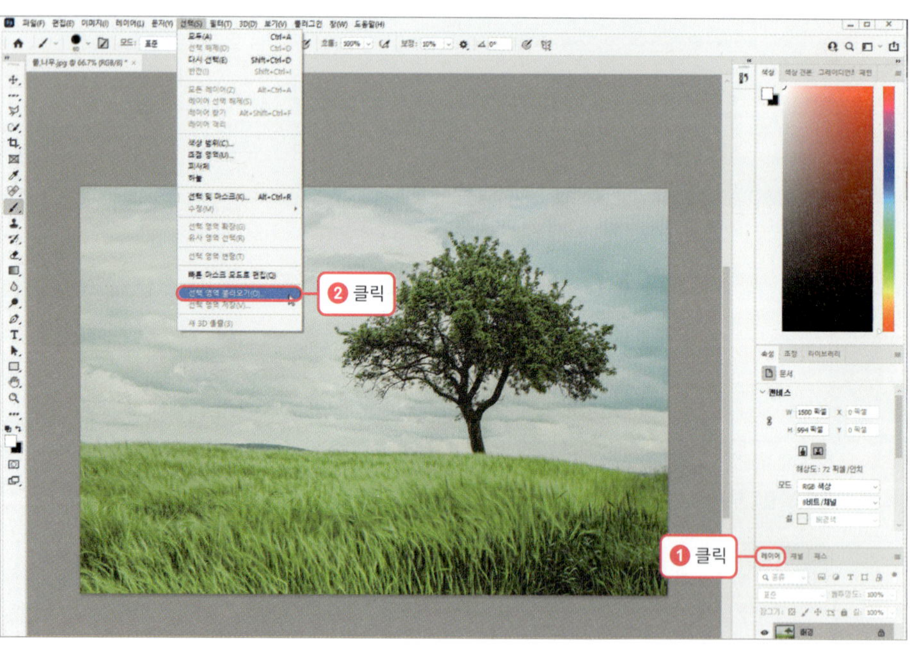

07 ❶ [선택 영역 불러오기] 대화상자에서 [파랑 복사] 채널을 선택한 후 ❷ [확인]을 클릭합니다.

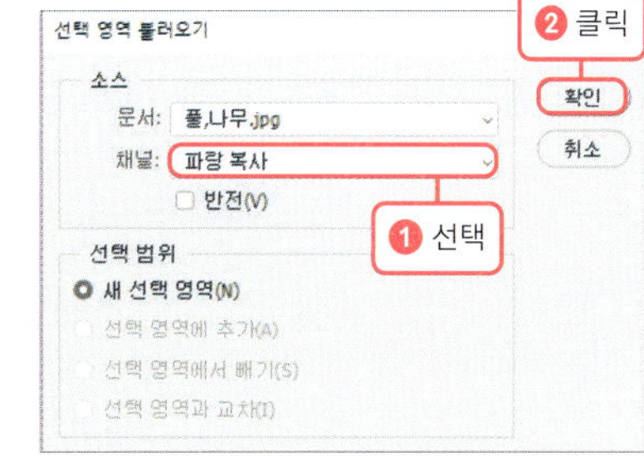

08 채널에서 흰색 부분인 배경이 선택 영역으로 나타납니다.

❓ 아윤 쌤! 질문 있어요!　　왜 흰색 부분이 선택 영역으로 나타나나요?

채널에서는 흰색을 영역으로 인지하기 때문입니다. 레이어에서 불러오면 채널의 흰색 부분이 선택 영역으로 나타납니다.

[채널] 패널의 모습　　　　　　　[레이어] 패널에서 채널 영역이 선택된 모습

09

❶ `Ctrl` + `Shift` + `I`를 눌러 선택 영역을 반전합니다.

❷ `Ctrl` + `J`를 눌러 선택된 영역만 새 레이어로 복사합니다.

10

[레이어] 패널에서 [배경] 레이어의 👁을 클릭해 원본 이미지를 보이지 않게 끄면 [파랑] 채널 영역을 반전해서 복사한 [레이어 1]만 작업 화면에 나타납니다.

✦✦ 지금 하면 된다! ▸ 경계가 뚜렷하지 않은 연기 누끼 따기

회색은 흰색의 투명한 정도를 나타낸다고 했던 것을 기억하나요? 이것이 바로 알파 채널의 큰 특징 중 하나입니다. 이 특징을 활용하면 연기 부분만 똑 떼서 다른 이미지에 자연스럽게 합성할 수 있습니다. 알파 채널이 연기 주변의 뿌옇게 흐린 부분까지 인식하고 영역을 선택해 주기 때문입니다.

01
❶ Ctrl + O 를 눌러 준비 파일 연기.jpg를 불러옵니다.

❷ [채널] 패널을 선택합니다.

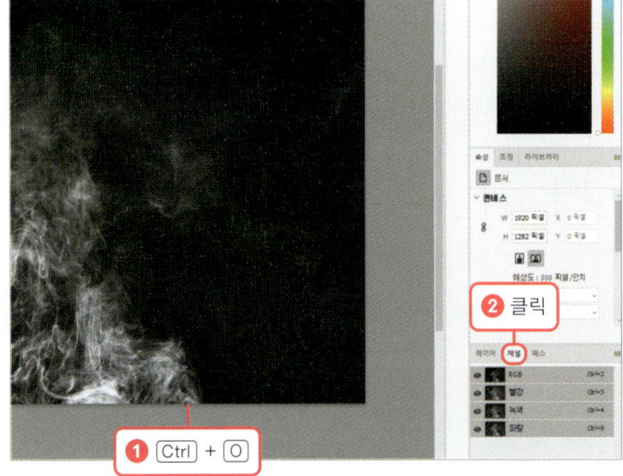

02
❶ Ctrl 을 누른 채 [파랑] 채널의 섬네일을 클릭하면 흰색 연기 이미지가 선택됩니다. ❷ Ctrl + C 를 눌러 복사합니다.

03 연기를 합성할 이미지를 불러오겠습니다.

① Ctrl + O 를 눌러 준비 파일 국수.jpg를 불러옵니다.

② [레이어] 패널을 선택합니다.

04

① Ctrl + V 를 눌러 연기 이미지를 붙여넣습니다.

② Ctrl + T 를 눌러 자유 변형 모드로 만든 후 이미지의 크기가 위치를 조절하고 Enter 를 누릅니다.

05

연기가 너무 과해 부자연스럽네요. 연기 아랫부분을 살짝 지워 보겠습니다.
❶ [레이어 1]을 선택한 후 ❷ 불투명도를 30%로 설정합니다.
❸ [레이어 마스크 ◙]를 클릭하세요.

06

❶ [브러시 도구 ✎]를 선택한 후 ❷ 크기는 175px, ❸ 종류는 [부드러운 원],
❹ 불투명도는 50%, ❺ 전경색은 [검은색]으로 설정합니다.

07 이미지의 아랫부분을 드래그해 연기를 자연스럽게 합성하세요.

19-2

[펜 도구 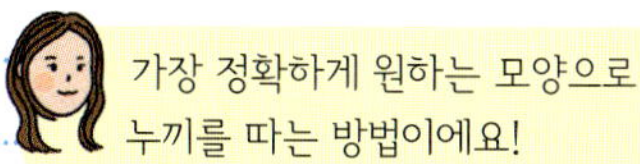]로 경계를 따라 직접 누끼 따기

준비 파일 19/컵.jpg

[펜 도구]는 포토샵에서 가장 꼼꼼하게 누끼를 딸 수 있는 중요한 도구입니다. 입문자는 익숙해지기까지 시간이 다소 걸리지만, 이 작업에 익숙해져야 디자인 작업을 하기 편리해지고 수준 높은 작업물을 만들어 낼 수 있습니다. [펜 도구]를 활용해 누끼 따는 방법을 알아보겠습니다.

지금 하면 된다! ▶ 컵 경계를 따라 한 땀 한 땀 누끼 따기

01 ❶ Ctrl + O 를 눌러 준비 파일 컵.jpg를 불러옵니다.
❷ [펜 도구]를 선택한 후
❸ 종류를 [패스]로 설정하고
❹ [모양 결합]을 클릭합니다.
❺ 누끼를 딸 컵의 입구를 클릭합니다.

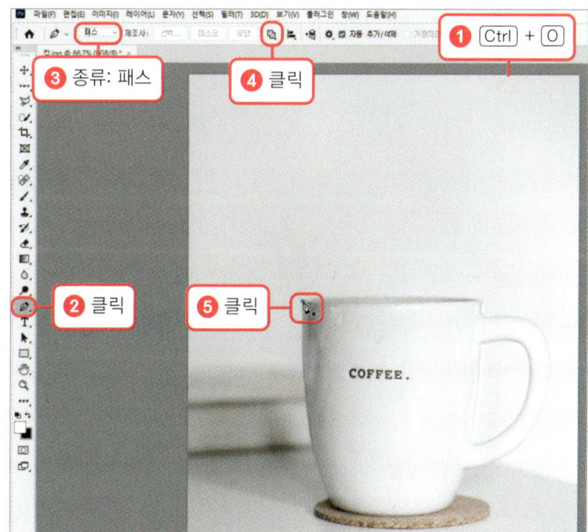

02 컵의 경계선을 따라 클릭하고 드래그해 방향 선을 곡선으로 만듭니다.

● [펜 도구]로 곡선 패스를 그리는 방법은 07-6절을 참고하세요.

03 다음 방향으로 가려면 방향 선을 수정해야 하네요.

❶ Alt 를 누른 채 마우스 커서를 방향 선 끝에 올려놓으면 커서의 모양이 [기준점 변환 도구]로 변합니다. 그 순간에 클릭하세요.

❷ 클릭한 상태에서 손을 떼지 말고 방향 점을 위로 드래그해 곡선의 모양을 잡으세요.

04 다음 지점을 마우스로 클릭한 채로 드래그해 방향 선을 곡선으로 만들어 컵의 아랫부분에 맞추세요.

05

❶ 다음 지점을 마우스로 클릭합니다.

❷ Alt 를 누른 채 방향 점을 드래그해 곡선을 컵 모양에 맞춥니다.

06

손잡이 부분의 경계선을 따라 클릭한 채로 드래그합니다.

07

① 다음 지점을 클릭한 채로 드래그한 후 ② Alt 를 누른 상태에서 기준점을
그다음 방향에 맞춰 드래그해서 변경하고 ③ 다시 클릭합니다.

08 ❶ 경계를 따라 클릭한 채로 드래그한 후 ❷ 시작점을 클릭해 패스 선을 완료합니다.

09 ❶ [패스] 패널을 선택한 후 ❷ 패널에서 빈 곳을 클릭하면 선택한 패스 점과 선들이 사라집니다. ❸ 그리고 다시 한번 [작업 패스] 레이어를 클릭하면 ❹ 패스 선만 활성화됩니다.

10 컵의 손잡이 안쪽은 선택 영역에서 제외해야겠죠? 옵션에서 [전면 모양 빼기 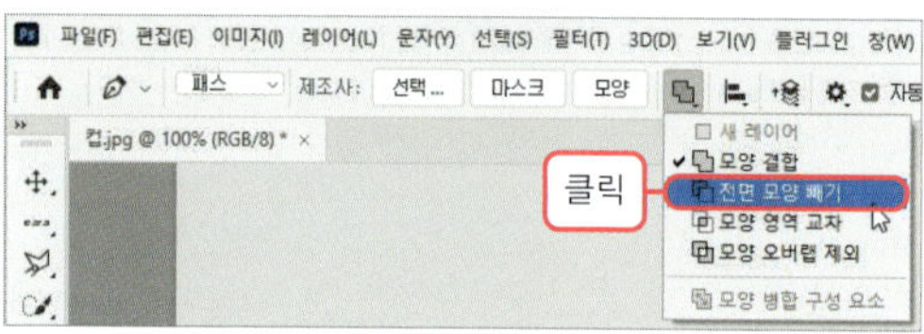]를 선택합니다.

11 ① 손잡이 안쪽 부분의 패스 시작점을 클릭한 후 ② 경계를 따라 클릭한 채로 드래그합니다.

12

❶ 경계 부분을 따라 다시 클릭한 채로 드래그합니다. **❷** 방향 점을 Alt 를 누른 채 위로 드래그해 짧은 방향 선을 만들고 **❸** 시작점에 닿을 때까지 클릭, 드래그 해 나갑니다.

13 이제 컵 부분만 하나의 레이어로 분리해 보겠습니다.

❶ Ctrl 을 누른 채 [패스 축소판]을 클릭하면 ❷ 패스 선을 따라 영역이 선택됩니다.

14 ❶ [레이어] 패널을 클릭한 후 ❷ Ctrl + J 를 눌러 선택된 영역만 복사된 새 레이어를 만듭니다. ❸ [배경] 레이어의 👁 을 클릭해 원본 이미지를 가립니다.

도전!
실전 디자인 프로젝트
- 포토샵 실무 체험하기

포토샵을 배우긴 했지만 기능만 알고 실무에 어떻게 활용해야 할지 감이 오지 않는 분도
있고, 수많은 실무 디자인을 봤지만 어떻게 만들어야 하는지 막막한 분도 있을 텐데요.
실전 디자인 프로젝트를 함께 실습하면서 디자인을 직접 완성해 보면 포토샵이 더욱 재미
있어질 거예요. 천천히 즐기면서 끝까지 다 완성해 보세요!

SNS 피드용 카드 뉴스 디자인

레이어 스타일과 일러스트 활용하기

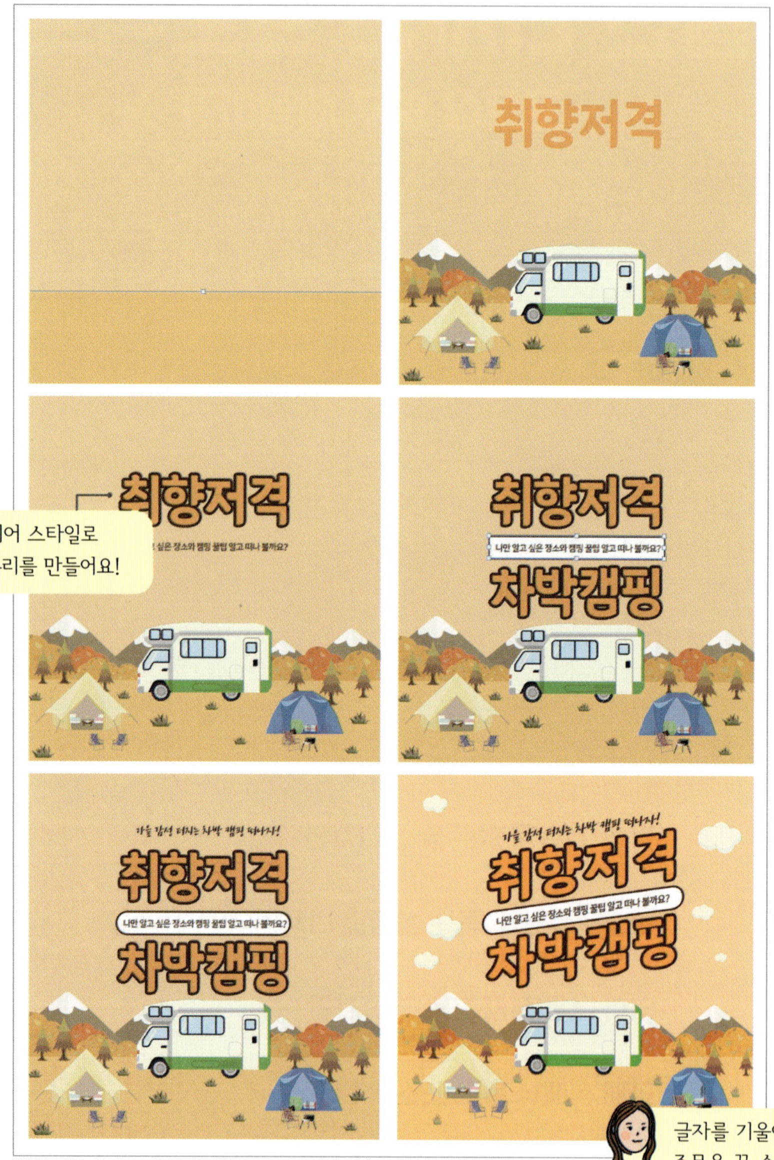

단계별 과정

동영상 강의

완성본

아윤 쌤의
강의 노트 "다양한 이미지를 디자인 소스로 활용하세요!"

카드 뉴스를 디자인할 때 일러스트 이미지를 사용하면 시각적으로 더욱 풍성한 결과물을 만들 수 있습니다. 그렇다고 해서 일러스트를 그릴 줄 알아야만 일러스트 카드 뉴스를 제작할 수 있는 건 아니에요. 무료 이미지 웹 사이트에서 일러스트를 내려받거나 생성형 AI를 활용해서 만들 수 있죠. 이번 카드 뉴스 디자인에서는 일러스트를 조화롭게 배치하고 원하는 색상으로 변경해 사용하는 방법을 알아볼게요.

주요 기능 [모양 도구 ](256쪽), [가로쓰기 문자 도구 ](239쪽), 색조/채도(225쪽)
글꼴 Sandoll 삼립호빵체, 나눔스퀘어OTF, tvN 즐거운이야기OTF

준비 파일 프로젝트01/산.jpg, 잔디.jpg, 나무.jpg, 구름.jpg, 바비큐.jpg, 빨강 의자.jpg, 파랑 의자.jpg, 풀.jpg, 텐트01.jpg, 텐트02.jpg, 캠핑카.jpg

지금 하면 된다! ⟩ 디자인 소스 불러와 색 보정하기

먼저 일러스트 소스를 삽입하고 가을 느낌이 나도록 색상을 갈색 계열로 보정해 보겠습니다.

01 ❶ Ctrl + N을 눌러 폭과 높이, 해상도, 색상 모드를 설정합니다.
❷ 배경 내용 색상 부분을 클릭해 ❸ 색상 코드에 ffd392를 입력한 후 ❹ [확인]을 클릭합니다.
❺ [만들기]를 클릭합니다.

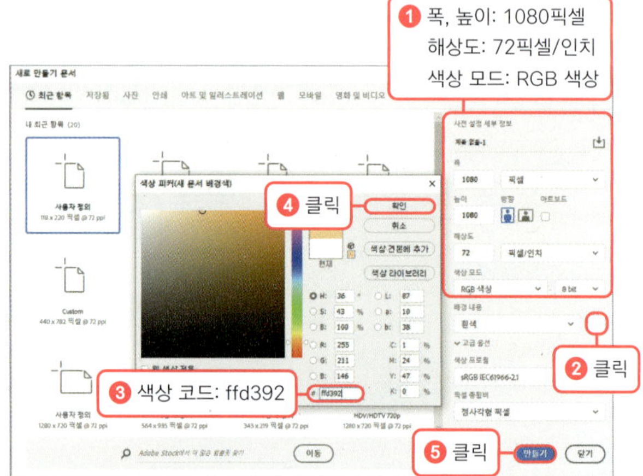

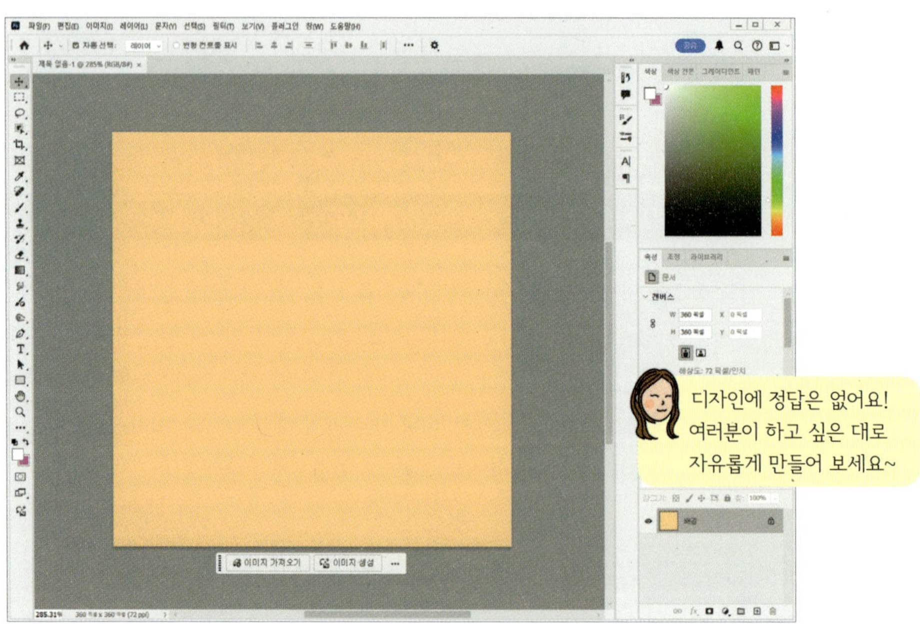

02 ❶ [사각형 도구 ▢]를 선택합니다.

❷ 칠의 색상 코드를 ffc659로 입력하고 ❸ 획은 [색상 없음 ◿]으로 설정해 테두리 선을 없앱니다. ❹ 클릭한 채로 드래그해 아래쪽에 사각형을 만듭니다.

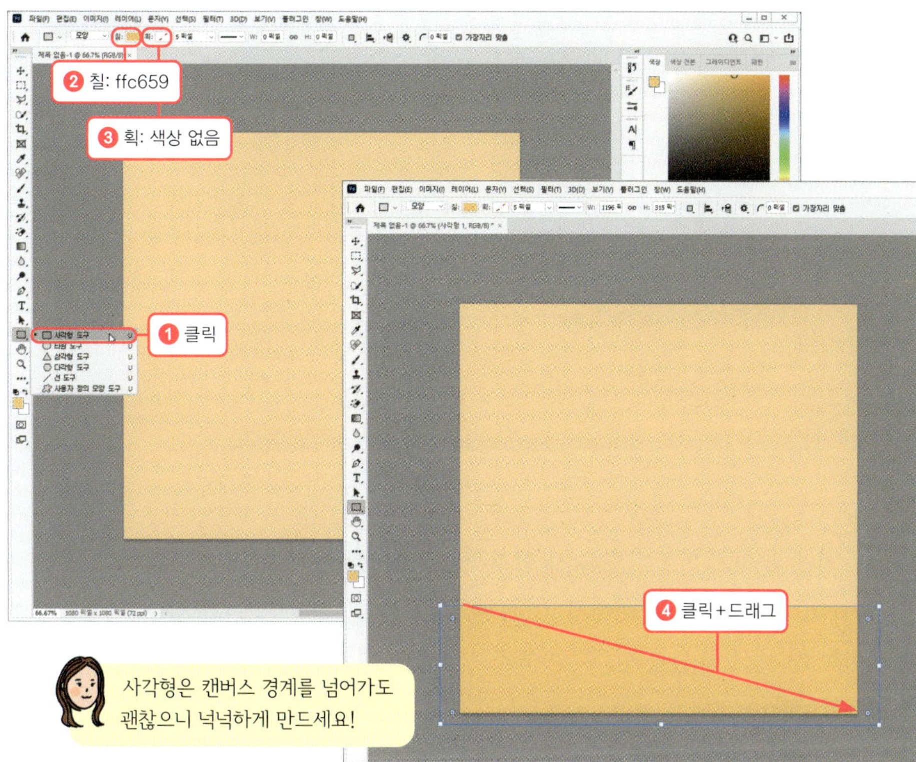

03 ❶ 준비 파일 산.jpg를 포토샵 화면으로 드래그해 불러옵니다.

❷ 모서리를 드래그해 크기를 줄이고 ❸ 위치를 이동한 후 Enter를 눌러 적용합니다.

❹ 새로 만들어진 레이어의 이름을 산으로 수정하고 [사각형 1] 레이어의 아래쪽으로 이동합니다.

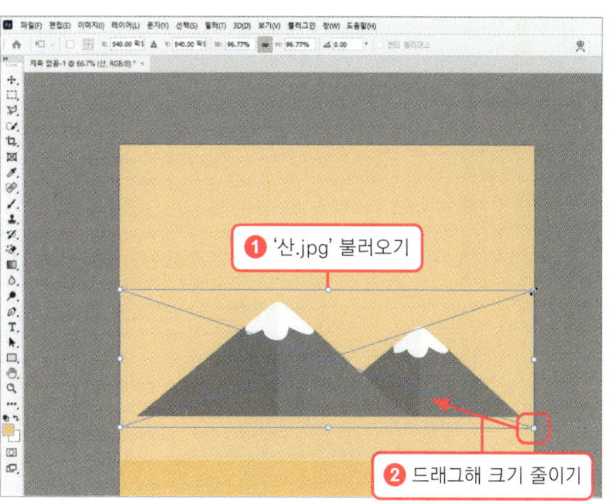

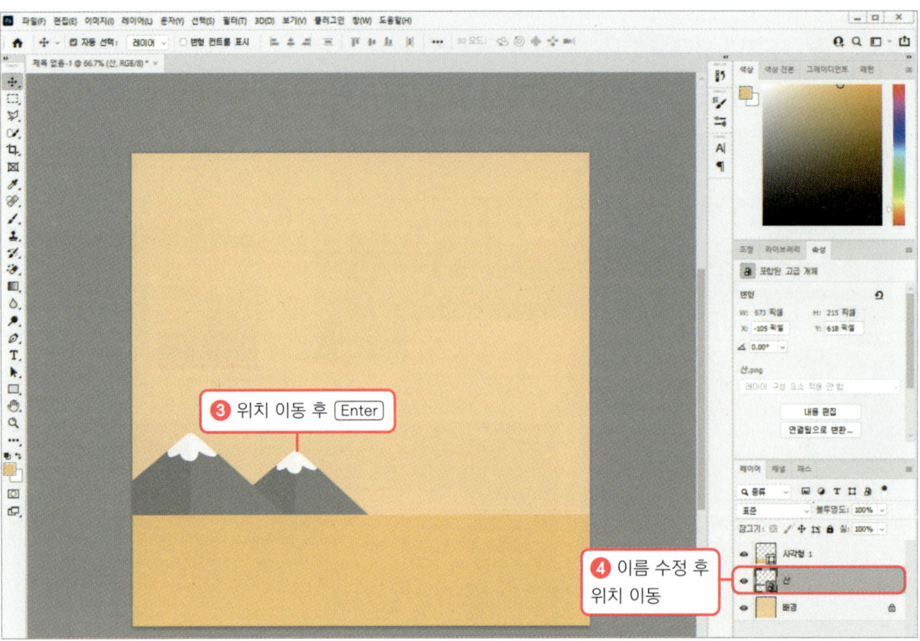

04

가을 분위기가 풍기도록 산 일러스트를 갈색으로 보정해 보겠습니다.

❶ [산] 레이어가 선택된 상태에서 Ctrl + U 를 눌러 [색조/채도]를 실행합니다.

❷ [색상화]에 체크 표시를 한 후 ❸ 색조는 35, ❹ 채도는 30으로 설정하고 ❺ [확인]을 클릭합니다.

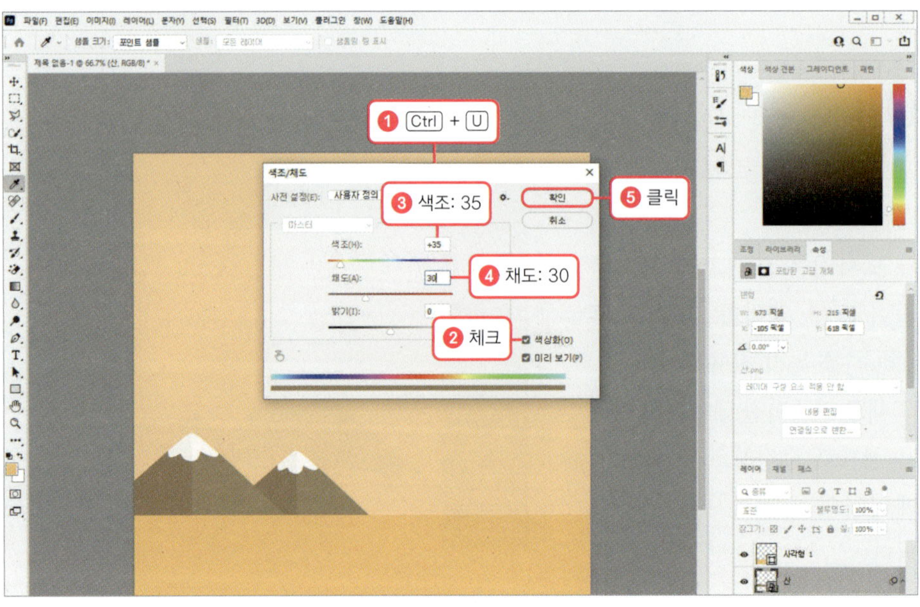

05 ❶ Ctrl + J 를 눌러 [산] 레이어를 복제합니다.

❷ [이동 도구 ⊕]를 선택한 후 ❸ 복제된 산 이미지를 오른쪽으로 드래그해 이동합니다.

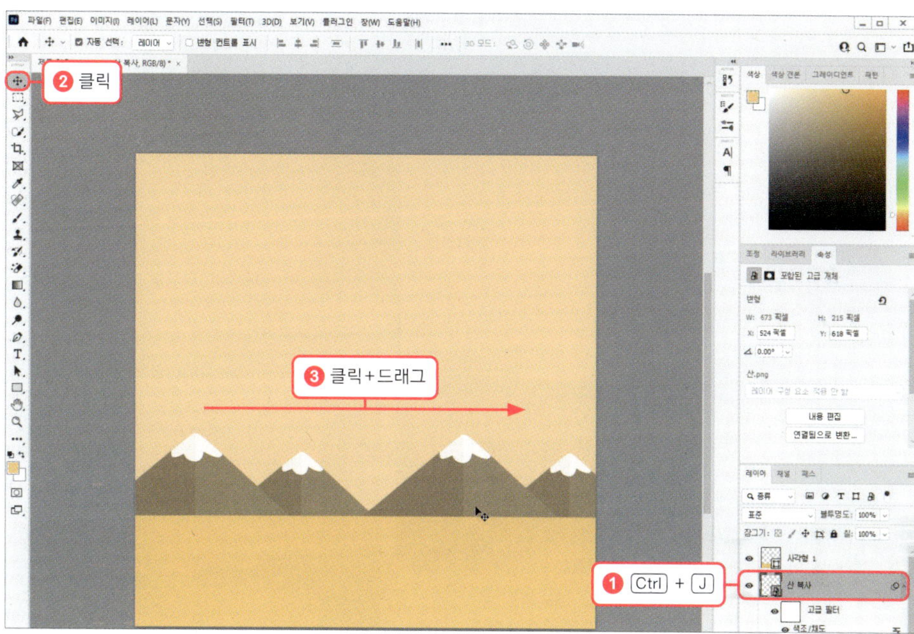

06 복제된 레이어를 가로로 반전하겠습니다.

❶ Ctrl + T 를 눌러 자유 변형 모드를 실행합니다.

❷ 팝업 창이 나타나면 [확인]을 클릭합니다.

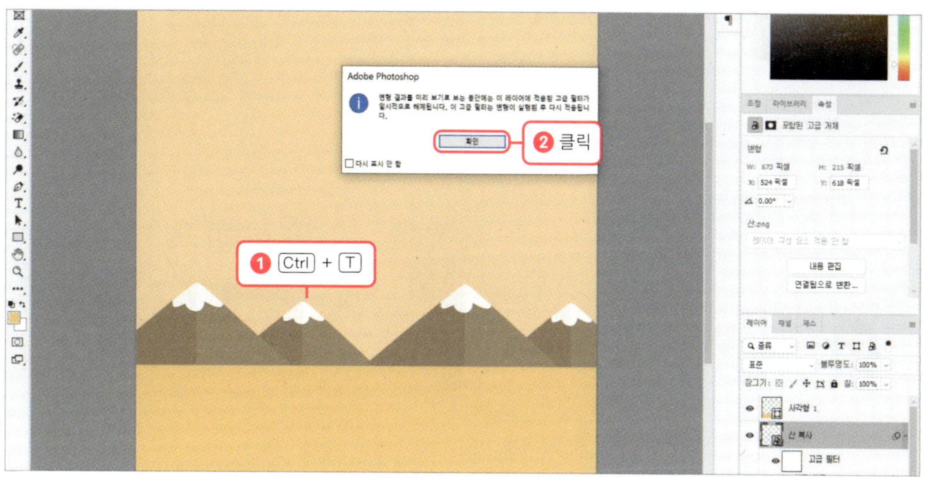

07

❶ 산 위에서 마우스 오른쪽 버튼을 눌러 [가로로 뒤집기]를 선택합니다.

❷ 크기를 조금 줄여 적당한 위치에 배치하고 Enter 를 눌러 적용합니다.

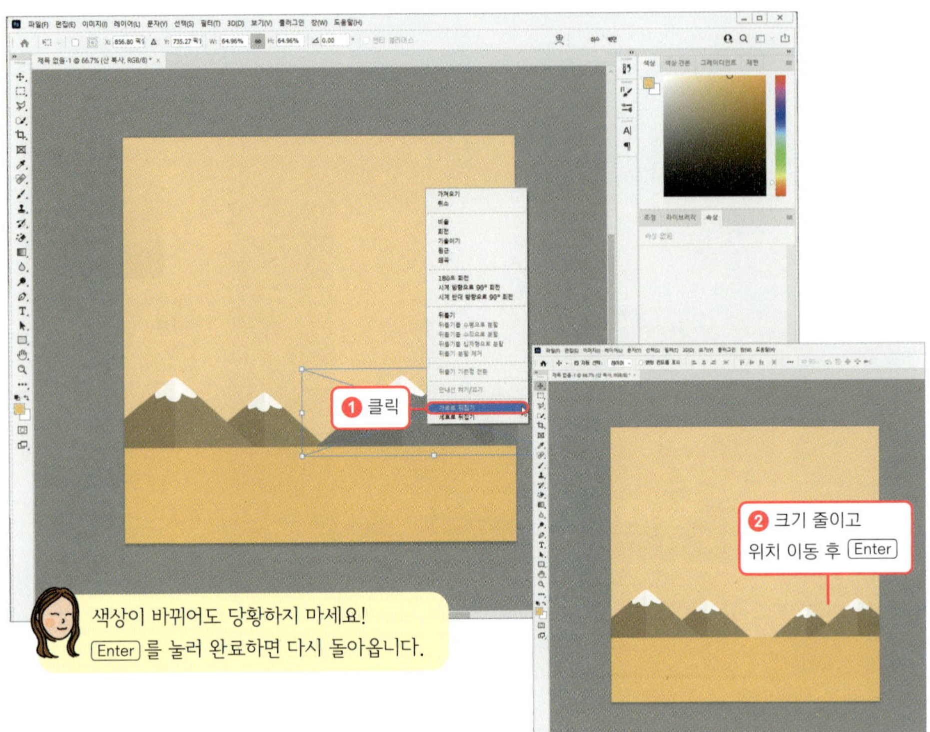

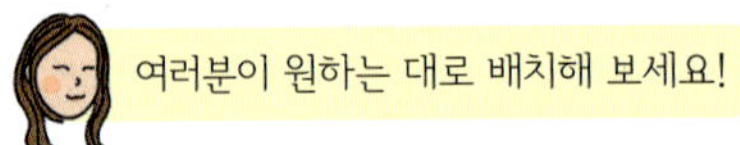

08

준비 파일 폴더에서 캠핑카, 텐트, 나무 등 이미지 파일을 불러와 원하는 곳에 자유롭게 배치해 보세요.

09

요소가 많아지니 [레이어] 패널이 매우 복잡해졌죠? 이럴 때 그룹 레이어를 만들어 정리하면 관리하기 편리합니다.

❶ [레이어] 패널에서 [Shift]를 누른 채 그룹으로 묶을 맨 아래 레이어와 맨 위 레이어를 클릭해 레이어를 모두 선택하고 ❷ [Ctrl] + [G]를 눌러 그룹화합니다.

❸ 더블클릭해 이름을 알아보기 쉽게 수정합니다.

준비 파일 이어서 실습

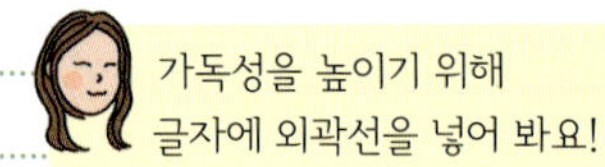

지금
하면 된다! 〉 레이어 스타일로 메인 문구에 외곽선 적용하기

가장 중요한 메인 문구를 만들어 볼게요. [레이어 스타일]로 글자에 외곽선을 넣어 눈에 띄면서도 활동적인 느낌을 더해 줄 거예요.

01
❶ [가로쓰기 문자 도구 T.]를 선택합니다. ❷ 옵션 바에서 글꼴은 [Sandoll 삼립호빵체], ❸ 크기는 170pt, ❹ 색상 코드는 ff9b09로 설정합니다.

❺ 문구를 입력하고 Ctrl + Enter 를 누릅니다.

❻ [레이어] 패널에서 [레이어 스타일 fx → 획]을 선택합니다.

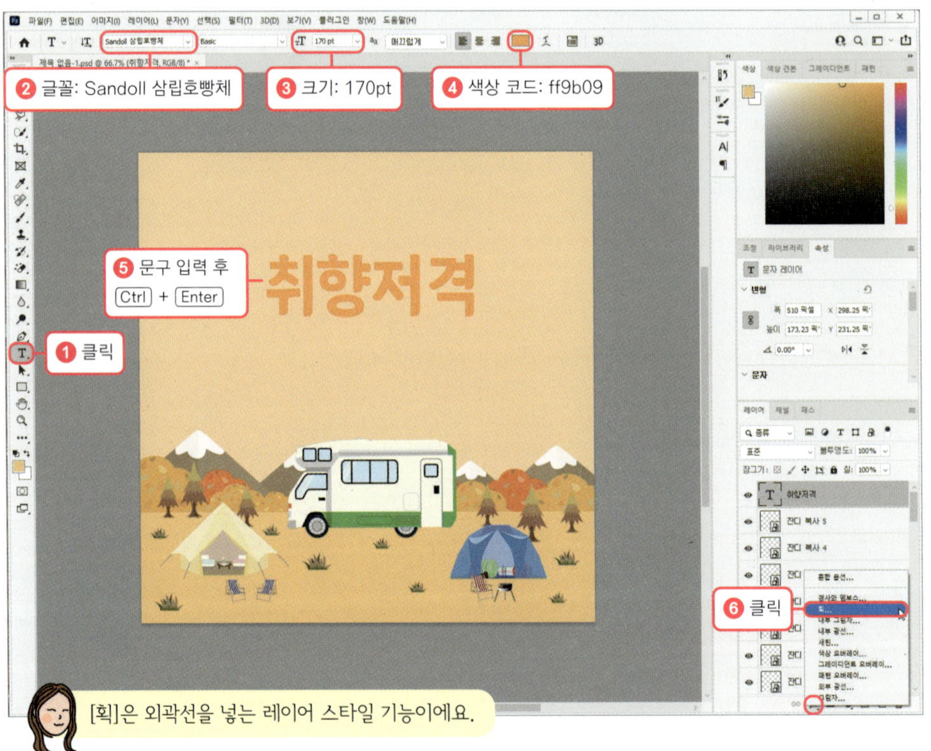

02

[획] 레이어 스타일 옵션에서 ❶ 크기는 8px, ❷ 위치는 [바깥쪽], ❸ 색상 코드는 501f00으로 설정하고 ❹ [확인]을 클릭해 적용합니다.

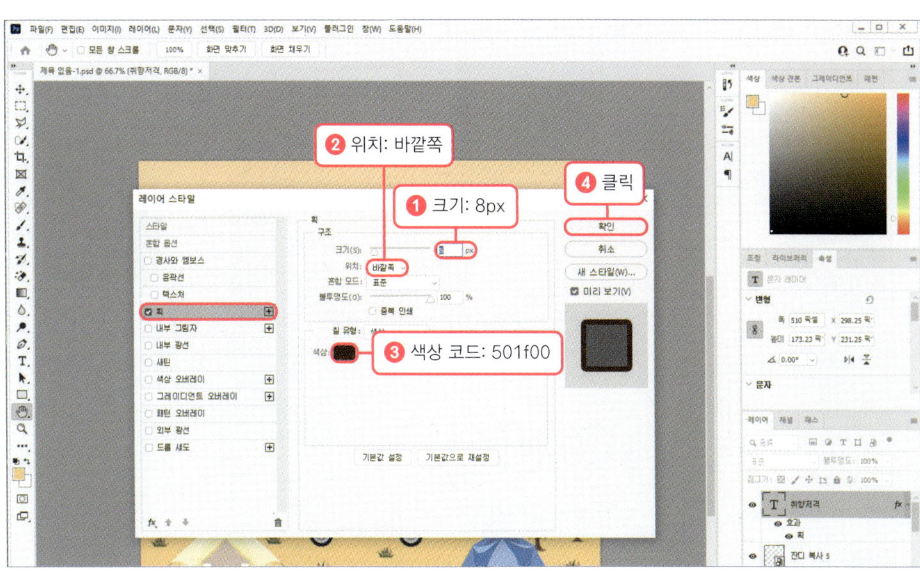

03

❶ 다시 [가로쓰기 문자 도구 T,]를 선택하고 ❷ 서브 문구를 입력합니다. 문구 전체를 선택한 후 ❸ 옵션 바에서 글꼴은 [나눔스퀘어OTF], ❹ 글꼴 스타일은 [Bold], ❺ 크기는 25pt, ❻ 색상 코드는 501f00으로 설정합니다.

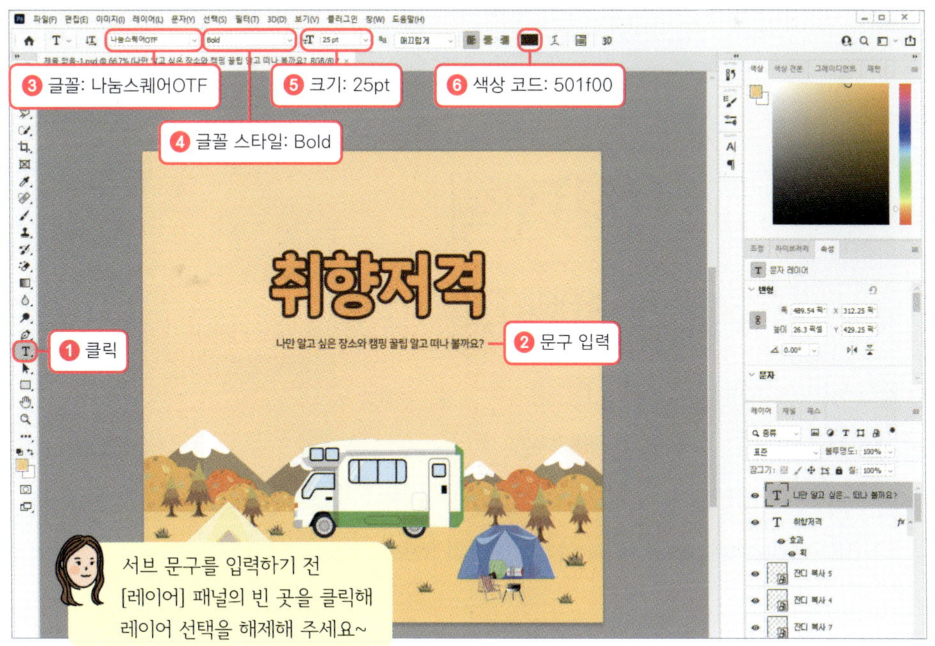

04 ① [이동 도구 ⊕]를 선택합니다.

② Alt 를 누른 채 **취향저격** 문구를 아래로 드래그해 복제합니다.

③ 복제한 문구를 더블클릭한 후 ④ 문구를 수정하고 Ctrl + Enter 를 누릅니다.

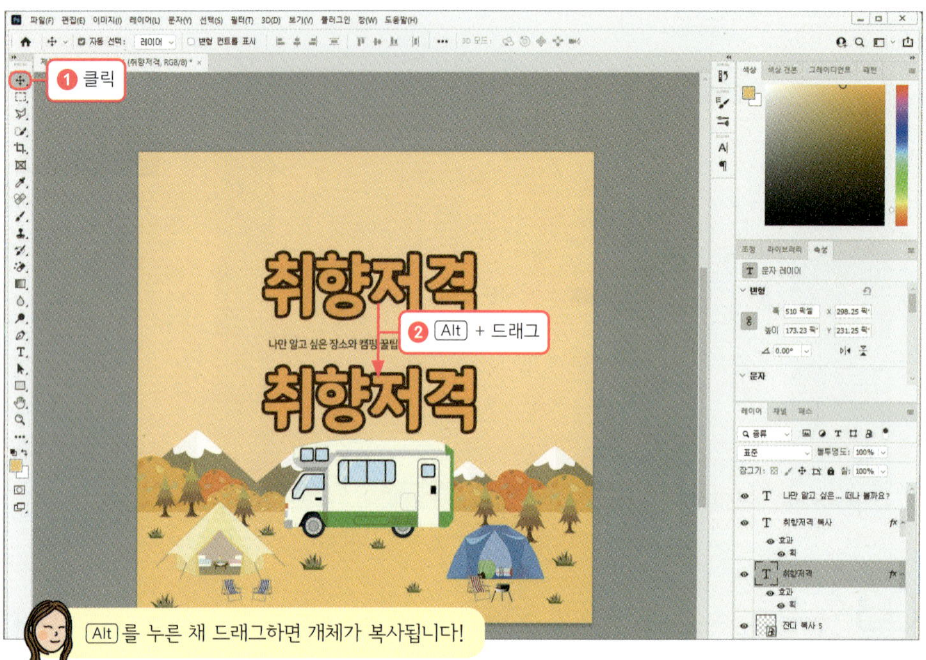

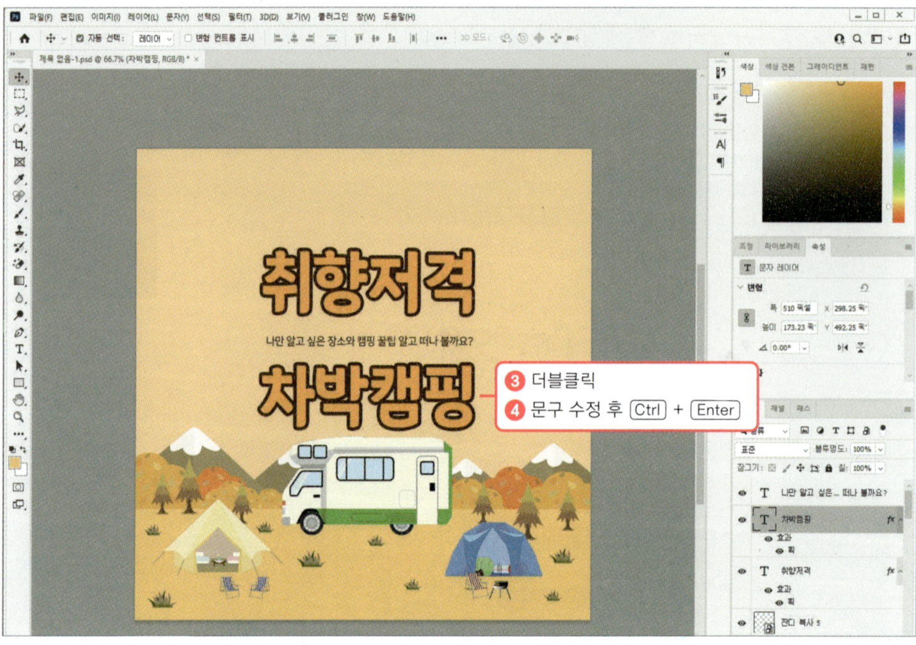

지금
하면 된다! › [사각형 도구 ▢]로 서브 문구 강조하기

가운데 서브 문구를 눈에 띄게 만들 박스를 만들어 배치해 보겠습니다. 이때 [사각형 도구 ▢]를 사용하면 개체가 패스로 구성되며 여러분이 원하는 다양한 색상으로 만들 수 있어요.

01

❶ [사각형 도구 ▢]를 선택합니다.

❷ 옵션 바에서 칠 색상은 [흰색], ❸ 획의 색상 코드는 501f00, ❹ 두께는 5픽셀로 설정하고 ❺ 서브 문구를 감싸도록 드래그해 사각형을 만듭니다.

❻ [사각형 2] 레이어를 서브 문구 레이어의 아래로 드래그해 이동합니다.

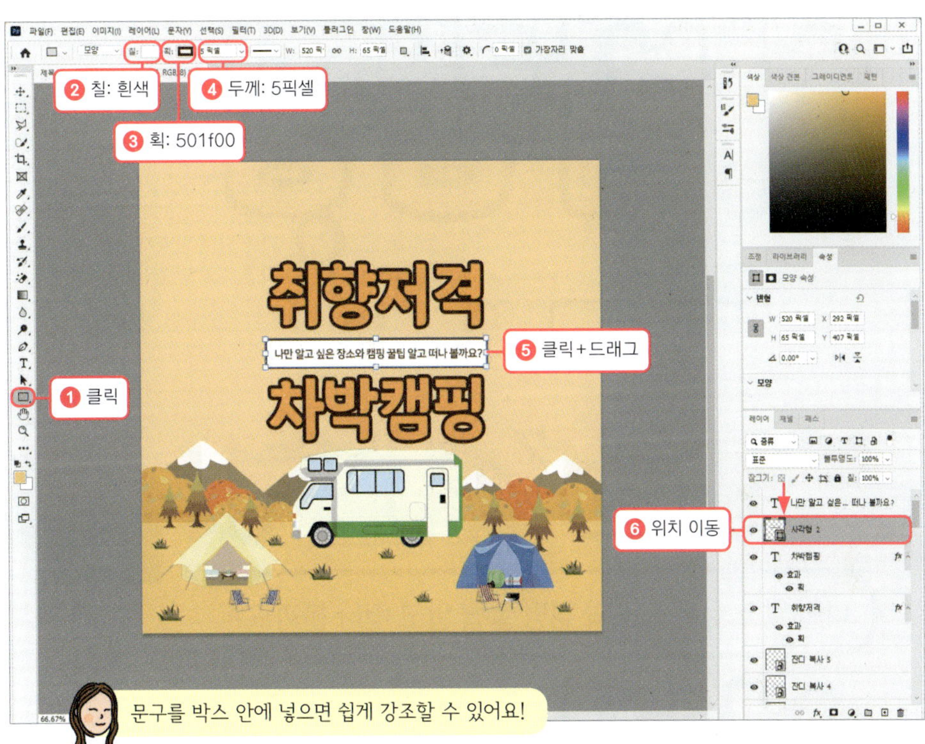

02

❶ Ctrl + + 를 눌러 화면을 확대합니다.

❷ 사각형의 모서리 부분에 점 이 보이면 클릭한 채 안쪽으로 드래그하세요. 모서리가 둥글게 변경됩니다.

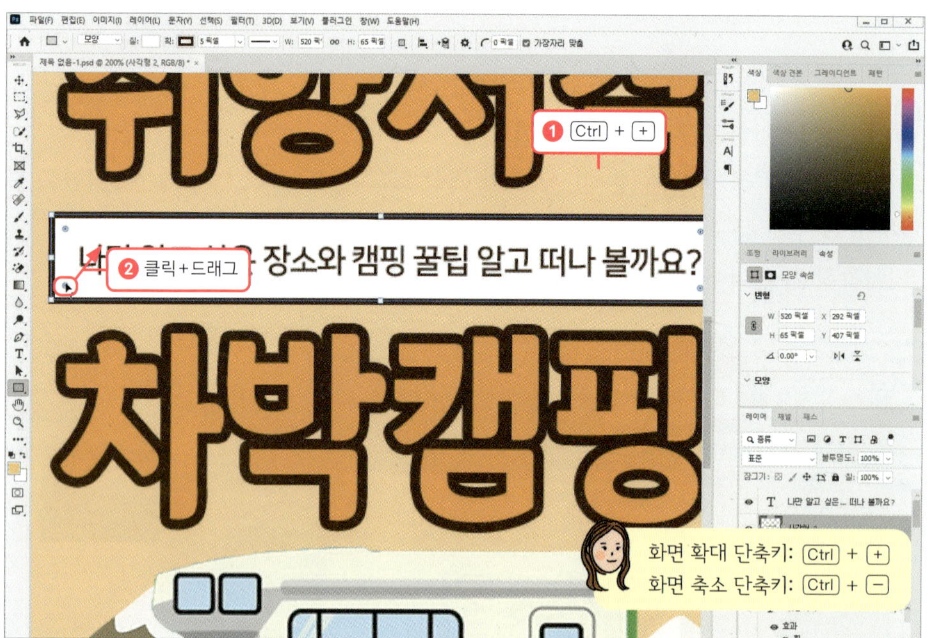

03

❶ [Ctrl] + [−]를 눌러 화면을 축소합니다.
❷ [가로쓰기 문자 도구 [T.]]를 선택하고 ❸ 옵션 바에서 글꼴은 [tvN 즐거운이야기OTF],
❹ 글꼴 스타일은 [Bold], ❺ 크기는 45pt, ❻ 색상 코드는 501f00으로 설정합니다. ❼
위쪽에 넣을 문구를 입력합니다.

기본 카드 뉴스 디자인을 완성했습니다. 다소 정적인 느낌이 들어 여기서 마무리하기
는 조금 아쉽네요. 더 눈에 띄면서도 활기 넘치는 캠핑장의 분위기가 표현되도록 글자
형태를 비틀어 율동감을 더해 보겠습니다.

[3단계] 글자 형태를 비틀어 시선 끌기

준비 파일 이어서 실습

완성 파일 프로젝트01/캠핑 카드 뉴스 완성.jpg

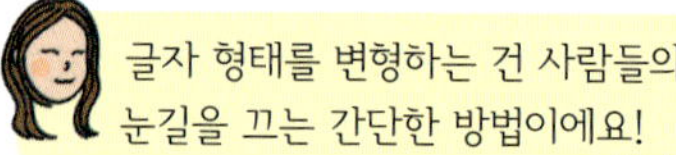

ᐧᐧ지금
하면 된다! ᐳ 문구를 기울여 경쾌한 느낌 표현하기

홍보, 이벤트 디자인에서는 메인 문구가 눈에 잘 들어오도록 텍스트에 다양한 변형 기법을 사용합니다. 여기에서는 텍스트를 살짝 기울여 캠핑의 즐거움과 활발함을 표현해 보겠습니다.

01
❶ [이동 도구 ✛]를 선택합니다.

❷ 작업 화면을 클릭한 채로 드래그해 문구 영역을 선택합니다.

❸ [레이어] 패널을 보면 레이어들이 선택된 것을 확인할 수 있어요.

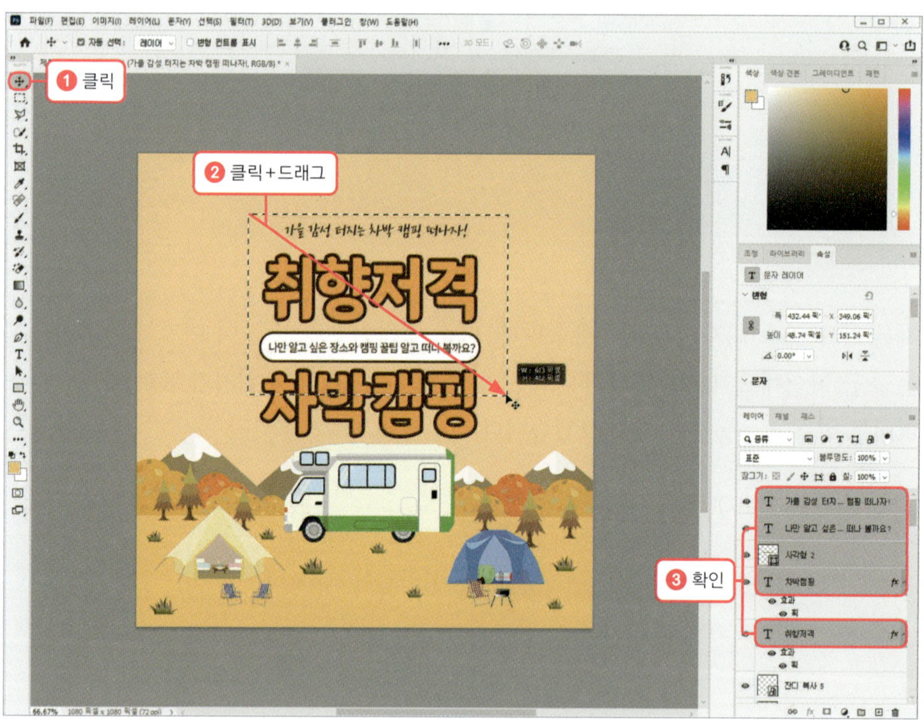

02

개체를 비틀어 오른쪽 부분이 위로 솟도록 만들어 볼 게요.

❶ Ctrl + T 를 눌러 자유 변형 모드를 실행합니다.

❷ Ctrl 을 누른 채 오른쪽 위 모서리를 위로 드래그합니다.

❸ 문구가 비스듬하게 변형되면 Enter 를 눌러 적용합니다.

03

준비 파일 구름.jpg를 작업 화면으로 드래그해 불러 온 후 크기를 줄여 배치합니다. 구름 이미지를 복사하고 여러 곳에 배치해 빈 곳을 채우면 카드 뉴스 디자인이 완성됩니다.

[생성형 채우기] 기능을 이용해서 요소를 바꿔도 좋아요!

여행지 추천 유튜브 섬네일 디자인

통통 튀는 효과를 주는 텍스트 레이어 적용하기

단계별 과정

동영상 강의

완성본

아윤 쌤의
강의 노트
"섬네일의 핵심은 눈길을 확 사로잡는 타이포그래피예요!"

‘여행’이라는 단어를 들으면 설레고 신나지 않나요? 여행 정보를 알려 주는 유튜브 섬네일에 발랄하고 통통 튀는 느낌의 텍스트를 넣어 즐겁고 밝은 느낌으로 디자인해 보겠습니다. 또, 역동적인 물결무늬를 텍스트에 적용해 젤리처럼 말랑말랑한 분위기를 연출해 보겠습니다. 이렇게 귀여운 텍스트 디자인을 할 때는 동글동글하고 굵은 글꼴을 사용하는 것을 추천합니다.

주요 기능 레이어 스타일(306쪽), [가로쓰기 문자 도구 T.](239쪽), 클리핑 마스크(316쪽), 텍스트 뒤틀기(249쪽), 파형 필터(275쪽)

글꼴 메이플스토리 OTF, KCC도담도담체

준비 파일 프로젝트02/전망대.jpg, 자동차.jpg

지금 하면 된다! › 눈에 띄는 그러데이션 텍스트 만들기

유튜브 동영상의 콘셉트에 적합한 제목 텍스트를 입력해 보겠습니다. 여기에서는 배경 사진과 어울리면서도 시청자의 눈에 띌 수 있도록 보라색과 노란색 계열로 그러데이션 효과를 적용해 보겠습니다.

01 ᴄᴛʀʟ + N 을 누른 후 ❶ 폭은 1280픽셀, 높이는 720픽셀, 해상도는 72픽셀/인치, 색상 모드는 [RGB 색상], 배경 내용은 [흰색]으로 설정하고 ❷ [만들기]를 클릭해 새 문서를 만듭니다.

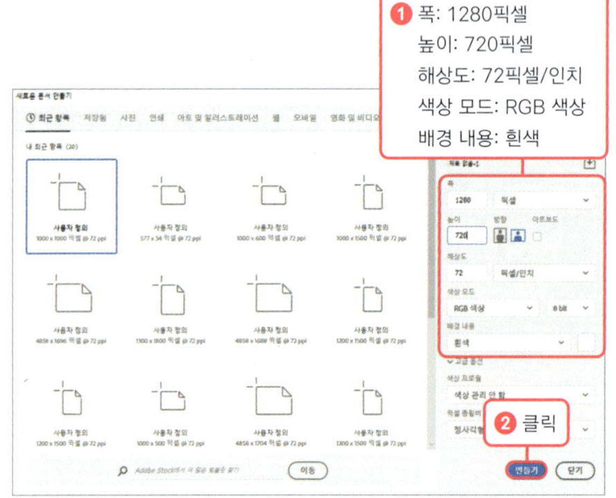

02 ❶ 준비 파일 전망대.jpg 를 클릭한 채로 드래그해 작업 화면으로 불러옵니다.
❷ 크기를 캔버스 화면에 맞춘 후 ᴇɴᴛᴇʀ 를 눌러 적용하세요.

03

❶ [가로쓰기 문자 도구 [T,]]를 선택합니다. ❷ 글꼴은 [메이플스토리 OTF], ❸ 글꼴 스타일은 [Bold], ❹ 크기는 110pt, ❺ 색상은 [검은색]으로 설정하고 ❻ 텍스트를 입력한 후 [Ctrl] + [Enter]를 누릅니다. ❼ 아랫줄 텍스트도 동일한 글꼴로 입력합니다. 이때 문구를 2개의 텍스트 레이어로 구분해 따로 입력해 주세요. 레이어 스타일을 각각 다르게 사용해야 하거든요.

04

❶ 서브 문구를 입력한 후 ❷ 크기는 45pt, ❸ 색상은 [흰색]으로 설정합니다.

05

[레이어] 패널에서 ❶ [탁~트인 미친 뷰] 텍스트 레이어를 클릭합니다.
❷ [레이어 스타일 *fx* → 그레이디언트 오버레이]를 선택합니다.

06

❶ [그레이디언트]를 클릭한 후 ❷ 왼쪽에 있는 색상 정지점을 클릭합니다.
❸ 색상을 클릭하여 ❹ 색상 코드에 ffd5ed를 입력한 다음 ❺ [확인]을 클릭합니다.

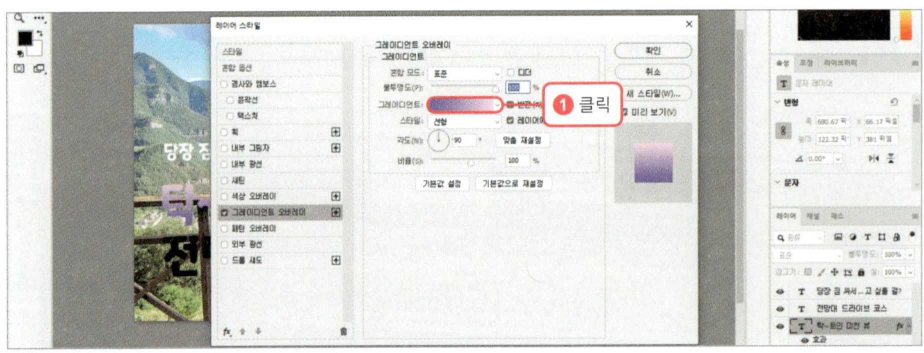

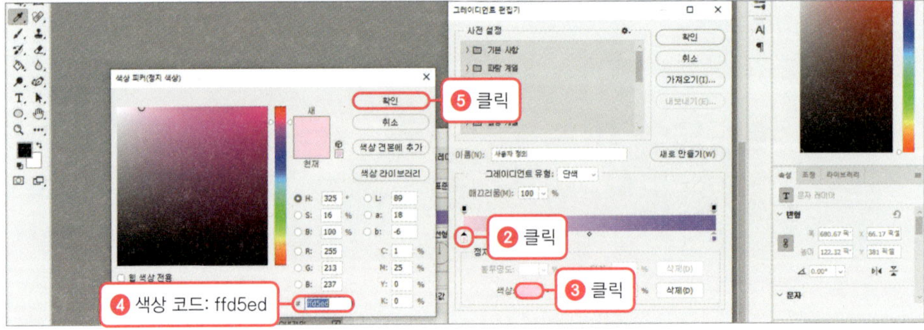

07

❶ 오른쪽에 있는 색상 정지점을 클릭한 후 ❷ 색상을 클릭하여 ❸ 색상 코드에 9b5cff를 입력하고 ❹ [확인]을 클릭합니다. ❺ [그레이디언트 편집기] 대화상자에서도 [확인]을 클릭합니다. ❻ [반전]에 체크 표시를 한 후 ❼ [확인]을 클릭해 적용합니다.

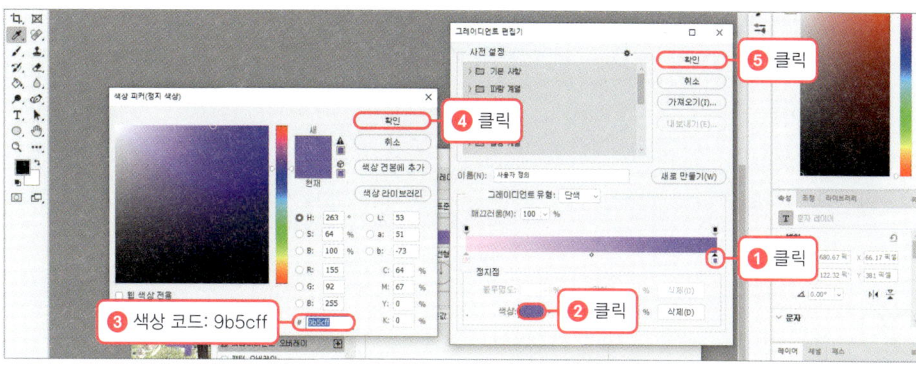

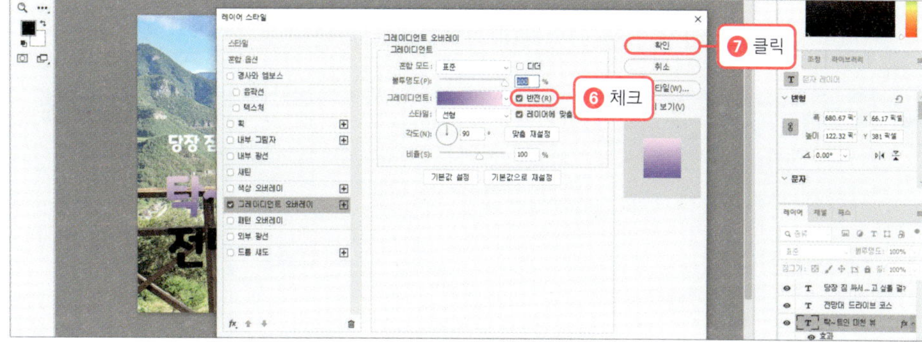

08

같은 레이어 스타일을 [전망대 드라이브 코스] 텍스트 레이어에도 적용해 보겠습니다. [레이어] 패널에서 [Alt]를 누른 채 [효과] 레이어 스타일을 [전망대 드라이브 코스] 텍스트 레이어로 드래그해 레이어 스타일을 복사 적용합니다.

09 그러데이션 색상을 변경하겠습니다.

❶ [전망대 드라이브 코스] 텍스트 레이어의 [그레이디언트 오버레이]를 더블클릭합니다.

❷ [레이어 스타일] 대화상자에서 [그레이디언트]를 클릭합니다.

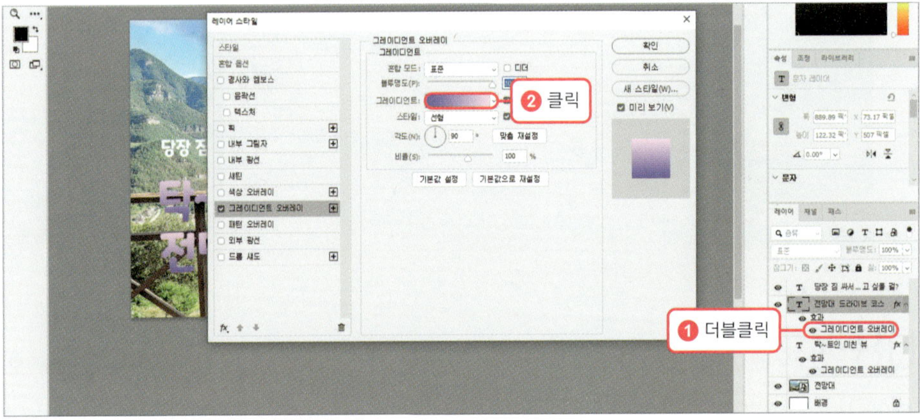

10 [그레이디언트 편집기] 대화상자에서 ❶ 왼쪽에 있는 색상 정지점을 클릭한 후 ❷ 색상을 클릭하여 ❸ 색상 코드에 f7cb6b를 입력하고 ❹ [확인]을 클릭합니다.

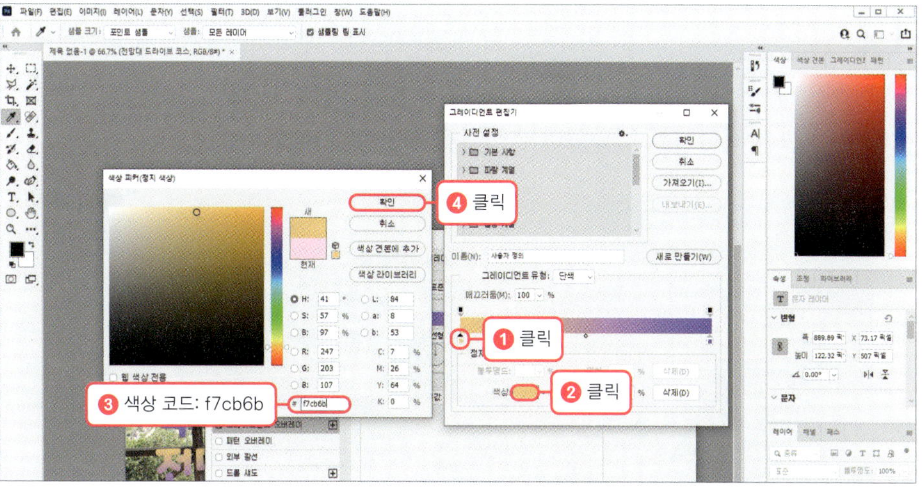

11 ❶ 오른쪽에 있는 색상 정지점을 클릭한 후 ❷ 색상을 클릭하여 ❸ 색상 코드에 fba980을 입력하고 ❹ [확인]을 클릭합니다.

❺ [그레이디언트 편집기] 대화상자에서도 [확인]을 클릭합니다.

❻ [레이어 스타일] 대화상자에서 [확인]을 클릭합니다.

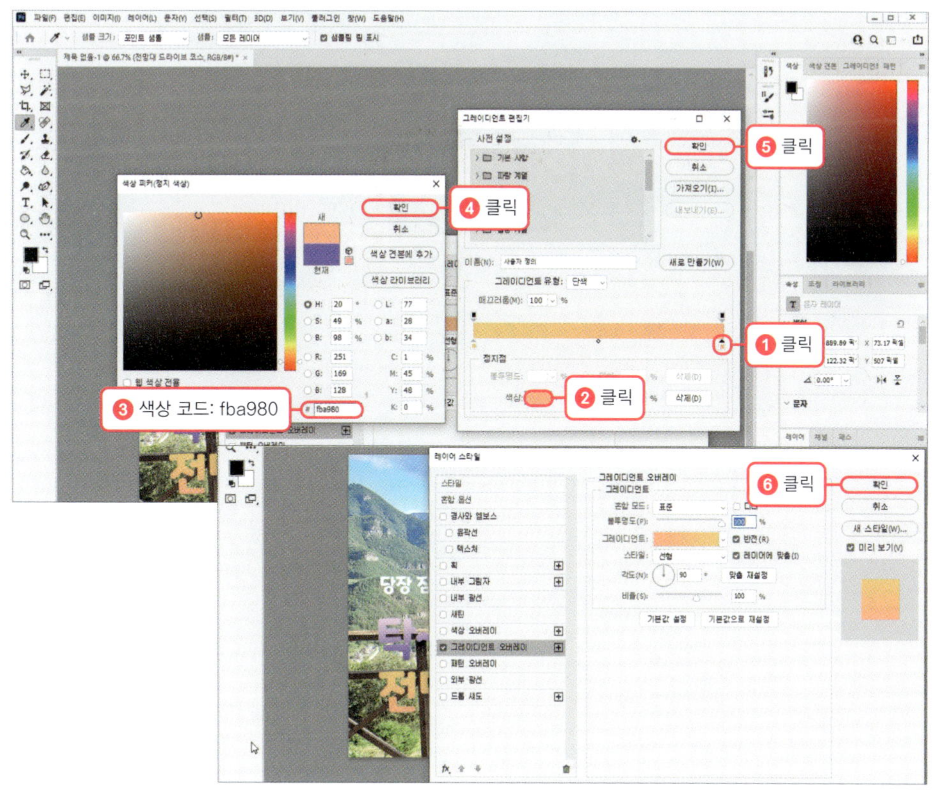

12

❶ (Shift)를 누른 채 [탁~트인 미친 뷰] 텍스트 레이어와 [전망대 드라이브 코스] 텍스트 레이어를 클릭해 모두 선택하고 ❷ (Ctrl) + (G)를 눌러 그룹 레이어로 만듭니다. ❸ 그룹 레이어를 더블클릭해 이름을 메인 문구로 수정합니다.

13 그룹 레이어에 레이어 스타일을 적용하겠습니다.

❶ [메인 문구] 그룹 레이어를 클릭한 후 ❷ [레이어 스타일 *fx.* → 획]을 선택합니다.

14 글자에 검은색 테두리를 넣어 보겠습니다.

[레이어 스타일] 대화상자에서 ❶ 크기는 5px, ❷ 위치는 [바깥쪽], ❸ 색상은 [검은색]
으로 설정하고 ❹ [확인]을 클릭합니다.

2개의 텍스트 레이어에 동일한 [획] 레이어 스타일이 한 번에 적용됩니다.

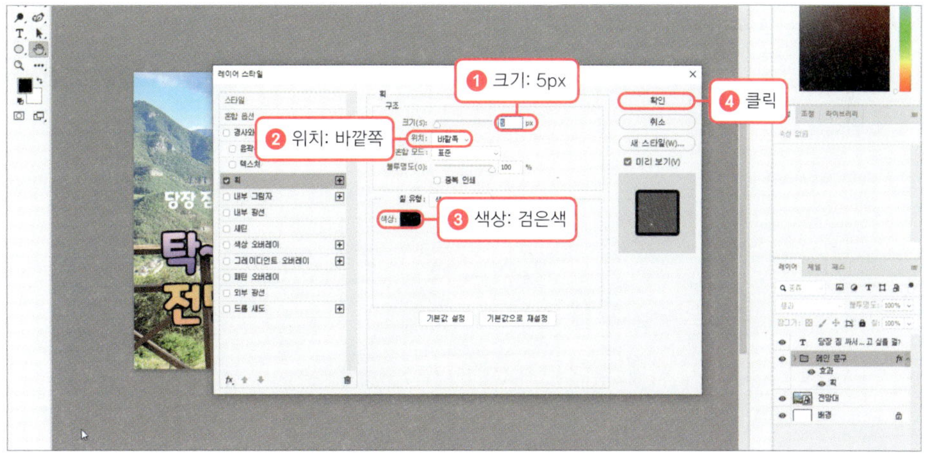

클리핑 마스크를 활용해 젤리처럼 말랑말랑한 텍스트 효과를 적용해 보겠습니다.
또, 텍스트에 또 다른 재미를 주기 위해 필터를 사용해 물결무늬를 만들어 클리핑 마
스크로 적용해 볼게요.

01 브러시로 귀여운 텍스트 효과를 만들어 보겠습니다.

[레이어] 패널에서 [레이어 추가 ⊞]를 클릭해 새 레이어를 추가합니다.

02 새로 추가한 레이어는 [클리핑 마스크 ⊡]로 사용하겠습니다.

[레이어] 패널에서 [Alt]를 누른 채 [메인 문구]와 [레이어 1]의 경계선을 클릭하면 클
리핑 마스크가 적용됩니다.

03

❶ Ctrl + + 를 눌러 화면을 확대합니다.

❷ [브러시 도구 🖌]를 선택한 후 ❸ 전경색을 [흰색]으로 설정합니다.

❹ 브러시의 종류는 [선명한 원], ❺ 크기는 20px, ❻ 불투명도는 100%로 설정합니다.

04

텍스트 위에 브러시를 찍어 젤리 효과를 적용해 볼게요.

❶ [브러시 도구 🖌]를 선택한 후 ❷ 탁 글자의 왼쪽 위를 한 번 클릭해 원을 만듭니다.

❸ 나머지 텍스트에도 동일한 위치에 원을 만들어 주세요.

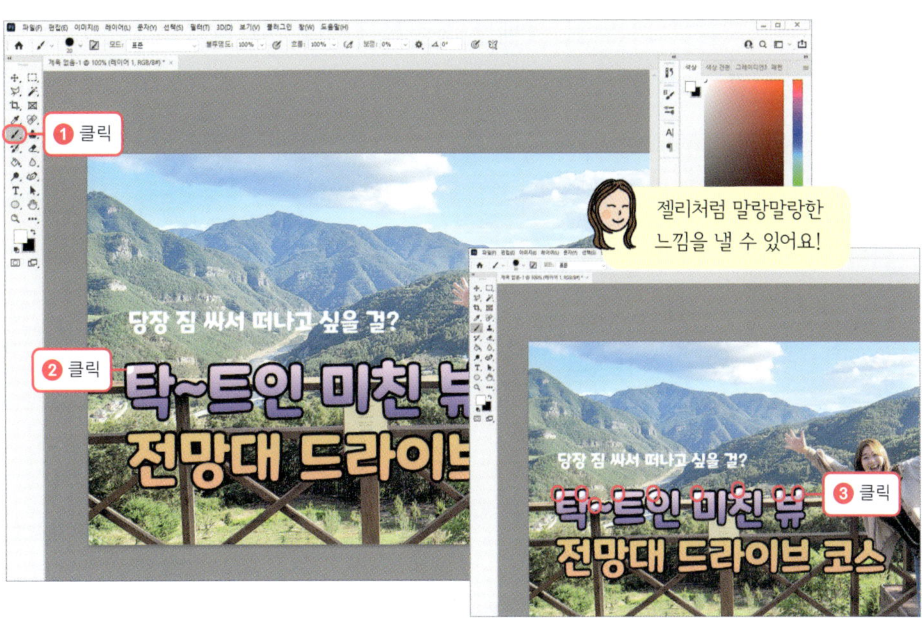

05

① [브러시 도구 ✏️]를 클릭해 **②** 아래 텍스트에도 동일한 위치에 원을 만들어 주세요. 텍스트가 젤리처럼 귀엽게 꾸며졌죠?

06

이번에는 물결무늬를 만든 후 클리핑 마스크를 적용해 포인트를 줄게요. **①** Ctrl + N 을 누른 후 **②** 폭은 900픽셀, **③** 높이는 200픽셀, **④** 해상도는 72픽셀/인치, **⑤** 색상 모드는 [RGB 색상], **⑥** 배경 내용은 [투명]을 선택하고 **⑦** [만들기]를 클릭해 새 문서를 만듭니다.

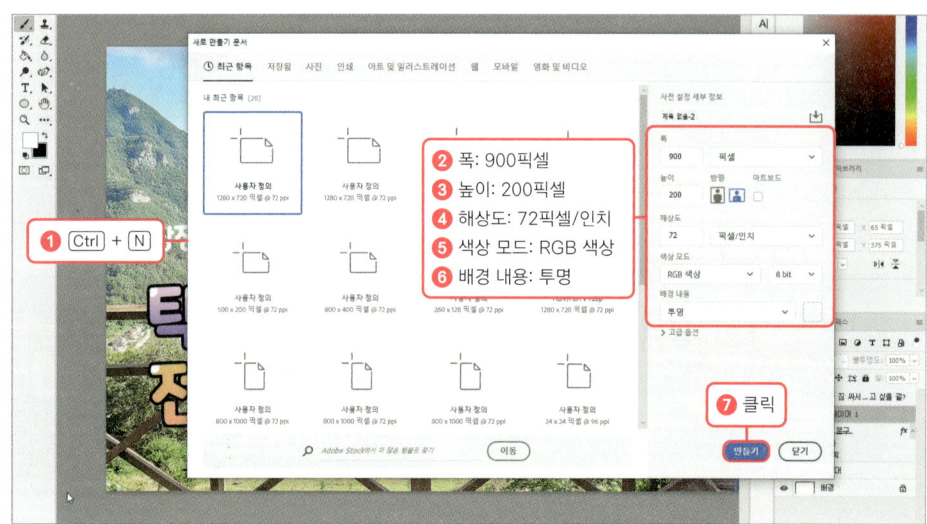

07

❶ 전경색의 색상 코드에 ffe2b9를 입력합니다.

❷ [사각형 선택 윤곽 도구 ▢]를 선택한 후 ❸ 작업 화면을 드래그해 사각형을 만듭니다.

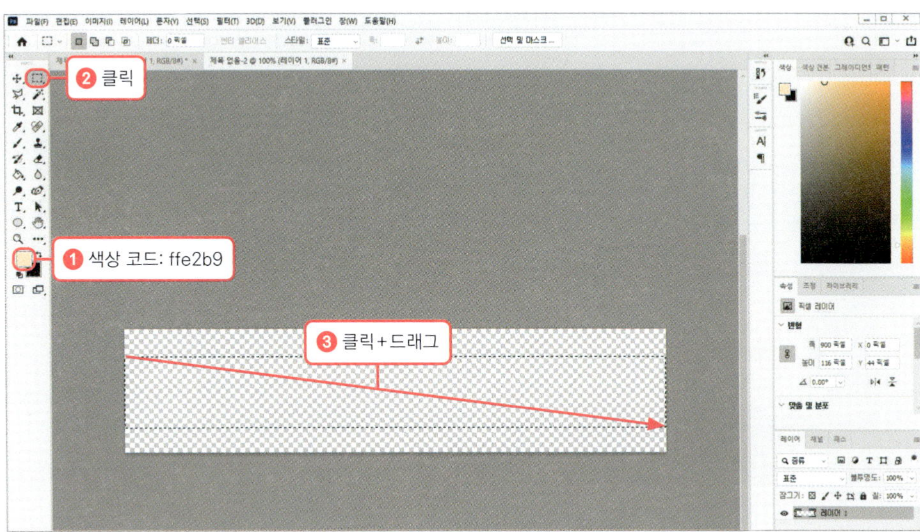

08

❶ Alt + Delete 를 눌러 전경색을 채우고 ❷ Ctrl + D 를 눌러 영역 선택을 해제합니다.

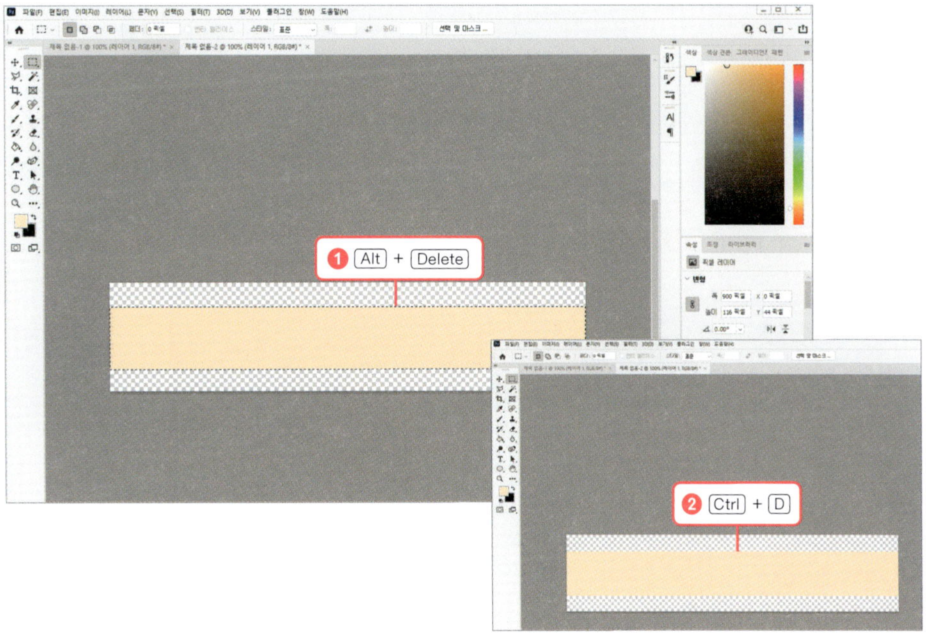

09 메뉴 바에서 [필터 → 왜곡 → 파형]을 선택합니다. ● 영문판 [Filter → Distort → Wave]

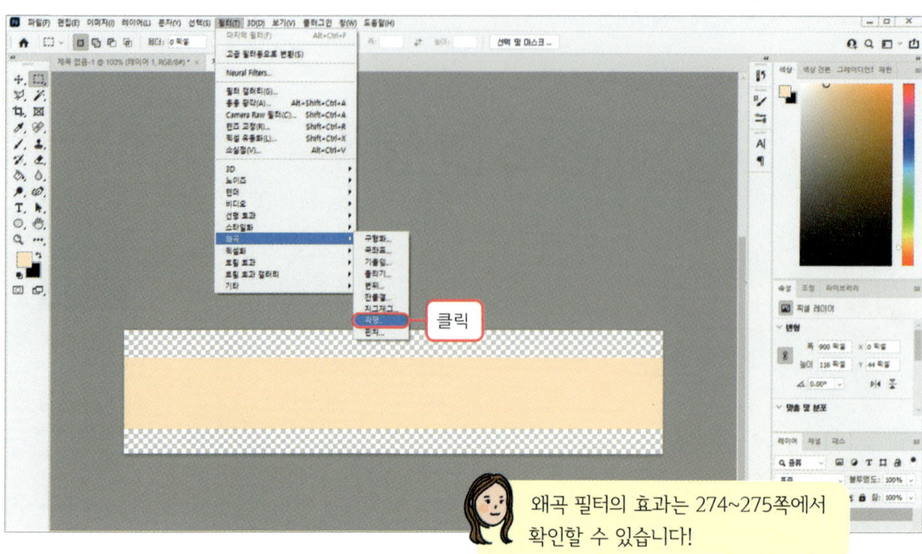

10 [파장] 아래쪽 정지점을 왼쪽으로 드래그합니다.

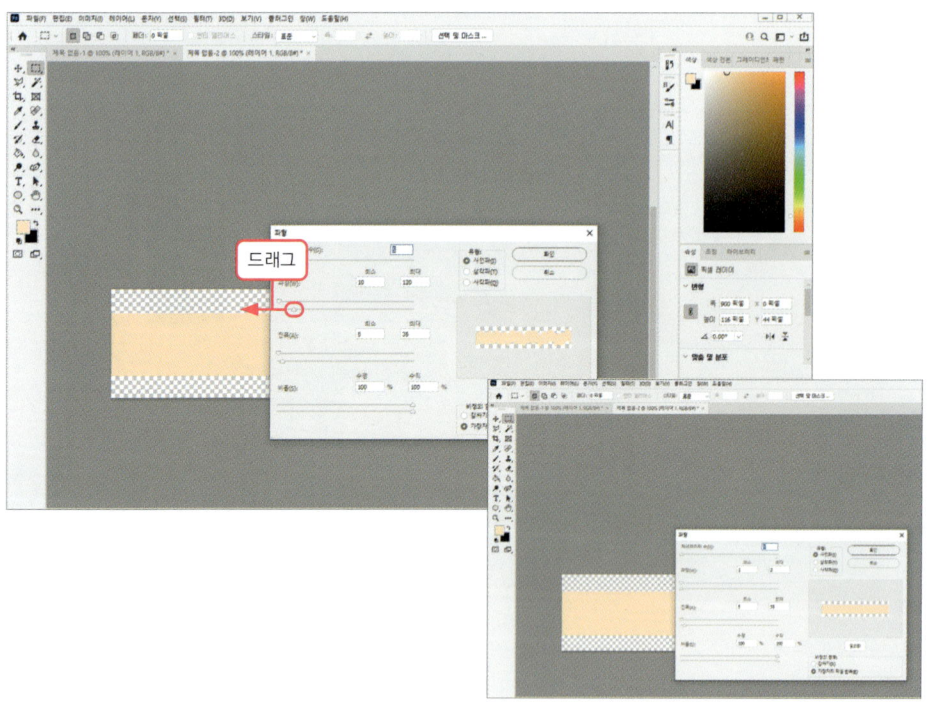

11

① 이번에는 [파장] 위쪽 정지점을 클릭한 후 오른쪽으로 드래그합니다. 위아래의 점이 함께 움직이죠? 최소는 93, 최대는 94 정도로 맞추세요.

② [진폭] 아래쪽 정지점 역시 왼쪽으로 드래그해서 최대를 15로 설정하고 ③ [확인]을 클릭해 적용합니다.

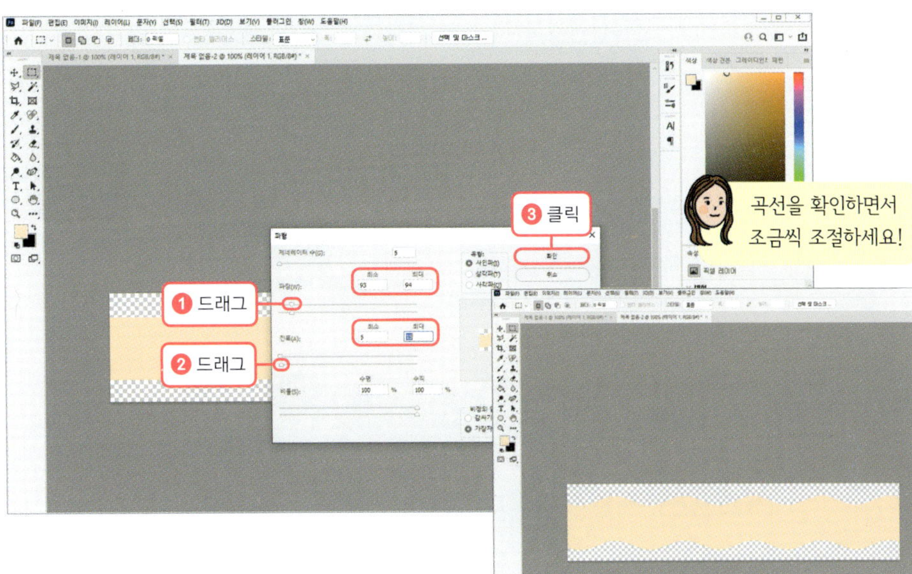

12

① Ctrl + A 를 눌러 작업 화면 전체를 선택하고 ② Ctrl + C 를 눌러 복사합니다.

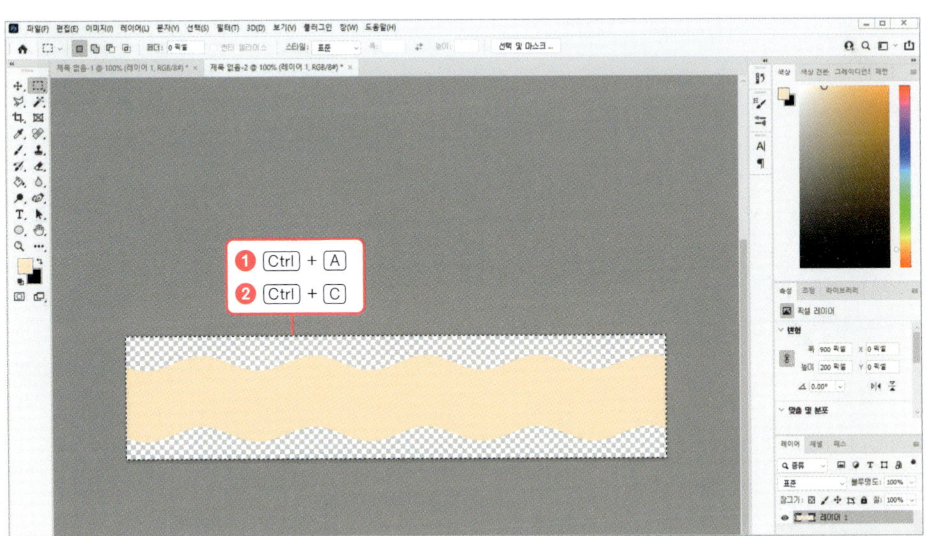

13

① 유튜브 섬네일 작업 화면으로 돌아와 ② Ctrl + V 를 눌러 붙여넣으세요.
③ [이동 도구 ⊕]를 선택해 ④ 물결 이미지를 아래 텍스트 쪽으로 이동합니다.
⑤ [레이어] 패널에서 물결 이미지 레이어의 위치를 확인하세요.

14 Alt를 누른 채 두 레이어의 경계선을 클릭해 [클리핑 마스크 ↓☐]를 적용합니다.

15 검은색 테두리에 흰색 테두리를 한 겹 더 감싸겠습니다.

❶ Shift를 누른 채 [메인 문구] 그룹 레이어와 [레이어 1], [레이어 2] 레이어를 선택한 후
❷ Ctrl + G를 눌러 그룹 레이어로 만듭니다.
❸ 더블클릭해 이름을 흰 테두리로 변경합니다.

16

① [레이어 스타일 _fx._ → 획]을 클릭합니다.

② 크기는 8px, ③ 색상은 [흰색]으로 설정하고 ④ [확인]을 클릭합니다.

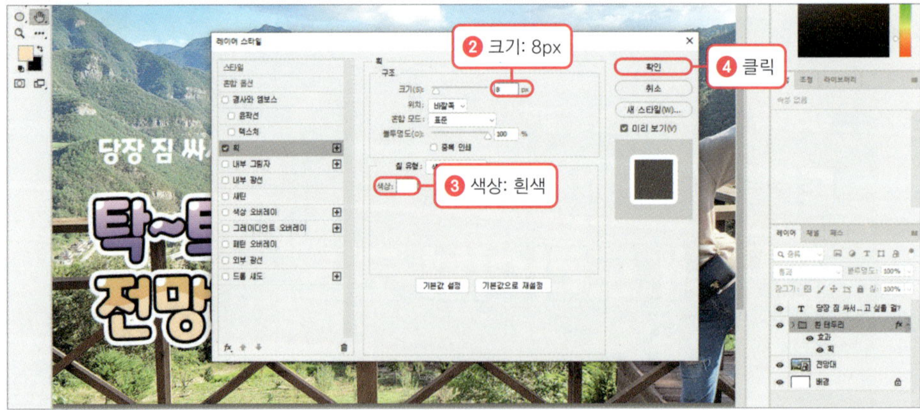

17

❶ 서브 텍스트 레이어를 클릭하고 ❷ [레이어 스타일 _fx_ → 획]을 선택합니다.
❸ 크기는 5px, ❹ 색상은 [검은색]으로 설정하고 ❺ [확인]을 클릭합니다.

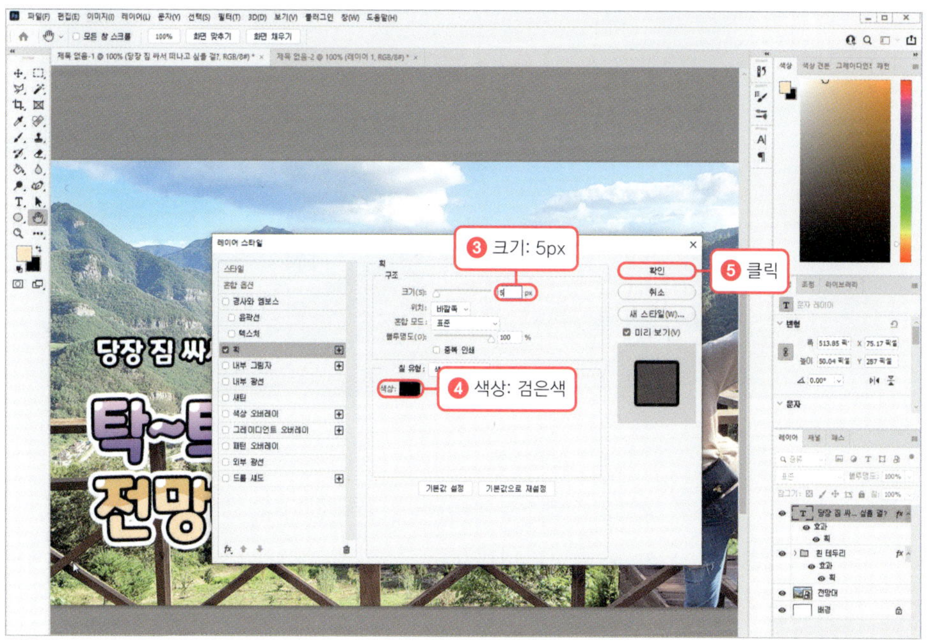

준비 파일 이어서 실습

완성 파일 프로젝트02/전망대 추천 완성.jpg

지금 하면 된다! ▸ 텍스트 기울여 역동감 부여하기

유튜브 섬네일에서 메인 문구가 타이틀 역할을 하지만, 기타 작은 텍스트로 그 타이틀을 꾸미며 부가 설명을 덧붙인다면 한층 더 풍부한 결과물을 만들 수 있을 거예요. 여기서는 말하는 듯한 내용의 텍스트를 넣고 곡선 효과를 적용해 섬네일 디자인에 생기를 더해 보겠습니다.

01 ❶ [가로쓰기 문자 도구 **T**]를 선택한 후 ❷ 텍스트를 입력합니다.
❸ 글꼴은 [KCC도담도담체], ❹ 크기는 45pt, ❺ 색상은 [흰색]으로 설정합니다.

02 ❶ [여기 진짜 뷰 깡패다!] 텍스트 레이어를 선택합니다.
❷ [레이어 스타일 **fx** → 획]을 클릭합니다.
❸ 크기는 3px, ❹ 색상은 [검은색]으로 설정하고 ❺ [확인]을 클릭합니다.

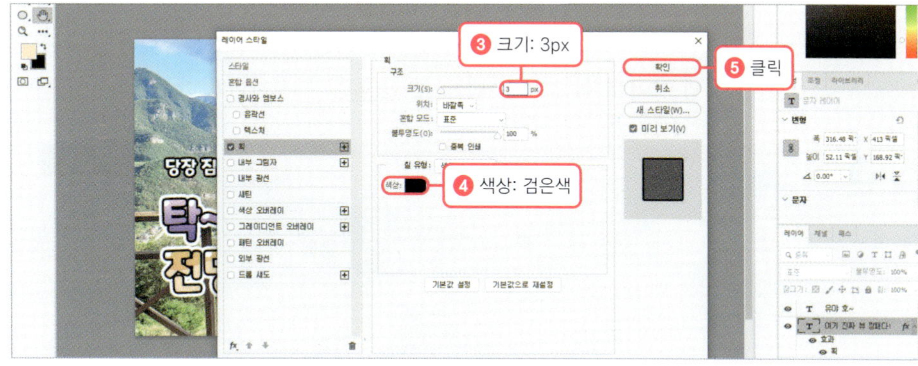

03

[Alt]를 누른 상태에서 [효과] 레이어 스타일을 [유야 호~] 텍스트 레이어로 드래그해 복사합니다.

04

❶ [여기 진짜 뷰 깡패다!] 텍스트 레이어를 선택합니다.

❷ Ctrl + T 를 눌러 자유 변형 모드를 실행합니다.

❸ 텍스트 레이어를 회전하고 적당한 위치로 이동한 후 Enter 를 눌러 적용합니다.

❹ [유야 호~] 텍스트 레이어도 동일한 방법으로 회전해서 배치합니다.

05

① [여기 진짜 뷰 깡패다!] 텍스트 레이어를 선택합니다. ② [가로쓰기 문자 도구 [T.]]를 선택한 후 ③ 옵션 바에서 [뒤틀어진 텍스트 만들기 [Z.]]를 클릭합니다.

06

① 스타일은 [깃발], ② 구부리기는 50으로 설정하고 ③ [확인]을 클릭합니다. 문구가 물결 모양으로 변형됩니다.

07

❶ [유야 호~] 텍스트 레이어를 선택합니다. ❷ [가로쓰기 문자 도구 T.]가 선택된 상태에서 ❸ [뒤틀어진 텍스트 만들기 ㅈ]를 다시 클릭합니다.

08

❶ 스타일은 [깃발], ❷ 구부리기는 -30으로 설정하고 ❸ [확인]을 클릭합니다. 이전과 반대 방향으로 변형된 것을 확인할 수 있습니다.

09

① 준비 파일 **자동차.jpg**를 작업 화면으로 드래그해 불러옵니다.

② 크기를 적당하게 조절한 후 [Enter]를 눌러 적용하세요.

10

① [레이어] 패널에서 [레이어 스타일 fx. → 획]을 클릭합니다.

② 크기는 **5px**, ③ 색상은 [흰색]으로 설정하고 ④ [확인]을 클릭합니다.

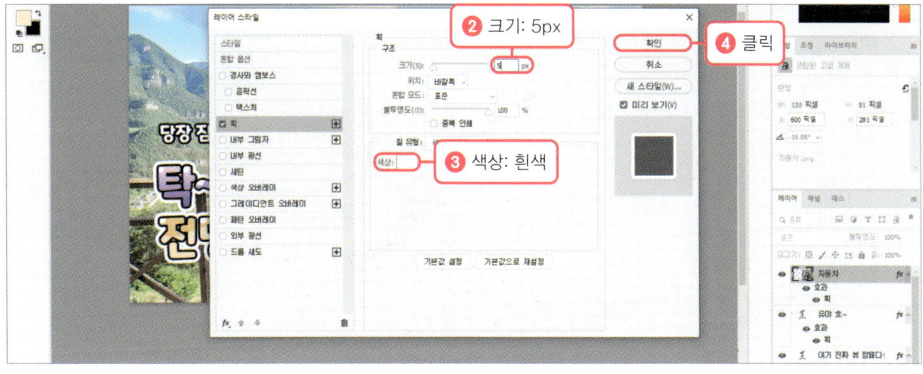

11 화면에 테두리를 넣어 마무리하겠습니다. ❶ [사각형 도구 ▢]를 선택한 후
옵션 바에서 ❷ 칠은 [색상 없음], ❸ 획의 색상 코드는 f7c270, ❹ 두께는 5px로 설정
합니다. ❺ 작업 화면을 클릭한 채로 드래그해 사각형 테두리를 만듭니다.

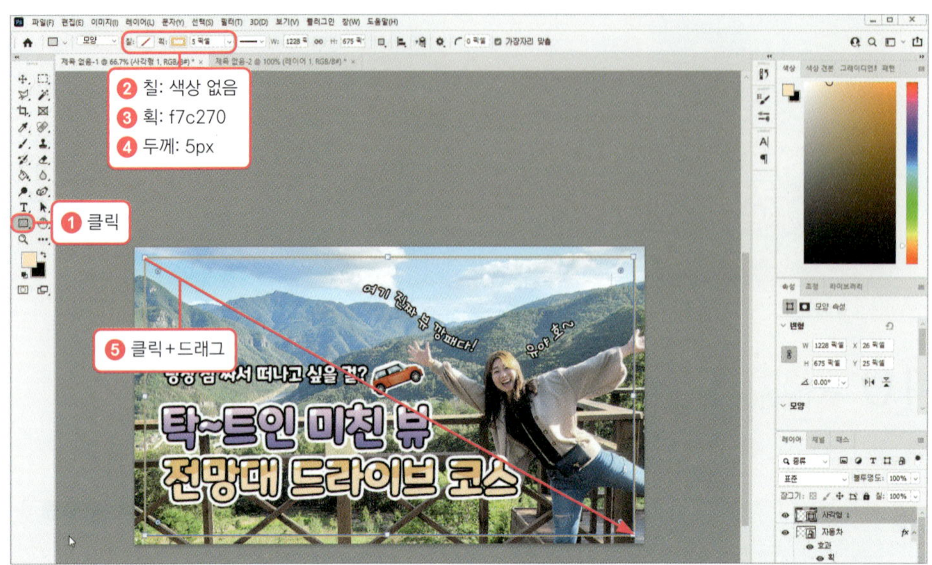

12 ❶ [패스 맞춤 ▤]을 클릭한 후 ❷ 맞춤 대상을 [캔버스]로 설정합니다.
❸ [수평 중앙 맞춤 ▥]을 클릭하고 ❹ [수직 가운데 맞춤 ▦]을 클릭해 테두리를 작
업 화면의 중앙으로 정렬합니다.

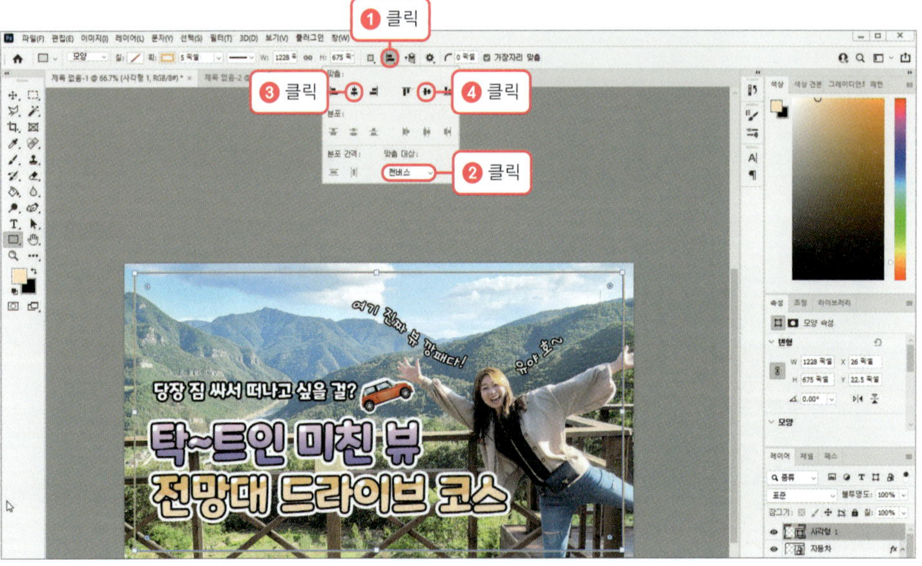

13 활기 넘치는 여행지 추천 유튜브 섬네일을 완성했습니다.

영화 같은 제품 포스터 디자인

나노 바나나와 포토샵으로 창의적인 결과물 만들기

단계별 과정

동영상 강의

완성본

아윤 쌤의

강의
노트

"기본 이미지 하나만 있으면 새롭게 재창조할 수 있어요!" 

오늘날 디자인 시장에서 AI 활용 능력은 디자이너의 경쟁력을 결정짓는 필수 요소가 되었습니다. 이미 수많은 기업이 기획 단계부터 비주얼 제작까지 AI를 적극적으로 도입하고 있죠. 우리도 이런 흐름에 발맞춰 '나노 바나나'를 활용해 제품 포스터를 디자인해 볼 거예요. 복잡한 합성 작업 없이도 전문가 못지않은 제품 포스터를 디자인할 수 있답니다. 자, 그럼 함께 감각적인 AI 디자인을 시작해 볼까요?

주요 기능 생성형 채우기(174쪽), 나노 바나나(185쪽), 하모나이즈(197쪽)

글꼴 Elephant, Bely

준비 파일 프로젝트03/핑크향수.png

✦✦ 지금 하면 된다! ⟩ 나노 바나나로 포스터 배경 만들기

스튜디오에서 촬영한 제품 사진의 누끼를 따서 어울리는 배경 이미지에 합성했던 기존과 달리, 이제는 나노 바나나를 활용해서 배경 이미지를 직접 제작합니다. 제품 사진만 준비하면 어떤 배경이든 나노 바나나로 만들 수 있습니다.

01 Ctrl + O를 눌러 작업 화면으로 준비 파일 핑크향수.png를 불러옵니다.

02

❶ [자르기 도구 🔲]를 선택하고 ❷ 캔버스를 상하좌우로 늘린 뒤 ❸ 상황별 작업 표시줄에서 [생성형 확장]을 클릭합니다

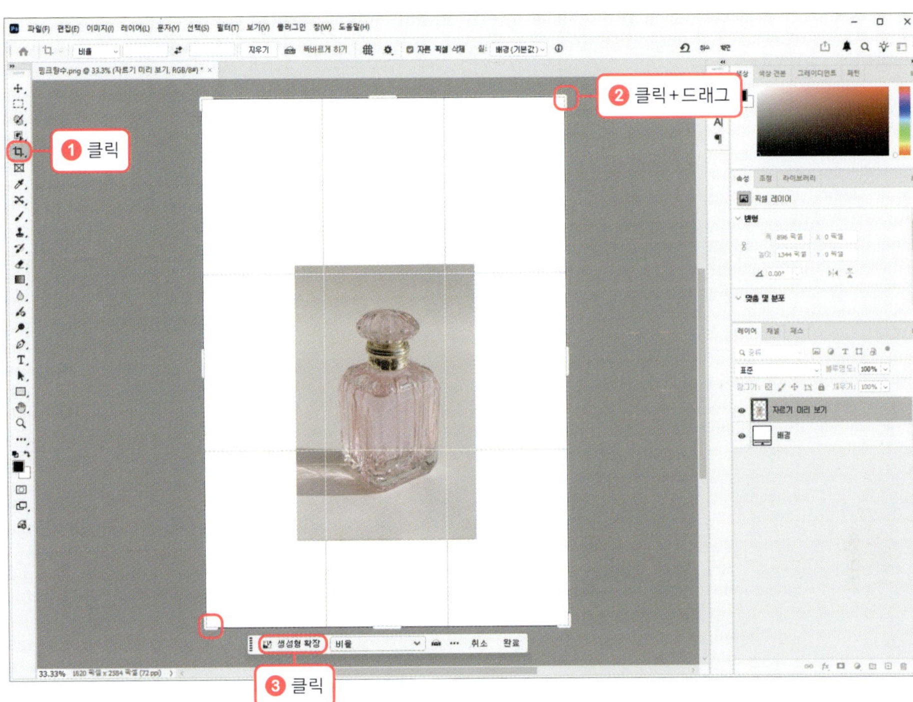

03

프롬프트 창에 아무것도 입력하지 않고 바로 [생성]을 클릭합니다.

04 배경 스타일을 바꿔 보겠습니다.

❶ Ctrl + A 를 눌러 캔버스 전체를 영역으로 선택한 뒤 ❷ 상황별 작업 표시줄에서 [생성형 채우기]를 클릭합니다. ❸ 모델 선택 아이콘 📷 을 클릭하고 ❸ [Gemini 3(Nano Banana Pro 사용)]를 선택합니다. ❺ 프롬프트 창에 배경을 조명이 은은한 숲속으로 변경해 줘라고 입력하고 ❻ [생성]을 클릭합니다.

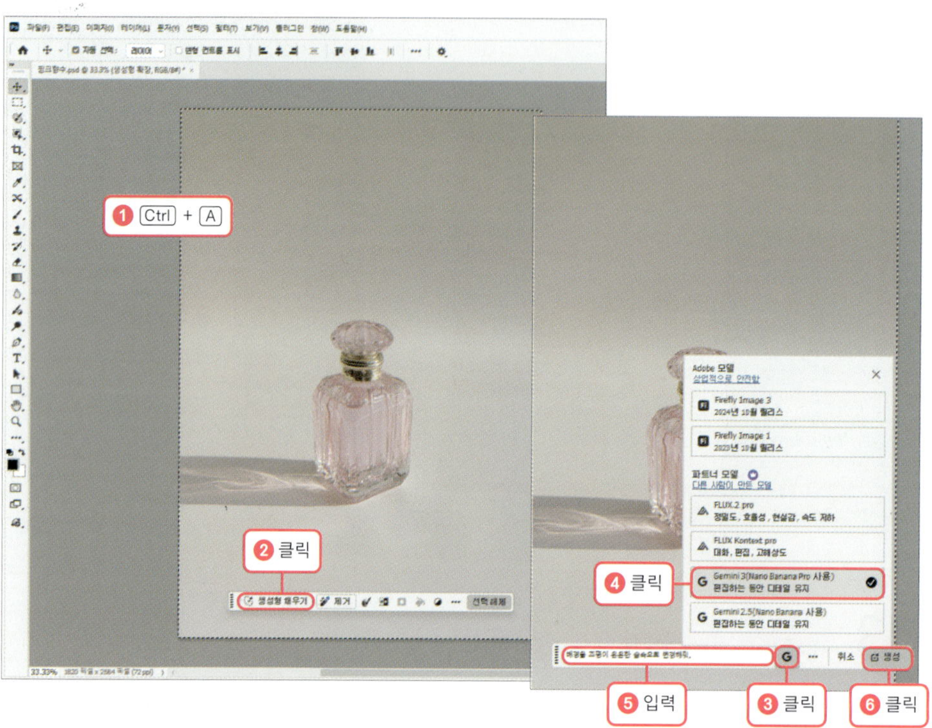

05 입력한 프롬프트에 맞춰 배경이 바뀝니다.

06 조금 더 판타지스러운 분위기가 되도록 배경을 어둡게 수정해 볼게요.

❶ Ctrl + A 를 눌러 캔버스 전체를 영역으로 선택하고 ❷ 상황별 작업 표시줄에서 [생성형 채우기]를 클릭합니다. ❸ 프롬프트 창에 배경을 보라색과 파랑색이 조화를 이루는 어두운 밤 숲속 분위기로 바꿔 줘라고 입력한 다음 ❹ [생성]을 클릭합니다.

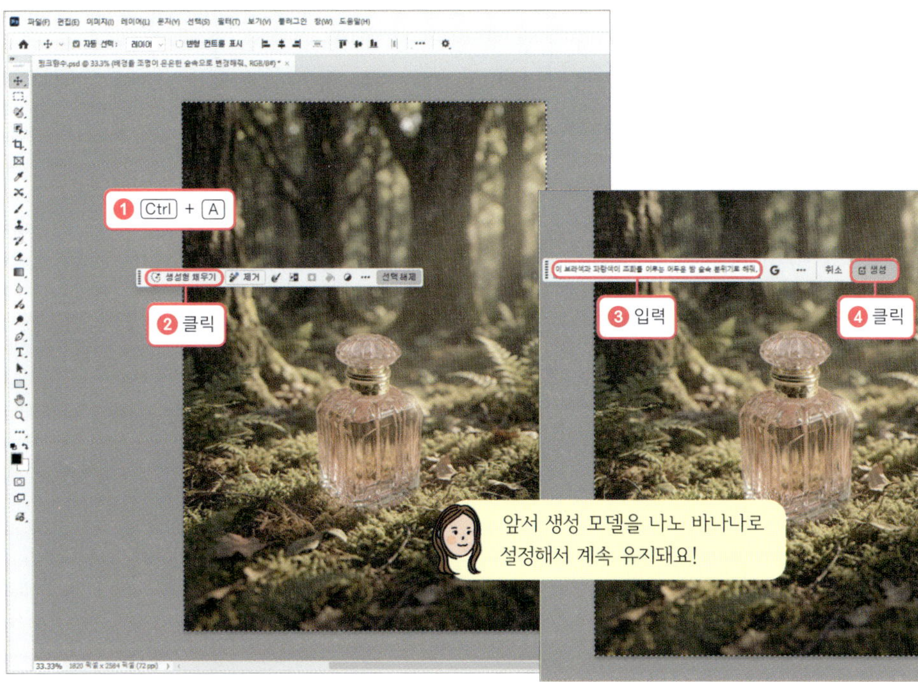

07 배경이 은은한 밤의 숲속이 연상되도록 바뀌었습니다.

✦지금 하면 된다! › 제품이 놓인 각도 바꾸기

제품을 측면에서 촬영했더니 시선이 배경에 집중되네요. 이번에는 대각선 각도로 보이는 제품을 정면으로 보이도록 수정해 보겠습니다.

01 ❶ Ctrl + A 를 눌러 캔버스 전체를 영역으로 선택한 후 ❷ 상황별 작업 표시줄에서 [생성형 채우기]를 클릭합니다. ❸ 프롬프트 창에 향수가 정면으로 보이도록 변경해 줘라고 입력하고 ❹ [생성]을 클릭합니다.

02 향수가 정면으로 보이도록 바뀌었습니다. 이제 다시 촬영하거나 복잡한 과정을 거쳐 합성하지 않아도 손쉽게 이미지를 수정할 수 있습니다.

2단계 더욱 풍성한 이미지로 보정하기

준비 파일 이어서 실습

◇◇ 지금
하면 된다! ⟩ [생성형 채우기]로 요소 추가해서 배경에 디테일 더하기

01 ❶ Ctrl + A 를 눌러 캔버스 전체를 영역으로 선택하고 ❷ 상황별 작업 표시줄에서 [생성형 채우기]를 클릭합니다.

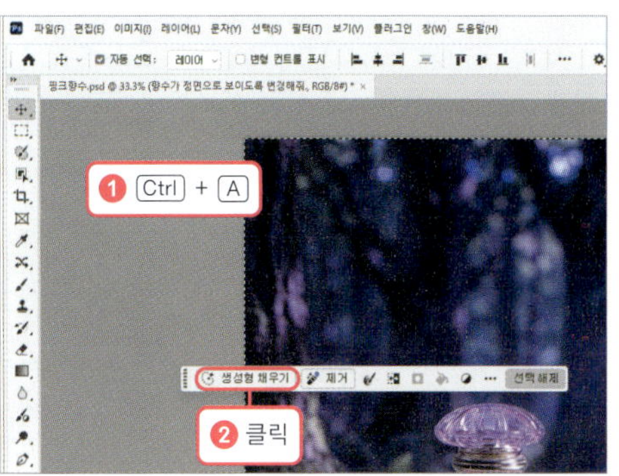

02 ❶ 프롬프트 창에 동그랗고 작은 핑크색 불빛이 눈송이가 내리는 것처럼 그려 줘라고 입력한 후 ❷ [생성]을 클릭합니다.

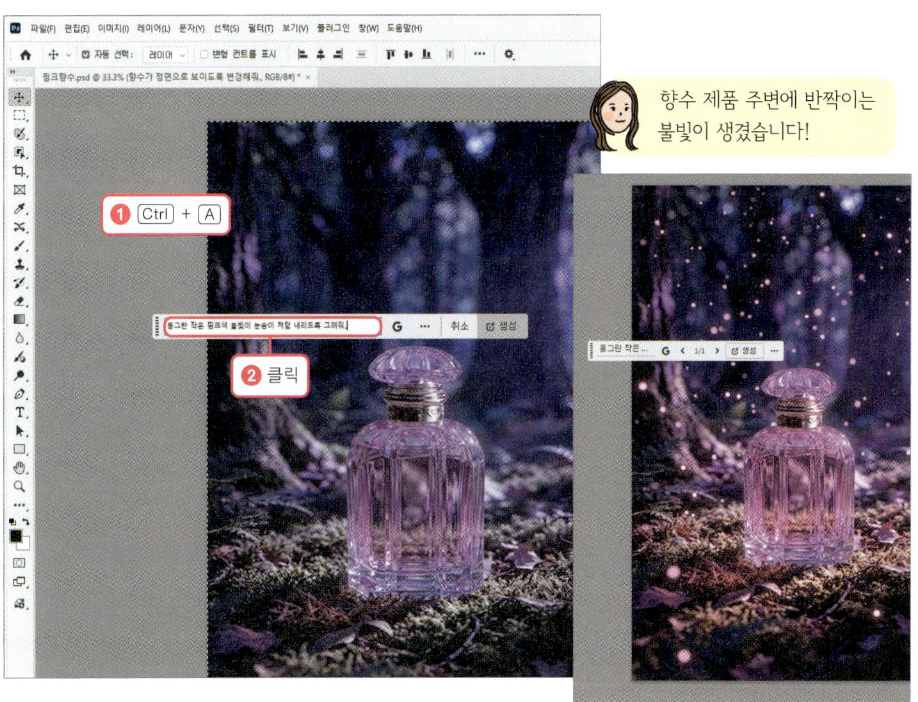

03

향수 아래쪽에 'Grace'라는 금속 글자가 있는 것처럼 추가해 보겠습니다.

❶ Ctrl + A 를 눌러 캔버스 전체를 영역으로 선택하고 ❷ 상황별 작업 표시줄에서 [생성형 채우기]를 클릭합니다. ❸ 프롬프트 창에 'Grace' 글자가 입체 금속 재질로 제품 아래에 위치하도록 넣어 줘라고 입력한 후 ❹ [생성]을 클릭합니다.

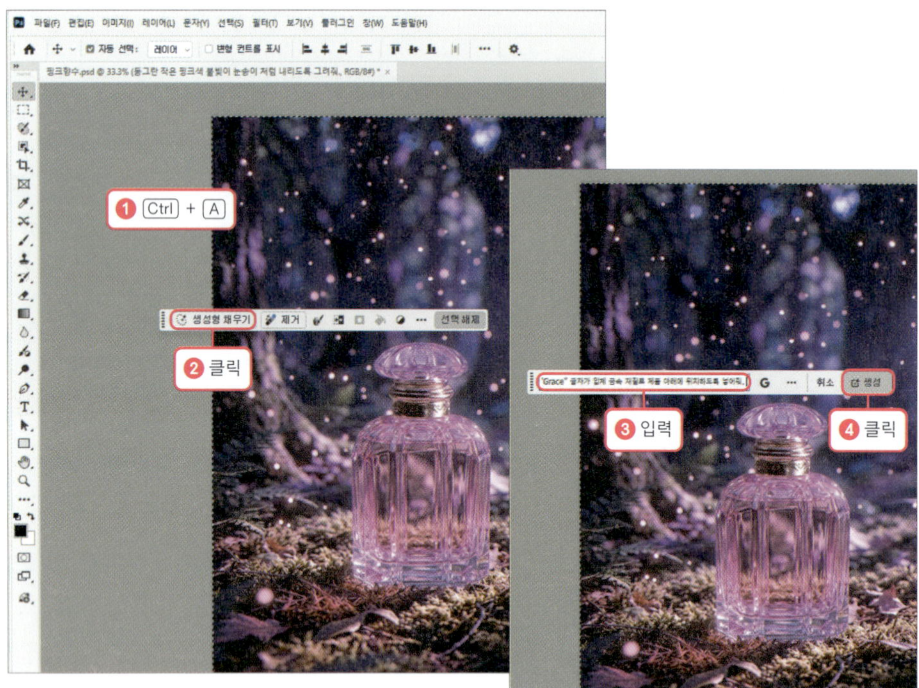

04

제품 아래에 금속 재질의 입체 글자가 추가됐습니다.

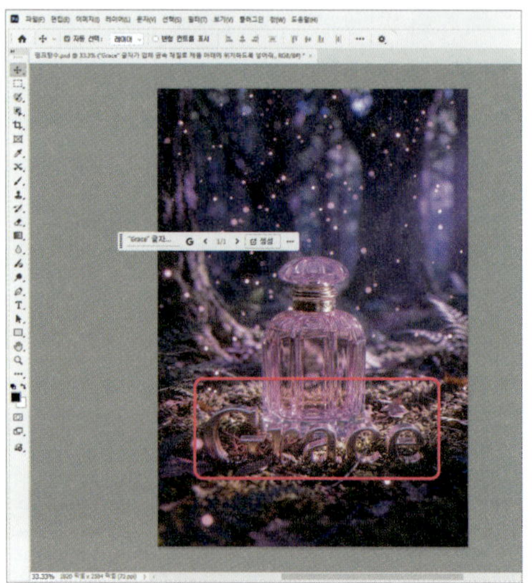

05 이어서 제품에서 빛이 나는 것처럼 보정해 보겠습니다.

❶ [Ctrl] + [A]를 눌러 캔버스 전체를 영역으로 선택하고 ❷ 상황별 작업 표시줄에서 [생성형 채우기]를 클릭합니다. ❸ 프롬프트 창에 제품 주변은 조금 어둡게, 제품은 밝고 화사하게 변경해 줘라고 입력한 후 ❹ [생성]을 클릭합니다.

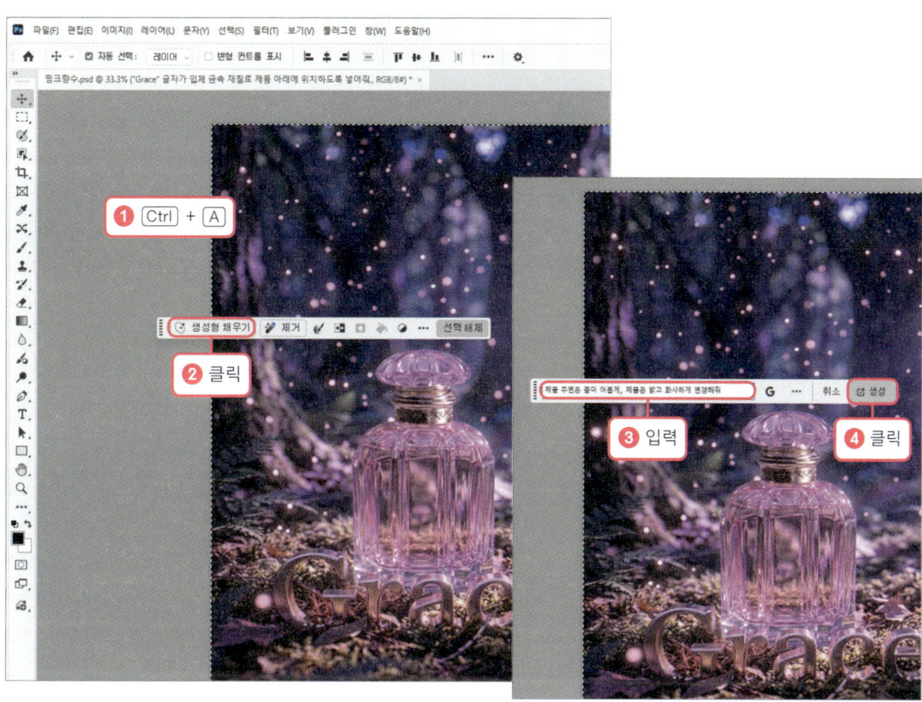

06 주변이 살짝 어두워지고 제품은 원래보다 밝아졌습니다. 이제 배경보다 제품이 눈에 잘 들어오네요!

07 그런데 제품 아래에 있는 입체 글자가 상대적으로 어두워지면서 잘 보이지 않네요. ❶ Ctrl + A 를 눌러 캔버스 전체를 영역으로 선택하고 ❷ 상황별 작업 표시줄에서 [생성형 채우기]를 클릭합니다. ❸ 프롬프트 창에 'Grace' 글자가 은은하고 화사하게 보이도록 보정해 줘라고 입력한 후 ❹ [생성]을 클릭합니다.

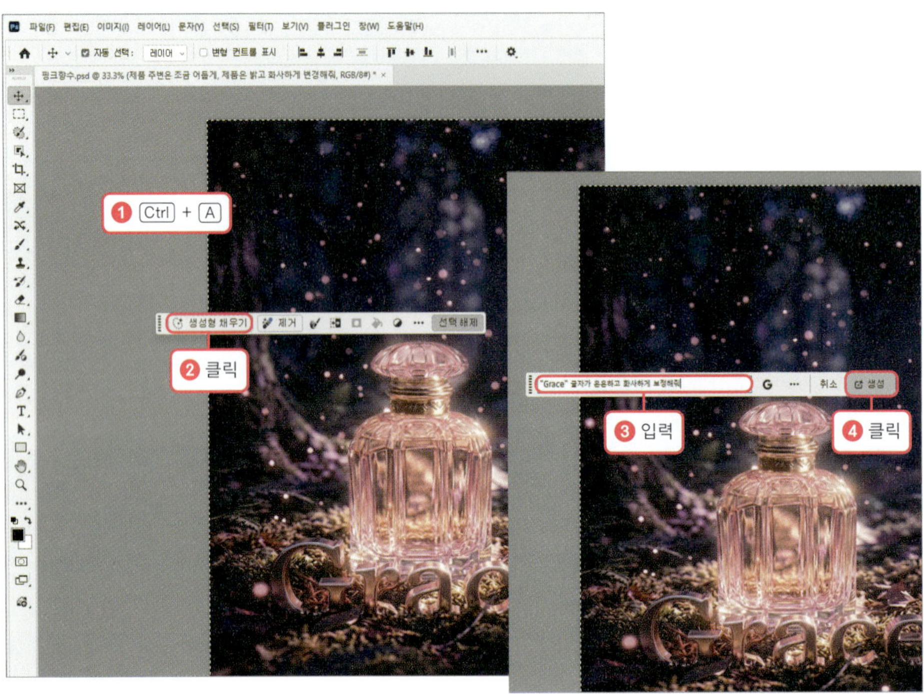

08 제품에 가려져 잘 보이지 않던 입체 글자도 눈에 띄게 보정됐습니다.

3단계 제품 포스터에 어울리는 텍스트 삽입하기

준비 파일 이어서 실습

지금 **하면 된다!** ⟩ 텍스트 입력하고 레이어 스타일로 꾸미기

완성된 이미지에 제품 이름을 써서 포스터를 완성해 보겠습니다.

01

❶ 도구 바에서 [가로쓰기 문자 도구 ᴛ.]를 선택하고 ❷ GLOW라고 입력합니다. 옵션 바에서 ❸ 글꼴은 [Elephant], ❹ 글꼴 스타일은 [Regular], ❺ 글자 크기는 350pt로 설정합니다. ❻ 배치는 [중앙 정렬], ❼ 색상은 [흰색]으로 설정합니다.

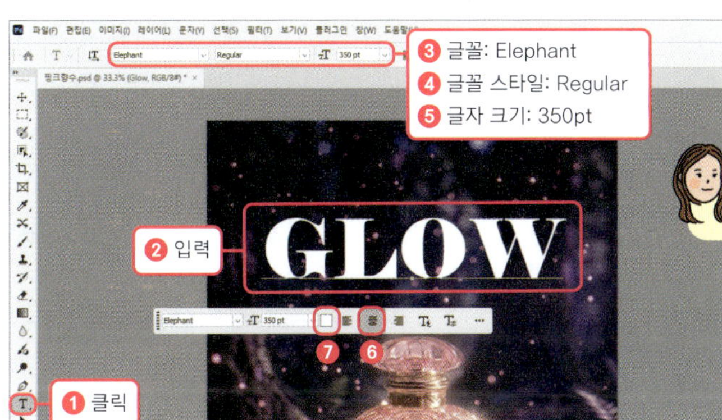

02

❶ GLOW 글자 위쪽을 클릭하고 MYSTIC이라고 입력합니다. 마찬가지로 옵션 바에서 ❷ 글꼴은 [Elephant], ❸ 글꼴 스타일은 [Regular], ❹ 글자 크기는 130pt로 설정합니다. ❺ 배치는 [중앙 정렬], ❻ 색상은 [흰색]으로 설정합니다.

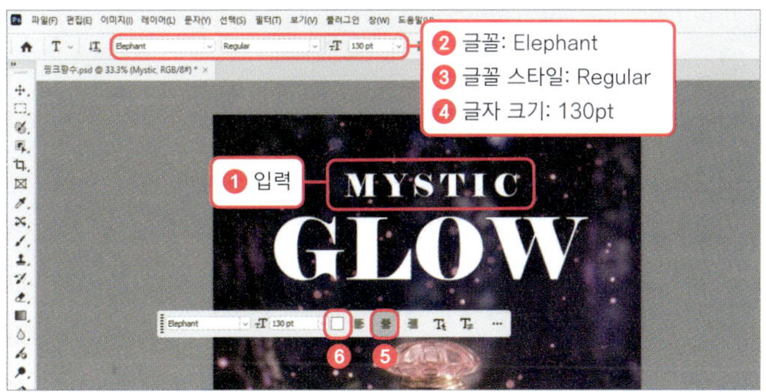

03 ❶ 글자를 드래그해 블록 지정한 다음 ❷ [속성] 패널에서 자간을 200으로 설
정합니다.

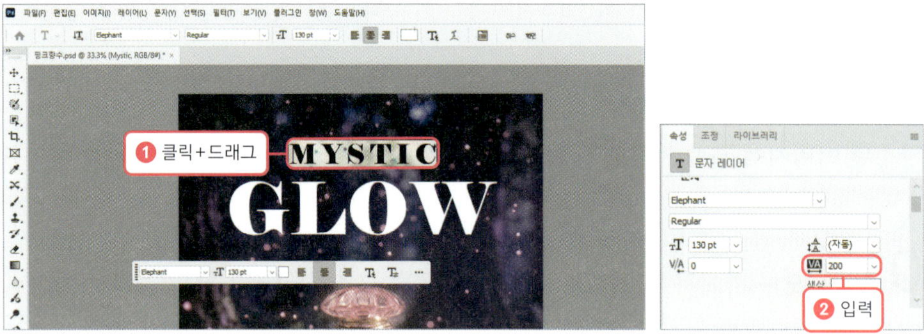

04 ❶ 이번에는 입체 글자 바로 아래쪽을 클릭해 THE SCENT OF FANTASY
라고 입력합니다. 옵션 바에서 ❷ 글꼴은 [Bely], ❸ 글꼴 스타일은 [Regular], ❹ 글자
크기는 75pt로 설정합니다. ❺ 배치는 [중앙 정렬], ❻ 색상은 [흰색]으로 설정합니다.

05 레이어 스타일을 사용해서 메인 문구를 꾸며 보겠습니다.

❶ [레이어] 패널에서 [Glow] 레이어를 선택하고 ❷ [레이어 마스크 _fx._ → 그레이디언트 오버레이]를 선택합니다. ❸ [레이어 스타일] 대화상자가 나타나면 [그레이디언트]를 클릭합니다.

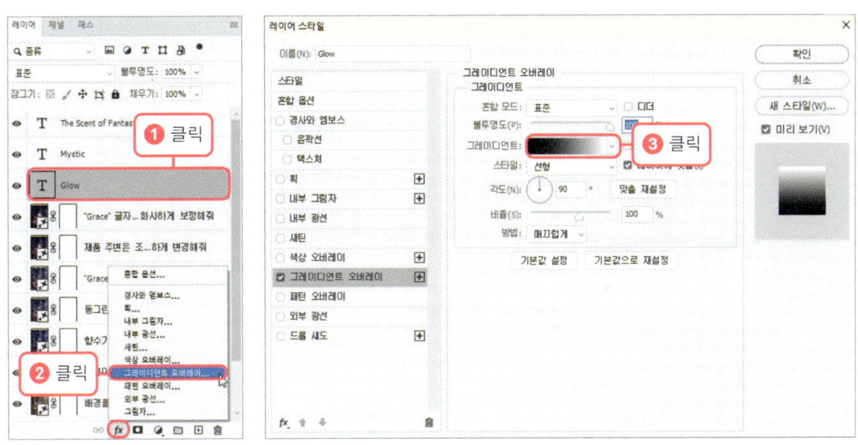

06 ❶ [그레이디언트 편집기] 대화상자에서 왼쪽 색상 정지점을 더블클릭한 다음

❷ 색상 코드를 ffdcba로 입력하고 ❸ [확인]을 클릭합니다.

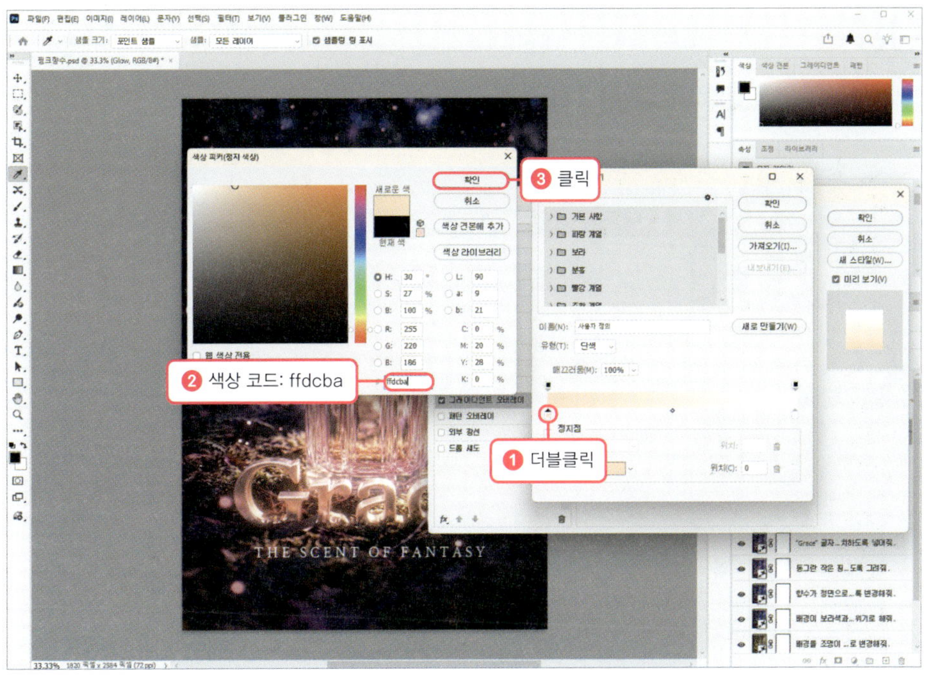

07

❶ 이어서 오른쪽 색상 정지점을 더블클릭하고 ❷ 색상 코드를 d2ad89로 입력한 후 ❸ [확인]을 클릭합니다.

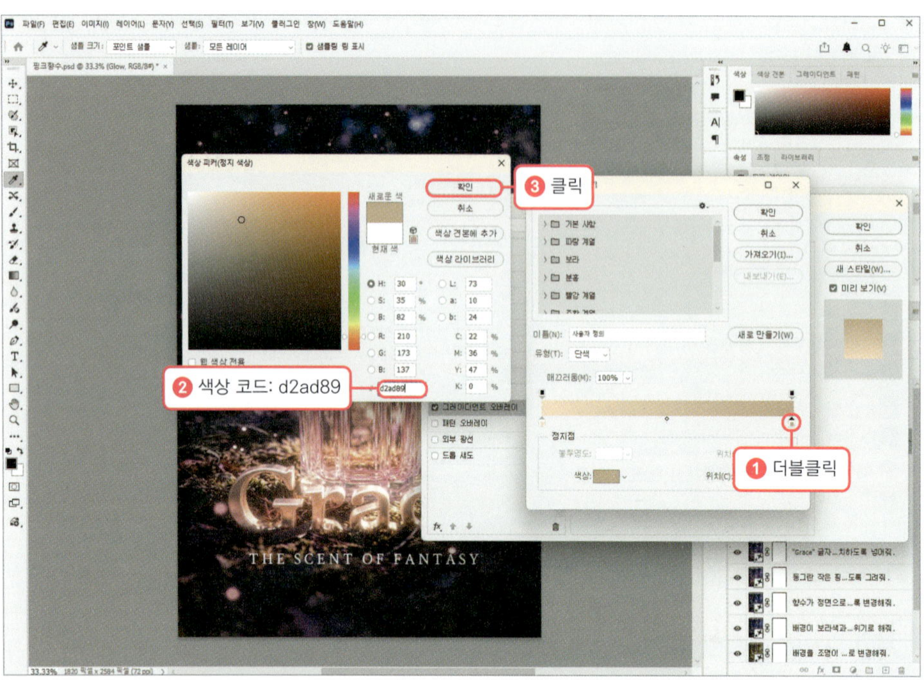

08

❶ [그레이디언트 편집기] 대화상자에서 [확인]을 클릭하고 ❷ [레이어 스타일] 대화상자에서도 [확인]을 클릭합니다.

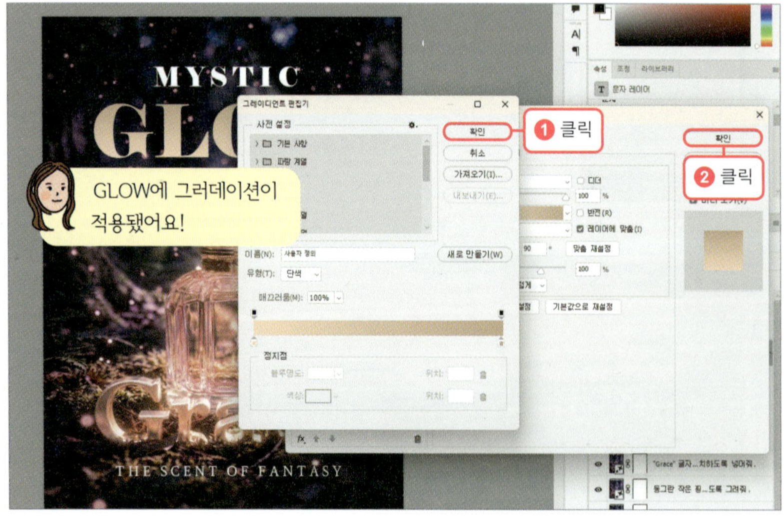

09 그러데이션을 MYSTIC 글자에도 똑같이 적용하겠습니다.

[Alt]를 누른 상태로 [Glow] 레이어에 적용된 [그레이디언트 오버레이] 레이어 스타일을 [MYSTIC] 레이어로 드래그합니다.

4단계 추가 이미지 배치하고 조화롭게 보정하기

준비 파일 이어서 실습, 프로젝트03/나비01~06.png

완성 파일 프로젝트03/AI 향수 포스터 완성.jpg

✦✧ 지금 하면 된다! ▸ [하모나이즈]로 추가 요소 자연스럽게 합성하기

01 ❶ 작업 화면에 준비 파일 나비01.png을 불러와 향수병 뚜껑 근처에 배치하고 ❷ 상황별 작업 표시줄에서 [하모나이즈]를 클릭합니다.

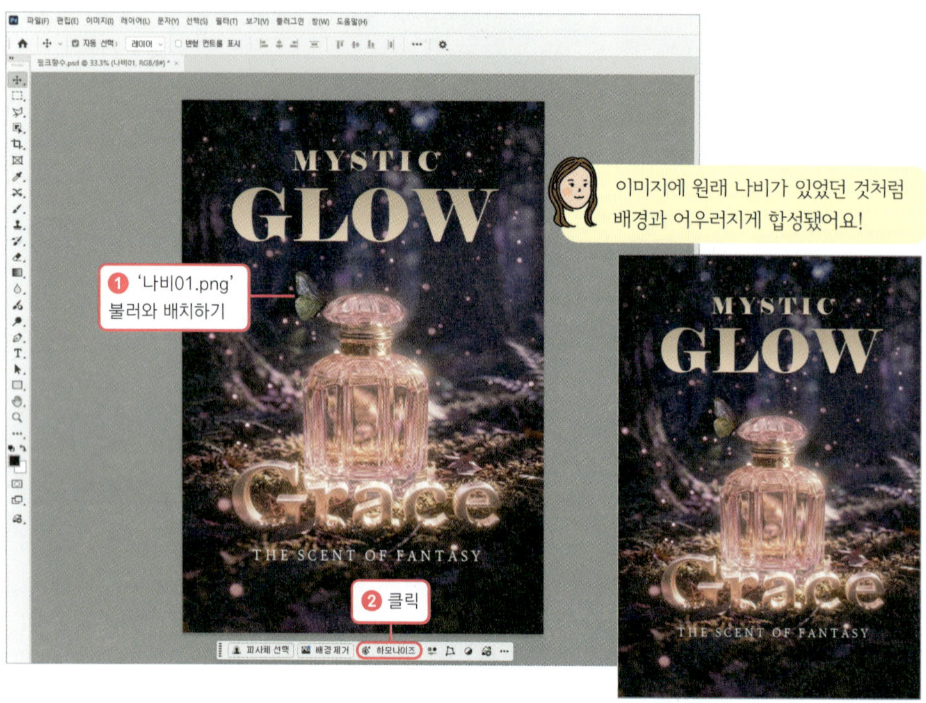

02 이번에는 색이 조금 다른 나비 이미지를 합성해 보겠습니다.

❶ 준비 파일 나비02.png를 불러와 향수병 오른쪽에 배치하고 ❷ 상황별 작업 표시줄에서 [하모나이즈]를 클릭합니다.

03 준비 파일 나비03~06.png 역시 다음과 같이 배치하고 [하모나이즈]로 조화롭게 합성합니다.

04

카페 신메뉴 홍보 포스터 디자인

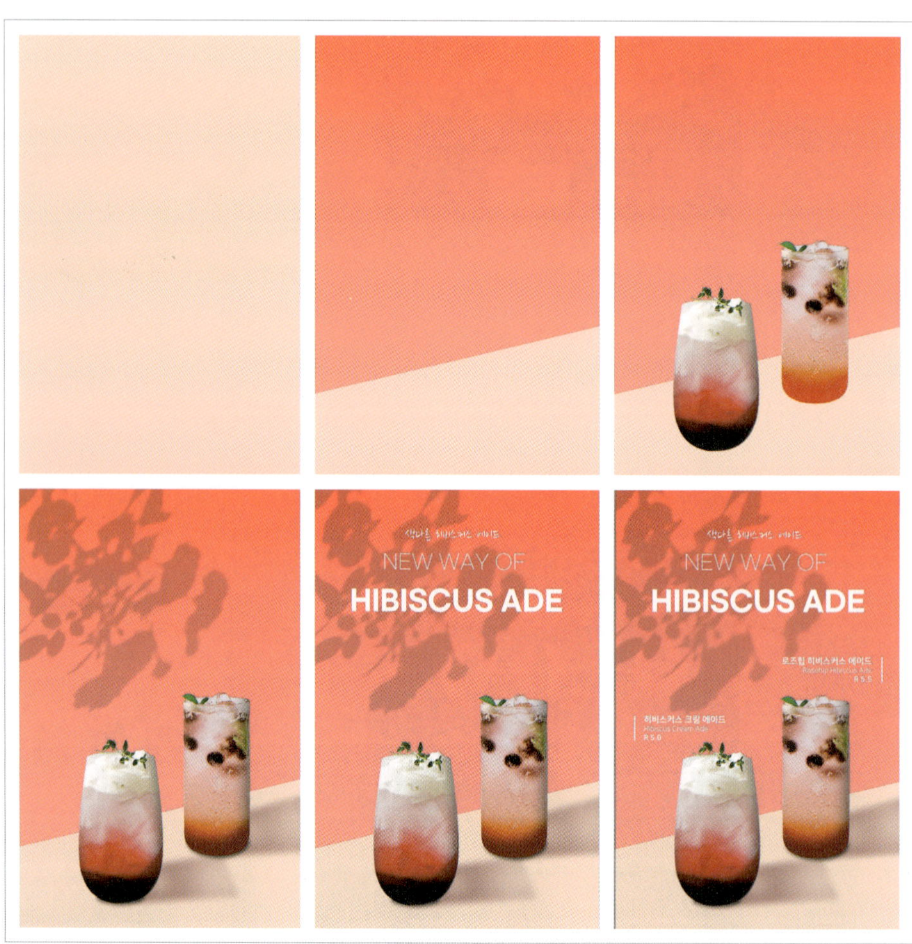

단계별 과정

동영상 강의

완성본

아윤 쌤의
**강의
노트** "제품이 돋보이게 디자인하는 방법!"

제품을 홍보하는 이미지를 디자인할 때는 먼저 제품의 특징을 파악해야 해요. 이번 실습에서는 히비스커스를 재료로 하는 2가지 음료를 소개합니다. 음료 색상이 붉기 때문에 디자인에 전체적으로 붉은 계열을 사용할 거예요. 또, 제품을 실물처럼 자연스럽게 표현하기 위해 유리잔 아래쪽에 접하면서 생기는 그림자와 역광을 받아 유리잔에 생기는 그림자까지 만들어 보겠습니다.

주요 기능 밝기/대비(216쪽), 레이어 스타일(306쪽), 블렌딩 모드(287쪽), 레이어 마스크(319쪽)

글꼴 G마켓 산스, 나눔손글씨 붓

준비 파일 프로젝트04/벽 이미지.jpg, 히비스커스 크림 에이드.jpg, 로즈힙 히비스커스 에이드.jpg, 그림자.jpg

지금 하면 된다! ▸ 제품과 어울리는 색으로 배경 만들기

배경은 음료 색상과 어울리는 색을 사용하는 것이 좋습니다. 히비스커스 에이드와
어울리도록 붉은 계열의 색상을 사용해 보겠습니다.

01 Ctrl + N 을 누른 후
❶ 폭은 1000픽셀, 높이는 1500
픽셀, 해상도는 72픽셀/인치, 색
상 모드는 [RGB 색상], 배경 내
용의 색상 코드는 fcdacc로 설
정합니다.
❷ [만들기]를 클릭해 새 문서
를 만듭니다.

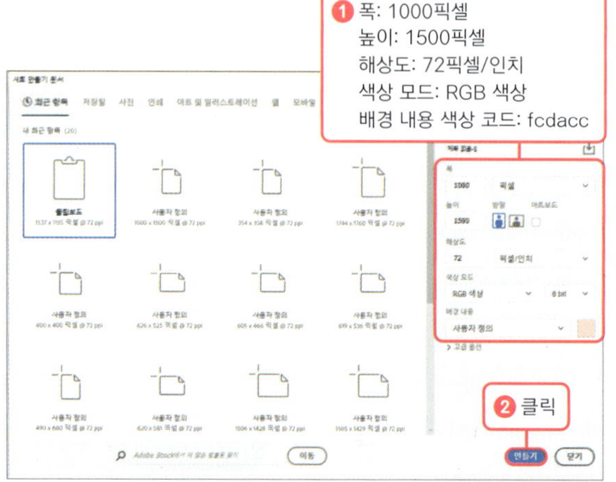

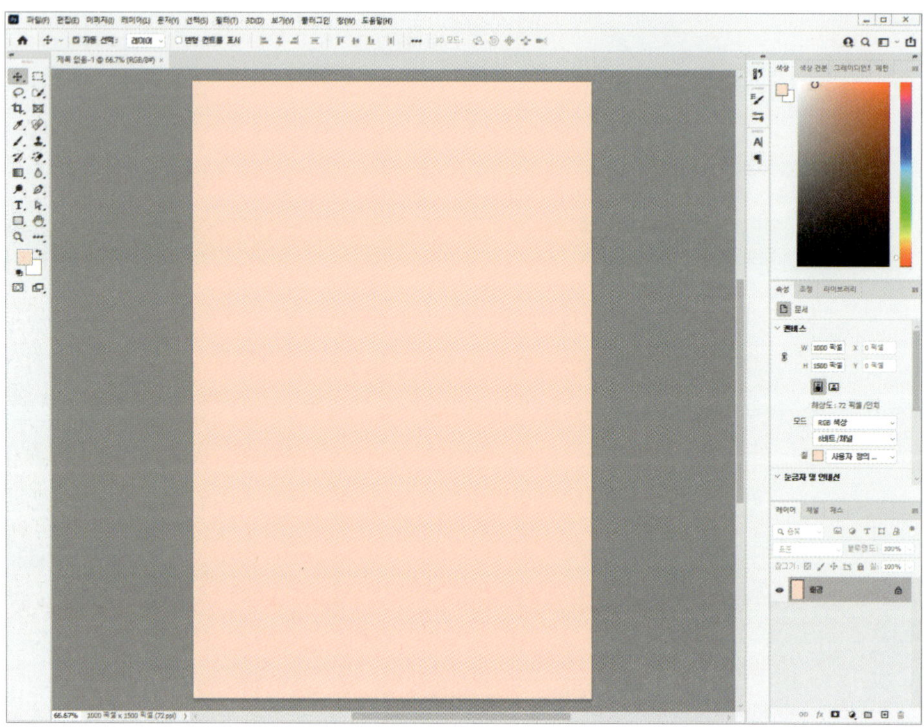

02 ❶ [사각형 도구 ▭]를 선택합니다.

❷ [칠]을 클릭한 후 ❸ [그레이디언트]를 선택합니다.

03 그레이디언트의 색상을 편집하겠습니다.

❶ 왼쪽에 있는 색상 정지점을 더블클릭한 후 ❷ 색상 코드에 ff9797을 입력합니다.

❸ [확인]을 클릭합니다.

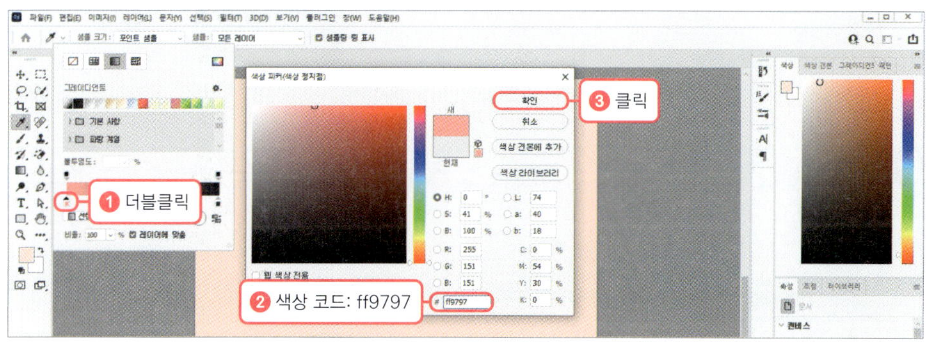

04 ❶ 오른쪽에 있는 색상 정지점을 더블클릭한 후 ❷ 색상 코드에 ff4e4e를 입력하고 ❸ [확인]을 클릭합니다.

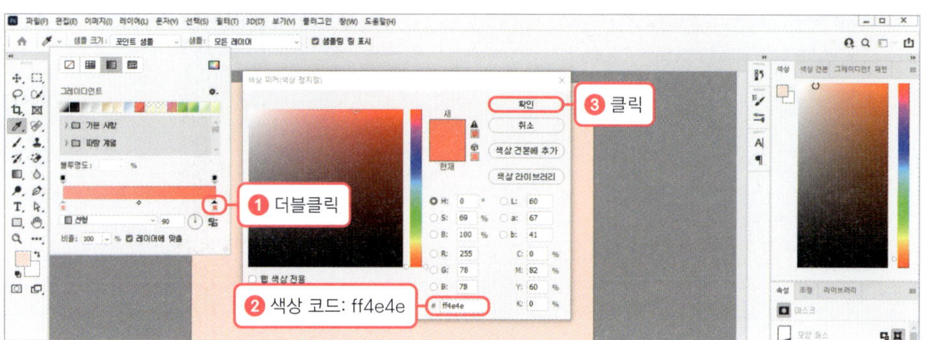

05 작업 화면을 클릭한 채로 드래그해 캔버스의 3/4 정도를 덮는 크기의 사각형을 만듭니다.

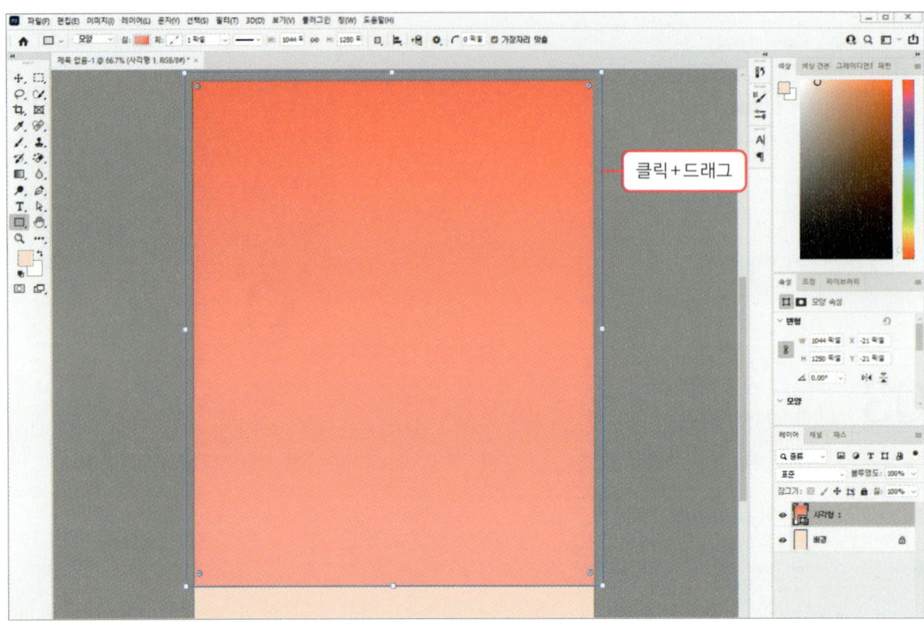

06 ❶ [직접 선택 도구 ▷.]를 선택한 후 ❷ 패스 점을 위로 드래그해 이동합니다.

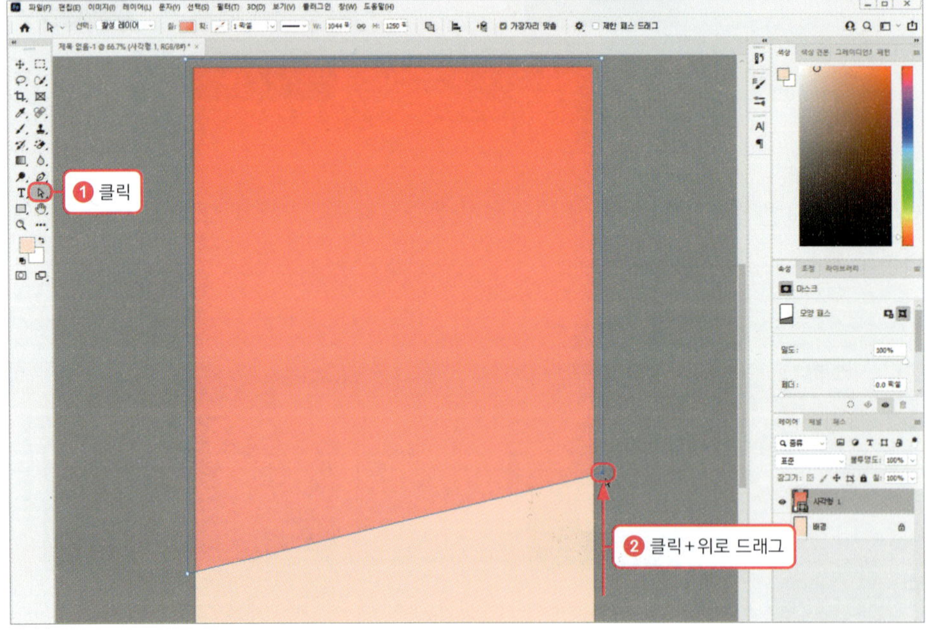

07 ❶ 준비 파일 **벽 이미지.jpg**를 작업 화면으로 드래그해 불러옵니다.

❷ 크기를 캔버스 화면에 맞춘 후 Enter 를 눌러 적용하세요.

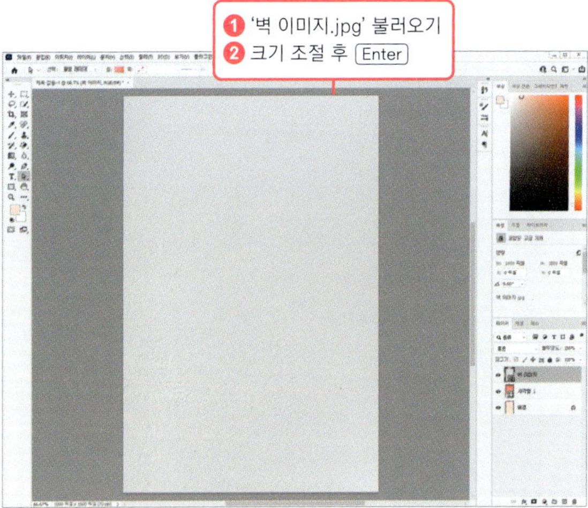

08 Alt 를 누른 채 [사각형 1] 레이어와 [벽 이미지] 레이어의 경계선을 클릭해 [클리핑 마스크] 를 적용합니다.

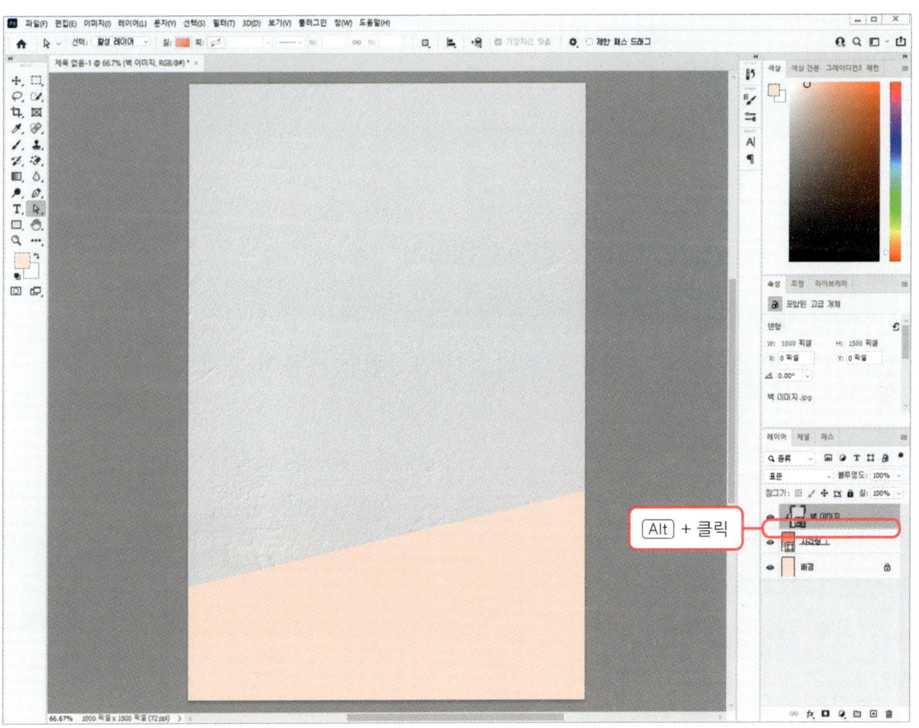

09

① 블렌딩 모드로 [색상 번]을 적용한 후 **②** 불투명도를 40%로 설정합니다.

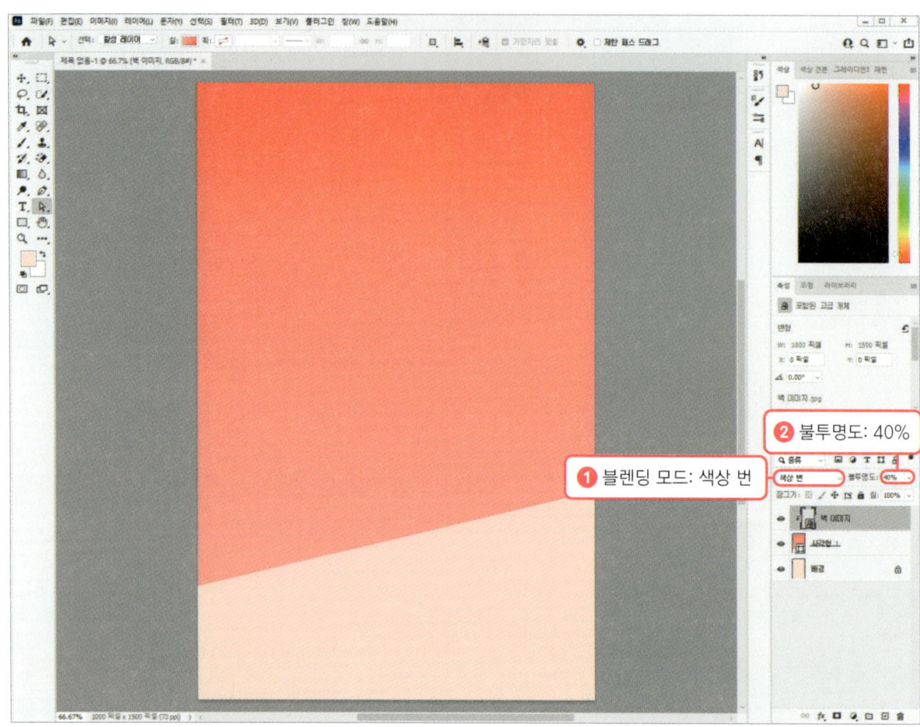

지금 하면 된다! ⟩ 제품 이미지 자연스럽게 삽입하기

앞서 만든 배경에 음료 이미지를 올려 보겠습니다. 이때 컵에 담긴 음료 이미지에 필터와 레이어 마스크를 사용해서 그림자를 자연스럽게 적용해 볼게요.

01

① 준비 파일 히비스커스 크림 에이드.jpg를 작업 화면으로 드래그해 불러옵니다.
② 크기를 캔버스 화면에 맞춘 후 Enter 를 눌러 적용하세요.

02 음료 이미지가 너무 어둡죠?
밝고 화사하게 보정하겠습니다. 메뉴 바에서
[이미지 → 조정 → 밝기/대비]를 선택합니다.

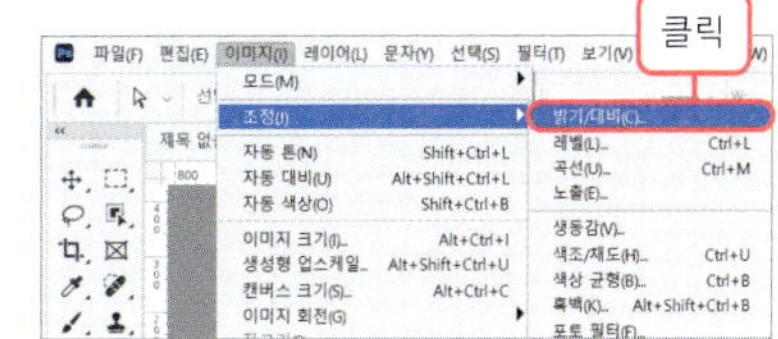

03 ❶ 명도는 45, ❷ 대비도 45로 설정하고 ❸ [확인]을 클릭합니다.

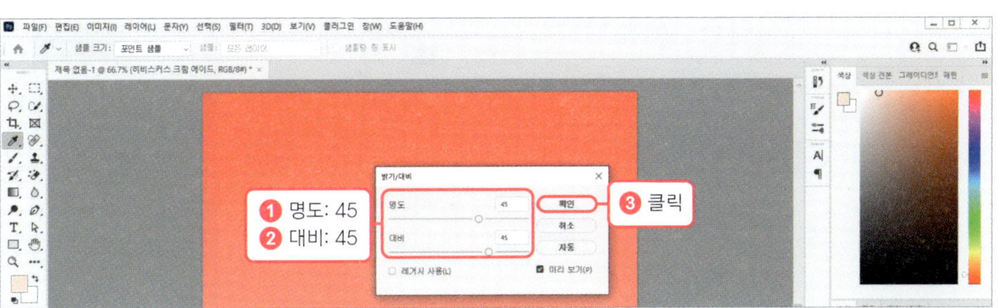

04 [레이어] 패널에서 [레이어 스타일 fx. → 내부 그림자]를 선택합니다.

05

❶ 혼합 모드는 [표준], ❷ 불투명도는 40%, ❸ 각도는 -70°, ❹ 거리는 60px, ❺ 경계 감소는 0%, ❻ 크기는 40px로 설정하고 ❼ [확인]을 클릭합니다.

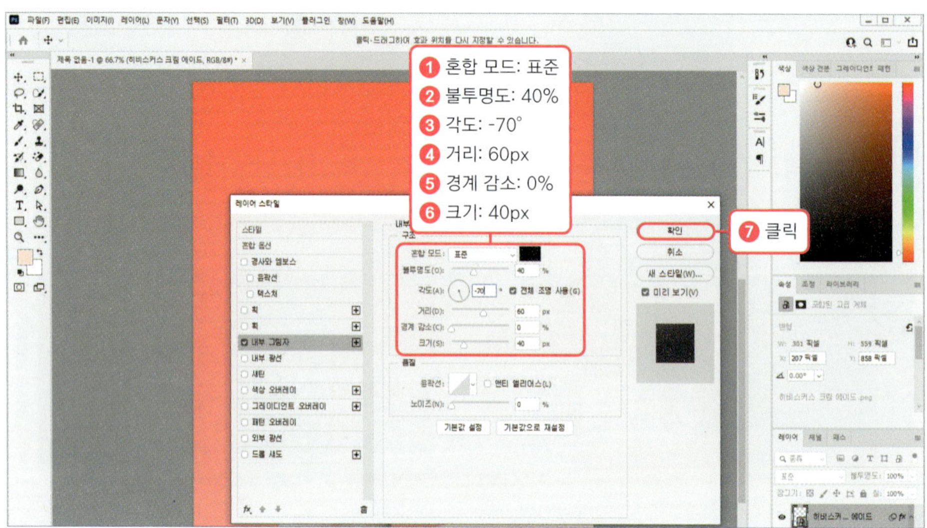

06

❶ 준비 파일 로즈힙 히비스커스 에이드.jpg를 작업 화면으로 드래그해 불러옵니다.
❷ 크기를 캔버스 화면에 맞춘 후 Enter를 눌러 적용하세요.

07

로즈힙 히비스커스 에이드 이미지를 밝고 화사하게 보정하겠습니다. 메뉴 바에서 [이미지 → 조정 → 밝기/대비]를 선택합니다.

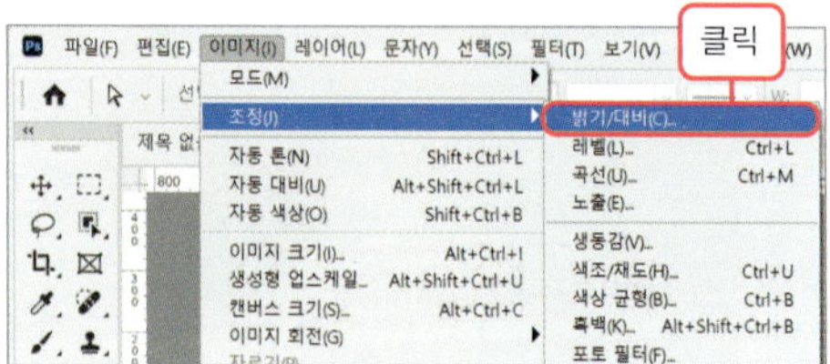

08 ❶ 명도는 25, ❷ 대비는 20으로 설정한 후 ❸ [확인]을 클릭합니다.

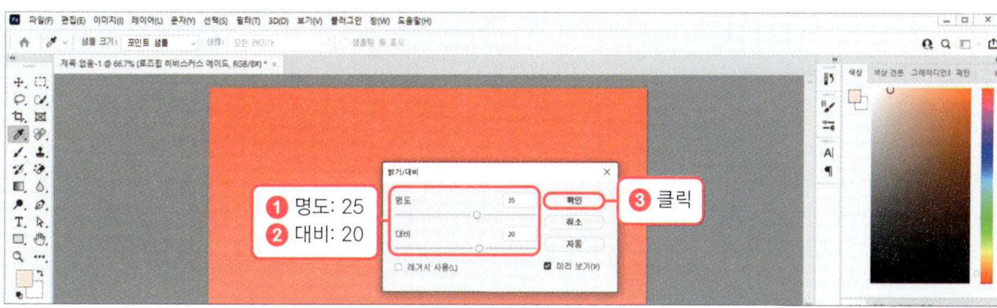

09 [히비스커스 크림 에이드] 레이어에 적용한 레이어 스타일을 복사하겠습니다. [Alt]를 누른 상태에서 [효과] 레이어 스타일을 [로즈힙 히비스커스 에이드] 레이어로 드래그해 복사 적용합니다.

효과가 복사되면서 내부 그림자가 자동으로 들어갑니다!

음료를 마치 스튜디오에서 촬영한 것처럼 보이도록 제품 근처에 그림자를 삽입해 보겠습니다. 컵이 닿는 부분과 조명에 비쳐 생기는 그림자를 만들면 됩니다.

01

❶ [레이어 추가 ⊞]를 클릭해 새 레이어를 만듭니다. ❷ 더블클릭해 이름을 그림자 01로 수정하고 ❸ [히비스커스 크림 에이드] 레이어의 아래로 이동합니다.
❹ [원형 선택 윤곽 도구 ◯]를 선택합니다.

02

❶ Ctrl 을 누른 채 + 를 눌러 화면을 확대합니다.

❷ 유리컵 아래를 클릭한 채로 드래그해 그림자를 만들 영역을 원형으로 선택합니다.

❸ 전경색을 [검은색]으로 선택하고 ❹ Alt + Delete 를 눌러 전경색을 채워 넣습니다.

❺ Ctrl + D 를 눌러 선택 영역을 해제합니다.

03

① [필터 → 흐림 효과 → 가우시안 흐림 효과]를 선택합니다.

② [가우시안 흐림 효과] 대화상자에서 반경을 5.0으로 설정하고 ③ [확인]을 클릭합니다.

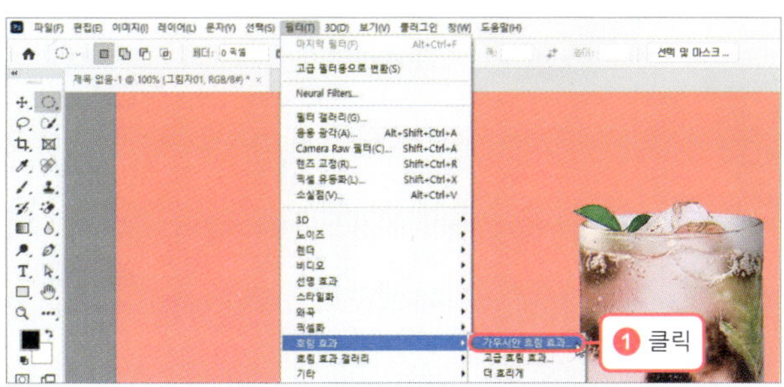

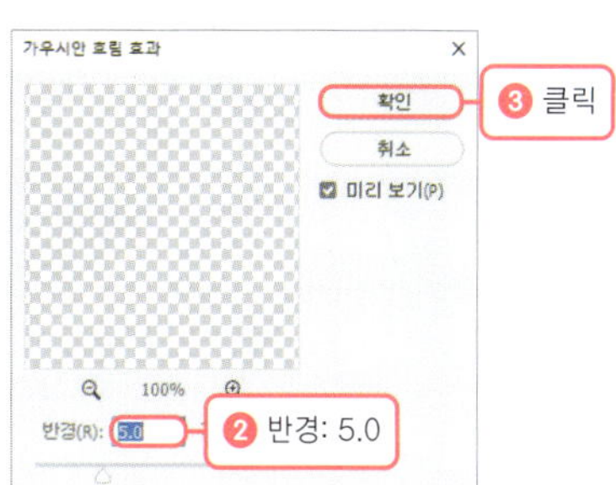

04

① 불투명도를 50%로 입력하고 **②** Ctrl + − 를 눌러 화면을 축소합니다.

05

유리컵 모양을 따라 생기는 더 큰 크림자도 만들어 보겠습니다.
① [레이어 추가 +]를 클릭해 새 레이어를 만든 후 **②** 더블클릭해 이름을 그림자
01-1로 수정합니다. **③** [그림자 01] 레이어의 아래로 이동합니다.

06

❶ [다각형 올가미 도구 ⟋]를 선택합니다. ❷ 컵에 조명을 비췄을 때 그림자가 생기는 방향을 고려해서 연속으로 클릭해 선택 영역을 만듭니다.

07

❶ 전경색의 색상 코드를 7d2828로 입력하고 ❷ Alt + Delete 를 눌러 전경색을 채웁니다. ❸ Ctrl + D 를 눌러 영역 선택을 해제합니다.

08

❶ [필터 → 흐림 효과 → 가우시안 흐림 효과]를 선택합니다.

❷ 반경을 10.0으로 설정하고 ❸ [확인]을 클릭합니다.

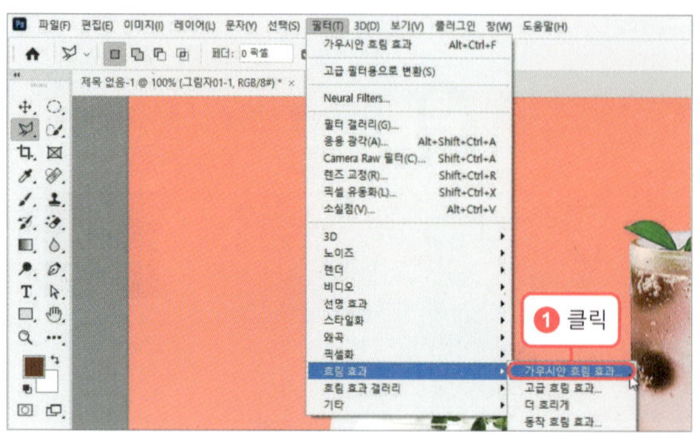

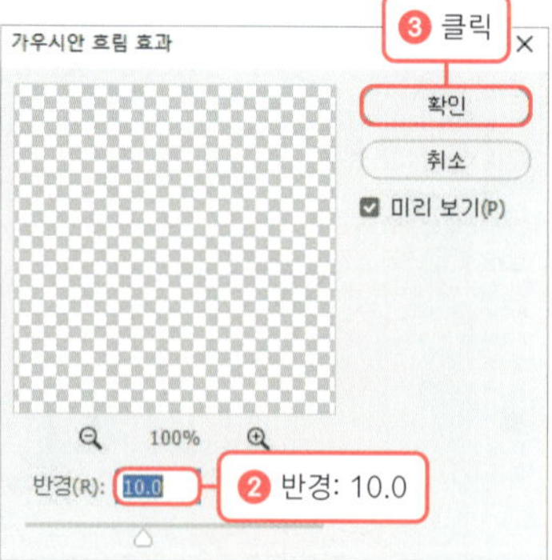

09

❶ 불투명도를 60%로 설정합니다.

❷ [레이어 마스크 ▢]를 클릭해 레이어 마스크를 적용합니다.

10 유리컵의 반사광을 표현해 그림자를 자연스럽게 만들어 보겠습니다.

❶ [브러시 도구 ✎]를 선택한 후 ❷ 브러시의 종류는 [부드러운 원], ❸ 크기는 150px,

❹ 불투명도는 50%로 설정합니다. ❺ 전경색을 [검은색]으로 설정합니다.

11 컵과 맞닿는 그림자 부분을 클릭합니다.

12 ❶ 옵션 바에서 브러시 크기를 400픽셀로 수정합니다.

❷ 그림자 끝부분을 브러시로 2~3번 정도 클릭해 연하게 만듭니다.

끝부분으로 갈수록 그림자가 연해지도록 만들면 더 자연스러워집니다.

13 01~12를 반복해 오른쪽 음료의 아래에도 그림자를 넣습니다.

✧지금 하면 된다! ⟩ 자연광이 비친 듯 배경에 나뭇잎 그림자 넣기

배경에 나뭇잎 그림자를 합성해 자연광이 비친 느낌을 표현해 보겠습니다.

01
❶ [Ctrl]을 누른 채 [－]를 눌러 화면을 축소합니다.

❷ [레이어] 패널에서 [벽 이미지] 레이어를 선택합니다.

02
❶ 준비 파일 그림자.jpg를 작업 화면으로 드래그해 불러옵니다.

❷ 크기를 캔버스 화면에 맞춘 후 [Enter]를 눌러 적용하세요.

벽 이미지 레이어를 음료의 그림자 레이어보다 아래에 배치하세요!

03

① 블렌딩 모드를 [선형 번]으로 설정한 후 ② 불투명도는 20%로 입력합니다.

04

① [레이어 마스크 ■]를 클릭한 후 ② 전경색을 [검은색]으로 설정합니다.
③ [브러시 도구 ✎]를 선택하고 ④ 종류는 [부드러운 원], ⑤ 크기는 300px, ⑥ 불투명도는 50%로 설정합니다.
⑦ 이미지 경계 부분을 드래그해 자연스럽게 지웁니다.

2단계 제품을 홍보하는 텍스트 배치하기

준비 파일 이어서 실습

완성 파일 프로젝트04/히비스커스 에이드 완성.jpg

✨지금 하면 된다! › 메인 문구와 메뉴 설명 입력하기

메인 문구와 서브 문구를 입력하고, 두 음료 이미지 근처에 각 메뉴의 설명을 배치해 보겠습니다.

01

❶ [가로쓰기 문자 도구 **T.**]를 선택한 후 ❷ HIBISCUS ADE를 입력하고 서식을 설정합니다. ❸ 그 위에는 NEW WAY OF와 ❹ 색다른 히비스커스 에이드를 입력합니다.

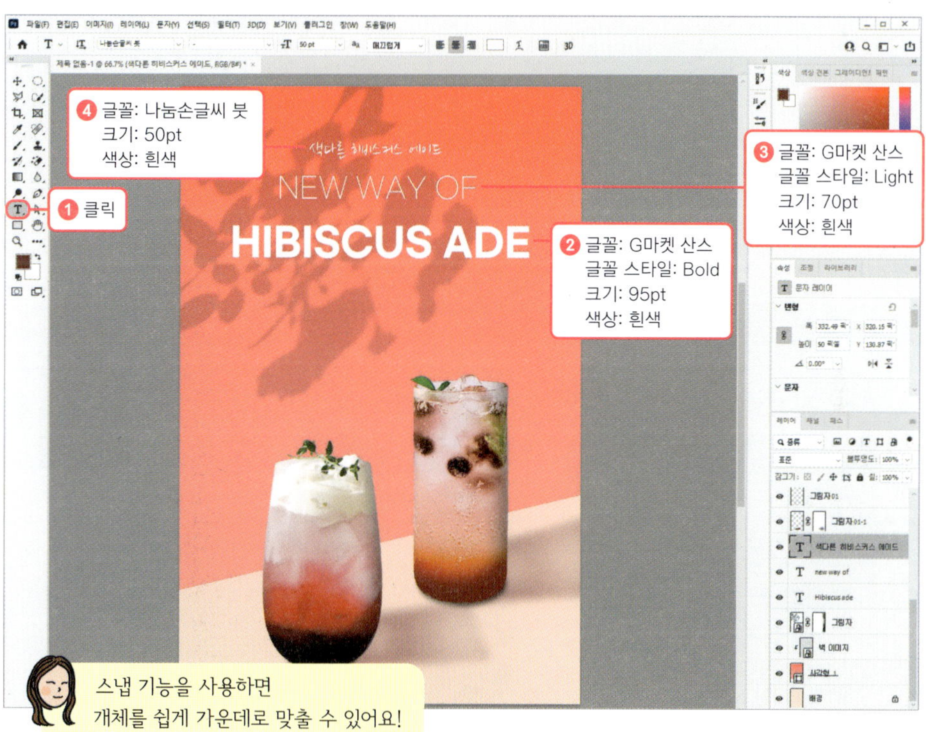

02

❶ 왼쪽 음료 위에 메뉴 이름과 가격을 입력합니다.

❷ 정렬을 [왼쪽 맞춤 ▤]으로 설정하고 ❸ [문자 패널 ▣]을 클릭해 패널을 엽니다.

❹ 글꼴은 [나눔스퀘어], ❺ 글꼴 스타일은 [Extrabold], ❻ 글자 크기는 30pt, ❼ 행간은 30pt로 설정합니다.

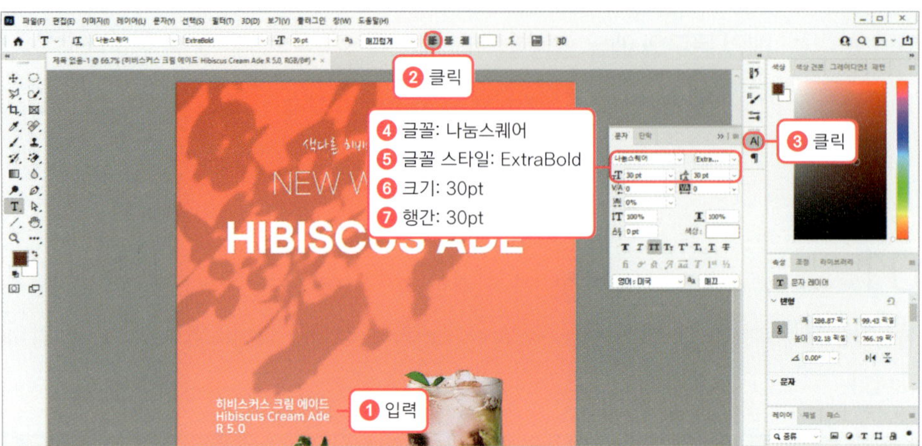

03

❶ Hibiscus Cream Ade 글자를 드래그해 선택합니다.

❷ 글꼴 스타일은 [Regular], ❸ 글자 크기는 25pt로 수정합니다.

04

❶ R 5.0 글자를 드래그해 선택합니다.

❷ 글자 크기를 25pt로 수정하고 ❸ [Ctrl] + [Enter]를 눌러 적용합니다.

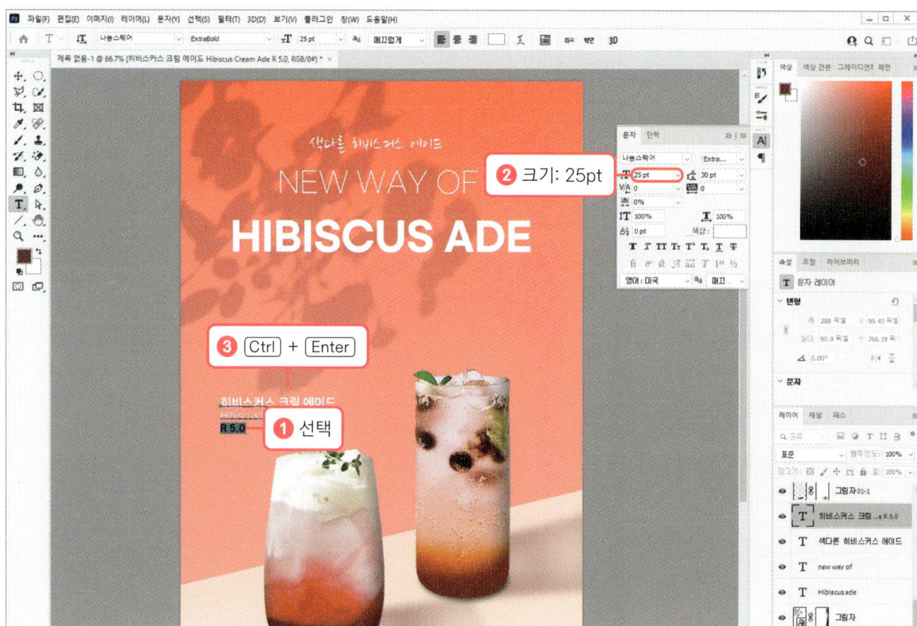

05

❶ [선 도구 ✐]를 선택하고 ❷ 칠은 [색상 없음], ❸ 획은 [흰색], ❹ 두께는 3픽셀로 설정합니다. ❺ 제품 설명 왼쪽을 클릭한 채로 세로 방향으로 드래그해 선을 만듭니다.

06

① 오른쪽 음료 위에도 문구를 입력합니다.

② 정렬을 [오른쪽 맞춤 ▤]으로 설정한 후 ③ 글꼴은 [나눔스퀘어], ④ 글꼴 스타일은 [Extrabold], ⑤ 글자 크기는 30pt, ⑥ 행간은 30pt로 설정합니다.

07

① Rosehip Hibiscus Ade 글자를 드래그해 선택합니다.

② 글꼴 스타일은 [Regular], ③ 글자 크기는 25pt로 수정합니다.

08 ❶ R 5.5 글자를 드래그해 선택한 후 ❷ 글자 크기를 25pt로 수정합니다.
❸ Ctrl + Enter 를 눌러 적용합니다.

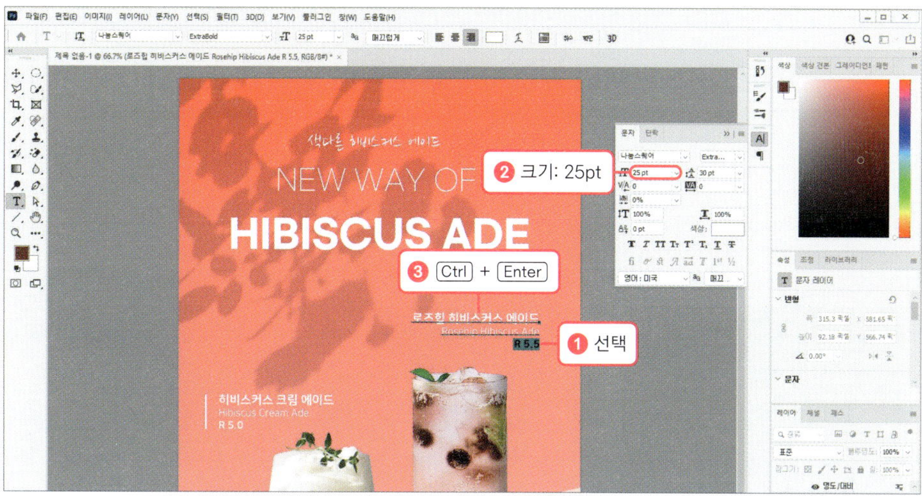

09 ❶ [선 도구 ✏]를 선택하고 ❷ 칠은 [색상 없음], ❸ 획은 [흰색], ❹ 두께는
3픽셀로 설정합니다. ❺ 이번에는 설명 오른쪽에 선을 그립니다.
신제품 홍보 포스터를 완성했습니다.

레이어를 복사한 후 내용만 수정하면
작업 시간을 줄일 수 있어요~
자세한 방법은 동영상 강의를 참고하세요!

디지털 아트워크 디자인

단계별 과정

동영상 강의

완성본

아윤 쌤의
강의 노트 "포토샵으로 동화 같은 분위기를 표현해요!"

디지털 아트워크는 예술에 가깝다고 말할 수 있어요. 우리가 만들 실습 예제를 보면 동화 같고 몽환적인 느낌이 나죠? 디지털 아트워크 디자인은 가수들의 앨범 커버 디자인, 그래픽 디자인, 매트 페인팅, 웹 디자인, 포스터 등에서 활발하게 활용됩니다. 디지털 아트워크는 처음에는 조금 어렵지만, 나중에는 틀에 박히지 않고 내 생각을 자유롭게 표현할 수 있어서 오히려 재미있을 거예요.

이번 실습에서는 전체 디자인에 맞춰 색상을 많이 보정할 거예요. 다양한 색상을 조화롭게 사용하면서 디자인 감각을 한층 더 높여 보세요.

주요 기능 레이어 스타일(306쪽), 블렌딩 모드(287쪽), 색조/채도(225쪽), [브러시 도구 ✏️](151쪽), 레이어 마스크(319쪽)

준비 파일 프로젝트05/밤하늘 별.jpg, 구름 위.jpg, 하늘01.jpg, 하늘02.jpg

✧✧ 지금 하면 된다! ⟩ 블렌딩 모드와 레이어 마스크로 배경 합성하기

몽환적인 배경을 만들기 위해 블렌딩 모드와 레이어 마스크를 활용해서 4개의 이미지를 합성하겠습니다.

01

Ctrl + N 을 눌러 ❶ 폭은 1300픽셀, 높이는 1800픽셀, 해상도는 72픽셀/인치, 색상 모드는 [RGB 색상], 배경 내용의 색상 코드는 ad31f0으로 설정하고 ❷ [만들기]를 클릭해 새 문서를 만듭니다.

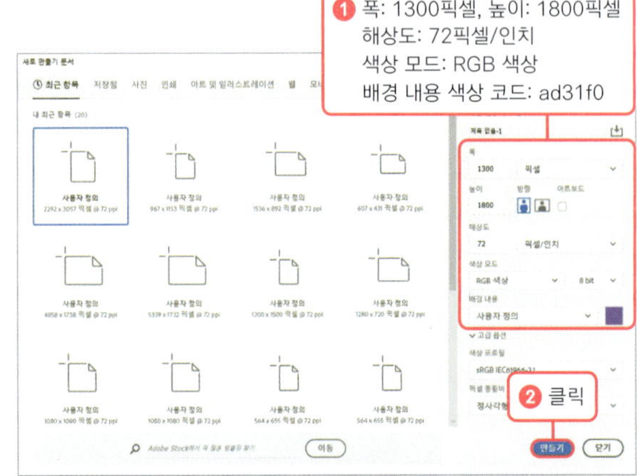

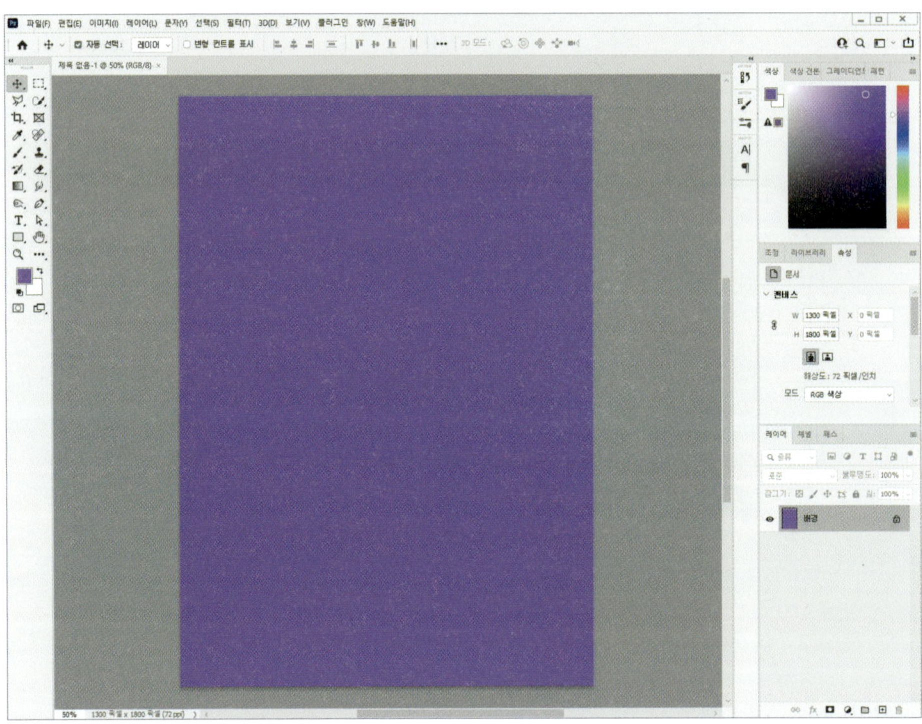

02

민트색에서 남색으로 이어지는 그러데이션을 합성해서 신비로운 분위기의 밤하늘을 표현해 보겠습니다. ❶ [사각형 도구 □]를 선택하고 ❷ 클릭한 채로 드래그해서 사각형을 만듭니다. ❸ 옵션 바에서 [칠]을 클릭합니다.

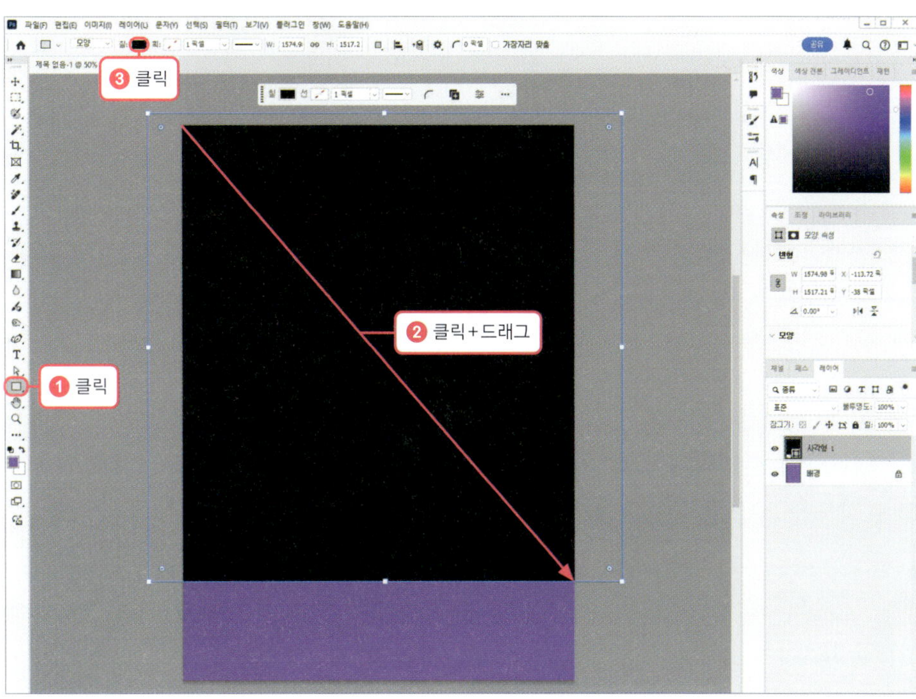

03

❶ [그레이디언트]를 선택하고 ❷ 왼쪽 색상 정지점을 더블클릭합니다. ❸ 색상 코드에 33f3ff를 입력한 후 ❹ [확인]을 클릭합니다. ❺ 왼쪽 색상 정지점을 오른쪽으로 약간 드래그해 이동합니다.

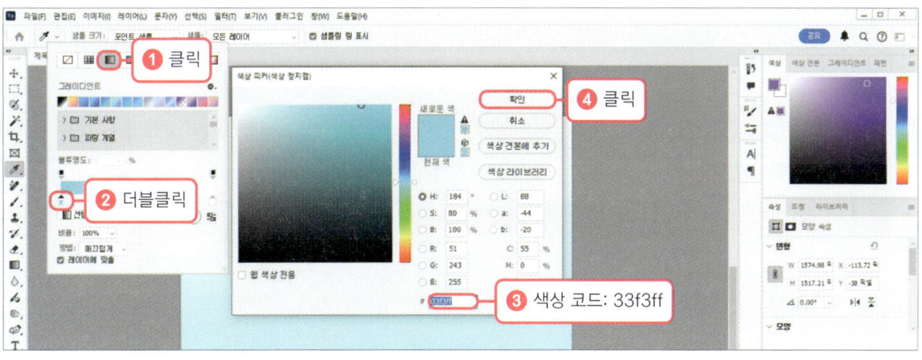

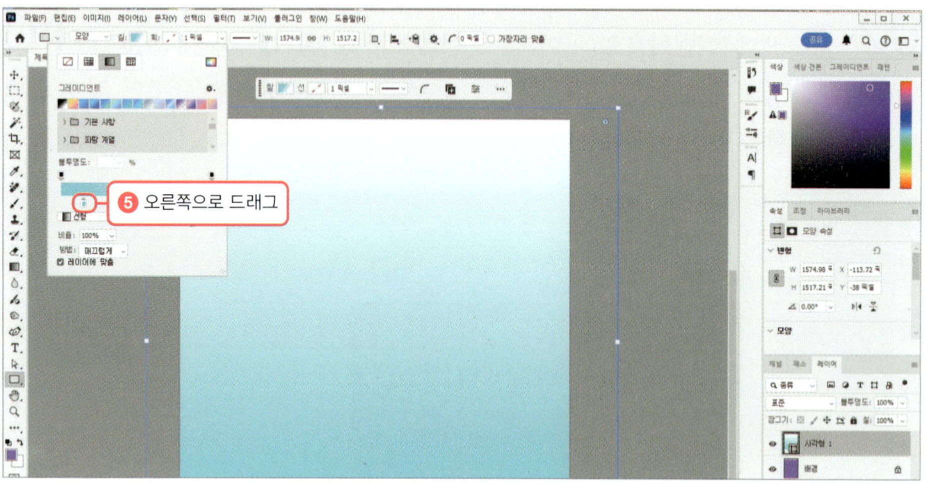

04 ❶ 오른쪽 색상 정지점을 더블클릭합니다. ❷ 색상 코드에 101660을 입력하고 ❸ [확인]을 클릭합니다. ❹ 오른쪽 색상 정지점을 왼쪽으로 조금 드래그해 이동하고 ❺ 각도를 90으로 설정한 뒤 ❻ [Enter]를 누릅니다.

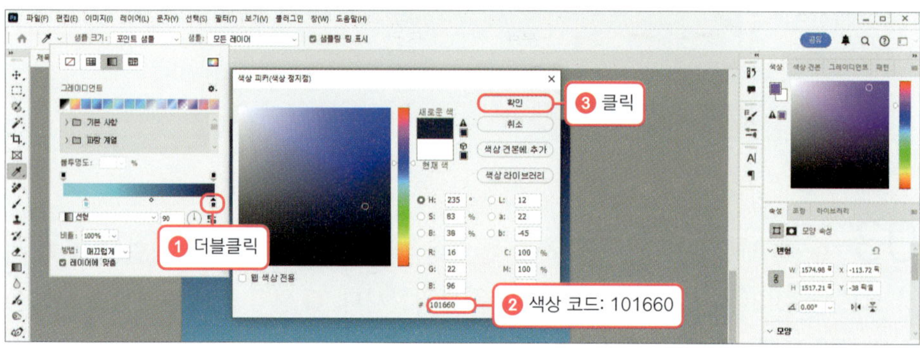

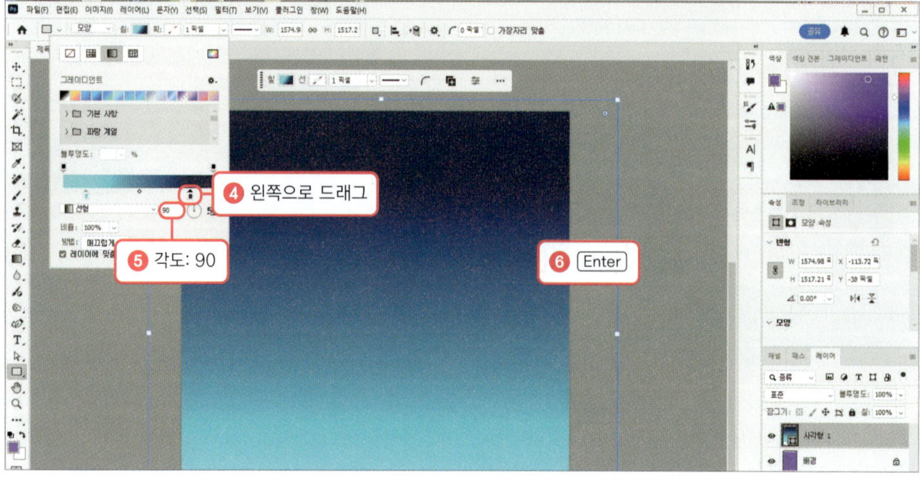

05

❶ 준비 파일 밤하늘 별.jpg를 작업 화면으로 드래그해 불러온 다음 ❷ 크기를 캔버스 화면에 맞추고 Enter 를 눌러 적용하세요.

06

❶ 블렌딩 모드를 [하드 라이트]로 변경합니다. ❷ [밤하늘 별] 레이어 위에서 마우스 오른쪽 버튼을 눌러 [클리핑 마스크 만들기]를 선택합니다.

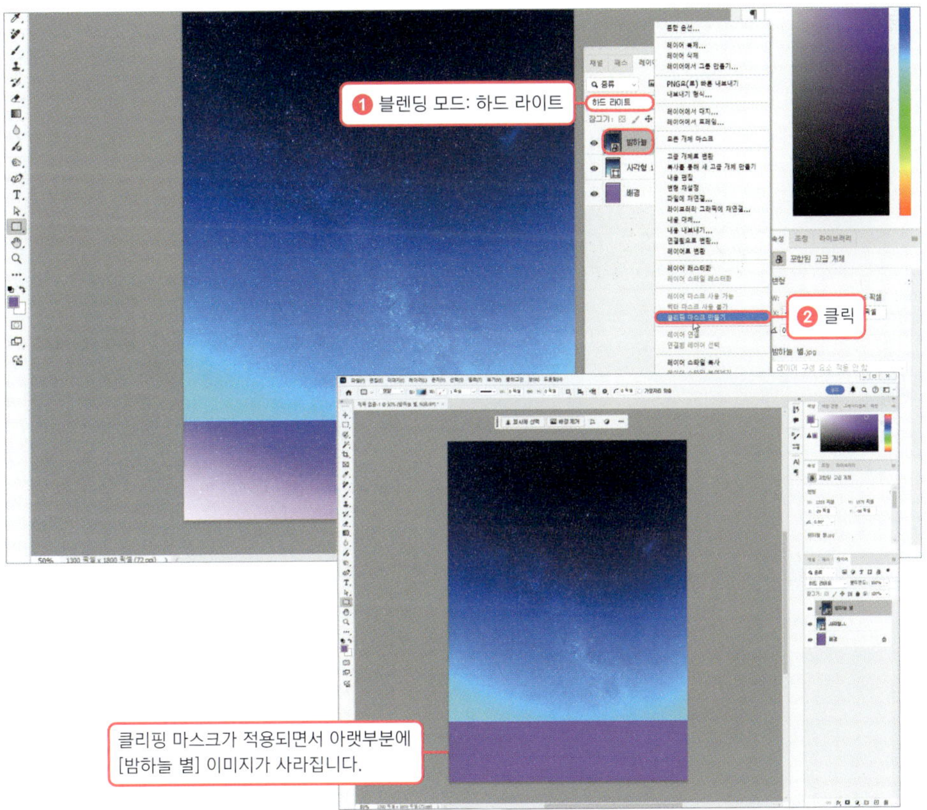

07

① 준비 파일 **구름 위.jpg**를 작업 화면으로 불러온 후 ② 크기를 캔버스 화면에 맞추고 Enter 를 눌러 적용하세요.

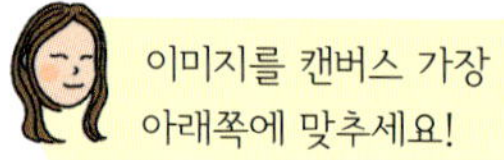

08 색상을 보정하겠습니다.

① Ctrl + U 를 눌러 [색조/채도] 대화상자를 불러옵니다.

② 색조는 -70, ③ 채도는 -20, ④ 밝기는 -10으로 설정하고 ⑤ [확인]을 클릭합니다.

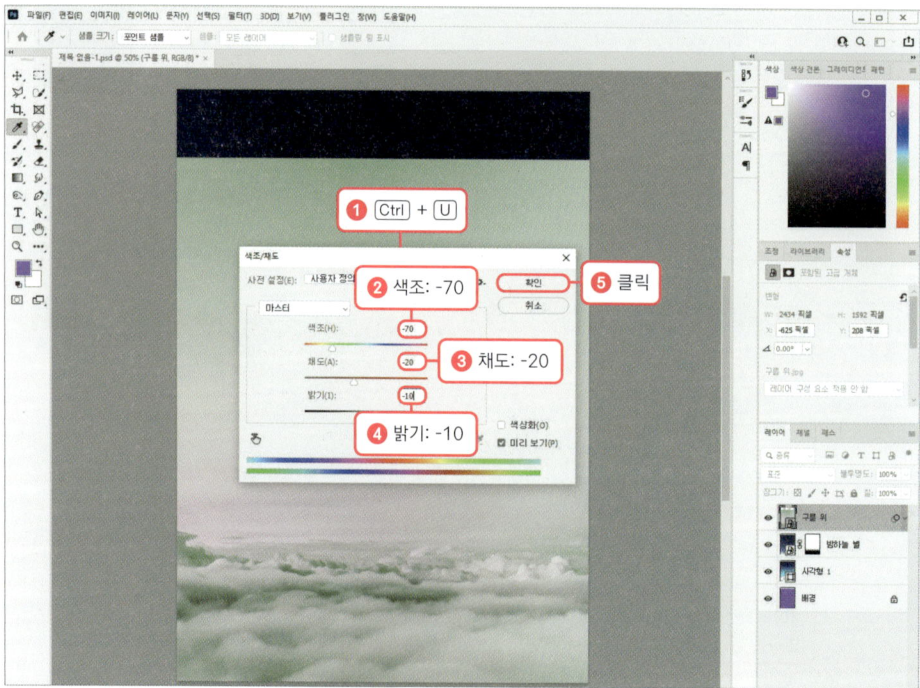

09

❶ [레이어] 패널에서 [레이어 마스크 ▣]를 클릭합니다. ❷ [브러시 도구 ✎]
를 선택하고 ❸ 브러시 크기를 175픽셀, ❹ 불투명도를 100%로 설정합니다.
❺ 전경색을 [검은색]으로 설정하고 ❻ 작업 화면 윗부분을 칠하듯 드래그해서 레이
어 마스크로 가립니다. ❼ 블렌딩 모드를 [하드 라이트]로 선택하면 보랏빛 구름이 완
성됩니다.

🌢 레이어 마스크의 원리는 16-6절을 참고하세요!

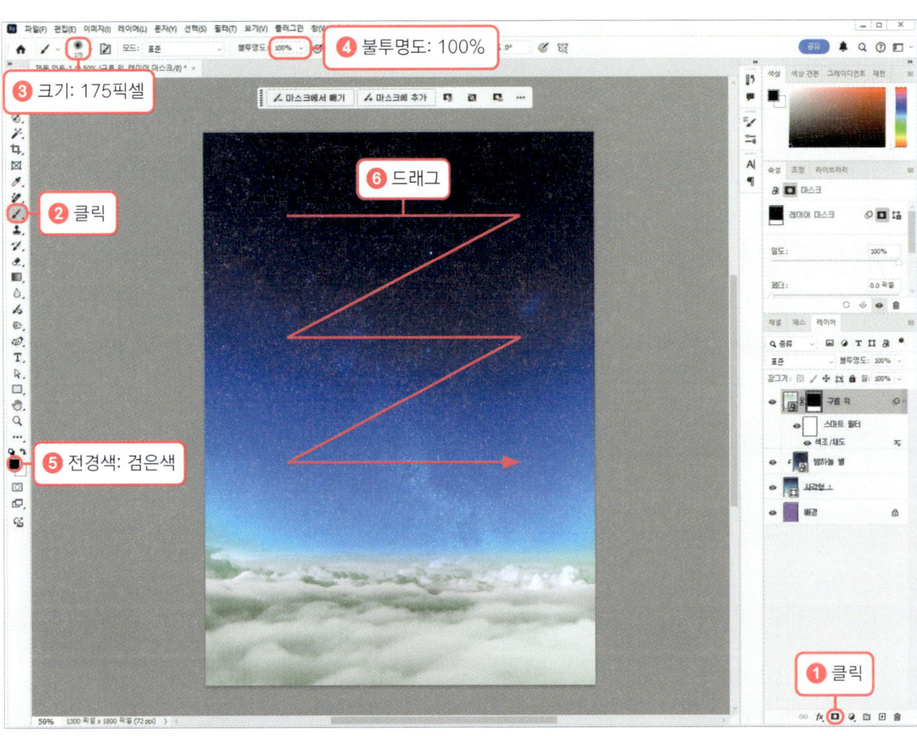

10 하늘 위쪽에도 구름을 합성하겠습니다.

❶ 준비 파일 하늘01.jpg를 작업 화면으로 불러온 후 ❷ 크기를 캔버스 화면에 맞추고 Enter 를 눌러 적용하세요.

11 ❶ 블렌딩 모드를 [스크린]으로 설정한 후 ❷ [레이어 마스크 ▣]를 클릭합니다. ❸ [브러시 도구 ✎]를 선택한 후 ❹ 브러시의 종류는 [부드러운 원], ❺ 크기는 400px, ❻ 불투명도는 50%로 설정합니다. ❼ 전경색을 [검은색]으로 선택합니다.

12 경계 부분을 클릭한 채로 드래그해서 지웁니다.

13 ❶ [하늘01] 레이어 축소판을 클릭한 후 ❷ Ctrl + U 를 눌러 [색조/채도] 대화상자를 불러옵니다. ❸ [색상화]에 체크 표시를 한 후 ❹ 색조는 270, ❺ 채도는 67, ❻ 밝기는 10으로 설정하고 ❼ [확인]을 클릭합니다.

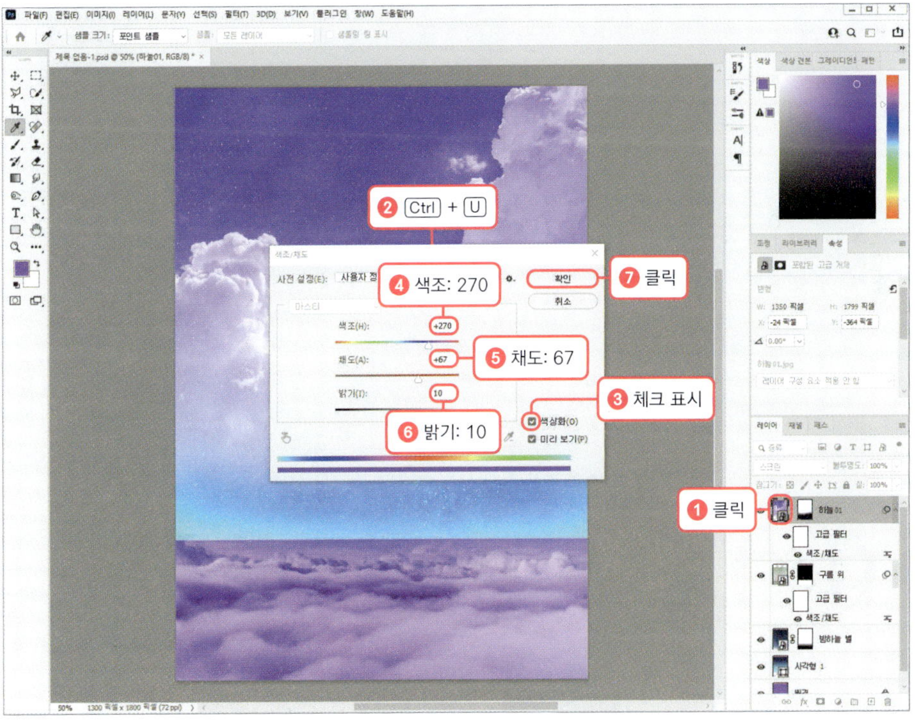

14 좀 더 풍부한 표현을 위해 구름이 자욱한 하늘 이미지를 하나 더 합성해 보겠습니다.
❶ 준비 파일 하늘02.jpg를 작업 화면으로 불러온 후 ❷ 크기를 캔버스 화면에 맞추고 Enter 를 눌러 적용하세요.

15 ❶ 블렌딩 모드는 [밝게 하기], ❷ 불투명도는 70%로 설정합니다.

16
❶ [레이어 마스크 ▣]를 클릭합니다.

❷ [브러시 도구 ✎]를 선택한 후 ❸ 브러시의 종류는 [부드러운 원], ❹ 크기는 400px,
❺ 불투명도는 50%로 설정합니다. ❻ 전경색은 [검은색]으로 선택합니다.

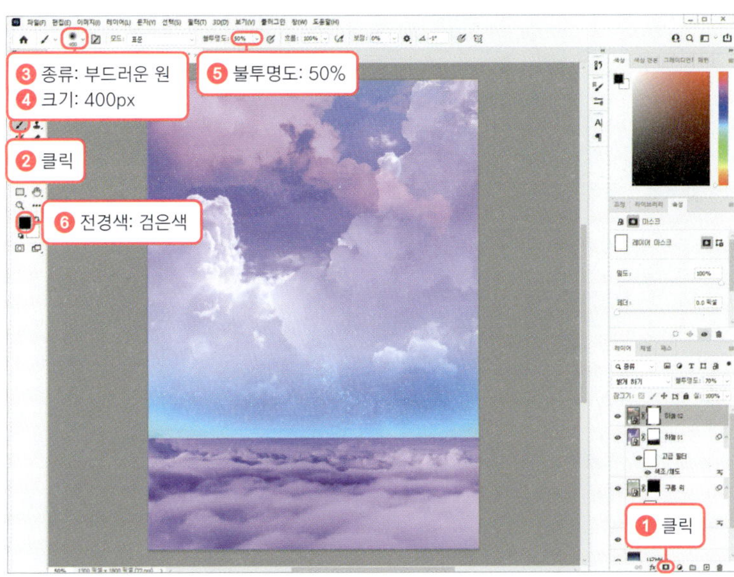

17
구름이 겹쳐 나타나네요. 오른쪽에 있는 구름을 드래그해 지웁니다.

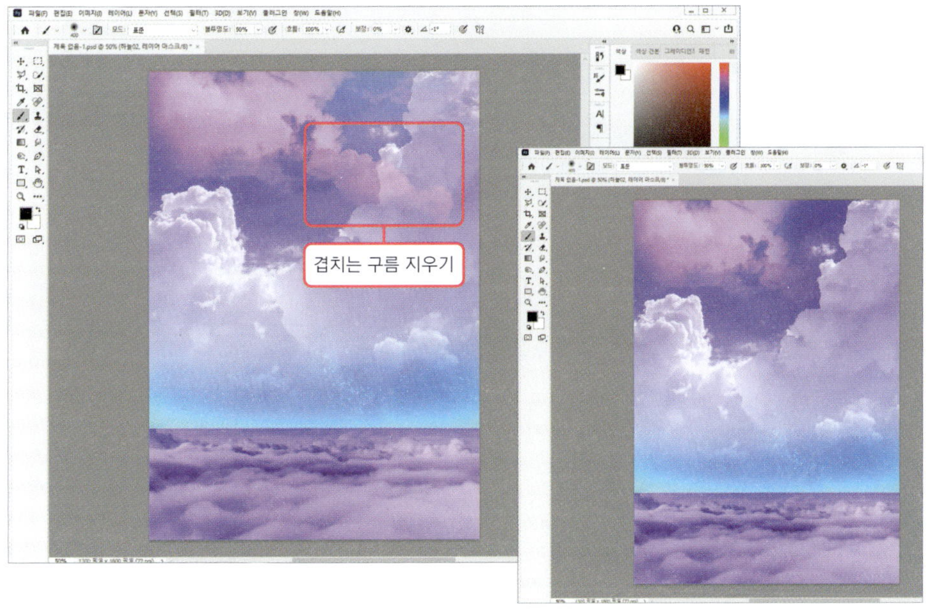

18

❶ [배경] 레이어를 제외한 나머지 레이어를 Shift 를 누른 채 클릭해 선택합니다. ❷ Ctrl + G 를 눌러 그룹 레이어로 만든 후 ❸ 더블클릭해 이름을 배경으로 수정합니다.

2단계 일러스트 조화롭게 배치하기

✦✧ 지금 하면 된다! ▶ 이미지 소스 삽입하고 어울리게 리터칭하기

배경이 준비됐으므로 이미지 소스를 배치하고 완성해 보겠습니다.

01 ❶ 준비 파일 산.jpg을 작업 화면으로 불러온 후 ❷ 크기를 캔버스 화면에 맞추고 [Enter]를 눌러 적용하세요.

02 색상을 분위기에 어울리게 조절해 볼게요.
❶ [Ctrl] + [U]를 누른 다음 ❷ [색상화]에 체크 표시를 합니다.
❸ 색조는 280, ❹ 채도는 25, ❺ 밝기는 0으로 설정하고 ❻ [확인]을 클릭합니다.

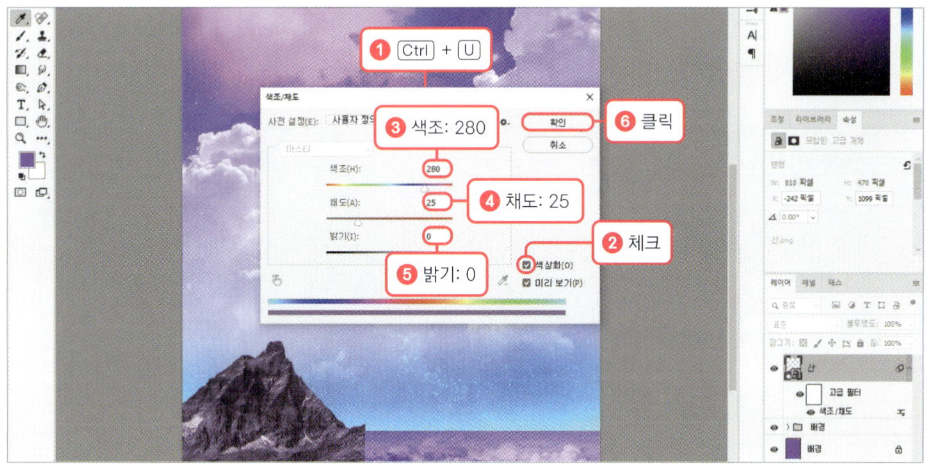

03

지금은 산이 배경과 어우러지지 않고 서로 겉도네요. 산이 구름에 덮인 것처럼 표현해 보겠습니다.

❶ 자연스러운 합성을 위해 [레이어 마스크 ▣]를 클릭합니다.

❷ [브러시 도구 ✎]를 선택한 후 ❸ 브러시의 종류는 [부드러운 원], ❹ 크기는 100px,
❺ 불투명도는 50%로 설정합니다. ❻ 전경색은 [검은색]으로 선택합니다.

04

경계 부분을 클릭한 채로 드래그해서 자연스럽게 만듭니다. 브러시의 크기를 조절하면서 세밀하게 지웁니다.

05

❶ Ctrl + J 를 눌러 레이어를 복제합니다.

❷ [이동 도구 ➕.]를 사용해 산 이미지를 오른쪽으로 드래그해 이동합니다.

06

❶ Ctrl + T 를 눌러 자유 변형 모드를 실행하고 ❷ 팝업 창이 나타나면 [확인]을 클릭합니다.

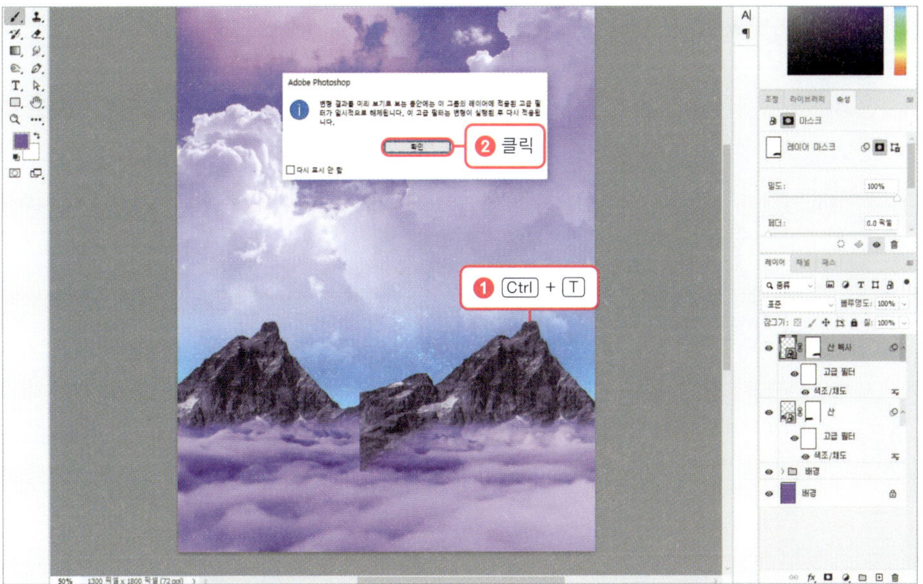

07 이미지를 기존보다 크게 조절한 후 (Enter)를 눌러 적용합니다.

08 ❶ [산 복사] 레이어 마스크 축소판을 클릭합니다.

❷ [브러시 도구 ✏]를 선택한 후 ❸ 브러시 크기를 250px로 설정합니다.

❹ 경계 부분을 자연스럽게 지워 합성합니다.

09 이미지 소스를 보정하려면 먼저 래스터화해야 합니다.

❶ [산] 레이어를 클릭한 후 ❷ [레이어 → 래스터화 → 레이어]를 선택해 일반 레이어로 만듭니다.

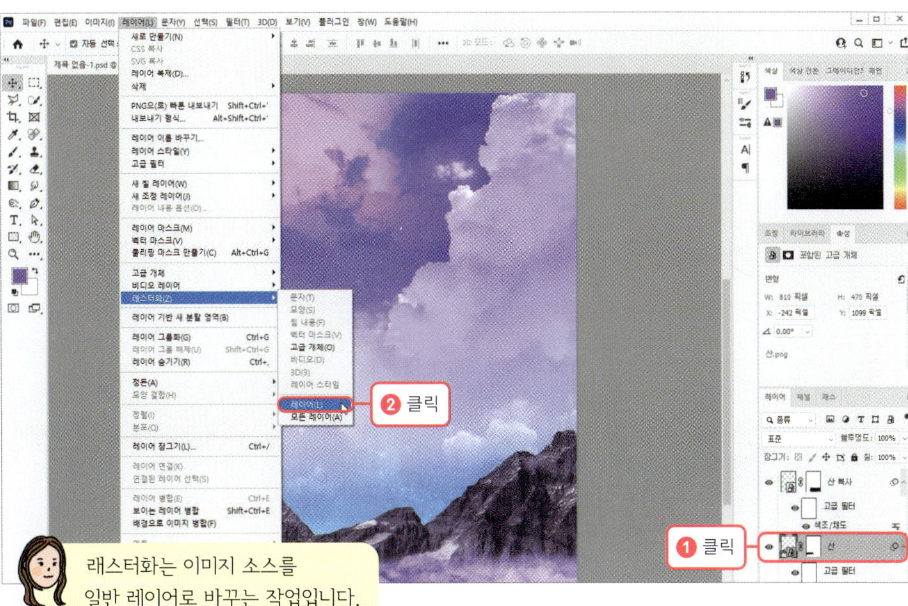

10 ❶ [번 도구]]를 선택한 후 ❷ 크기를 150px로 설정하고 ❸ 산 왼쪽을 중심으로 클릭해 이미지를 어둡게 만듭니다.

11

① [닷지 도구]를 선택합니다. ② 크기를 125px로 설정한 후 ③ 산의 오른쪽 부분을 클릭해 이미지를 밝게 만듭니다.

12

① Ctrl + L 을 눌러 [레벨] 대화상자를 불러옵니다.

② 중간 영역은 0.82, ③ 밝은 영역은 220으로 설정하고 ④ [확인]을 클릭합니다.

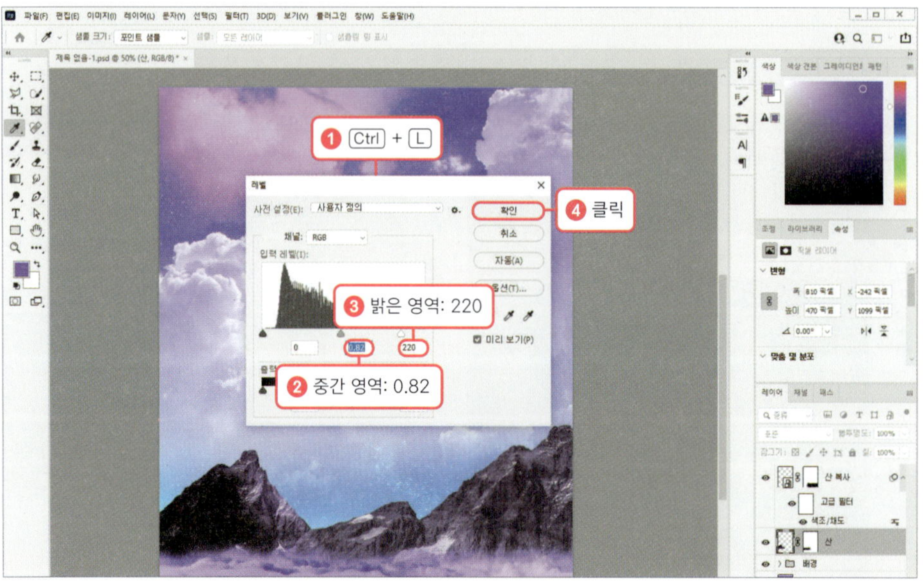

13 09~12를 반복해 [산 복사] 레이어도 명암을 살려 보정합니다.

14 이제 중심에 메인 소스인 달을 넣을 차례입니다.

❶ 준비 파일 보름달.jpg를 작업 화면으로 불러온 후 ❷ 크기를 캔버스 화면에 맞추고 Enter 를 눌러 적용하세요. ❸ [보름달] 레이어를 [산] 레이어 아래로 이동합니다.

15

❶ Ctrl + U 를 눌러 [색조/채도] 대화상자를 불러옵니다.

❷ [색상화]에 체크 표시를 한 후 ❸ 색조는 300, ❹ 채도는 30, ❺ 밝기는 35로 설정하고 ❻ [확인]을 클릭합니다.

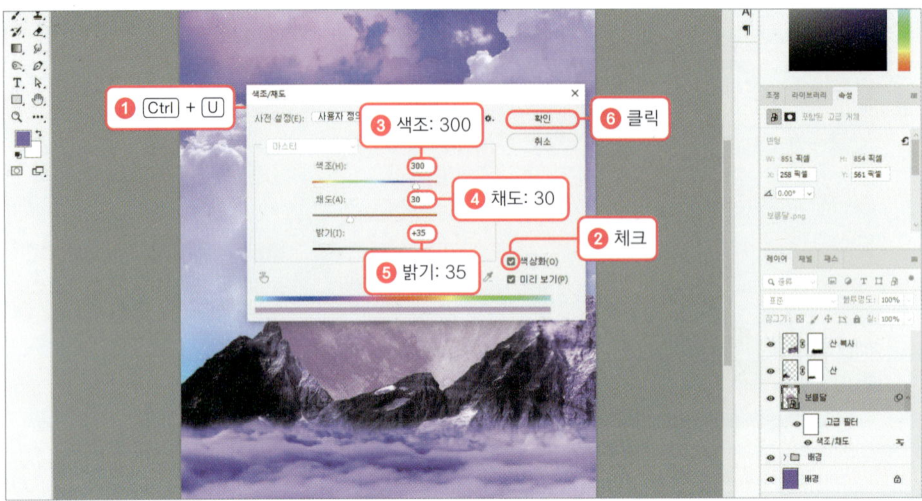

16

[레이어 → 래스터화 → 레이어]를 선택해 [보름달] 레이어를 래스터화합니다.

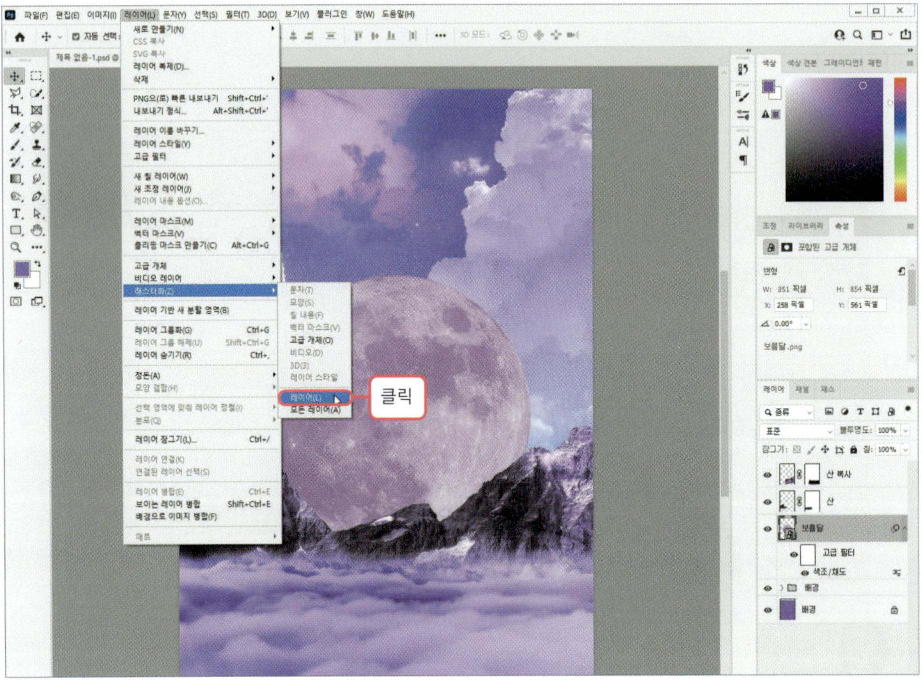

17 ❶ Ctrl 을 누른 채 [보름달] 레이어를 클릭해서 보름달 이미지를 선택 영역으로 지정합니다. ❷ [그레이디언트 도구 ▣]를 클릭하고 ❸ 옵션 바에서 [클래식 그레이디언트]로 변경한 뒤 ❹ [그레이디언트 편집]을 클릭합니다.

18 ❶ [그레이디언트 편집기] 대화상자에서 [분홍 → 분홍_03]을 선택하고 ❷ [확인]을 클릭합니다.

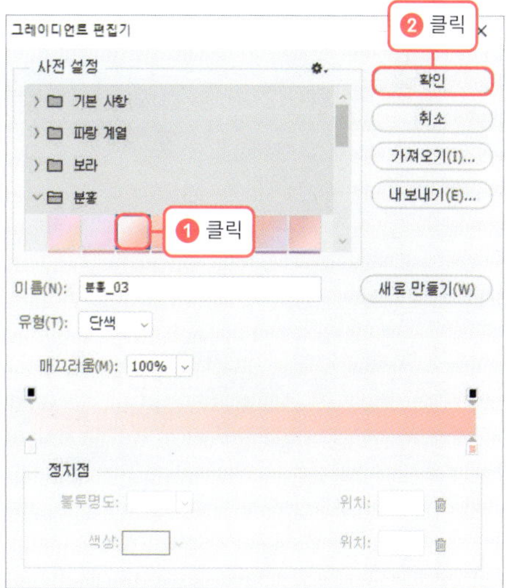

19 ❶ 옵션 바에서 모드를 [오버레이], ❷ 불투명도를 90%로 설정합니다. ❸ 보름
달 영역 위에서 위쪽 방향으로 드래그해 그레이디언트를 적용하고 ❹ Ctrl + D 를
눌러 영역 선택을 해제합니다.

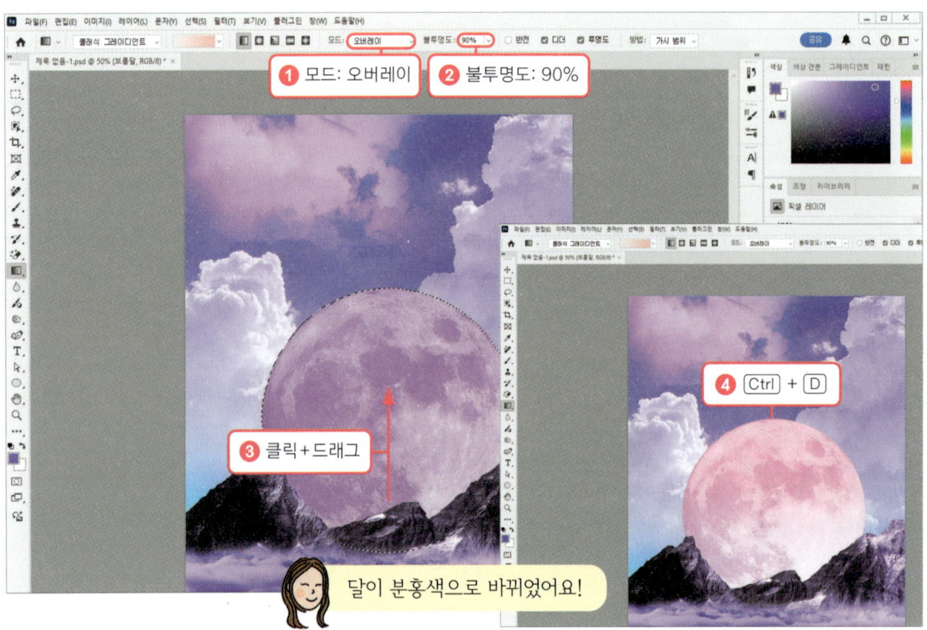

20 달빛을 더해 볼까요?

[레이어] 패널에서 [레이어 스타일 *fx.* → 내부 광선]을 선택합니다.

21

❶ 혼합 모드는 [표준], ❷ 불투명도는 60%, ❸ 색상은 [흰색], ❹ 크기는 60px로 설정합니다.

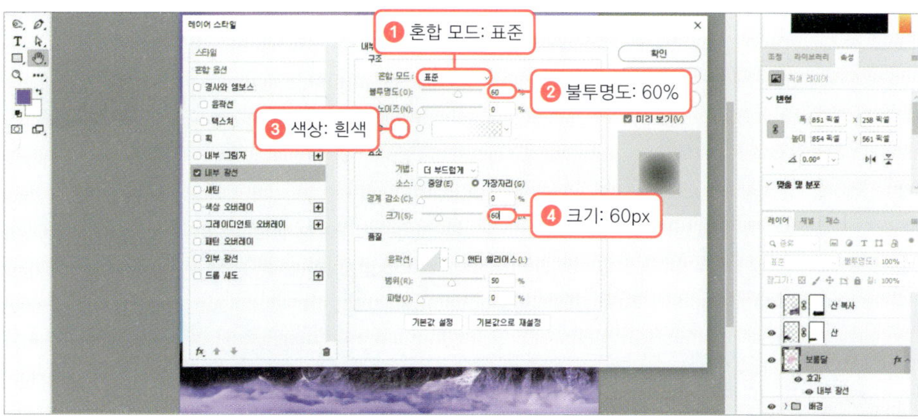

22

❶ [외부 광선]을 클릭합니다. ❷ 혼합 모드는 [표준], ❸ 불투명도는 50%, ❹ 색상은 [흰색], ❺ 스프레드는 0%, ❻ 크기는 60px로 설정한 후 ❼ [확인]을 클릭합니다.

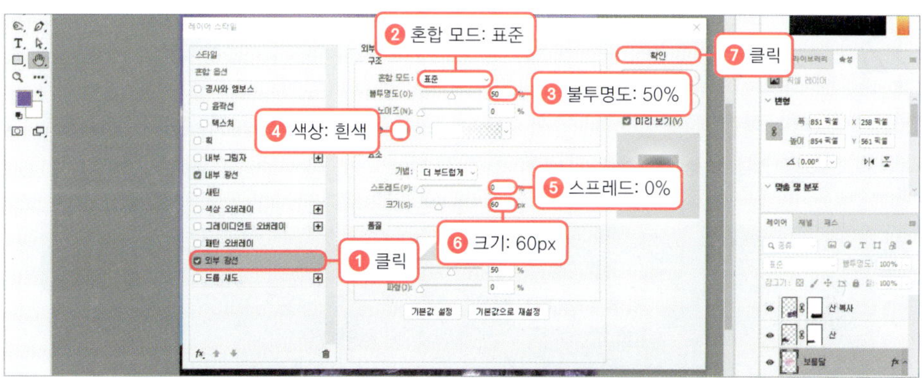

23

이제 주변을 꾸며 볼게요. ❶ 준비 파일 나무.jpg를 작업 화면으로 불러온 후 ❷
크기를 캔버스 화면에 맞추고 (Enter)를 눌러 적용하세요.
❸ 레이어를 맨 위로 이동한 후 ❹ (Ctrl) + (J)를 눌러 레이어를 복제합니다.

24

❶ (Ctrl) + (T)를 눌러 자유 변형 모드를 실행합니다.
❷ 복사한 레이어를 클릭한 상태에서 왼쪽으로 드래그해 이동한 후 ❸ 마우스 오른쪽
버튼을 눌러 [가로로 뒤집기]를 선택합니다.

25 가로로 뒤집어진 나무 이미지의 크기를 조절하고 적당한 위치에 배치한 후 Enter 를 눌러 적용합니다.

26 ❶ 마지막으로 배와 여자.jpg를 작업 화면으로 불러옵니다.

❷ 레이어를 가장 위로 올리세요.

27

❶ Ctrl + U 를 눌러 [색조/채도] 대화상자를 불러옵니다.

❷ 색조는 -30, ❸ 채도는 15, ❹ 밝기는 0으로 설정한 후 ❺ [확인]을 클릭합니다.

28

[레이어 → 래스터화 → 레이어]를 선택해 [배와 여자] 레이어를 래스터화합니다.

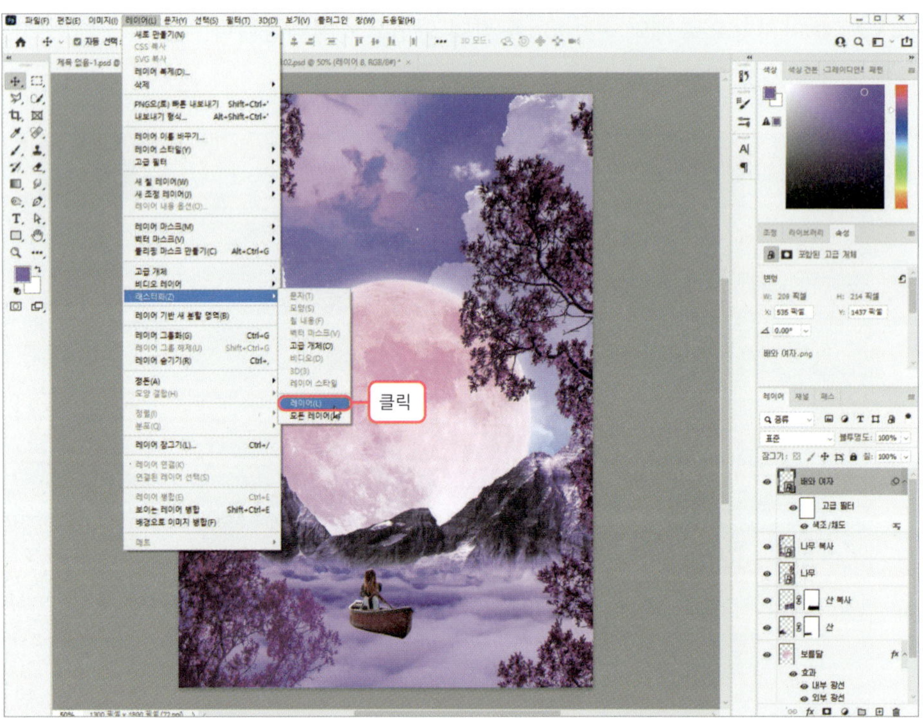

29 ❶ [번 도구 🖐]를 선택한 후 ❷ 이미지를 클릭해 어둡게 만듭니다.

30 ❶ [레이어 마스크 ⬜]를 클릭합니다.

❷ [브러시 도구 🖌]를 선택한 후 ❸ 브러시의 종류는 [부드러운 원], ❹ 크기는 60px,

❺ 불투명도는 50%로 설정합니다. ❻ 전경색은 [검은색]으로 선택합니다.

31 ① Ctrl 을 누른 채 + 를
눌러 작업 화면을 확대합니다.
② 배의 아랫부분을 드래그해 배가
구름 위에 떠 있는 것처럼 자연스럽
게 표현합니다.

  아트워크 소스는 어디서 찾을 수 있나요?

디자인 작업에 필요한 소스는 다양한 방법으로 구할 수 있습니다. 가장 많이 사용하는 방법은 무료
이미지 사이트에서 내려받아 사용하거나 생성형 AI로 이미지와 디자인 소스를 직접 생성해서 사용
하는 것입니다.

언스플래시(Unsplash)에서 내려받은 이미지를 아트워크 소스로 사용한 경우

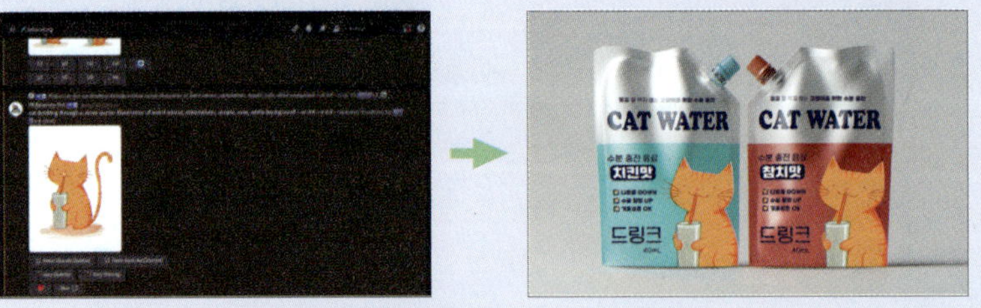

대표적인 생성형 AI '미드저니'로 생성한 이미지를 패키지 디자인에 사용한 경우

3단계 분위기를 완성하는 한 곳 표현하기

준비 파일 이어서 실습

완성 파일 프로젝트05/디지털아트워크완성.jpg

지금 하면 된다! ▸ 반짝이는 브러시로 별빛 표현하기

[브러시 도구 ✎]로 화면을 클릭하면 브러시 모양의 도장을 찍은 것처럼 표현할 수 있습니다. 이 원리를 바탕으로 반짝임이 돋보이는 별빛 모양의 브러시를 보름달 주변에 사용해서 몽환적인 분위기를 한층 더 살려 보겠습니다.

01

❶ Ctrl + − 를 눌러 화면을 축소합니다.
❷ [레이어 추가 ⊞]를 클릭해 새 레이어를 만들고 ❸ 이름을 더블클릭해 반짝효과01
로 수정합니다. ❹ [브러시 도구 ✎]를 선택합니다.

02 ❶ [브러시 설정]을 클릭해 ❷ [특수 효과 브러시 → Kyle의 스패터 브러시 - 압력 컨트롤 02]를 선택합니다.

03 ❶ 브러시 크기는 175px, ❷ 불투명도는 100%로, ❸ 전경색은 [흰색]으로 설정합니다. ❹ 작업 화면을 클릭하면 브러시가 눈처럼 뿌려지듯이 적용됩니다.
❺ 브러시 크기를 조절해 가며 자유롭게 클릭합니다.

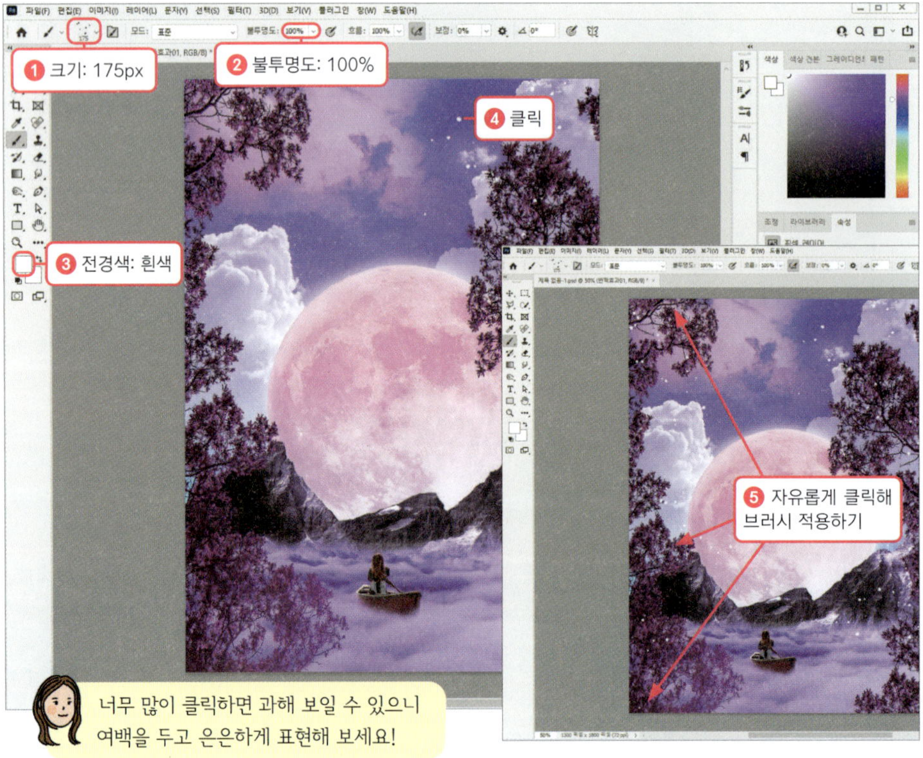

04 또 다른 반짝이 브러시를 사용해 볼게요.

❶ [레이어 추가 ⊞]를 클릭해 새 레이어를 만들고 ❷ 이름을 더블클릭해 반짝효과02
로 수정합니다. ❸ [브러시 도구 ✏]를 선택합니다.

05 ❶ [브러시 설정]을 클릭한 후 ❷ 브러시 종류를 [레거시 브러시 → 종합 브러시
- 반짝이는 작은 별]로 선택합니다.

06
❶ 브러시 크기를 150px로 설정한 후 ❷ 화면을 클릭합니다.

❸ 원하는 곳에 자유롭게 클릭해 별빛을 추가합니다.

07
반짝임을 좀 더 극대화해 보겠습니다.

❶ [반짝효과01] 레이어를 선택하고 ❷ [레이어 스타일 *fx.* → 외부 광선]을 선택합니다.

08

❶ 혼합 모드는 [표준], ❷ 불투명도는 30%, ❸ 색상 코드는 ffea00, ❹ 스프레드는 5%, ❺ 크기는 15px로 설정한 후 ❻ [확인]을 클릭합니다.

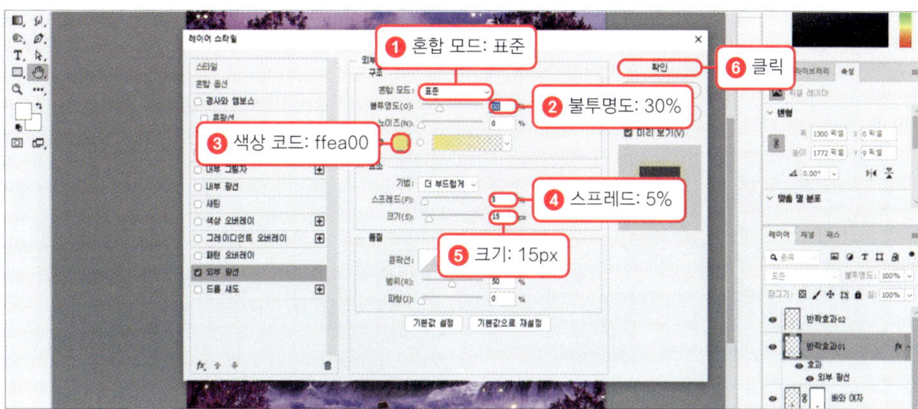

09

❶ 불투명도를 80%로 설정해 은은하게 표현하고 ❷ [반짝효과01]의 [효과] 레이어 스타일을 Alt 를 누른 채 [반짝효과02] 레이어로 드래그해 복사합니다.

10 [반짝효과01]의 레이어 스타일은 [반짝효과02]에 적용하기에 조금 과해 보이네요. 효과를 조금 약하게 수정해 보겠습니다.

❶ [외부 광선]을 더블클릭하고 ❷ 불투명도는 24%, ❸ 스프레드는 3%, ❹ 크기는 10px로 설정한 후 ❺ [확인]을 클릭합니다.

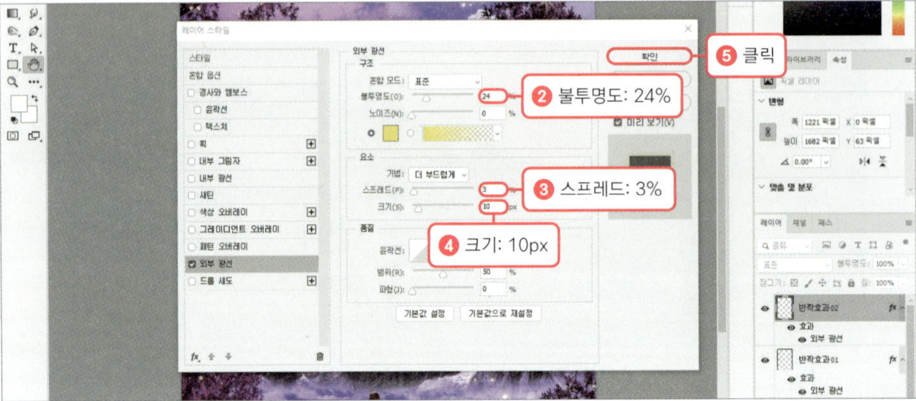

11 아트워크 디자인을 완성했습니다.

새벽 배송 팝업 창 디자인하기

준비 파일 프로젝트/문제/밤하늘 별.jpg, 건물.jpg, 가로등.jpg, 반짝 효과.jpg, 배송 트럭.jpg
완성 파일 프로젝트/문제/새벽배송이벤트완성.jpg

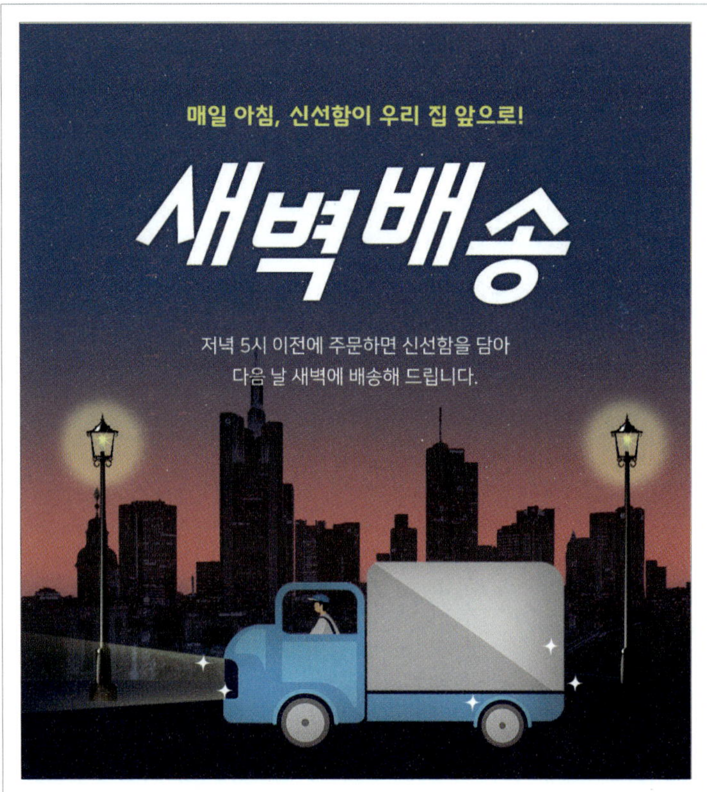

미션 **새벽 배송을 안내하는 팝업 창 디자인을 만들어 주세요!**

새벽 분위기를 표현하려면 밤의 색상인 남색과 동틀녘의 색상인 붉은 계열을 그러데이션으로 만들어 시간이 흐르는 과정을 보여 주는 것이 좋습니다. 그러데이션 배경에 일러스트와 사진을 조화롭게 배치하고 보정해 보세요.

동영상 강의

책 속의 책

찾기 쉬운 포토샵 기능 사전

'책 속의 책: 찾기 쉬운 포토샵 기능 사전'은 도구 및 메뉴를 사용할 때 나타나는 옵션 바, 대화상자, 패널의 기능을 필요에 따라 찾아볼 수 있도록 정리해 둔 특별 부록입니다.

옵션 바

대화상자

패널

✦ 차례 ✦

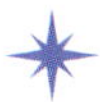

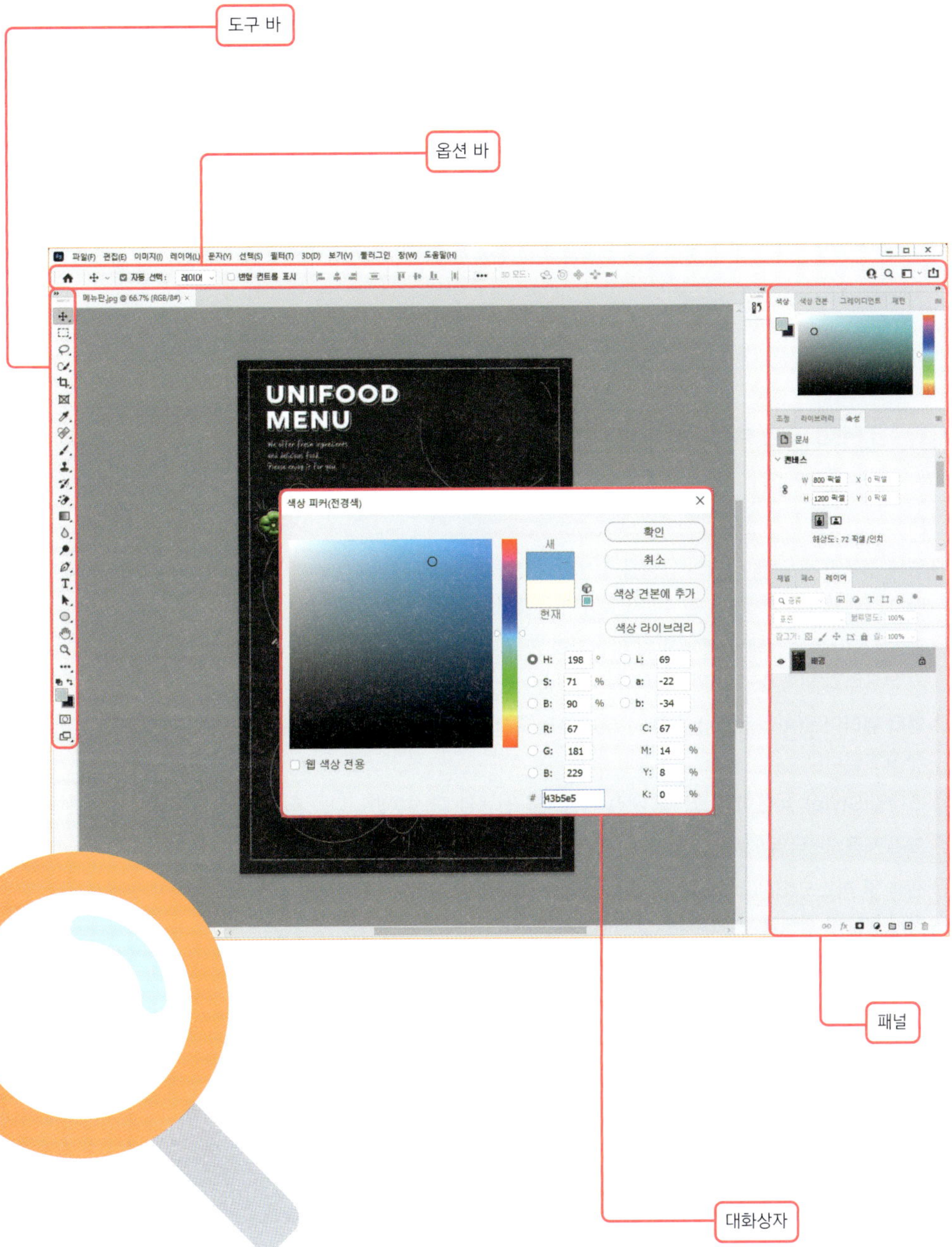
도구 바
옵션 바
UNIFOOD
MENU
색상 피커(전경색)
확인
취소
색상 견본에 추가
색상 라이브러리
웹 색상 전용
패널
대화상자

옵션 바

01 [선택 윤곽 도구 ▢] 옵션 바

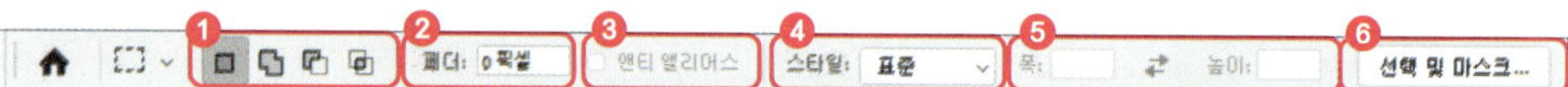

❶ 영역 선택하기: 선택 영역의 유형을 선택합니다. [새 선택 영역], [선택 영역에 추가], [선택 영역에서 빼기], [선택 영역과 교차] 총 4가지 유형이 있습니다.

❷ 페더(Feather): 선택 영역에 맞춰 이미지의 가장자리를 부드럽게 표현합니다. 값이 클수록 가장자리가 부드러워지며, 0~225까지 입력할 수 있습니다.

❸ 앤티 앨리어스(Anti-alias): 원이나 부드러운 곡선을 그릴 때 나타나는 계단 현상을 최소화해 부드럽게 표현합니다.

❹ 스타일(Style): 비율이나 크기를 지정해 영역을 선택할 때 사용합니다.

❺ 크기 지정: '스타일'에서 [고정비]나 [크기 고정]을 선택하면 활성화됩니다.

❻ 선택 및 마스크(Select and Mask): 배경과 이미지를 분리할 때 사용합니다. 특히 가장자리를 깔끔하게 다듬어 줍니다.

02 [자르기 도구 ▽] 옵션 바

❶ 비율(Preset): 다양한 비율을 선택해 자릅니다.

❷ 가로·세로: 가로·세로 값을 직접 입력해 자릅니다.

❸ 지우기(Clear): 입력된 값을 초기화합니다.

④ 똑바르게 하기(Straighten): 비스듬하게 기울어진 이미지를 똑바로 변경합니다.

⑤ 오버레이 옵션(Overlay Options): 다양한 구도를 미리 확인합니다.

⑥ 추가 자르기 옵션 설정(Set Additional Crop Options): 자르기를 사용할 때 미리 보이는 옵션을 설정합니다. 일반적으로 초기에 설정된 상태로 사용합니다.

⑦ 자른 픽셀 삭제(Delete Cropped Pixels): 체크 표시한 상태로 자르면 잘린 이미지가 영구 삭제됩니다.

[자른 픽셀 삭제]에 체크 표시를 하고 이미지를 자른 경우

[자르기 도구 ]를 클릭해 방금 자른 부분을 되살리려고 해도 잘려 나간 이미지가 이미 삭제돼 복원되지 않습니다.

체크 표시 후 [자르기 도구] 사용 　　　　　　　　　　　　　　　　잘린 부분이 사라짐

[자른 픽셀 삭제]에 체크 표시를 하지 않고 이미지를 자른 경우

[자르기 도구 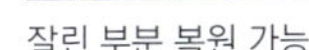]를 다시 클릭하면 잘린 이미지 영역이 영구 삭제되지 않았다는 것을 확인할 수 있습니다. 영역을 다시 조정하면 복원할 수 있습니다.

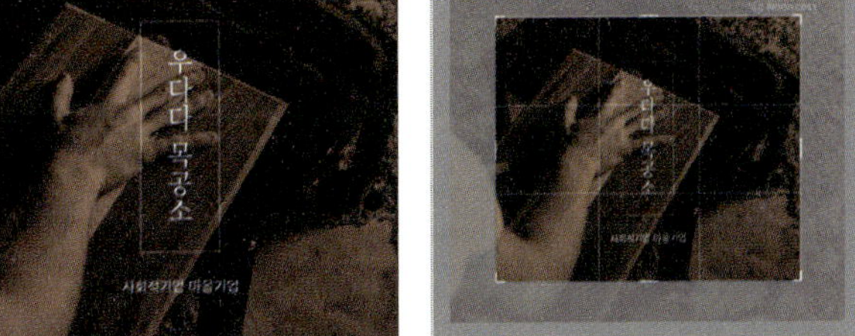

체크 표시 해제 후 [자르기 도구] 사용 　　　　　　　　　　　　　잘린 부분 복원 가능

⑧ 칠: [자르기 도구]로 영역을 확장할 때 확장된 캔버스 영역을 채우는 방법을 선택할 수 있습니다.

- **투명(기본값)**: 확장된 부분을 투명한 빈 영역으로 유지합니다. [자른 픽셀 삭제]를 활성화하면 '배경(기본값)'으로 표시됩니다.

- **생성형 확장**: 프롬프트를 작성해서 이미지를 생성해 채워 넣습니다.

- **내용 인식 채우기**: 기존 이미지를 인식해서 자연스럽게 합성합니다.

03 [브러시 도구 🖌] 옵션 바

❶ **브러시 설정:** 클릭하면 브러시의 크기, 경도(브러시 경계를 부드럽게 하는 정도), 종류를 설정할 수 있습니다.

❷ **[브러시 설정] 패널 전환:** 클릭하면 [브러시 설정] 패널이 나타납니다. [브러시 설정] 패널에서는 '브러시 설정'보다 다양한 설정을 할 수 있습니다.

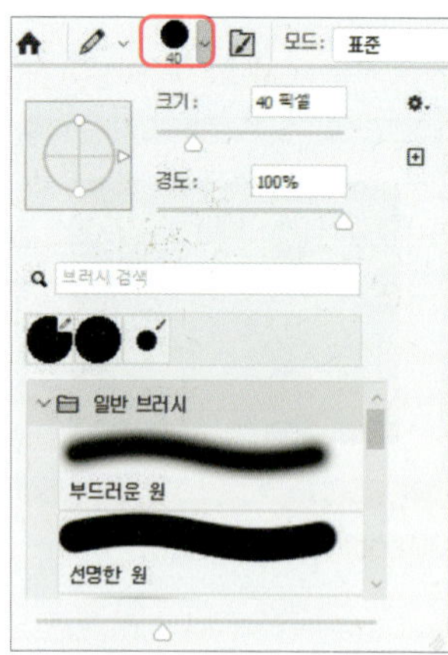

브러시 설정

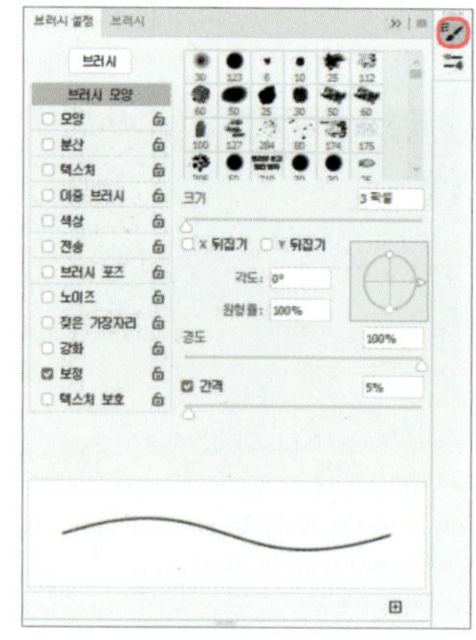

[브러시 설정] 패널

❸ **모드(Mode):** 브러시의 색상과 배경 이미지를 혼합해 특수 효과처럼 사용합니다. 모드는 총 29개이며, 각 모드별로 브러시의 밝기, 색상, 명암 등을 활용해 혼합합니다.

❹ **불투명도(Opacity):** 브러시의 투명도를 조절합니다. 값을 낮출수록 브러시가 투명해집니다. 불투명도 조절은 이미지를 합성할 때 자주 사용하니 주의 깊게 봐 두세요.

❺ **태블릿 펜 압력 불투명도:** 태블릿 펜의 압력에 따라 브러시의 불투명도를 조절합니다. 힘을 많이 주면 투명도가 낮아지고, 적게 주면 투명도가 높아집니다.

❻ **흐름(Flow):** 브러시로 획을 그릴 때 연속해 찍히는 브러시 자국의 농도를 조절합니다. '불투명도'와 비슷하다고 생각할 수 있지만, 브러시로 획을 그릴 때 브러시의 농도 표현에서 차이가 납니다. 즉, 흐름을 낮추면 브러시의 농도가 연하게 그려지고, 흐름을 높이면 진하게 그려집니다.

흐름 100%로 설정한 모습

흐름 1%로 설정한 모습

❼ **에어브러시 스타일 강화**: 마우스를 누르고 있는 동안 브러시가 스프레이처럼 흩뿌려집니다. 일반적인 브러시가 아닌 거친 느낌의 브러시를 표현하고 싶을 때 사용합니다. 예를 들어 [드라이 재질 브러시 → KYLE 보너스 청키 목탄색] 브러시를 선택한 후 [에어브러시 스타일 강화]를 클릭하고 마우스를 길게 누르면 클릭한 지점을 중심으로 색이 자동으로 흩뿌리면서 채워집니다.

일반 설정으로 브러시를 사용한 모습

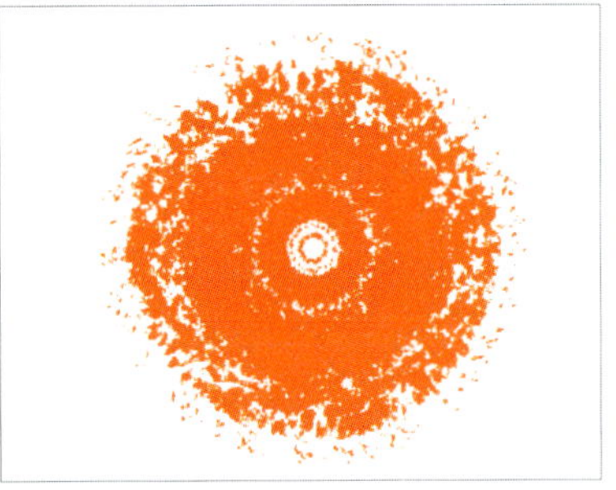

[에어브러시 스타일 강화] 후 브러시를 사용한 모습

❽ **보정**: 마우스로 드래그하면서 브러시 획을 그릴 때 손의 떨림으로 라인이 울퉁불퉁하게 표현되는 것을 보정합니다. 0~100까지 설정할 수 있고 설정값을 높일수록 선이 곧게 그려집니다.

❾ **보정 옵션**: 보정 기능의 옵션을 선택할 수 있습니다. 기본적으로 [획 캐치업], [확대/축소 조정] 기능에 체크 표시돼 있습니다. 이 옵션만 사용해도 충분합니다.

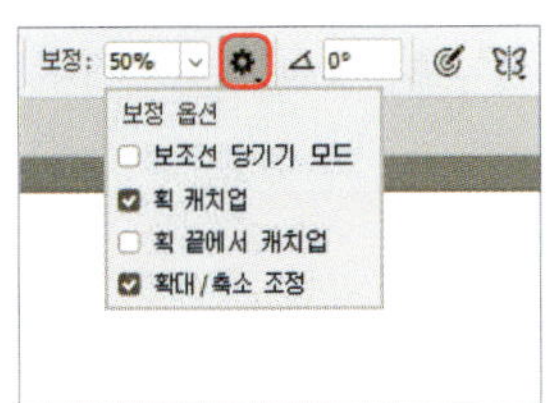

❿ **브러시 각도 설정**: 브러시의 각도를 조절합니다.

⓫ **브러시 압력 제어**: 압력에 따라 브러시의 두께를 제어합니다. 태블릿 펜 사용자들이 많이 사용하는 기능입니다.

⓬ **대칭 그리기 옵션 설정**: 선택하면 그림을 대칭으로 그릴 수 있는 다양한 옵션이 나타납니다.

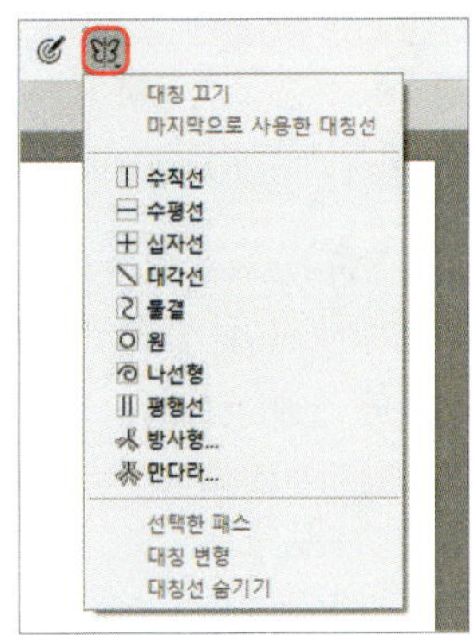

❶ 그레이디언트/클래식 그레이디언트: 포토샵에서는 [그레이디언트] 옵션과 [클래식 그레이디언트] 옵션 중에 선택할 수 있습니다. [그레이디언트] 옵션을 사용하면 그레이디언트를 적용했을 때 조정 레이어가 추가되지만, [클래식 그레이디언트] 옵션은 [모드]와 [불투명도], [투명도]를 설정할 수 있는 대신 조정 레이어가 추가되지 않는다는 차이가 있습니다.

- **모드(Mode):** 이미지에 그레이디언트를 적용할 때의 합성 방식을 선택합니다.
- **불투명도(Opacity):** 이미지에 그레이디언트를 적용할 때 불투명도를 조절해 배경과 그레이디언트가 자연스럽게 보이도록 합니다.
- **투명도(Transparency):** 레이어에 투명도 표현 여부를 설정합니다. 체크 표시를 해제하면 투명도를 설정한 부분이 모두 불투명하게 표현됩니다.

❷ 그레이디언트 편집: 포토샵에서 미리 정해 놓은 그레이디언트의 유형을 선택할 수 있습니다.

❸ 그레이디언트 종류: 그레이디언트를 사용할 때 채워질 형태를 선택합니다.

선형   방사형   각진형   반사형   다이아몬드형

❹ 반전(Reverse): 그레이디언트의 색을 서로 뒤바꿔 적용합니다.

❺ 디더(Dither): 그레이디언트를 채색할 때 색상이 부드럽게 표현되도록 합니다.

❻ 방법: 그레이디언트의 색상 전환 방식을 설정합니다. 색이 부드럽게 이어지거나 선형, 줄무늬 등 다양한 스타일로 그레이디언트를 표현할 수도 있습니다. [선형], [클래식], [매끄럽게], [줄무늬] 등의 옵션이 있습니다.

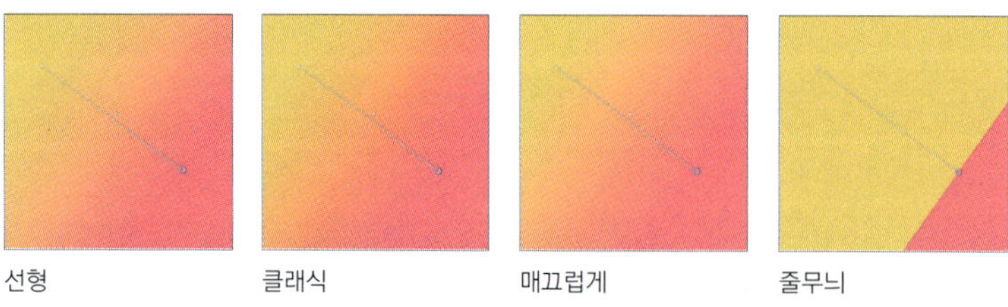

선형   클래식   매끄럽게   줄무늬

 [흐림 효과 도구 ] 옵션 바

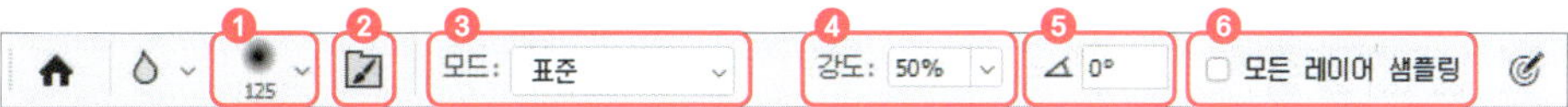

❶ 브러시 설정: 브러시의 크기 및 모양을 설정합니다.

❷ [브러시 설정] 패널 전환: 클릭하면 브러시를 디테일하게 설정할 수 있는 [브러시] 패널이 나타납니다.

❸ 모드(Mode): 흐리게 만들 때 이미지와 혼합할 특수 효과를 설정합니다. 각 모드별로 밝게 또는 어둡게 혼합하기도 하고, 채도를 높이거나 낮추기도 합니다.

❹ 강도(Strength): 블러가 적용되는 강도를 설정합니다. 숫자가 작을수록 투명하게 적용됩니다.

❺ 각도(Angle): 브러시 모양의 각도를 설정합니다. 각도에 따라 브러시 모양이 회전돼 적용됩니다.

❻ 모든 레이어 샘플링(Sample All Layers): 모든 레이어에 브러시 효과를 적용합니다. 체크 표시를 해제하면 선택한 레이어에만 브러시가 적용됩니다.

06 **[선명 효과 도구 △] 옵션 바**

기본 항목은 [흐림 효과 도구] 옵션 바와 거의 동일하지만, 추가된 기능이 하나 더 있습니다.

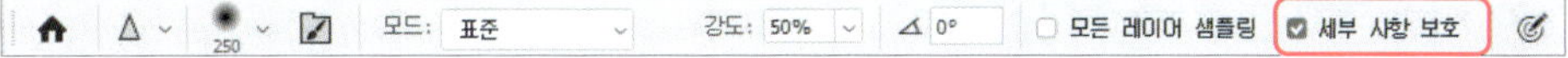

세부 사항 보호(Protect Detail): 선명 효과를 사용하되 픽셀 손상을 최소화하는 기능입니다. 체크 표시를 해제하면 선명 효과를 좀 더 강하게 적용할 수 있지만 이미지가 많이 손상된다는 단점이 있습니다. 따라서 기본적으로 [세부 사항 보호]에 체크 표시한 상태로 사용합니다.

07 **[손가락 도구] 옵션 바**

기본 항목은 [흐림 효과 도구] 옵션 바와 거의 동일하지만, 추가된 기능이 하나 더 있습니다.

손가락 페인팅(Finger Painting): 체크 표시를 하면 전경색이 사용되면서 밀림 현상을 표현합니다. 마치 손가락에 전경색 물감을 찍고 문지르는 것과 같습니다. 강도를 100%로 설정하고 사용하면 전경색만 사용됩니다.

08 [닷지 도구 🔍]·[번 도구 ✋] 옵션 바

[닷지 도구 🔍]와 [번 도구 ✋]의 옵션 바는 동일합니다. 동전의 앞뒤 면과 같은 원리이기 때문이에요.

❶ **범위(Range)**: 도구의 밝기를 조절하는 곳으로, [어두운 영역], [중간 영역], [밝은 영역]이 있습니다.

- **어두운 영역(Shadows)**: 이미지의 어두운 부분을 중심으로 색상의 밝기를 강조합니다. [닷지 도구 🔍]에서는 밝게, [번 도구 ✋]에서는 어둡게 적용합니다.
- **중간 영역(Midtone)**: 이미지의 중간 톤 부분을 중심으로 색상의 밝기를 강조합니다. [닷지 도구 🔍]에서는 밝게, [번 도구 ✋]에서는 어둡게 적용합니다.
- **밝은 영역(Highlights)**: 이미지의 밝은 부분을 중심으로 색상의 밝기를 강조합니다. [닷지 도구 🔍]에서는 밝게, [번 도구 ✋]에서는 어둡게 적용합니다.

❷ **노출(Exposure)**: 밝기의 양을 조절합니다. 수치가 높을수록 정도가 강해져 [닷지 도구 🔍]를 사용한 부분은 더 밝아지고, [번 도구 ✋]를 사용한 부분은 더 어두워집니다.

❸ **색조 보호(Protect Tones)**: 밝은 영역과 어두운 영역의 색상 톤을 보호하면서 효과를 적용합니다. 자연스러운 보정을 위해 기본적으로 체크 표시한 상태로 사용합니다.

09 [스폰지 도구 🔵] 옵션 바

기본 항목은 [닷지 도구 🔍], [번 도구 ✋]와 동일하지만, 다른 기능이 하나 더 있습니다.

활기(Vibrance): 이미지의 밝은 부분에서 어두운 부분까지 농도가 변하는 단계를 '계조'라고 합니다. 계조의 단계가 많을수록 밝기 변화가 자연스럽게 이어져 이미지가 충실하게 표현됩니다.

[활기] 옵션에 체크 표시를 하면 채도 변화가 심한 부분에 [스폰지 도구 🔵]를 사용할 때 계조 손실을 최소화해 이미지를 보호합니다.

계조의 단계가 많은 경우: 변화의 단계가 자연스럽고 부드럽게 표현됩니다.

계조의 단계가 적은 경우: 변화의 단계가 부자연스럽게 표현됩니다.

10   [스팟 복구 브러시 도구 🖊] 옵션 바

❶ 유형: 브러시로 이 기능을 사용할 때 자동으로 맞출 기준을 선택합니다. 유형에는 [내용 인식], [텍스처 질감 만들기], [근접 일치]가 있습니다.

- **내용 인식(Content-Aware)**: 불필요한 요소를 제거하고 주변 이미지의 명암, 질감, 색상을 자동으로 인식합니다. 따라서 이 요소들을 복제 및 혼합해 자연스럽게 적용합니다.

- **텍스처 만들기(Create Texture)**: 주위 배경이나 패턴을 그대로 복사하지 않고 독창적인 질감을 만들어 자연스럽게 복구합니다. 단조로운 배경보다는 복잡한 패턴이나 질감이 있는 영역을 복구할 때 효과적입니다.

- **근접 일치(Proximity Match)**: 적용할 이미지 주변의 색과 밝기에 맞춰 이미지가 복제 및 혼합됩니다.

❷ 모든 레이어 샘플링(Sample All Layers): 모든 레이어에 브러시 효과를 적용합니다. 체크 표시를 해제하면 선택한 레이어에만 브러시를 적용합니다.

11   [복구 브러시 도구 🖊] 옵션 바

❶ 소스(Source): 이미지에 적용할 방식을 말합니다. 소스에는 [샘플]과 [패턴]이 있습니다.

- **샘플**: 샘플 이미지를 직접 선택해 사용합니다. [샘플]을 선택한 후 Alt 를 누른 채 이미지를 클릭하면 이미지가 복제되고, 한 번 더 클릭하면 붙여넣기 됩니다.

- **패턴**: 이미지에 원하는 패턴을 사용합니다. [패턴]을 선택하면 포토샵에 저장된 패턴 중에서 원하는 패턴을 선택하고 그 패턴과 이미지를 합성해 적용합니다.

❷ 맞춤(Aligned): 드래그하면서 [복구 브러시 도구 🖊]를 사용할 때 '복사한 위치'와 '브러시로 적용할 위치'를 일정한 간격으로 유지합니다. 즉, 브러시의 움직임을 따라 복제할 샘플 이미지도 이동하면서 바뀌어 추출됩니다.

❸ 레거시 사용(Use Legacy): CC 2015 이전 버전의 기능을 사용하고 싶을 때 [레거시 사용] 옵션을 사용합니다. 레거시 옵션을 사용할 경우 처리 결과가 빠르지만 덜 부드럽게 표현되고 투박한 느낌과 브러시 모양의 흔적이 남는 반면, 레거시 옵션을 사용하지 않을 경우 부드럽게 표현되고 브러시 모양의 흔적이 남지 않는다는 차이점이 있습니다. 기본적으로는 레거시 옵션을 거의 사용하지 않습니다.

❹ 샘플: 적용할 레이어의 범위를 설정합니다.

- **현재 레이어(Current Layer)**: 현재 레이어에 적용합니다.

- **현재 이하**: 현재 레이어를 포함한 아래 레이어에만 적용합니다.

- **모든 레이어**: 모든 레이어에 적용합니다.

❺ 확산(Diffusion): 브러시로 적용할 때 픽셀의 확산 정도를 설정합니다. 기본값은 '5'입니다.

[제거 도구 🪄] 옵션 바

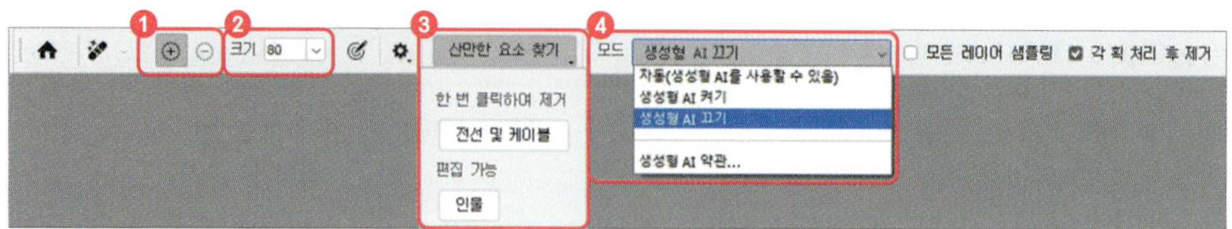

❶ **브러시 적용 영역에 추가/브러시 적용 영역에서 빼기:** 이미지에서 제거할 영역을 추가하거나 뺄 때 사용합니다.

❷ **크기:** 브러시 크기를 조절합니다.

❸ **산만한 요소 찾기:** 산만한 요소를 자동으로 찾아서 제거합니다.

• **전선 및 케이블:** 자동으로 전선 및 케이블을 제거합니다.

• **인물:** 피사체 뒤에 있는 인물 이미지를 자동으로 선택해 제거합니다. 추가로 영역을 편집할 수 있습니다.

❹ **모드:** 생성형 AI 사용 여부를 설정할 수 있습니다.

• **자동(생성형 AI를 사용할 수 있음):** 제거할 부분을 자동으로 인식해서 제거하거나 생성형 AI로 새로운 이미지를 생성해서 합성합니다.

• **생성형 AI 켜기:** 생성형 AI로 이미지를 생성해서 합성합니다. 제거 기능은 사용하지 않습니다.

• **생성형 AI 끄기:** 제거 기능만 사용하고 생성형 AI 이미지를 생성해서 대체하는 기능은 사용하지 않습니다.

13 [패치 도구 ⬚] 옵션 바

❶ **패치(Patch):** 복제할 때 대체할 합성 방식을 선택합니다.

• **표준(Normal):** 일반적으로 많이 사용하는 방식으로, 복제한 주변 이미지의 색상과 혼합해 합성합니다.

• **내용 인식(Content-Aware):** 내용 인식 기능을 사용해 복제합니다. [표준]은 대체하는 기존 이미지와 혼합해 합성하지만, [내용 인식]은 기존에 있던 이미지와 상관없이 합성합니다.

❷ **소스(Source):** 영역을 선택한 후 이동하면 '이동한 부분의 이미지'가 복제됩니다.

❸ **대상(Destination):** 영역을 선택한 후 이동하면 '영역으로 선택한 이미지'가 복제됩니다.

❹ **투명(Transparent):** 이미지에 복제돼 대체되는 곳에 투명도를 적용해 기존 이미지를 대체하는 이미지를 합성합니다.

❺ **패턴 사용(Use Pattern):** 대체할 이미지를 합성할 때 패턴도 함께 적용해 합성합니다.

[내용 인식 이동 도구 ] 옵션 바

❶ **모드:** 이미지를 대체하는 방식을 선택합니다. 모드에는 [이동]과 [확장]이 있습니다.

- **이동:** 선택한 이미지를 이동하고 기존에 이미지가 있던 주변을 인식해 자연스럽게 배경을 대체합니다.

- **확장:** 선택한 이미지를 복제해 사용합니다. 선택한 이미지는 이동하지 않고 복제해 동일한 부분의 개수를 늘려 확장하는 개념입니다.

❷ **구조(Structure):** 원본 이미지의 구조를 보존하는 정도를 조절하는 기능으로, 1~7의 수치로 입력합니다. 기본값은 '4'입니다.

❸ **색상(Color):** 원본 이미지의 색상을 수정하는 정도를 조절하는 기능으로, 1~10의 수치로 입력합니다. 기본값은 '0'입니다.

❹ **놓을 때 변형(Transform On Drop):** 체크 표시를 한 후에 사용하면 선택 영역을 드래그해 이동할 위치로 이동하고, 마우스를 손에서 뗐을 때 영역 주변으로 변형 틀이 나타나 크기나 기울기를 조절할 수 있습니다.

15 [문자 도구 T] 옵션 바

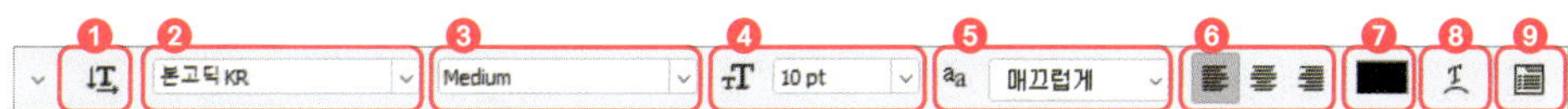

❶ **텍스트 방향:** 문자를 입력할 방향을 설정합니다. 가로 세로 중에서 설정할 수 있으며, 기본은 가로 방향으로 설정돼 있습니다.

❷ **글꼴:** 글자의 종류를 선택합니다.

❸ **글꼴 스타일:** 글자의 두께나 기울기를 설정합니다. 가능한 글꼴 스타일은 글꼴마다 다릅니다.

❹ **글자 크기:** 글자의 크기를 설정합니다.

❺ **앤티 앨리어스:** 문자의 외곽 경계선을 거칠게 할 것인지, 부드럽게 할 것인지를 설정합니다.

❻ **문자 정렬:** 문자를 정렬합니다. 왼쪽, 가운데, 오른쪽 중에서 설정합니다.

❼ **문자 색상:** 문자의 색상을 설정합니다.

❽ **문자 뒤틀기:** 문자를 다양한 모양으로 왜곡해 사용합니다.

❾ **문자 패널:** 문자 설정을 패널 창으로 불러와 문자와 문단의 옵션을 설정합니다.

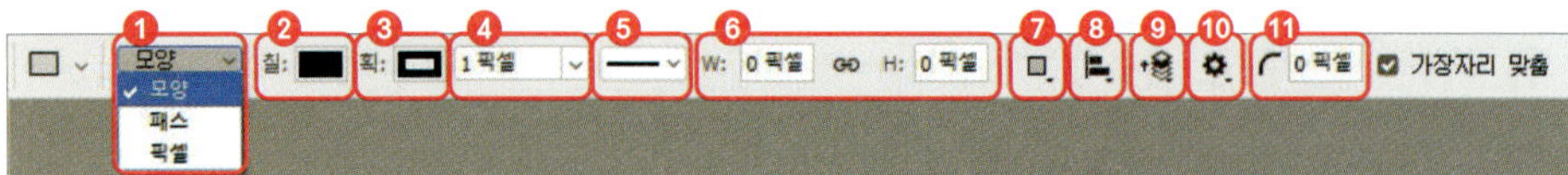

16 [모양 도구 ▣] 옵션 바

❶ **종류:** [모양 도구 ▣]의 스타일을 선택합니다. [모양(Shape)], [패스(Path)], [픽셀(Pixels)] 중에서 선택합니다. 기본은 [모양]으로 설정돼 있습니다.

❷ **칠(Fill):** 도형의 면 색상을 설정합니다.

❸ **획(Stroke):** 도형의 테두리 선 색상을 설정합니다.

❹ **획 두께:** 획의 두께를 설정합니다.

❺ **획 옵션:** 획의 종류와 다양한 옵션을 설정합니다. 획 옵션에는 [실선], [파선], [점선]이 있습니다.

❻ **W·H:** 가로·세로의 크기를 조절합니다.

❼ **패스 작업:** 도형의 합치기, 빼기, 교차, 제외 기능을 설정합니다.

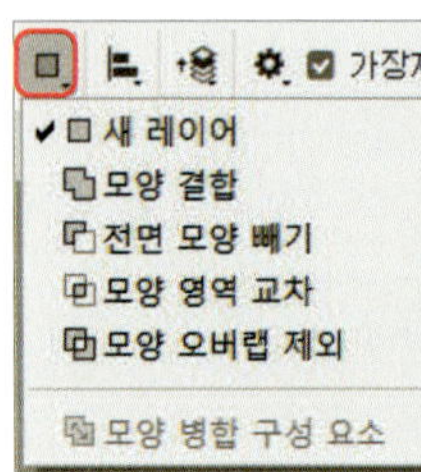

- ▣ **새 레이어:** 새로운 레이어가 생성되면서 도형을 만듭니다.
- ▣ **모양 결합:** 2개 이상의 도형이 있을 때 한 레이어로 합칩니다.
- ▣ **전면 모양 빼기:** 2개 이상의 도형을 겹쳐 만들면 겹쳐진 부분을 포함해 앞쪽에 그려진 도형 부분이 제외됩니다.
- ▣ **모양 영역 교차:** 2개의 도형이 겹친 상태라면 교차한 부분만 남깁니다.
- ▣ **모양 오버랩 제외:** 2개의 도형이 겹친 상태라면 교차한 부분만 지우고 나머지는 살립니다.

❽ **패스 맞춤:** 1개의 레이어에 생성된 도형을 정렬합니다.

❾ **패스 배열:** 1개의 레이어에 생성된 도형의 순서를 배치합니다.

❿ **패스 옵션:** 형태에 좀 더 구체적인 옵션을 설정합니다. [모양 도구]의 모양별로 설정할 수 있는 옵션이 조금씩 다릅니다. 다음은 [사각형 도구 ▣]의 패스 옵션입니다.

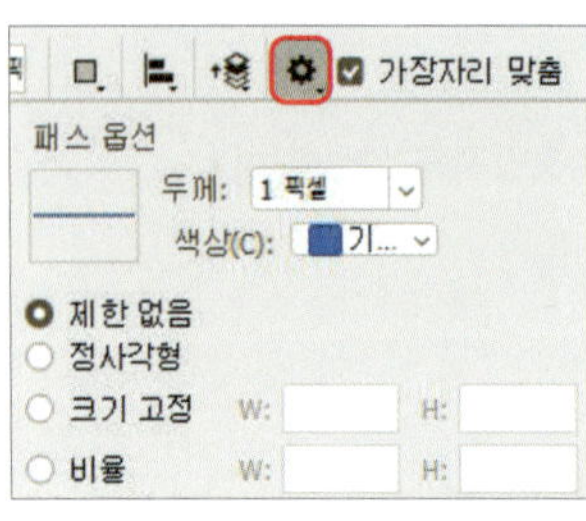

- **두께/색상:** 도형을 만들 때 나타나는 패스 선의 두께와 색상을 설정합니다.
- **제한 없음:** 도형을 만들 때 마우스를 움직이는 대로 자유롭게 만듭니다.
- **정사각형:** 선택하면 마우스를 어떻게 움직이든 정사각형으로 만들어집니다.
- **크기 고정:** 크기의 숫자값을 직접 입력해 만듭니다.
- **비율:** 사각형을 입력한 비율에 맞춰 만듭니다.

⓫ **반경 설정:** 숫자를 입력해 도형의 모서리 부분을 둥글게 만듭니다. 수치를 높일수록 모서리가 둥글어집니다.

17 [다각형 도구 ◎,] 옵션 바

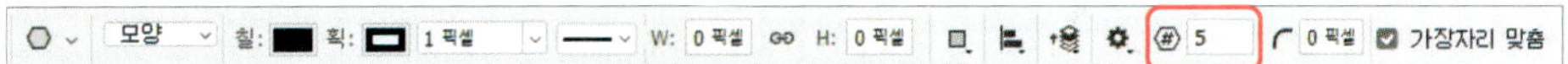

면의 수 설정: [다각형 도구 ◎,]의 면의 수를 입력해 오각형, 육각형 등을 만들 수 있습니다.

18 [사용자 정의 모양 도구 ☒,] 옵션 바

[사용자 정의 모양 도구 ☒,] 옵션 바에서 모양을 클릭하면 포토샵에서 제공하는 다양한 모양이 나타납니다. 원하는 모양을 선택한 후 작업 화면을 드래그하면 선택한 모양을 만들 수 있습니다.

대화상자

01 [캔버스 크기] 대화상자

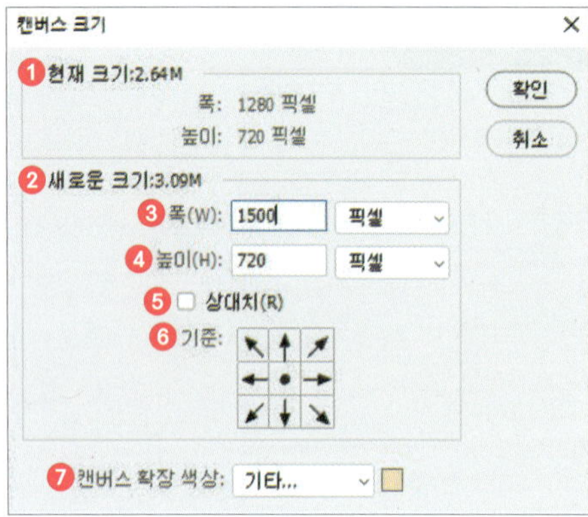

① 현재 크기(Current Size): 현재 캔버스의 크기와 용량이 표시됩니다.

② 새로운 크기(New Size): 새로운 크기를 설정합니다.

③ 폭(Width): 가로 너비를 조절합니다.

④ 높이(Height): 세로 길이를 조절합니다.

⑤ 상대치(Relative): 옵션에 체크 표시를 하면 폭과 높이에 입력한 값만큼 캔버스가 커집니다.

⑥ 기준(Anchor): 캔버스가 확장되는 방향을 선택합니다.

⑦ 캔버스 확장 색상: 캔버스를 확장할 때 배경에 칠할 색상을 설정합니다.

02 [색상 피커] 대화상자

전경색 또는 배경색을 클릭하면 [색상 피커] 대화상자가 나타납니다. [색상 피커] 대화상자에서 원하는
색상을 선택하면 선택한 색상으로 변경됩니다.

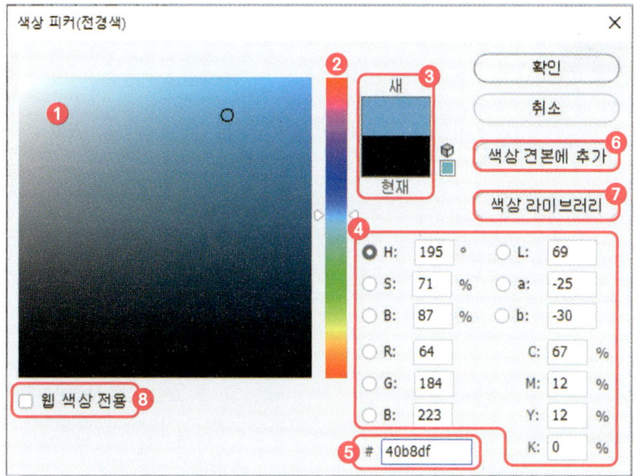

❶ **색상 필드(Color Field):** 색상의 채도와 밝기를 나타냅니다. 원하는 색상을 클릭해 선택합니다.

❷ **색상 슬라이더(Color Slider):** 색상의 색조를 나타냅니다. 원하는 색상을 클릭하면 슬라이더가 이동
하면서 선택됩니다.

❸ **현재 색상과 새로운 색상:** 아랫부분은 색상 피커를 열기 전에 설정된 색상을 의미합니다. 색상 필드에
서 원하는 색상을 클릭하면 윗부분에 새로운 색상이 나타나므로 그 전의 색상과 비교하면서 선택할
수 있습니다.

❹ **색상 모드 색상값:** 선택한 색상의 RGB, HSB, Lab,
CMYK 색상 모드 색상값이 표시됩니다. 각 색상 모
드에 대한 설명은 06-2절을 참고하세요.

💧 Lab는 RGB와 CMYK에 좌우되지 않고 독립적으
로 색상을 표현합니다. 그래서 RGB와 CMYK 모두
포함할 수 있는 색상 범위를 가진 색상 모드입니다.

❺ **웹 색상 코드:** RGB를 이용한 웹 색상 코드를 나타냅니다. 16진법(6자리)으로 나타내며 00~ff까지
입력할 수 있습니다. 앞부분에는 #을 쓰고 6자리의 숫자를 조합해 나타냅니다. #000000은 가장 어
두운 검은색, #ffffff는 가장 밝은 흰색입니다.

❻ **색상 견본에 추가(Add to Swatches):** 선택한 색상을 [색상 견
본] 패널에 추가할 수 있습니다. 자주 사용하는 색상이라면 [색
상 견본] 패널에 추가하는 것이 좋습니다.

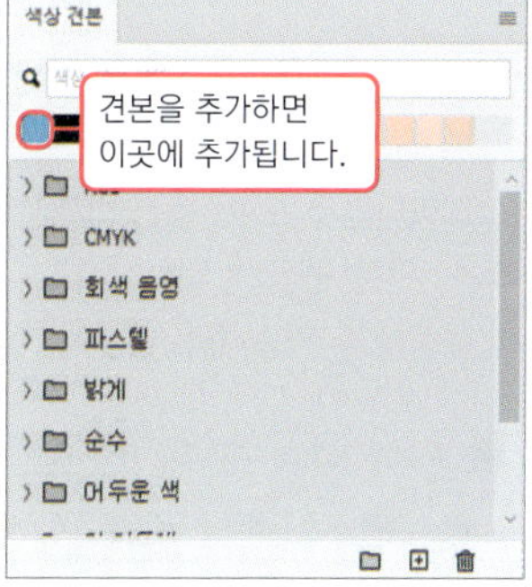

❼ **색상 라이브러리(Color Libraries):** 인쇄물을 제작할 때 [색상 라이브러리]를 클릭해 색상을 선택하면 편리합니다.

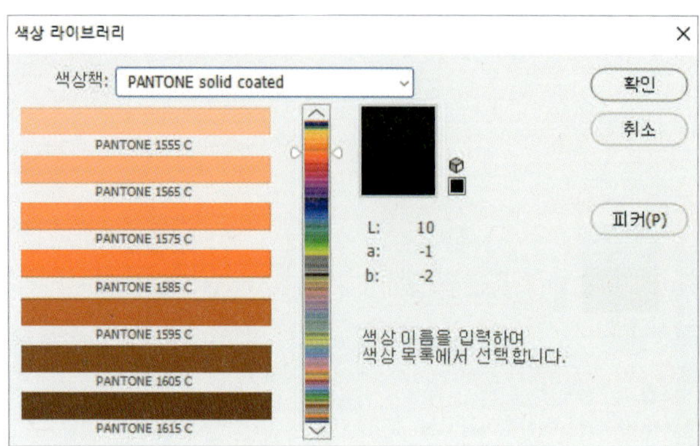

❽ **웹 색상 전용(Only Web Color):** 체크 표시하면 웹 환경에서 안전하게 표현할 수 있는 색상으로 제한돼 표시됩니다. [웹 색상 전용]은 작업물을 웹에 노출하기 어렵거나 민감한 작업일 때만 사용합니다. 간단하게 '웹에서 안전하게 사용하는 제한된 색상을 선택하는 기능'이라고 생각하면 됩니다.

> **❓ 아윤 쌤! 질문 있어요!** '팬톤 컬러'가 무엇인가요?
>
> '팬톤 컬러'라는 말을 들어 봤나요? 팬톤은 미국의 팬톤(Pantone) 사에서 제작해 발표한 색상표입니다. 인쇄할 때 우리가 고민해 결정한 색상으로 인쇄하면 생각한 것과 다른 색상으로 인쇄되는 경우가 있습니다. 그래서 보편적인 색상을 사용할 수 있도록 컬러의 기준을 마련한 것이 바로 팬톤 컬러입니다. 팬톤 사와 어도비 사의 협업을 통해 어도비 응용 프로그램에서 팬톤의 [색상 라이브러리]를 사용할 수 있도록 한 것입니다.

03 [그레이디언트 편집기] 대화상자

[그레이디언트 도구] 옵션 바에서 [클래식 그레이디언트]로 설정한 뒤 [그레이디언트 편집]을 클릭하면 [그레이디언트 편집기] 대화상자가 나타납니다. 이 [그레이디언트 편집기] 대화상자에서 다양한 옵션을 더 많이 설정할 수 있습니다.

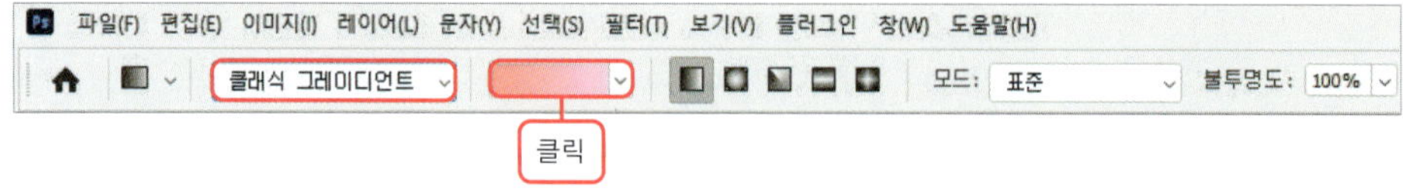

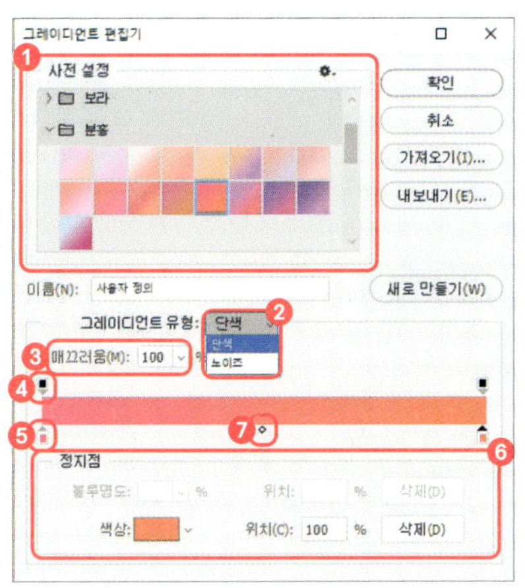

① **사전 설정(Preset)**: 그레이디언트 색 조합을 색 계열별로 정리해 제공합니다. 원하는 그레이디언트 색이 조합된 스타일을 선택해 사용합니다.

② **그레이디언트 유형(Gradient Type)**

- **단색**: 원색을 단순하게 그대로 사용합니다.
- **노이즈**: 복잡한 형태의 그레이디언트를 견본으로 사용합니다.

③ **매끄러움(Smoothness)**: 전체적인 색상 변화를 부드럽게 표현합니다.

④ **불투명도 정지점**: 그레이디언트 양끝의 불투명도를 조절하는 곳입니다. 아이콘을 클릭하면 아래에 있는 [정지점 편집]에서 불투명도를 조절할 수 있습니다. 색상은 선택할 수 없습니다. 아이콘을 드래그하면 정지점의 위치도 옮길 수 있습니다.

⑤ **색상 정지점**: 정지점 구간의 색상을 선택하는 곳입니다. 아이콘을 클릭한 후 아래의 [정지점 편집]에서 색상을 선택합니다. 아이콘을 드래그해 그레이디언트의 시작과 끝 위치도 설정할 수 있습니다.

⑥ **정지점 편집**: [불투명도 정지점]과 [색상 정지점]을 편집할 수 있습니다. [불투명도 정지점]을 클릭하면 [불투명도] 항목이 활성화되고 [색상] 항목은 비활성화됩니다. [색상 정지점]을 클릭하면 [색상] 항목이 활성화되고 [불투명도] 항목은 비활성화됩니다.

⑦ **중간점**: 중간점을 드래그해 양쪽 색상이 변화하는 구간의 비율을 조절합니다.

04 [모양 도구 □] 색상 편집 대화상자

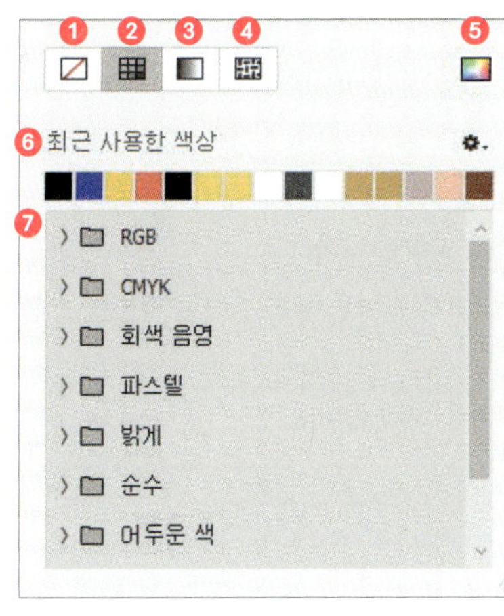

① □: 선택하면 모양의 색이 투명으로 표현됩니다.

② ▦: 도형에 하나의 색상을 사용합니다. 기본적으로 단색이 설정돼 있습니다.

③ ◨: 그레이디언트를 사용합니다.

④ ▦: 원하는 패턴을 채워 사용합니다.

⑤ ▨: 원하는 색상을 선택합니다.

⑥ **최근 사용한 색상**: 최근에 사용한 색상이 나열됩니다.

⑦ **견본 색상**: 자주 사용하는 색상을 저장한 후 기본 견본 색상을 표시합니다. 사용자가 색상을 추가하거나 삭제할 수 있습니다.

① **뒤틀기 도구** : 이미지를 문지르듯 뒤틀어 줍니다.

② **재구성 도구** : 작업을 되돌려서 복구해 줍니다.

③ **매끄럽게 도구** : [뒤틀기 도구]를 사용한 후 이미지 가장자리를 문지르면 경계 부분이 부드러워집니다.

④ **시계 방향 돌리기 도구** : 누르고 있으면 이미지가 시계 방향으로 회전하면서 뒤틀어집니다.

⑤ **오목 도구** : 크기를 줄여 줍니다.

⑥ **볼록 도구** : 크기를 늘려 줍니다.

⑦ **왼쪽 밀기 도구** : 클릭한 채로 드래그하여 이미지를 한쪽으로 밀어 줍니다.

⑧ **마스크 고정 도구** : 레이어 마스크와 유사한 기능입니다. 이미지 부분을 칠하고 다른 부분을 보정하면 마스크로 칠한 부분은 변형되지 않고 보존됩니다.

⑨ **마스크 고정 해제 도구** : [마스크 고정 도구]로 칠한 부분을 지워 줍니다.

⑩ **얼굴 도구** : 자동으로 얼굴을 인식해 보정해 줍니다.

⑪ **손 도구** : 화면을 이동합니다.

⑫ **돋보기 도구** : 화면을 확대 또는 축소합니다.

패널

01 [밝기/대비 ] 패널

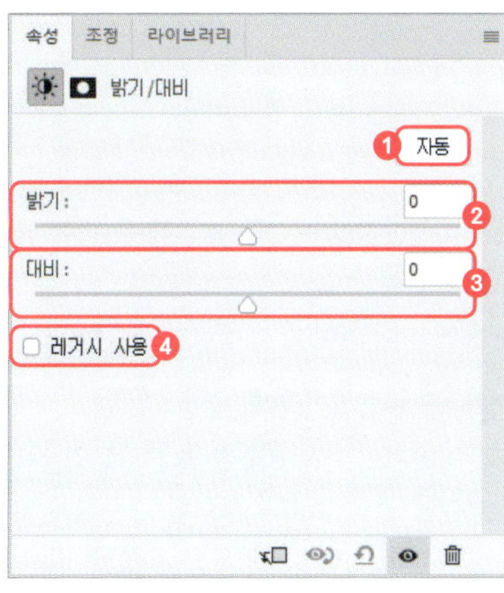

❶ **자동(Auto)**: 클릭하면 밝기와 대비를 이미지에 적절하도록 자동으로 조절해 적용합니다.

❷ **밝기(Brightness)**: 이미지의 밝기를 조절합니다. 보통 슬라이더를 오른쪽으로 드래그해 밝게 적용합니다.

❸ **대비(Contrast)**: 이미지의 선명도를 조절합니다. 보통 슬라이더를 오른쪽으로 드래그해 선명하게 적용합니다.

❹ **레거시 사용(Use Legacy)**: 체크 표시를 하면 이미지 전체의 명암 차이가 줄어듭니다.

02　[레벨] 패널

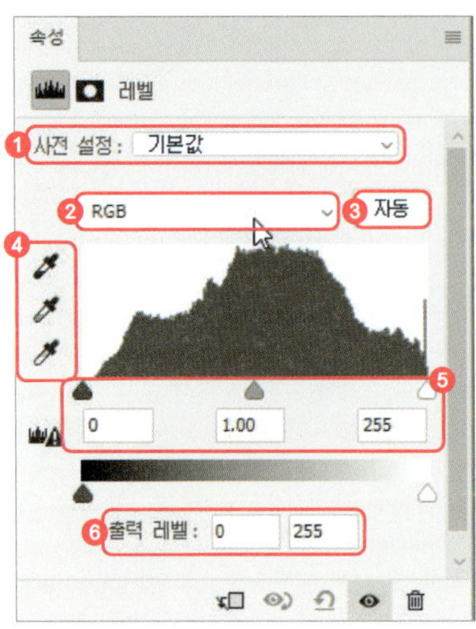

❶ **사전 설정(Preset):** 레벨값을 사전에 설정해 둔 종류 중에서 선택해 적용합니다.

❷ **채널(Channel):** RGB의 각 채널별로 레벨을 적용합니다.

❸ **자동(Auto):** 클릭하면 이미지에 적절하도록 레벨을 자동으로 조정해 적용합니다.

❹ **샘플링 스포이드:** 이미지 특정 부분을 클릭해 색상을 검은색, 회색, 흰색으로 보정합니다.

❺ **입력 레벨(Input Levels):** 히스토그램으로 나타내며, 어두운 영역, 중간 영역, 밝은 영역으로 구성돼 있습니다. 3개의 슬라이더로 각 영역의 밝기를 입력 레벨로 조절합니다.

❻ **출력 레벨(Output Levels):** 이미지 전체의 채도를 조절합니다. 출력 레벨은 어두운 영역과 밝은 영역 슬라이더 2개로 구성됩니다.

03　[곡선] 패널

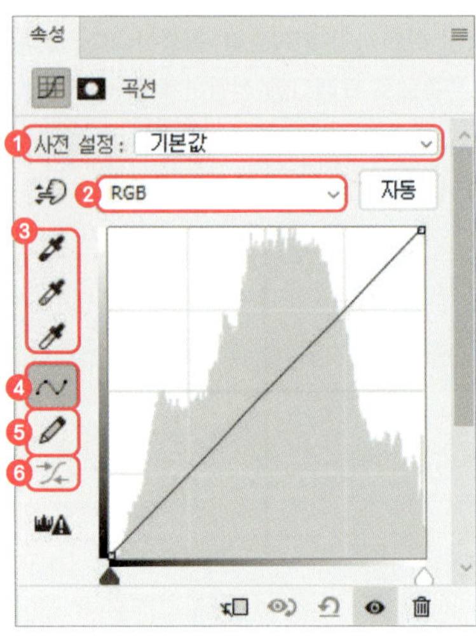

❶ **사전 설정(Preset):** 곡선값을 사전에 설정해 둔 종류 중에서 선택해 적용합니다.

❷ **채널(Channel):** 레벨을 RGB의 각 채널별로 적용합니다.

❸ 이미지를 직접 클릭해 곡선을 적용합니다.

- **검은 점 설정:** 이미지의 가장 어두운 부분, 즉 검은색의 기준점이 될 부분을 클릭합니다. 클릭한 기준점에 맞춰 어두운 레벨의 밝기와 대비가 자동으로 조절됩니다.

- **회색 점 설정:** 주로 색상 교정에 사용되는 옵션으로, 중간 색조가 될 부분을 클릭합니다. 회색 음영 이미지에는 사용할 수 없습니다.

- **흰 점 설정:** 화이트 밸런스를 조정할 때 사용합니다. 이미지에서 가장 밝은 부분, 즉 흰색의 기준점이 될 부분을 클릭합니다.

❹ **점으로 편집해 곡선 수정:** 곡선을 조절하는 기본 기능입니다. 조절점을 드래그해 곡선 커브를 조절합니다.

❺ **그려서 곡선 수정:** 곡선값을 연필로 그려 조절합니다.

❻ **입력/출력:** 곡선값이 표시되며, 수치를 입력해 조절합니다. 보통은 먼저 조절점으로 곡선의 기본값을 설정하고, 세밀하게 보정을 조절할 때 수치를 입력합니다.

04 [노출 ■] 패널

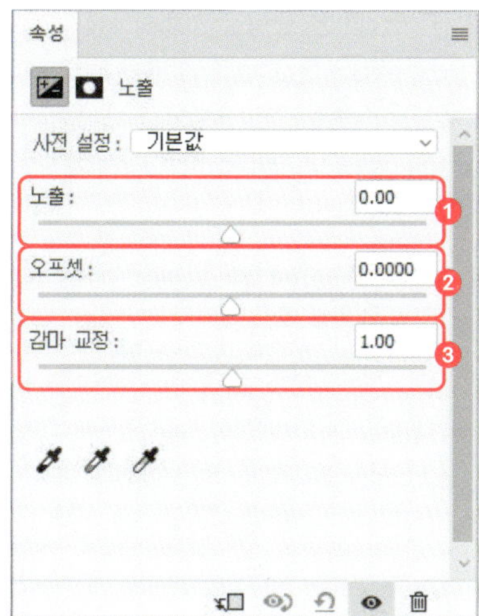

❶ 노출: 빛의 양을 조절합니다.

❷ 오프셋: 노출값을 상쇄해 밝기/대비를 강하게 또는 약하게 조절합니다.

❸ 감마 교정: 밝기/대비를 조절합니다.

05 [색조/채도 ■] 패널

❶ 사전 설정(Preset): 색조·채도 값을 사전에 설정해 둔 종류 중에서 선택해 적용합니다.

❷ 이미지 내 조정 도구: 아이콘을 클릭하고 캔버스 위의 특정 색상을 선택한 채 좌우로 드래그하면 해당 부분의 채도를 바로 조절할 수 있습니다.

❸ 색상 계열 선택(Color Range): 이미지 전체의 색상값을 바꿀지, 빨강, 노랑, 녹색, 파랑 등 특정 색상 계열만 골라서 값을 바꿀지 결정합니다.

❹ 색조(Hue): 색조를 조절해 색상을 변경합니다.

❺ 채도(Saturation): 채도를 조절합니다.

❻ 밝기(Lightness): 밝기를 조절합니다.

❼ 색상화(Colorize): 이미지 전체를 단색으로 변경합니다.

❽ 색상 범위 선택(추출/추가/제거): 보정하고 싶은 색상을 이미지에서 직접 찍어서 선택하거나, 보정 범위를 더 넓히거나 줄일 때 사용합니다.

❾ 이전 - 이후(Before - After): 슬라이더를 조절했을 때 원래 색상이 어떤 결과물로 변했는지 시각적으로 비교해 보여 줍니다.

06 [색상 균형 ⚖] 패널

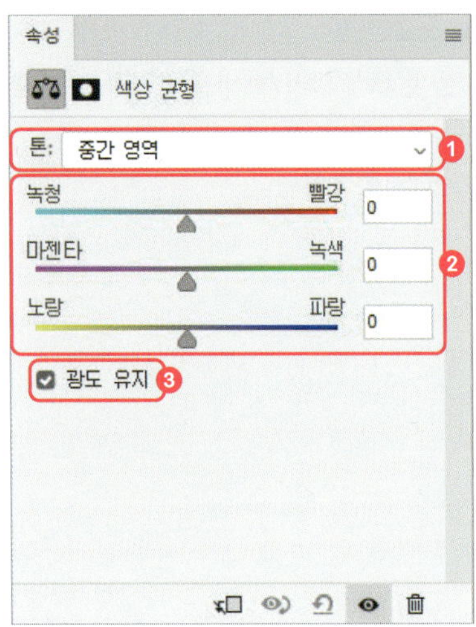

① **톤(Tone)**: 이미지 색상의 톤 균형을 선택해 색상을 조절합니다. [어두운 영역], [중간 영역], [밝은 영역] 중 하나를 선택해 색상을 조절할 수 있습니다.

② **색상**: 색상의 균형을 조절하는 슬라이더로 보색 색상을 기준으로 조절합니다.

③ **광도 유지(Preserve Luminosity)**: 이미지에 너무 큰 왜곡이 없도록 밝기와 대비를 조절합니다.

07 [흑백 ▧] 패널

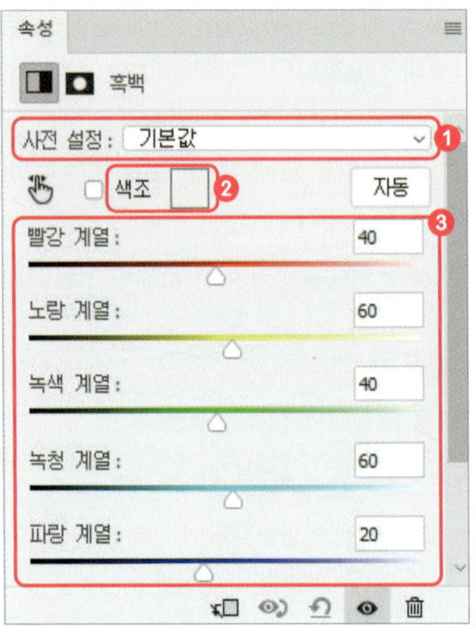

① **사전 설정(Preset)**: 색조·채도값을 사전에 설정해 둔 목록 중에서 선택해 적용합니다.

② **색조(Tint)**: 단색으로 변경해 사용합니다.

③ **색상 슬라이더**: 이미지 색상별로 조절합니다. 빨강 계열이 많은 이미지라면 [빨강 계열] 슬라이더의 이동에 영향을 많이 받습니다. 따라서 이미지에 어떤 색상이 있는지 염두에 두고 조절해 사용해야 합니다.

08 [포토 필터 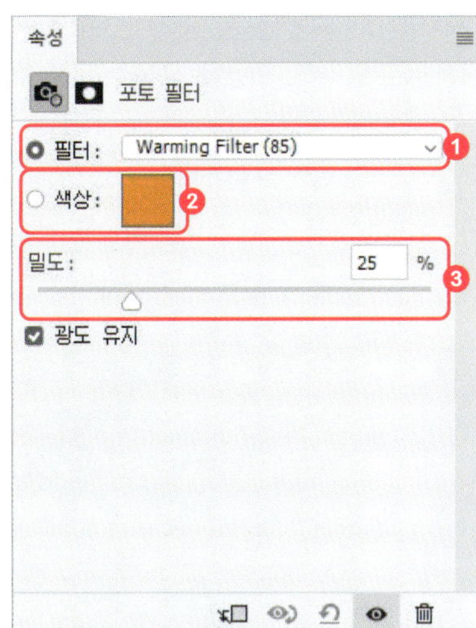] 패널

❶ 필터(Filter): 다양한 필터 종류를 선택할 수 있습니다. [Warming Filter], [Cooling Filter]는 실제 렌즈에 장착하는 컬러 필터의 특징을 따라 적용합니다.

❷ 색상(Color): 원하는 특정 색을 선택해 적용합니다.

❸ 밀도(Density): 색의 진하기를 나타냅니다. 100%로 설정하면 색의 밀도가 가장 진하게 적용됩니다.

09 [선택 색상 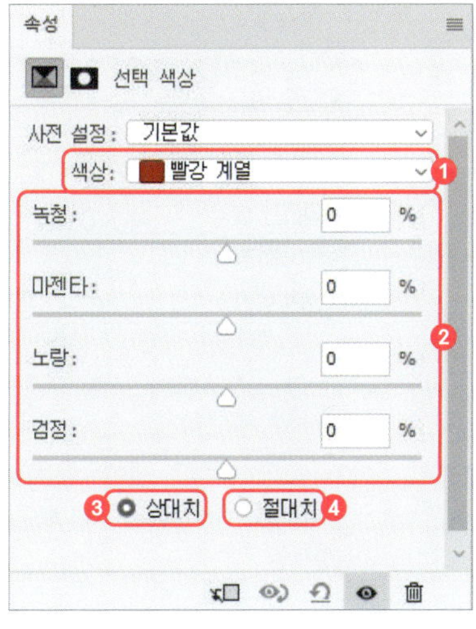] 패널

❶ 색상(Colors): 빨강, 노랑, 녹색, 녹청, 파랑, 마젠타, 흰색, 중간색, 검정 총 9개의 색상 채널로 구성돼 있습니다. 이 중에서 색상을 조절할 채널 색상을 선택한 후 [색상 슬라이더]로 조절합니다.

❷ 색상 슬라이더: 각 색상 채널별로 녹청(Cyan), 마젠타(Magenta), 노랑(Yellow), 검정(Black) 색상을 조절할 수 있습니다. 각 슬라이더를 조절해 채널별 색상을 조절합니다.

❸ 상대치(Relative): 원본 이미지의 색상을 상대적인 기준으로 적용합니다.

❹ 절대치(Absolute): 원본 이미지에 적용되는 색상에 절대적인 채널값을 적용합니다.

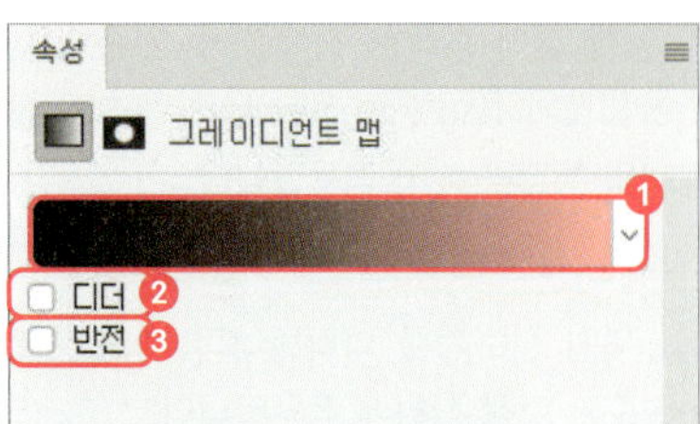

① 그레이디언트 색상(Gradient Mapping): 그레이디언트 색상을 편집하는 곳입니다. 색상을 직접 선택할 수 있습니다.

② 디더(Dither): 색상을 부드럽게 표현합니다.

③ 반전(Reverse): 그레이디언트에서 선택한 색상을 반대로 적용합니다.

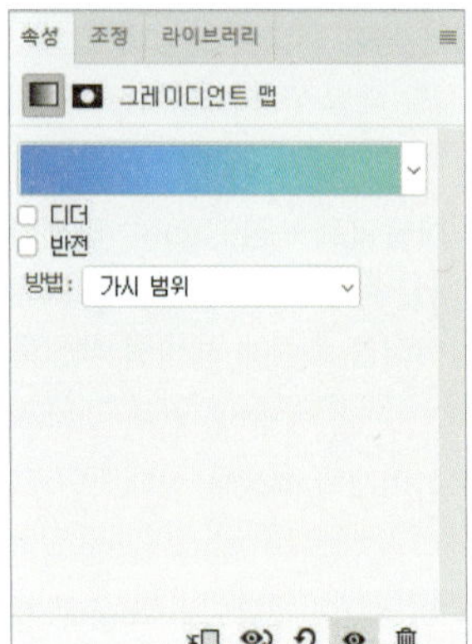

파란색 톤

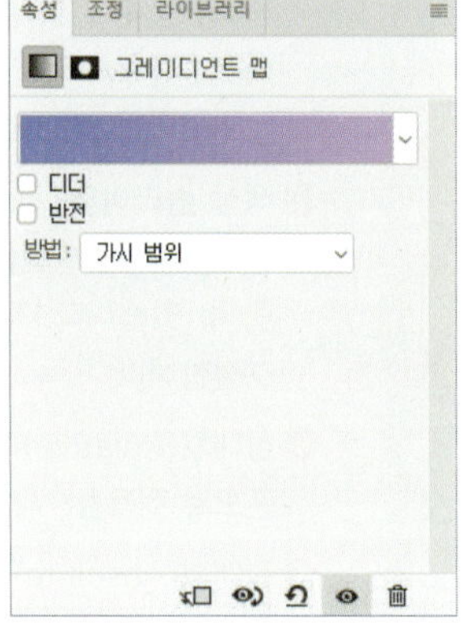

보라색 톤

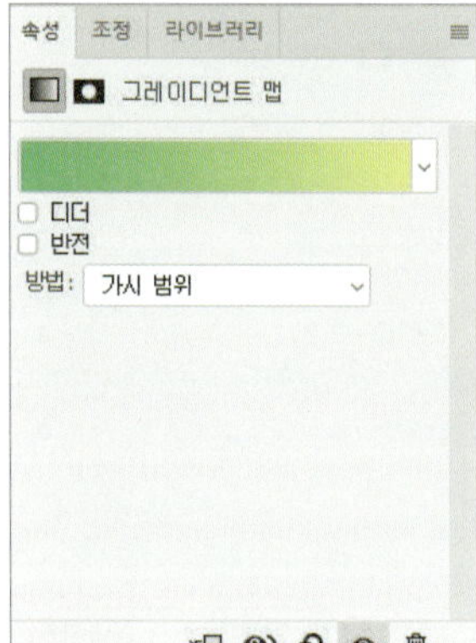

노란색 톤

11 [문자] 패널

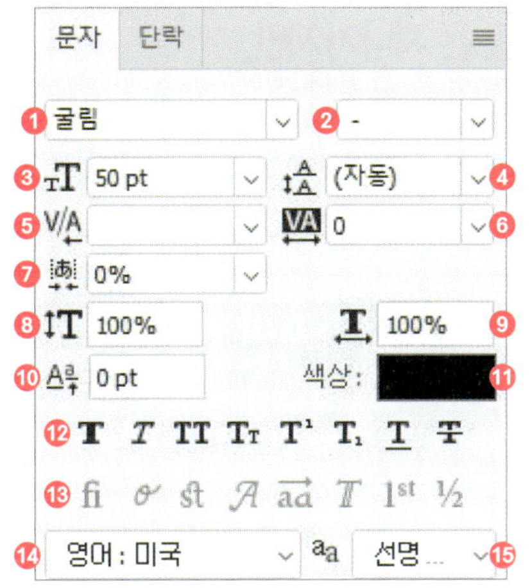

[문자 도구 T,]의 옵션 바에 옵션이 함축돼 있다면, [문자] 패널에서 더 다양한 옵션을 설정할 수 있습니다.

❶ 글꼴: 글자의 종류를 선택합니다.

❷ 글꼴 스타일: 글자의 두께나 기울기를 설정합니다. 글꼴 스타일은 글꼴마다 다릅니다.

❸ 글자 크기: 글자의 크기를 설정합니다.

❹ 행간 설정: 문장의 위아래 간격을 설정합니다.

❺ 커닝 문자 간격: 글자의 모양에 따라 적당한 간격을 조절해 시각적으로 매끄럽게 보이도록 합니다. 조절할 문자 사이에 마우스 커서가 깜박거리도록 활성화한 후 수치를 입력하면서 조절합니다.

❻ 자간 설정: 글자와 글자 사이의 간격을 조절합니다.

❼ 선택 문자 비율 설정: 두 글자 사이에 마우스 커서를 올려놓고 간격을 설정합니다. 1~100까지 숫자를 입력해 조절합니다.

❽ 세로 비율: 문자의 세로 비율을 조절합니다.

❾ 가로 비율: 문자의 가로 비율을 조절합니다.

❿ 기준 설정: 문자의 높낮이 기준을 설정합니다.

기준선 위로 올리기   기준선 아래로 내리기

⓫ 문자 색상: 문자의 색상을 설정합니다.

⓬ 글자 스타일 변환: 입력한 글자에 진하게, 기울이기, 대문자, 소문자, 위첨자, 아래첨자, 밑줄, 취소선을 적용합니다.

⓭ 오픈 타입: 영문 서체를 사용할 때 설정합니다. 표준 합자, 작은 대문자, 분수 등 특수 문자나 기호 등과 같은 옵션을 적용합니다.

⓮ 언어 설정: 입력하는 문자의 언어를 설정합니다.

⓯ 앤티 앨리어스: 문자의 외곽선을 처리하는 방법을 지정합니다. 거칠게 표현할 것인지, 부드럽게 표현할 것인지를 선택합니다.

12 [단락] 패널

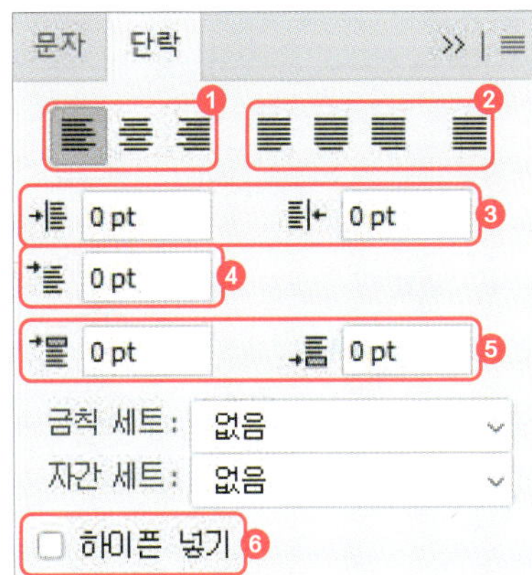

1 문자 정렬: 문자의 정렬 방식을 설정합니다. 왼쪽, 중앙, 오른쪽 중에서 선택합니다.

2 단락 정렬: 문자의 단락을 정렬합니다. 왼쪽, 중앙, 오른쪽, 양쪽 중에서 선택합니다.

3 단락 좌우 여백: 단락의 들여쓰기를 설정합니다. 입력한 수치만큼 오른쪽 들여쓰기, 왼쪽 들여쓰기 됩니다.

4 첫 줄 들여쓰기 여백: 단락의 첫 줄 들여쓰기를 설정합니다.

5 단락 상하 여백: 단락의 위아래 여백을 설정합니다.

6 하이픈 넣기: 문장을 입력할 때 한 줄에 단어가 들어가지 못해 잘릴 경우에 사용합니다.

13 [선택 및 마스크 모드] 속성 패널

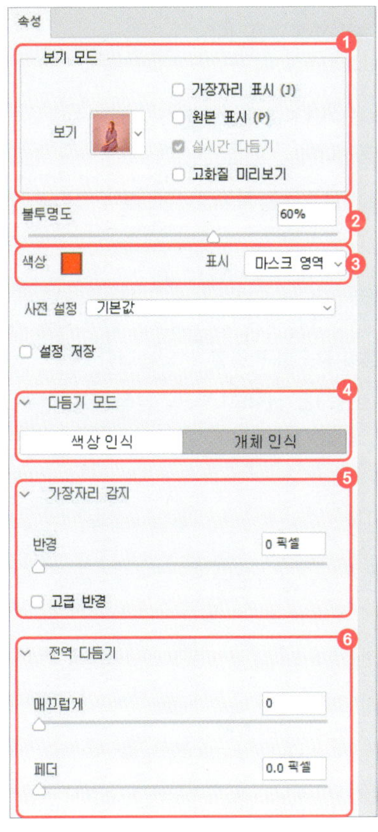

1 보기 모드: 선택 영역의 보기 모드를 선택할 수 있습니다.

- **어니언 스킨:** 선택한 영역을 제외하고 다른 영역을 투명하게 봅니다.

- **개미들의 행진:** 선택 영역을 표준 선택 테두리로 표시합니다.

- **오버레이:** 선택한 영역을 빠른 마스크 보기로 설정합니다. 기본 색상은 빨간색이며, 색상을 원하는 대로 변경할 수 있습니다.

- **검정 바탕:** 검은색 배경 위에 선택 영역을 봅니다.

- **흰색 바탕:** 흰색 배경 위에 선택 영역을 봅니다.

- **흑백:** 선택 영역을 흑백 마스크로 봅니다.

- **레이어 바탕:** 선택 영역을 마스크로 보며, 선택 영역을 제외한 영역은 투명하게 봅니다.

- **가장자리 표시:** 다듬기 영역을 표시합니다.

- **원본 표시:** 기존의 선택 영역을 표시합니다.

- **고화질 미리보기:** 변경 사항의 정확한 미리보기를 렌더링합니다. 이 옵션을 선택하면 이미지 작업 도중 마우스 왼쪽 버튼을 눌러 고해상도 미리보기를 볼 수 있습니다. 이 옵션을 선택 해제하면 마우스 버튼을 눌러도 저해상도 미리보기가 표시됩니다.

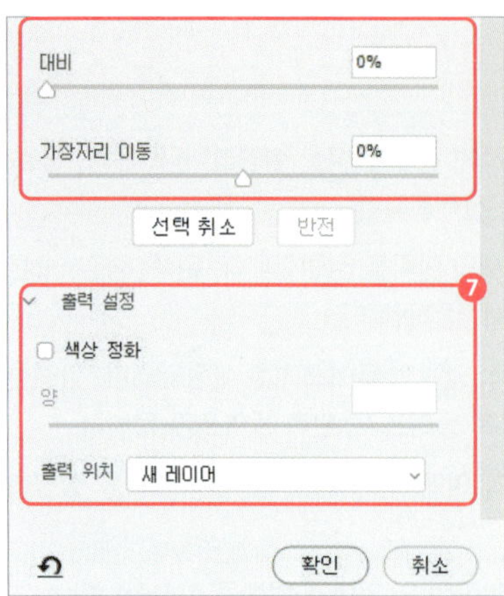

❷ **불투명도:** [보기 모드]에 대한 불투명도를 설정합니다. [보기 모드]에 따라 불투명도 옵션이 존재하지 않을 수도 있습니다.

❸ **색상:** [보기 모드]를 [오버레이]로 선택했을 때 사용하는 옵션입니다. 색상을 변경할 수 있습니다.

❹ **다듬기 모드:** 개체를 어떤 기준으로 선택할 것인지를 정합니다.

- **색상 인식:** 개체 색상별로 인식해 선택합니다.
- **개체 인식:** 개체 모양을 인식해 선택합니다.

❺ **가장자리 감지:** 선택 영역의 가장자리를 다듬는 옵션입니다.

- **반경:** 가장자리 다듬기가 발생하는 선택 테두리의 크기를 결정합니다. 가장자리를 선명하게 나타내려면 값을 낮게 설정하고, 부드럽게 나타내려면 값을 높게 설정합니다.
- **고급 반경:** 선택 영역의 가장자리 둘레에 가변 폭의 다듬기 영역을 둘 수 있습니다. 선택 영역에 머리나 어깨가 포함된 인물일 경우 특히 유용합니다.

❻ **전역 다듬기:** 선택 영역의 전체적인 실루엣과 경계면을 보정합니다.

- **매끄럽게:** 선택 테두리에서 불규칙한 영역을 줄여 매끄러운 윤곽선을 만듭니다.
- **페더:** 선택 항목과 주변 픽셀 간 변환을 흐리게 나타냅니다.
- **대비:** 값을 높이면 선택 항목 테두리를 따라 부드러운 가장자리가 더 급격하게 변환됩니다. 일반적으로 [고급 반경]과 [다듬기 모드] 옵션을 사용하는 게 더 효과적입니다.
- **가장자리 이동:** 선택 영역의 경계를 안쪽으로 들여보내거나 바깥쪽으로 확장합니다. 선택 영역의 크기를 조절하는 슬라이더라고 생각하면 됩니다

❼ **출력 설정:** 선택한 영역을 레이어로 생성할 때 어떤 유형으로 할 것인지를 선택합니다.

- **색상 정화:** 색상의 언저리를 근처의 선택된 픽셀 색으로 대체합니다. 색상 대체 강도는 선택 항목 가장자리의 부드러운 정도에 비례합니다. 슬라이더를 조정해 정화 강도를 변경할 수 있습니다.
- **출력 위치:** 선택한 영역을 레이어 패널에서 어떻게 생성할 것인지를 선택합니다. 기본적으로 [선택], [레이어 마스크], [새 레이어]를 가장 많이 사용합니다.